Gemüse · Kräuter · Obst

GEMÜSE • KRÄUTER • OBST

Vielfältig und naturgemäß kochen in tausend Rezepten

Von Hanna Dengler
und Anna Rohlfs-von Wittich

VERLAG FREIES GEISTESLEBEN

CIP-Kurztitelaufnahme der Deutschen Bibliothek

Dengler, Hanna:
Gemüse, Kräuter, Obst: vielfältig und naturgemäß kochen in 1000 Rezepten / von Hanna Dengler u. Anna Rohlfs-von Wittich. – Stuttgart: Verlag Freies Geistesleben, 1982

ISBN 3-7725-0753-0

NE: Rohlfs-von Wittich, Anna

Zeichnungen: Alexander Seeger
Farbbilder: Andreas Roth
Einband: Eva-Maria Ott-Heidman

Satz und Druck: Greiser, Rastatt
Bindearbeit: Sigloch, Künzelsau

Inhalt

Geleitwort

Es sind in den letzten Jahren zahlreiche Kochbücher erschienen. Wenn jetzt noch ein weiteres hinzugefügt wird, müssen wir uns fragen, ob dieses Unternehmen berechtigt ist.

Jedoch der Zweifel verflüchtigt sich, wenn wir das Buch von Hanna Dengler aufschlagen und einige Kostproben nehmen. Wir spüren sofort: hier wird ganz anders geschrieben als irgendwo sonst. Wir haben hier nicht nur ein Kochbuch vor uns, vielmehr einen fesselnden kleinen Führer zur Kulturgeschichte und Botanik, dazu Anleitungen aus einer bewährten Volksmedizin. Freilich, es mündet stets in die Küchenpraxis, aber die Rezeptsammlung von den Pflanzen, deren jede ein besonderer Liebling der Autorin zu sein scheint, ist von einer unerhörten Reichhaltigkeit und nie erlahmenden Phantasiekraft, dabei nachvollziehbar, ohne weiteres zu durchschauen und vor allem: vollwertig. Die größten Seltenheiten werden mit einer Fülle von Rezepten gepriesen, dazu oft die Bemerkung angebracht, es sei schade, daß sie so wenig bekannt seien. Und das Altgewohnte wird uns in einer Form ans Herz gelegt, daß es neu und selten anmutet.

Die Sprache ist lebendig, bilderreich, immer unterhaltsam. Der Leser gewinnt mühelos Einblick in geschichtliche Zusammenhänge, er wird zu botanischen Exkursionen gleichsam an die Hand genommen. Man lese nur den Hymnus über die «Neun Schönen» oder die Laudatio auf das Kohlblatt. Es gibt kaum ein heilsames Küchenkräutlein, dem wir in dem Buch nicht irgendwo begegnen.

In dieses Werk ist die Fülle eines reichen Lebens gefaßt, eines Lebens, das ganz der Ernährung der Mitmenschen, besonders der Kranken, gewidmet war. Aber die Fülle ist nicht wahllos angeordnet und verwertet. Durch den Umgang mit der Anthroposophie ist eine geistige Durchdringung möglich geworden.

Zur Zeit der Niederschrift war Frau Dengler schon sehr krank. So hätte das Buch nicht entstehen können, wenn nicht Frau Dr. Anna Rohlfs-von Wittich mitgearbeitet und alles zusammengefügt hätte. Hanna Dengler starb 1973. Es war ihr Wunsch, daß ich die Überarbeitung besorgen sollte. Wir hatten schon gemeinsam an den Problemen der Ernährung an einem Sanatorium vor zwanzig Jahren gearbeitet. Gerne komme ich ihrer Bitte nach, da ich der Überzeugung bin, daß das Buch einen wertvollen Beitrag für die Ausgestaltung einer zeitgemäßen Ernährungslehre bringen wird. Das Übliche, Eingefahrene gilt es zu ersetzen durch einen individuellen Umgang mit den Nahrungsmitteln, der ihrem Wesen gerecht wird und die subtilen Wirksamkeiten im Menschen berücksichtigt. Von der rechten Ernährung hängt heute nicht nur die Gesundheit des Menschen ab, sondern auch die Möglichkeit der freien Entfaltung seiner Individualität.

Es soll nun einleitend der Arzt zu einigen grundsätzlichen Problemen dieses Buches Stellung nehmen. Da ist zunächst das Thema «gekocht oder roh?». Ein bestimmter Kreis von Menschen behauptet, durch den Kochprozeß würden die Speisen stark in ihrem Wert gemindert. Sie würden gewissermaßen totgekocht. Sie fordern daher, möglichst Rohkost zu verwenden. Nun stimmt es, daß man die Nahrung so heftig kochen kann, daß alles Leben zerstört wird. Es gibt jedoch ein sinnvolles, vorsichtiges Garen, das einem Aufschließen, einem Nachreifen der Nahrung gleichkommt. Sie wird aromatischer, bekömmlicher, menschengemäßer. Denn auch der Verdauungsprozeß im Menschen ist ja ein Wärmeprozeß, und darum kommt das Kochen den Vorgängen im menschlichen Stoffwechsel entgegen.

Rudolf Steiner weist nun darauf hin, daß rohe und gekochte Kost verschiedene Bereiche im Organismus ansprechen (Geisteswissenschaft und Medizin, Dornach 1976). Die Rohkost sei eine eigentliche Heilkost, sie wirke anregend auf die Prozesse der Peripherie. Sie sei in der Lage, den Organismus in Haut und Sinnen zu stärken, für eine bessere periphere Durchblutung zu sorgen und Verhärtungen aufzulösen. Diese Angabe Rudolf Steiners entspricht ganz den praktischen Erfahrungen des Arztes. Durch Rohkostkuren wird die Haut frischer durchblutet, Hautkrankheiten wie Ekzeme gehen zurück, Gelenkdeformitäten werden ausgeglichen, Wunden und Knochenbrüche heilen besser, der Stoffwechsel des Diabetikers wird durchformter. Doch durch diesen Effekt der Rohkost wird der Mensch oft zu stark in die Peripherie und in das Nerven-Sinnes-System geführt und verliert den Boden im Stoffwechselbereich. Daher ist reine Rohkost nur für eine bestimmte Zeit kurmäßig zu empfehlen.

Die gekochte Kost entfaltet ihre Wirksamkeit im eigentlich zentralen Stoffwechselsystem. Dort greift ihre Nährkraft an, dort werden die Aufbauprozesse in Gang gebracht, der Mensch genährt. Es empfiehlt sich daher, nur einen Teil der Nahrung, wie zartes Gemüse, Salat, reife Früchte, als Rohkost zu genießen, Getreide und alles, was eines Aufschließens bedarf, durch Kochen oder Backen dagegen weiterzuführen, ja wir dürfen ruhig sagen: durch Menschenhand zu veredeln. Denn schließlich gehört ein Herd seit Urbeginn aller Kultur zum Herzstück der Küche. Auf eine besondere Darstellung der Zubereitung des Getreides wurde verzichtet – nicht etwa, weil dieses Grundnahrungsmittel für weniger bedeutsam gehalten wurde, sondern weil schon eine spezielle Literatur auf diesem Gebiet vorliegt.*

In diesem Buch finden sich keine Rezepte mit *Fleisch.* Nicht aus Fanatismus, sondern aus der Erfahrung, daß viele der Zivilisationskrankheiten, insbesondere die Sklerose, auf einem zu hohen Konsum an Fleisch beruhen. Auch wird der Mensch unserer Zeit immer sensibler der Nahrung gegenüber, und es besteht die Gefahr, daß er durch das Fleisch, in das sich das Wesen des Tieres imprägniert hat, seelisch vergröbert und in seiner geistigen Entwicklung gehemmt wird. Rudolf Steiner, der auf diesem Gebiet die tiefsten Einsichten besaß, sagte dazu: «Die Fleischkost vermag den geistig strebenden Menschen in der Entwicklung aufzuhalten. Es ist tatsächlich so, daß durch die Enthaltung von der Fleischkost

* «Die Zubereitung von Getreide» herausg. vom Arbeitskreis für Ernährungsforschung Bad Liebenzell. – U. Renzenbrink, «Zeitgemäße Getreideernährung» (4. Aufl. Dornach 1979); Freya Jaffke, «Getreidegerichte – einfach und schmackhaft» (7. Aufl. 1980).

alles erleichtert wird. Der Mensch kann in der Seele widerstandsfähiger werden und sich stärker erweisen im Überwinden jener Widerstände und Hemmnisse, die aus dem Leib kommen, wenn die Fleischkost fortfällt.» Aber dann fügt er hinzu – und das ist von außerordentlicher Bedeutung für das Thema «Ernährung und geistiger Fortschritt» –, daß die Reifung der Persönlichkeit niemals durch eine besondere Ernährungsform allein erlangt werden kann: «Der Mensch wird nicht seelisch tragfähiger dadurch, daß er sich bloß der Fleischkost enthält, sondern vor allem dadurch, daß er sich in seiner Seele stärker macht. Wenn er sich nur des Fleisches enthält, macht er damit nur seinen physischen Körper anders; und wenn dann das nicht vorhanden ist, was von der Seelenseite da sein soll, dann hat das Enthalten von Fleisch gar keinen besonderen Zweck.»

Der Bedarf an *Eiweiß* läßt sich leicht durch Getreide, Hülsenfrüchte, Nüsse und Milchprodukte decken. Über den Mindestbedarf an Eiweiß können von den Vertretern der naturwissenschaftlich orientierten Ernährungslehre keine sicheren Aussagen gemacht werden. Er wird meist viel zu hoch geschätzt. Noch viel weniger klar ist man sich über das Optimum der Verträglichkeit. Hier liegt eine große Gefahr; denn die Sklerose, die heute als weitverbreitete Zivilisationskrankheit schon Jugendliche befällt, ist vor allem auf zu hohen Eiweißkonsum zurückzuführen, gerade in der Kindheit.

Es ist das Verdienst dieses Buches, eine Kostform anzubieten, die den hohen Eiweißverzehr vermeidet. Auch zeichnen sich die empfohlenen Nahrungsmittel, gerade in der Form ihrer Zubereitung, durch einen reichen Gehalt an Mineralstoffen aus, die für den Eiweißstoffwechsel von Wert sind.

Das *Zuviel* gilt aber nicht nur für das Eiweiß. Es werden heute allgemein zu große Mengen verzehrt. Durch eine fein abgestimmte Zusammenstellung der Mahlzeiten, eine sorgsame Beigabe von Gewürzkräutern und schonende Zubereitung sinkt das Bedürfnis, größere Mengen zu essen. Dafür tritt die Qualität in den Vordergrund. Die Menschen essen oft nur deshalb so viel, weil sie von der Marktware bloß ausgefüllt, aber nicht ernährt werden. Sie hungern an vollen Tischen. Damit berühren wir ein wesentliches Problem: die Frage des *Anbaus.* Durch den Gebrauch von chemischem Dünger kommt es zu massigen Produkten, die jedoch in ihrer Vitalstruktur stark geschädigt sind. Das Eiweiß ist minderwertig, da es nicht genügend ausreift. Es finden sich Verbindungen, die dem Menschen nicht zuträglich sind. Man denke nur an die Nitrate im Spinat.

Dieses Buch ist in engem Zusammenhang mit der *biologisch-dynamischen Wirtschaftsweise* zu sehen. Diese gründet sich auf Anweisungen, die Rudolf Steiner im Jahre 1924 einem Kreis für Landwirte gab. Es ging dabei primär um die Belebung des Bodens durch besondere Kompostierung mit Verarbeitung tierischen Düngers, Fruchtfolge und den Einsatz organischer Präparate, die gleichsam als Heilmittel für unsere kranke Erde dienen. In einem derartig bearbeiteten Boden können Pflanzen wachsen, welche die Licht- und Wärmekräfte des kosmischen Umkreises besser verwenden. Die biologisch-dynamisch gezogenen Produkte sind unter der Schutzmarke «Demeter» im Handel.

Wer sich um Qualität bemüht, muß einen feinen Sinn im Schmecken entwickeln. Er darf nicht im üblichen Sinne genießen wollen. Das hat zu einer Dekadenz der Eßgewohnheiten geführt. Auch muß wieder eine neue Gesinnung der Nahrungswelt gegenüber gepflegt werden. Albert Schweitzer sprach von der Ehrfurcht gegenüber dem Leben. Diese Haltung wird sich auch in den Sitten bei Tisch kundtun, und wir werden bemüht sein, unsere Seelen in der rechten Weise für das gemeinsame Mahl einzustimmen.

Was kann einen besseren Auftakt für das Essen geben als ein Tischspruch! Wir verdanken Rudolf Steiner ein Tischgebet, das einem zeitgemäßen Bewußtsein entspricht und für jede Jahreszeit und jedes Lebensalter gilt. Es wendet sich zunächst nach außen zur Pflanze, die in der Erde keimt, sich im Bereich der Luft entfaltet und deren Früchte in der Sonne reifen. In einer zweiten Strophe wird unser Blick in das menschliche Innere gelenkt. Auch im Menschenherzen vollzieht sich ein zartes Keimen der Seele, die sich im Licht der Welt entfaltet und reift. So wird das geheimnisvolle Werden der Pflanzenwelt, die uns zur Erdennahrung dient, mit dem Wachsen und Reifen der menschlichen Seele verbunden.

Es keimen die Pflanzen in der Erde Nacht,
Es sprossen die Kräuter durch der Luft Gewalt,
Es reifen die Früchte durch der Sonne Macht.

So keimet die Seele in des Herzens Schrein,
So sprosset des Geistes Macht im Licht der Welt,
So reifet des Menschen Kraft in Gottes Schein.

Udo Renzenbrink, Dr. med.

Vorbemerkung

Vom Süßen und Salzen

Über nichts sind sich die Ernährungsexperten heute wohl so einig wie über den *Industriezucker*. Aber ihr Urteil ist leider noch lange nicht Allgemeingut geworden, auch scheint die praktische Umsetzung dieser Erkenntnis große Schwierigkeiten zu machen:

Der weiße Zucker, beraubt seiner Mineralstoffe, die er in seiner Vorstufe als Rübensirup oder als Zuckerrohr noch in Fülle besaß, ist chemisch fast reines Kohlehydrat, also reiner Brennstoff, kein Lebensmittel. Gebleichter Zucker greift nicht nur von außen die Zähne an – das ist wohl allgemein bekannt, und durch gründliches Zähneputzen könnte man sich noch allenfalls dagegen schützen –, viel schlimmer: Er wirkt auf das Blut, und über dieses nicht nur auf die Zähne, sondern auch auf die Knochen. Zähne und Knochen werden weich und brüchig, erstere von Karies befallen. Es kommt zu *Knickungen* und Verbiegungen. Diese «Vorarbeit» des Zuckers hat manche Zivilisationskrankheit im Gefolge.

Aber noch mehr. Der Zucker raubt auch die lebenswichtigen B-Vitamine. Viele Nahrungsmittel, Fleisch und Weißmehlprodukte besonders, brauchen zum Abbau der von ihnen gebildeten Säuren diese Vitamine. Der Zucker bildet nun selber Säuren, welche zu ihrem eigenen Abbau die B-Vitamine an sich reißen, so daß nicht mehr genügend davon übrig bleiben. Der ganze Organismus wird unnormal, es bilden sich Schlacken, auf die man Krankheiten wie Herzleiden, auch Infarkte, Arterienverkalkung (sie kommen wahrscheinlich mehr auf das Konto des Zuckers als auf das von cholesterinhaltigen Fetten), Leberschäden, alle möglichen Hautleiden, Krankheiten der Verdauungsorgane, Gicht, Rheuma, Diabetes und vieles andere zurückführen kann. Auch für die Entstehung von Krebs kommt der Zucker in Frage. Nach Dr. Bruker sollten Kranke ihn eine Zeit lang gänzlich meiden. Das habe schon vielen geholfen.

Seit langem liegen vernichtende Ergebnisse über den Zuckergenuß vor. In England, Amerika, Japan wurden großangelegte Versuche in Krankenhäusern und Kinderheimen durchgeführt, in Deutschland kämpfte Johannes Georg Schnitzer seinen erbitterten Kampf gegen den Zuckergenuß und wurde in weiten Kreisen durch seine Versuche und seine Prozesse bekannt. Es war aufrüttelnd und erschütternd, was man da erleben konnte. Dennoch werden weiter Massen von Bonbons gelutscht, und der Zuckerkonsum in der Bundesrepublik ist unter den europäischen Ländern der höchste, höher als in Schweden, das ja ein bekannt «süßes» Land ist. Welches sind die Ursachen hierfür? Die Gefahren sind noch nicht genügend bekannt geworden. Aber auch eine mächtige Industrie sorgt mit den modernen Mitteln des »Marketing» besonders bei Kindern für eine frühzeitige Gewöhnung an den Konsum. Und nicht zuletzt braucht die Menschheit zu ihrer Ich-Entwicklung heute den Zucker[1].

1 Über die Funktion des Zuckers vom anthroposophischen Gesichtspunkt, siehe R. Steiner. Vortrag vom 23. 1. 1924 und 21. 3. 1913. Siehe dazu auch R. Steiner, Naturgrundlagen der Ernährung und Ernährung und Bewußtsein. Herausgegeben von Kurt Th. Willmann. Themen aus dem Gesamtwerk 6 und 7. Stuttgart 1981.

Natürlich ist damit nicht gesagt, daß wir den Industriezucker brauchen. Jeder andere gesunde Zucker, der unserem Körper zukommt, ist in diesem Sinne ein Helfer, auch der Zucker, den sich der Mensch selbst aus der Getreidenahrung aufbaut, ferner besonders Honig und auch Zuckerrübensirup.

Was hier vom weißen Zucker gesagt wurde, ist keine Schwarzmalerei, dennoch muß man zugeben, daß bei einer Ernährung mit Vollkorngetreide, mit viel Obst und Gemüse, mit dem Verzicht auf Fleisch ein bescheidener Zuckergebrauch zum Würzen durchaus zu vertreten ist. Wenn dennoch die Rezepte dieses Buches in den meisten Fällen Honig oder Rübensirup angeben, so deshalb, weil wir darin hochwertige, unentbehrliche Lebensmittel besitzen, mit deren Handhabung man sich vertrauter machen muß. Auch wird sich jeder zutrauen, statt der angegebenen Honig- oder Sirupgaben Zucker zu nehmen, wenn er das bevorzugt, während das Ungewohnte schwieriger sein dürfte.

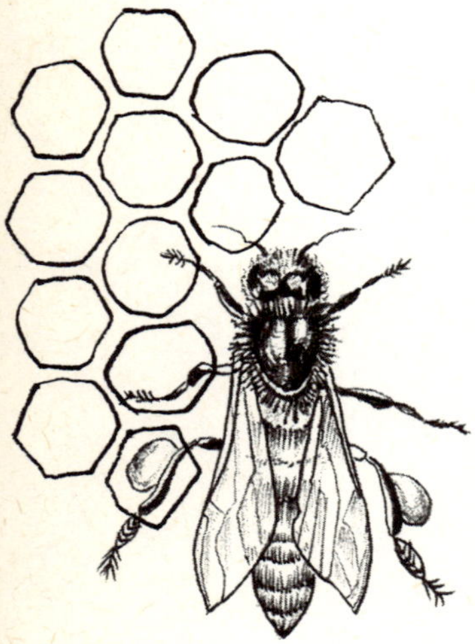

Der Honig ist eine wunderbare Heilnahrung, in der sich der Sommer selbst an uns verschenkt. Von April bis September sammeln die Bienen den Nektar von Blüten und Blättern, bereiten ihn in ihrem Honigmagen auf, um ihn in der Wabe heranreifen zu lassen. Wohl keine Nahrung gelangt von ihrem ganzen Umkreis so fein zubereitet zu uns, wie der Honig. Er bedarf denn auch keiner weiteren Verarbeitung mehr als der unseres Mundes, ja, er geht sogar ohne die Hilfe unseres Darms ins Blut über.

Die feinen Substanzen, die wir Honig nennen, sind nicht nur eine Zusammensetzung von 80% Trauben- und Fruchtzucker mit Wasser und einer Spur Polleneiweiß. Diese edelste Süße ist eine kunstvolle und dennoch natürliche Komposition mit einer Unzahl von lebenspendenden und beschützenden Wirkstoffen. Das ganze geheimnisvolle Wesen, das die Bienenwelt durchzieht, wendet sich an die Ich-Organisation im Menschen und vermittelt, vor allem im Alter, die notwendigen Aufbauimpulse. «Was die Kuh der Jugend, das ist die Biene dem Alter»[2].

Der Honig wirkt auf Blut, Herz, Nerven und Muskeln, er heilt Herz-, Magen- und Darmkrankheiten. Bekannt ist seine Heilkraft bei Halsentzündung, weniger die äußerliche Anwendung bei Wunden. Hier wirken die sog. «Inhibine», Schutzstoffe, welche eine Reihe von Krankheitskeimen an ihrer Ausbreitung hindern. – Zu beachten ist, daß diese antibakteriellen Stoffe eine Erhitzung über 42 Grad nicht vertragen. Ferner regt Honig die Magensäfte an und kräftigt den ganzen Körper. Zu einer stärkenden Hauskur gibt man dem größeren Kind (nach dem Zahnwechsel) vor- und nachmittags je einen halben Teelöffel, allmählich gesteigert bis zu einem Eßlöffel Honig in warmer Milch.

Das Loblied des Honigs soll keine Aufforderung sein, viel davon zu verbrauchen. Dieses in unendlicher Kleinarbeit erworbene Lebenselexier darf nur

2 Werner Christian Simonis, Milch und Honig, Stuttgart 1965.

sparsam angewandt werden. Ein Zuviel scheidet der Darm ungenützt aus, und der Magen könnte es übelnehmen. Aber normalerweise wird man Honig auch nicht allein wie Medizin einnehmen, sondern man baut ihn sinnvoll in die Ernährung ein. Das «universale Heilmittel» wird regelmäßig in kleinen Mengen gegessen. Mit Butter zusammen bekommt er manchen Menschen weniger gut.

Beim Honigkauf muß man wissen, daß es auch hier Qualitätsunterschiede gibt, und darauf achten, daß man Waben- oder Schleuderhonig bekommt. Zu fordern ist, daß der Honig nicht von Bienen gewonnen ist, die mit Zuckerlösung gefüttert wurden. Wenn Blüten mit Chemikalien gespritzt werden, bleiben die Bienen ihnen fern oder gehen ein. Minderwertig sind Seim-, Preß- und Stampfhonig; Kunsthonig ist ein reines Chemieprodukt. – Es gibt Blüten- und Blatthonig (Honigtau). Diesen saugen die Bienen von den Blättern. Er ist matter im Geschmack, bis auf den sehr charaktervollen, etwas harzigen Tannenhonig. Der pflanzlichen Herkunft nach macht man Unterschiede nach «Trachten». Die Frühtracht stammt von Obstbäumen, Ahorn, Raps und Löwenzahn. Die Sommertracht liefern Wiesen, Felder und Wälder, wobei es noch den Linden-, Akazien- und Kleehonig gibt, in Frankreich auch Lavendelhonig. Der Herbst bringt den herben Heidehonig. Wieder anders und stärker aromatisch ist der Honig von Gebirgspflanzen.

Etwas reserviert stehen wir dem billigen Honig von Übersee gegenüber. Er wird meist zur Abfüllung erhitzt und verliert an Lebendigkeit. Zum Kochen und Backen reicht er jedoch aus. Während in Deutschland ein Bienenvolk im Jahr durchschnittlich 7 bis 8 kg Honig liefert, beträgt die Honigernte in Kalifornien pro Volk und Jahr 35 bis 70 kg, in manchen Gegenden bis zu 100 kg. Daher der Preisunterschied. Auch europäischer Honig aus Schönwetterländern ist viel billiger. Wenn man die Gewähr hat, daß er nicht stark erhitzt wurde und die Garantie für Reinheit gegeben ist, ist nichts gegen ihn einzuwenden.

Wenn wir bei allen Vorzügen eines guten Honigs seinen Preis mit dem von Schokolade vergleichen, dann finden wir ihn gewiß nicht mehr teuer.

Einige Hinweise zur Aufbewahrung: Lassen Sie keinen Löffel im Honig stecken, denn er enthält natürliche Säuren. Honig zieht Feuchtigkeit an und ist geruchsempfindlich, daher den Topf verschließen. Viele Monate lang hält sich der Honig, wenn er trocken, kühl und vor Licht geschützt aufbewahrt wird.

Ähnlich wie beim Honig ist auch der im *Zuckerrübensirup* enthaltene Frucht- und Traubenzucker in organischer Form mit allen wesentlichen Vitalstoffen harmonisch verbunden. Für die heranwachsende Jugend ist er mit seiner knochenbildenden Wirkung von besonderem Wert. Magen- und Darmempfindliche vertragen ihn gut und schätzen seine verdauungsfördernde Kraft. Beim Einkauf ist darauf zu achten, daß der Sirup aus Rüben gewonnen wurde, die auf gesundem Boden, frei von Chemikalien, gewachsen sind.

Viele unter uns werden sich noch an die hinter uns liegenden schweren

Kriegsjahre erinnern, in welchen Zuckerrüben im Tauschhandel wie Kostbarkeiten erworben wurden. Sie wurden dann im Waschkessel zu Sirup gekocht. Viele, viele Stunden mußte die Substanz gerührt werden, weil sie leicht anbrannte. Dann gab es aber hinterher auch solch seltene Köstlichkeiten wie z. B. Gewürzkuchen oder Gewürzplätzchen, oder der Sirup wurde zu Pfannkuchen oder Buchweizenkuchen verwendet.

In Amerika wird der Zuckerrübensirup mehr geschätzt als bei uns. Eine reiche Quelle an Vitamin B, Eisen und anderen wesentlichen Mineralien, natürliche Zucker- und Vitalstoffe wurden in der «Melasse» entdeckt. Mit Vorliebe trinkt man dort heiße Milch mit einem oder zwei Teelöffeln Melasse verrührt. Dort wird darauf hingewiesen, daß man beim Einkauf auf ungeschwefelte Ware achten muß. Diese Melassemilch trinkt man auch gegen Schlaflosigkeit.

In unseren Rezepten kehrt der Sirup immer wieder, nicht nur zu Brotaufstrich, sondern auch zu vielen Speisen und Gebäcken wird er wie der Honig zum Süßen empfohlen. Die Hitze zerstört seinen Wert nicht, wurde er doch durch langes Kochen gewonnen.

Brauner Zucker (Rohzucker aus Zuckerrüben und Roh-Rohrzucker) ist im Vergleich mit Fabrikzucker kaum besser. Er ist ebenfalls weitgehend entmineralisiert, enthält bedeutenden Überschuß an Kochsalz, Chlor, Kalium und Natrium, dagegen nur Spuren von Phosphorsäure, Kalzium und Magnesium. Ebenso ist *Industrie-Traubenzucker* abzulehnen. Die handelsübliche Ware, welche zur raschen Erholung, zum «Durchhalten» für Sport und Wanderungen angeboten wird, wird aus Maisstärke gewonnen.

Wir salzen unsere Nahrung mit *Kochsalz*, einer Verbindung aus Chlor und Natrium. Auch Meersalz ist Kochsalz, hat aber im Gegensatz zum gewöhnlichen Tafelsalz eine große Anzahl weiterer Mineralsalze und Spurenelemente. Es gibt Stimmen, die vor dem Salz aus «unseren atom- und chemieverseuchten Meeren» warnen. Wie man sich auch entscheiden mag: Zu wenig Salz werden wir kaum je zu uns nehmen, da in allen Nahrungsmitteln, sei es durch Fabrikation oder von Natur aus, Salz enthalten ist, und da der Körper nur einen geringen Salzbedarf hat. Zuviel Salz kann jedoch sehr schädlich sein, Herz und Nieren belasten, den Blutdruck erhöhen und zu Stauungen salziger Wassermengen im Gewebe führen. Eine salzarme Kost verfeinert den Geschmackssinn und macht ihn empfänglich für die subtileren Salze der Gewürze und Gemüse. Solchem «Feinschmecker» ist oft das gewöhnliche Bäckerbrot schon zu salzig. Durch zeitweiligen Salzentzug kann manche Krankheit geheilt werden, eine salzarme Diät muß mancher sein Leben lang durchführen. In Apotheken gibt es bei Salzentzug Präparate, welche das Salz ersetzen sollen; es gelingt nicht. Allein unser Geschmack würde das Kochsalz schwer entbehren. Darum wollen wir lieber beizeiten vernünftig und mit Bedacht das Salzfaß gebrauchen, die Vielfalt der Gewürze sprechen lassen und desto gesünder leben.

Garten- und Wildkräuter

~~Schafgarbe~~ Giersch

Wildpflanzen – Geschenke des Frühlings

Wildpflanzen – Geschenke des Frühlings

Wenn die Zeit der ersten Wildpflanzen kommt, müssen die Städter keineswegs zurückstehen. Die Sonntagsspaziergänge werden mit dem nützlichen Zweck des Kräutersammelns verbunden. Was wirklich wild wächst, wird genommen. Felder und Wiesen, welche künstlich gedüngt wurden, meiden wir ebenso sorgsam wie Gegenden, in denen Schädlingsbekämpfungsmittel oder Herbizide gespritzt worden sind. Mancherorts kann man Wildgemüse auch auf dem Markt kaufen.

Diese Pflanzen mit ihren reichen Wirkstoffen und Mineralsalzen haben meist einen stark ausgeprägten und mitunter etwas strengen Eigengeschmack. Deshalb ist es empfehlenswert, mehrere Sorten zu mischen oder mit Spinat oder Gartensalat zu ergänzen. Wenn sich erst der Gaumen auf die würzigen Wildgemüse umgestellt hat, besteht keinerlei Bedürfnis mehr, sie mit Kulturgemüse auszugleichen. Nicht nur als Salate, sondern auch in Bratlingen, Soßen, Aufläufen und für Gemüsefüllungen können sie verwendet werden.

Die «Neun Schönen»

Unsere Vorfahren wußten zwar noch nichts von Vitaminen, aber daß grünes, junges Gemüse gesund ist, war ihnen nicht unbekannt. Neun grüne Kräuter waren es, im Volksmund die «Neun Schönen», die dabei besonders bevorzugt wurden: Brennessel – Sauerampfer – Wegerich – Schafgarbe – Feldkümmel – Giersch – Löwenzahn – Gänsefuß – Brunnenkresse.

Auch heute ist es lohnend, sich mit diesen kostbaren neun Kräutern einmal zu beschäftigen.

Brennessel

Vor allem sind es die Brennesseln (*Urtica dioica* und *urens*), welche man als gesundes und schmackhaftes Gemüse zubereiten kann. Vielen Menschen als Unkraut verhaßt, bieten sie doch so viele *Mineralstoffe* wie kaum eine Kulturpflanze.

Wenn die ersten jungen Brennesselspitzen hervorsprießen, werden sie ganz fein gehackt und aufs Butterbrot gestreut. Bei fortschreitender Jahreszeit richtet man sie mit Zitronensaft, Öl und Zwiebeln zu einem aromatischen Salat an. Es gab schon großes Rätselraten, um welche würzige Pflanze es sich handeln könne, als man diesen Salat sogenannten «Feinschmeckern» vorsetzte, welche man nach Preisgabe des Geheimnisses recht enttäuschte, daß es «nur» Brennesseln waren, denen sie voreilig ein so großes Lob gespendet hatten.

Bald kommt dann auch die Zeit, wo es Brennesseln in solcher Fülle gibt, daß man nur noch die zarten Spitzen sammelt und diese nach dem *Grundrezept für Wildgemüse* (S. 25) zubereitet. Wenn wir uns mit den Brennesseln so befreundet haben, daß wir sie «jeden Tag» essen mögen, probieren wir nach und nach alle hier unter «Wildgemüse» angegebenen Rezepte durch. Man kann auch Spinat mit Brennesseln anreichern. Dazu wird einfach eine Handvoll gehackter Brennnesseln mitgekocht. Der Spinat wird schmackhafter und nahrhafter.

Wohltuend ist die nährstoffreiche Brennessel für werdende und stillende Mütter. Ein *Tee* aus frischen, im Winter aus getrockneten Brennesselblättern dient zu reichlicher Milchbildung. Etwa 20 g Blätter mit 1 Liter Wasser 10 Minuten kochen. Den Tee morgens nüchtern oder abends vor dem Schlafengehen trinken. Etwas Zitronensaft und Honig verbessern Geschmack und Qualität.

Vielfältig ist die Heilwirkung der eisen- und kieselsäurehaltigen Pflanze. Abgesehen von ihrer blutbildenden Wirkung stärkt sie Magen und Darm, regt die Bauchspeicheldrüse an, reinigt die Nieren und befreit die Lungen bei Verschleimung. Für Kinder hat sie ihre Bedeutung auch als Wurmmittel. Man gibt einen gehäuften Teelöffel gehackte Brennesselblätter pro Person jeweils unter die Speisen.

Auch die äußere Anwendung der Brennessel ist seit langem bewährt, sei es das Abklopfen gichtischer und rheumatischer Stellen mit Brennesselstauden, welches an die bekannte Bienenstichtherapie erinnert, seien es Umschläge und Waschungen mit Brennesselabkochungen und Kochsalz bei Quetschungen und Prellungen oder der frischausgepreßte Saft bei Verbrennungen. Die Abkochung nimmt man auch als Badezusatz und Gurgelwasser.

Sehr wertvoll sind getrocknete Brennesseln im Winter als Vitaminspender für Hühner und andere Haustiere. Sie werden zerkleinert und ins Weichfutter gemengt. Man lege sich einen großen Vorrat davon an und scheue dabei das Brennen nicht, heißt es doch:

«Sorgen sind von der Nesseln Art.
Sie brennen, greifst du sie an zu zart.
Nimmst du sie aber herzhaft,
So ist ihr Griff nicht schmerzhaft.»

Gut tut man, nach dem Brennesselsammeln die Hände nicht gleich mit Wasser in Berührung zu bringen, sondern mit ein paar Tropfen Öl einzureiben.

Löwenzahn

Besondere Aufmerksamkeit verdient der Löwenzahn *(Leontodon taraxacum)*. Man kann ihn einen König unter den Pflanzen nennen. Überall auf Wiesen, Feldern, an Straßengräben und Waldrändern ist der Korbblütler zu finden. In manchen Ländern gehört er seit Jahrhunderten zum täglichen Speisezettel, besonders im Süden wird er als Delikatesse kultiviert. Durch Abdecken kann man sehr zarte, bleiche Pflanzen erzielen, doch sind die grünen, von der Sonne beschienenen Blätter mit ihrem Bitterstoff, dem wertvollen Taraxin, noch wertvoller. Diesen Bitterstoff bekommt man besonders zu schmecken, wenn man die Blätter mit Butter oder Öl zu Gemüse dünstet, was vielerorts geschieht. Am schmackhaftesten und heilsamsten ist die frische Pflanze, die man am besten zu Salat verwendet, wobei auch die Wurzel, fein zerschnitten oder gerieben, mitgenutzt werden kann.

Kümmel

Der Löwenzahn hat die Eigenschaft, den Organismus zu entwässern, die innere Sekretion zu fördern – wichtig für die Galle – und den Magen zu stärken. Er ist eines der nützlichsten Kräuter bei Leberstörungen. Es ist erwiesen, daß Löwenzahn die für die rheumatische Arthritis charakteristischen kalkigen Ablagerungen auflöst. Man sollte ihn vorbeugend im Frühling täglich in kleinen Mengen essen, bevor eine Notwendigkeit dazu drängt. Mit Löwenzahnsaft kann man sich die Kur erleichtern. Zum Löwenzahnkaffee, den man ebenfalls im Reformhaus kaufen kann, dient die getrocknete, gemahlene und geröstete Wurzel. Leber- und Gallenleidende schätzen ihn besonders.

In der Volksmedizin spielt diese Pflanze seit Jahrhunderten eine große Rolle. Als harntreibendes, abführendes und blutreinigendes Mittel wurde sie im 17. Jahrhundert in den Arzneischatz der Ärzte aufgenommen. Fast hundert Jahre später ordnete sie Hufeland einem System der Naturheilanwendung zu, und auch in der Homöopathie von Hahnemann wurden die verschiedenen Wirkungsweisen des Löwenzahns studiert. In der Naturheilpraxis von Pfarrer Kneipp erfreute sich die Pflanze einer so breiten Anwendung, daß sie zum unersetzlichen Heilschatz der Kneippanhänger geworden ist und dadurch auch nie in Vergessenheit geriet.

Sauerampfer

Der Sauerampfer *(Rumex acetosa)* reckt sich auf den Wiesen hoch über alle anderen Kräuter hinaus. Man kann ihn leicht sammeln. Gelegentlich wird er aber auch in Gärten angebaut. Als Mittel gegen Skorbut und Skrofulose schätzten ihn unsere Vorfahren, heute weiß man um seinen hohen Gehalt an Vitamin C. Seine erfrischende Säure macht ihn zu einer ausgezeichneten Salatpflanze. Feingeschnitten kann man seine Blätter allen Grünsalaten beigeben, sie verhelfen zu einem angenehmen Aroma.

Der Sauerampfer wirkt blutreinigend, verdauungsfördernd und harntreibend, er regt Magen und Nerven an und fördert damit den Appetit. Wer zu Steinbildungen neigt, sollte ihn seiner Oxalsäure wegen lieber meiden.

Sauerampfersuppen, besonders zusammen mit dem blutreinigenden und vitaminreichen Kerbel, sind bekannt und beliebt. Sehr gut sind sie auch mit pochierten Eiern. Allen Suppen und Soßen kann man gehackten Sauerampfer überstreuen, und sehr gut harmoniert seine Säure mit Kartoffelgerichten, voran dem Kartoffelsalat.

Wegerich

Ein unaustilgbares und verachtetes Kraut auf allen Wegen und Wiesen ist der Wegerich *(Plantago)* mit seinen vielen Sorten. Man pflückt die jungen Blätter, die man zu Salaten und als Zusatz zum Gemüse nehmen kann. Jeder der zahlreichen Wegerichbrüder hat in der Naturheilkunde seinen wichtigen Platz, aber eine blutverbessernde und lösende Wirkung besitzen sie alle. Als Brust- und Hustenmittel ist der Spitzwegerichsaft ja allgemein bekannt; vergessen ist dagegen heute, was früher jeder Hirt und Landmann wußte, daß die zerquetschten Blätter ein ausgezeichnetes Wundheilmittel sind bei allerlei Verletzungen bis hin zum Insektenstich. Die Forschung hat mit der Entdeckung eines Wundhormons im Wegerich diese Heilkraft nun auch wissenschaftlich bestätigt. Ist man mit Kindern in den Ferien, so kann man die Probe machen und gewaschene zerquetschte Wegerichblätter, am besten noch mit etwas Heilerde vermengt, den Schürfwunden auflegen, die es immer wieder gibt. Man deckt mit einem sauberen Taschentuch zu und bindet es mit einem Tuch oder elastischer Binde fest. Auch gegen Bettnässen infolge von Blasenschwäche ist das unscheinbare Kraut gewachsen. Was heute manchen besonders interessieren mag: der Breitwegerich *(P. major)* gilt als *Mittel, sich das Rauchen abzugewöhnen.* Man überbrüht 1 geh. Teel. getrocknete Blätter mit 1 Tasse Wasser und nimmt 2stdl. einen kleinen Schluck davon.

Schafgarbe

Die Schafgarbe *(Achillea millefolium)* nennt Rudolf Steiner «ein ganz besonderes Wunderwerk». Die zarten, jungen Blattrispen werden fein geschnitten wie Schnittlauch oder Kresse aufs Butterbrot, über Getreidegerichte oder Kartoffeln gestreut. Man kann sie auch unter Salate mischen. Die schwefelhaltigen Blüten ergeben einen angenehmen Bittertee, nicht nur zur Frühjahrskur (mit einem Teelöffel Birkenelixier pro Tasse), sondern auch als Frauentee bei Weißfluß und zu starken Blutungen, gegen Schlaflosigkeit und Erschöpfungszustände nach Krankheiten. Solch eine Teekur führt man über mehrere Wochen durch. Schafgarbentee mit Honig ist ein hilfreiches Grippe- und Hustenmittel, auch bewährt gegen zu starkes Herzklopfen und Arterienverkalkung. Früher gaben Mütter ihren heranwachsenden Töchtern während der Übergangszeit ein Jahr lang morgens nüchtern eine Tasse Schafgarbentee. Magen- und Darmkranken, Leber- und Gallenleidenden sei der bittere Tee gleichfalls empfohlen, ferner wirkt er gegen Würmer, Hämorrhoiden und Bettnässen. Gegen Milchschorf, Krätze und Wunden macht man Waschungen und Umschläge damit. Der Bauer gibt nach alter Hirtenweisheit seinem erkrankten Vieh davon, und im alten China hielt man die Pflanze heilig: sie wächst auf dem Grabe des Konfuzius.

Kümmel

«Esset Kümmel, das ist gut!
Wärmt den Magen, gibt gsund' Blut.»

Der Kümmel *(Carum carvi)* wärmte schon vor 5000 Jahren den Steinzeitleuten den Magen so wie uns heute. Wo wir den echten Wildkümmel finden, sammeln wir ihn und schneiden gleich ein paar Blättchen in den Salat. Seine Körner sind kleiner, aber weit aromatischer als die des gekauften Kümmels. Er wächst an Wegen und auf Wiesen und läßt sich von anderen Doldengewächsen durch seinen charakteristischen Geruch unterscheiden. Zwei Jahre muß die Pflanze Wind und Wetter über sich ergehen lassen, ehe man die Körnchen mit dem heilkräftigen, ätherischen Öl ernten kann.

Besonders im Frühjahr sind uns die verdauungsfördernden kleinen Früchte dienlich, wenn noch alte Kartoffeln verbraucht werden sollen. Sie machen viele Speisen verträglicher, auch Kohl, Rüben und Rote Beete. Bei der Zubereitung neuer Kartoffeln neutralisieren sie das darin enthaltene Solanin. Quark und alle Käsesorten gewinnen an Geschmack, ja, es gibt viele Kräuterliebhaber, die streuen sich sogar aufs Butterbrot einige Kümmelkörner, namentlich wenn er frisch geerntet ist und seinen herben Duft entfaltet. Seine Eigenart duldet keine anderen Gewürze neben sich, es sei denn etwas Pfeffer.

Der Kümmeltee (1 Teelöffel Kümmel mit 1 Tasse Wasser kurz aufkochen) ist seit alters bekannt. Man trinkt ihn bei schlechter Verdauung, Krämpfen und Blähungen. Kinder bekommen ihn auch gegen *Madenwürmer* (1 Eßlöffel Kümmel mit ½ Liter kochendem Wasser, besser noch Milch, überbrühen, einige Minuten «simmern» und 15 Minuten ziehen lassen. Der Tee ist auch ein gutes Milchbildungsmittel. Kümmelöl wirkt harntreibend und blutreinigend und regt den Appetit an. Schwächliche und rachitische Kinder soll man häufig damit massieren. Auch Kümmelbäder werden zur Kräftigung empfohlen. Gegen *rheumatisches Kopf-, Ohren- oder Zahnweh* sowie Blasenschmerzen helfen warme Kümmelsäckchen.

Giersch

Der Giersch oder Geißfuß ist zwar als Unkraut überall verhaßt, da er schier unausrottbar mit langen Ausläufern im Boden festsitzt, aber er ist ein vorzügliches Wildgemüse. In manchen Gegenden heißt er auch Baumtropfen oder Zipperleinkraut. Hierdurch ist schon auf das Heilmittel hingedeutet wie auch durch den botanischen Namen *Aegopodium podagraria*, denn schon die Griechen bekämpften ihre Podagra, die Fußgicht, mit Giersch. Zum Entschlacken kann man im frühesten Frühjahr die ersten zarten Blättchen als Salat essen, oder auch kochen. Größere Blätter nimmt man lieber mit Brennesseln, nur das ausgewachsene Kraut ist nicht mehr zu empfehlen, es wird herb und bitter. Man kann auch gut Fußbäder, Sitz- oder Vollbäder aus der Pflanze bereiten. Gegen Stiche und Schürfungen hilft das geriebene Blatt.

Melde

Ein ebenfalls weitverbreitetes Kraut mit einer zahlreichen Verwandtschaft ist die Melde, der Gänsefuß oder Gute Heinrich *(Chenopodium bonus Henricus)*. Mancherorts überzieht sie in Mengen die Ränder der Dorfstraßen und die Felder. Sie ist auch verwandt der Gartenmelde *(Artiplex hort.)* und liefert einen guten Wildspinat. Das wohlschmeckende Gemüse kann man vorteilhaft mit anderen Wildkräutern mischen. Später kann man die jungen Sprossen, über der Erde abgeschnitten, spargelartig zubereiten. Als Hausmittel verwendet man den Guten Heinrich auch als Tee bei Lungenleiden und Entzündungen. – Der nahverwandte Weiße Gänsefuß gehört zu den ältesten Heilpflanzen, die sich bei uns nachweisen lassen.

Brunnenkresse

Die Brunnenkresse, das Wasserlieschen *(Nasturtium offic.)*, wird von Kennern als Salat- und Gewürzpflanze sehr geschätzt. Die dickstengelige Wasserpflanze, die schon in der Antike als Heilpflanze bekannt war, enthält reichlich Vitamin C

~~Giersch~~ Melde

und antibiotische Wirkstoffe. Sie ist schleimlösend und harntreibend und reinigt Leber, Magen und Lunge. Ihr Gehalt an Jod macht sie zum Drüsenmittel, auch bei Erkrankung der Schilddrüse. Werdende Mütter sollten sie wegen ihrer stark ausscheidenden Kraft nur mit Vorsicht genießen. Man nimmt diese Verwandte der Gartenkresse im Ganzen als Salat oder zum Garnieren, mischt sie mit anderen Salaten und gibt sie auch feingehackt als Würze an Kräutersuppen, zu Butterbrot, Tomaten. Man läßt sie jedoch nie mitkochen. Nicht verwandt und doch ganz ähnlich im Gebrauch ist die *Bachbunge* mit fleischigen Blättern und tiefblauen Blüten (eine Veronica-Art), ebenfalls blutreinigend und einer Frühjahrskur dienlich.

REZEPTE

Grundrezept für Salate

Die Kräuter nicht lange im Wasser liegen lassen. Erst nach dem Waschen die Blättchen fein schneiden. Zwiebeln und Würzkräuter dazugeben und mit Zitronensaft und Öl vermischen.

Salat mit Joghurt

Die vorbereiteten Blätter und Würzkräuter auf Portionsteller anrichten, über jedem Teller 1 Eßlöffel Öl verteilen. Sauermilch, Joghurt oder mit Milch verdünnten Quark sahnig schlagen und reichlich über die Salatteller geben.

Salat mit Ei

Dem verquirlten Joghurt oder Joghurt mit Tomatensaft einige hartgekochte, gewürfelte Eier untermischen.

Grundrezept für Wildgemüse

500 g Wildgemüse nach dem Waschen grob schneiden oder fein durch den Fleischwolf drehen. Mit gehackten Zwiebeln oder Lauch in 10 bis 12 Minuten weichdünsten. Wasserzugabe erübrigt sich meist. Die Wildgemüse entwickeln durch ihren hohen Gehalt an Mineralsalzen ein so würziges Aroma, daß man auf Salz verzichten kann. Einige Eßlöffel Rahm und Zitronensaft dazu machen die Speise zur Delikatesse.

Gebundenes Gemüse

Das Gemüse wie oben vorbereiten. Mit Gemüsebrühe oder Milchwasser eine Tasse dünnen Grießbrei kochen, mit dem Gemüse vermischen und warm zugedeckt kurz ausquellen lassen.

Gestockt, mit Eiern

Dem fertigen Gemüse 1 bis 2 mit ein wenig Milch verrührte Eier, etwas Salz und Pflanzenwürze unterrühren und kurz stocken lassen.

Grundrezept für Suppen

Haferflockensuppe oder beliebige Getreide- oder Grützesuppe kochen und zum Schluß 1 Tasse Buttermilch, 100 bis 150 g durch den Fleischwolf gedrehtes rohes Wildgemüse und Pflanzenwürze einrühren.

Kartoffelsuppe mit Wildgemüse

Eine dicke Kartoffelsuppe kochen oder Rest von Kartoffelbrei verwenden. Das Wildgemüse und 1 Tasse Buttermilch oder frische Milch dazugeben und mit Salz abschmecken. Etwas Piment kann mitgekocht werden. Gehackten Schnittlauch, Petersilie und besonders Dill überstreuen. Geriebenen Käse einrühren. Mit einigen belegten Broten ist dies ein selbständiges Gericht.

Grundrezept für Soßen

Eine helle Mehlschwitze herstellen, feingehackte Wildkräuter untermischen und mit Pflanzenwürze abschmecken. Eine gute Zugabe zu jeder Kartoffel- und Getreidespeise.

Pikante Soße

Der fertigen Soße Tomatensaft oder geriebenen Meerrettich, rohen, feingehackten oder durchgedrehten Rhabarber oder eine geriebene Einmachgurke untermischen.

Wildgemüseauflauf

Gekochte Hafer- oder Gerstengrütze, auch Hirse, Grieß oder Vollkornreis mit etwa 200 g durch den Fleischwolf gedrehten Wildkräutern vermischen. Mit Würze und ein wenig Salz abschmecken. 2 gut geschlagene Eidotter einrühren und zuletzt den Eischnee unterziehen. Wenn nötig, gibt man noch Gemüsebrühe oder Milch zu der Masse. In einer Auflaufform bei Mittelhitze backen, obenauf Butterflöckchen.

Schichtauflauf

Nicht zu weich gekochte Vollkornteigwaren schichtweise mit gegartem Wildgemüse in die Auflaufform geben. Etwas Buttermilch oder Frischmilch darübergeben und im Backofen aufziehen lassen.

Gemüsepfannkuchen

Einen üblichen Pfannkuchenteig aus 4 Eiern und Vollkornmehl herstellen. Etwa 100 g verwiegte oder feingeschnittene Wildkräuter beifügen und Pfannkuchen backen. In Streifen geschnitten, ergeben diese Pfannkuchen auch eine gute Suppeneinlage.

Gefüllte Pfannkuchen

Dünne Vollkornpfannkuchen backen, je 1 Löffel gedünstetes Wildgemüse darauflegen und einschlagen. Im Ofen noch leicht überbacken und mit Tomaten- oder Meerrettichsoße ergänzen. Man reicht dazu eine Salatplatte.

Bratlinge

Etwa 200 g Hafer-, Gerste- oder Hirseflocken ausquellen lassen und 300 g roh durchgedrehtes Wildgemüse, 1 bis 2 Eßlöffel Vollmehl und ein wenig Salz zugeben. Kleine flache Küchlein formen, in Brotbröseln wenden und in Öl knusprig backen. Man kann der Masse auch 1 bis 2 Eier untermischen.

Löwenzahnkartoffeln

Feingeschnittenen Löwenzahn unter einen zuerst nicht zu saftigen Kartoffelbrei mischen. Einige Eßl. heiße Milch, etwas Öl und ein wenig Würze unterrühren.

Grüne Pastete

Eine Springform mit beliebigem, ungesüßtem Teigboden belegen. Gedünstetes, gewiegtes Wildgemüse – besonders geeignet sind hierzu Brennesselspitzen und -blättchen – mit 1 Eßlöffel gemahlenem Brot, feinen Haferflocken, 1 Eßlöffel Sojamehl oder 1 Ei (oder beidem), etwas Salz und Milch zu einer Auflaufmasse verarbeiten, in die Form geben, evtl. einen Teigdeckel darüberlegen und backen.

Platz für eigene Rezepte

Eine Frühjahrskur schenkt neues Leben

Mit Windessausen und Sturmesbrausen beginnt die große Erneuerung im Jahreslauf. Mutter Erde hält «Großreinemachen», um anschließend ihre im Winter aufgespeicherten Kräfte zu neuer Lebensblüte zu entfalten. – Auch der Mensch unterliegt mit seiner Körperlichkeit diesem Naturgesetz der Erneuerung, aber er hat sich in der Zivilisation der Großstädte weitgehend davon gelöst und muß erst wieder wach dafür werden. Aus seinem eigenen Wissen und Willen heraus muß er sich dem Naturrhythmus wieder anschließen, um die Wohltat der Erneuerung auch von sich aus mitzumachen.

Mannigfach sind die «Frühjahrskrisen». Man spricht von Frühjahrsmüdigkeit, das Essen schmeckt nicht mehr, der Kopf ist benommen. Chronische Krankheiten verschlimmern sich, besonders Lungenleiden, Gicht, Rheuma und Hautkrankheiten, überhaupt alle Stoffwechselbeschwerden. Leber- und Gallenkranke sind meist im Frühjahr stärker heimgesucht als im Winter.

Weisheitsvoll für Leib und Seele waren früher die religiösen Fastenzeiten eingerichtet. Entschlackungs- und Blutreinigungskuren sind heute an ihre Stelle getreten. Dabei sind sie keineswegs neu, wir können bei unseren Vorfahren auf diesem Gebiet viel lernen. Mit der Einschränkung der Nahrungsmenge allein schon gibt man dem Organismus die Möglichkeit, überflüssiges Material (Fett, Wasser, Stoffwechselschlacken, Gifte) abzubauen und auszuscheiden. Man wird im Frühjahrsspeisezettel Fett in jeder Form nur mäßig genießen. Fleisch, scharfen Käse und scharfe Gewürze sind ohnehin zu streichen, ebenso Eier, Süßigkeiten und Weißmehlprodukte. Die Mängel der Winterernährung aber werden durch Zufuhr jener mannigfaltigen Nahrungs- und Wirkstoffe ausgeglichen, die in Gemüse und Obst, in Frühjahrskräutern und Wildgemüsen enthalten sind. In den Mittelmeerländern sind im Frühjahr fast alle eifrig bemüht, neben religiösen Fastenübungen sich die reinigenden und aufbauenden Kräfte des Lenzes nutzbar zu machen. Die Araber halten streng ihren Fastenmonat ein, den «Ramadan», und in Süditalien steigen Frauen und Kinder in den Bergen umher, um sich bittere Kräuter zu suchen, mit denen sie eine blutreinigende Suppe kochen. In Frankreich und Belgien spielt der Löwenzahn eine große Rolle als blutreinigende Pflanze, die man in jedem Delikatessenladen kaufen kann.

Unsere kostbaren Wildkräuter zur Frühjahrsauffrischung sind die «Neun Schönen» und weitere hier genannte Pflanzen. – Bekannt als Frühjahrskurmittel ist das rohe Sauerkraut. Seine heilende und fäulnishindernde Wirkung beruht auf dem Gehalt an Milchsäurebakterien. (Weiteres siehe unter «Sauerkraut» S. 150 ff).

Auch der Saft der Birke ist ein altes Regenerationsmittel für eine Frühjahrskur. Wenn die Birken «in den Saft steigen», bohrte man früher den Stamm an, um diese Quelle zum Fließen zu bringen. In das Bohrloch wurde ein Federkiel gesteckt, durch den die kostbare Flüssigkeit in eine daruntergebundene Flasche tröpfelte. Meist wurde der Baum ein Opfer dieser Saftentnahme, er «verblutete». Er ließ sich unter Umständen retten, indem man das Bohrloch mit einem kleinen Pflock wieder verschloß und gut verwachste. Was unsere Vorfahren sich noch leisten konnten, wird uns heute nur in seltenen Fällen möglich sein. Als «Ersatz»

Brunnenkresse

nehmen wir Birkenblättertee. Er hilft Harnsäure ausscheiden, somit Gicht und Rheuma vertreiben und Gelenkschwellungen lindern. Bei Grieß- und Steinleiden wirkt der Tee lösend, bei Hautausschlägen, selbst in hartnäckigen Fällen, kann er helfen. Hierbei nimmt man ihn auch für Waschungen.

Die Erstlinge des Gartens helfen uns ebenfalls zur Entschlackung: der reinigende Rhabarber, Gartenkresse, Schnittsalat, Radieschen und die zarten Würzkräuter. Die wirksamsten Kräfte spendet die Natur uns dann, wenn der Organismus sie am nötigsten braucht. Sobald die ersten grünen Blättchen hervorgucken, gibt es Kräuterquark, Kräuterbutter und bei zunehmendem Wachstum der Pflanzen jeden Tag Frischkostsalat, gedünstete Wildkräuter, grüne Soßen und Kräutersuppen.

Beim Frühstück wird das Marmeladenglas eine Zeitlang fortgestellt zugunsten etwa einer kleinen Rhabarberstange oder eines Butterbrotes mit Kerbel. Jetzt ist es auch an der Zeit, den richtigen Frühstückstee auszuwählen. Viele Menschen haben eine Schlankheitskur nötig. Stiefmütterchentee, vermischt mit Schlehenblütentee, regt die Nieren an und schwemmt Hautunreinheiten fort. Auf nüchternen Magen gibt es eine Tasse leichten, ungezuckerten Wermut-, Tausendgüldenkraut- oder Schafgarbentee, wenn z. B. Leber und Galle streiken. Je bitterer der Tee, desto besser die Wirkung. Für diese gelegentliche Mäßigung einige Wochen hindurch dankt uns das ganze Jahr mit Gesundheit.

Zu einer sehr angenehmen Frühjahrskur verhilft die Pampelmuse (Grapefruit). Täglich wird morgens eine halbe Frucht und die andere Hälfte im Verlauf des Vormittags gegessen, wobei man immer auch ein Stückchen des weißen inneren Pelzes mitgenießt. Wer es mit der Leber, der Galle oder mit der Milz «zu tun» hat, verschafft sich mit dieser einfachen Pampelmusenkur wesentliche Erleichterung. Andererseits wirkt sie auch appetitanregend, wenn eine reichlichere Nahrungsaufnahme nottut.

Zum Frühstück sehr zu empfehlen ist ein Glas Joghurt oder Buttermilch mit einem Eßlöffel gemahlenem Leinsamen, Speisekleie oder Weizenkeimen. Dadurch wird die Darmtätigkeit intensiv angeregt. Zu Mittag und am Abend wird die Mahlzeit mit einem großen Teller Frischkost eingeleitet, bestehend aus grünen Salaten aller Art, rohgeriebenen Möhren, Sellerie, Schwarzwurzeln, Blumenkohl, feingeriebenem Rettich, auch Meerrettich und allen Wildkräutern, die schon zu finden sind, angemacht mit ein wenig kaltgeschlagenem Sonnenblumen- oder Olivenöl, und als Zutat wieder Leinsamen, Kleie oder Weizenkeime. Einige Scheiben Knäckebrot – ohne Butter – ergänzen das Mahl. Die Salate sind gut einzuspeicheln und zu kauen.

Sehr befriedigend wirkt auch der einmal wöchentlich durchgeführte Apfeltag. (Nur bei Gallenleiden wird er nicht vertragen.) Durchschnittlich ißt man, auf den Tag verteilt, 1 kg Äpfel ohne jede Zutat, es darf auch weniger sein. Der Frühling ist für solche Apfeltage gut geeignet, weil dann die spätreifen Winteräpfel (Goldparmänen, Bohnäpfel, Boskop) ihre Säure abgesetzt haben, die empfindlichen Personen oft nicht bekommt. Die Äpfel werden roh genossen, eventuell gerieben.

Getrocknete Zwetschgen sind ebenfalls zur Frühjahrs- oder Entschlackungskur geeignet. Sie besitzen außerdem große Heilkraft. Für einen Zwetschgentag nimmt man jede Stunde 1 bis 2 uneingeweichte getrocknete, unentsteinte Zwetschgen, die man lange im Mund behält. Diese Kur ist auch wirksam gegen Erkältungen. Daß Zwetschgen eines der besten Mittel gegen Darmträgheit sind, ist bekannt. Zu diesem Zweck weicht man die Früchte am besten ein, doch haben sie uneingeweicht den Vorzug, daß sie den Schleim besser mit sich führen. Getrocknete Zwetschgen sind auch bei anstrengenden Touren und Sportveranstaltungen ein vorzügliches Erfrischungsmittel.

Richtig durchgeführte Frühjahrskuren schließlich tun nicht nur unserem Körper gut, sie sind auch eine Wohltat für das Gemüt, vertreiben Depressionen und üble Launen, Trägheit, Ängste und Unentschlossenheit. Fröhlicher Schwung stellt sich ein im Gefolge der inneren Reinigung. Ein längst geplantes Vorhaben kann plötzlich durchgeführt werden, und unüberwindlich erscheinende Hindernisse weichen wie von selber. Wenn's drauf ankommt, kann man jederzeit einmal eine kleine «Frühjahrskur», der Jahreszeit angepaßt, einschieben, ja, man kann es sich zur Gewohnheit machen, in regelmäßigen Abständen auf diese Weise zu kuren.

ABC der Gewürz- und Heilkräuter

Augentrost

ABC der Gewürz- und Heilkräuter

Von den ätherischen Ölen, Aromastoffen, Mineralien und Spurenelementen der Gewürze, die man in kleinen Mengen zu sich nimmt, sind keine direkten Nährwerte zu erwarten. Sie liefern uns vielmehr Substanzen, die bis an die Heilwirkung heranreichen. Es läßt sich keine scharfe Grenze zwischen Heilkraut und Gewürz ziehen, denn schon die Tatsache, daß sie den Appetit anregen, die Verdauung fördern und belebende Wirkungen auf das Drüsensystem ausüben, deutet Heilkräfte an. Bedeutend ist auch die aufweckende Kraft, die zumal die scharfen Würzen in sich haben. In der Renaissance, als das Bewußtsein von der eigenen Persönlichkeit mehr und mehr erwachte, als die Entdeckungen und die Naturwissenschaften begannen, waren die Geschmackswecker, zumal der Pfeffer, sehr begehrt und wertvoll. Auch der Zucker gehörte zu den kostbaren Würzstoffen, die der Menschheit zum Selbstbewußtsein verhalfen. Die Zuckerdosen hatten noch bis ins 19. Jahrhundert einen kleinen Schlüssel, den die Hausfrau sorgsam verwahren konnte.

Unsere wichtigsten Heilkräuter

Wir verwenden unsere Gewürze und Heilkräuter im Sommer nach Möglichkeit frisch. Im Winter sind sie so recht geeignet, die schwerere Winterkost leichter verdaulich zu machen. Zusätzlich zu dem Abschmecken in der Küche kann man dann ein Körbchen mit pulverisierten Gewürzen oder einen Gewürzständer auf den Eßtisch stellen, den man nach Belieben bestückt, denn es gibt streubare Gewürze in großer Auswahl. Jedes Familienmitglied kann sich nach seinem individuellen Bedarf bedienen.

Wer von den Heilkräutern Besserung seiner Leiden erwartet, muß mit großer Geduld seine Kur durchführen. Vor zwei bis vier Wochen wird kaum je eine Wirkung zu spüren sein. Das ist oft eine harte Probe in unserer schnellebigen Zeit, weswegen auch manches alte Mittel in Vergessenheit geraten ist zugunsten fragwürdiger Medikamente mit unguten Nebenwirkungen. Wenn man in bunter Abwechslung immer ein weniges von den Kräutern im Speiseplan hat, wirkt man vor allem vorbeugend, zumal gegen mancherlei Ablagerungen und Altersplagen.

Anis

Der Anis, das Weihnachtsgewürz *(Pimpinella anisum),* ist wahrscheinlich in Ägypten und Syrien zu Hause. Jetzt baut man ihn in Spanien, Italien, Frankreich, in der Türkei, in Holland und auch in Rußland und Deutschland an. Der russische Anis ist sehr aromatisch und wird deshalb gern zu Anisöl verarbeitet. Die großen italienischen Körner gelten als besonders süß, sie eignen sich gut zum Verzuckern. Oft bestehen Unklarheiten über den Unterschied zu dem sogenannten *Sternanis.* Er hat die gleichen guten Eigenschaften und ist in China und Japan heimisch. Die sternförmigen Körnchen enthalten bis zu 8 % ätherisches Öl, gegenüber dem bei uns bekannten Anis mit 2 bis 3 %. Sein ätherisches Öl ist das wertvolle Heil- und Würzmittel in den Anissamen. So kann Anis wohl zu den ältesten Arzneimitteln gerechnet werden, denn schon *Pythagoras* erwähnt seine Heilkräfte. – Zu uns kam der Anis etwa zur Zeit Karls des Großen, als er von Benediktinermönchen über die Alpen nach Norden verbreitet wurde.

Als **Milchbildungstee** wird der Anis schon lange verwendet. Auch als Beruhigungstee für kleine Kinder ist er bekannt. 1 Eßlöffel voll Aniskörner auf 1 Tasse Milch, 5 Minuten vorsichtig erhitzt und sehr warm getrunken, helfen bei Leibschmerzen. Gegen Schlaflosigkeit gibt man den Tee mit etwas Honig. Anistee und Anisöl mit ihrer lösenden Wirkung sind zu empfehlen bei Magen- und Darmkrämpfen, Darmschwäche, Magenkatarrh, bei krampfhaftem Husten und Asthma. Anistee und -öl, sowie die ganzen oder pulverisierten Körner, über die Speisen gestreut, sind ein vorzügliches Mittel gegen Blähungen. Die stark ausscheidungsfördernde Wirkung hat der Anis mit Samen von anderen Doldengewächsen gemeinsam.

Unter geriebene rohe Möhren oder rote Rüben gemischt, wirkt Anis wurmtreibend. Wenn empfindliche Menschen Äpfel nicht gut vertragen, sollten sie einmal den Versuch machen, Anis mitzukochen oder ihn dem rohen geriebenen Apfel beizugeben.

Zu **Anistee** nimmt man auf 1 Teelöffel Aniskörner 1 Tasse Wasser zum Überbrühen. Nach 10 Minuten abgießen. **Anisöl** kann man selbst herstellen, indem man 1 Teil zerquetschte Aniskörner mit 9 Teilen bestem Olivenöl übergießt und einige Wochen in die Sonne stellt. Die einjährige Pflanze gedeiht auch leicht im Garten. Wenn sich im August und September die Blütendolden gelb färben, werden sie abgeschnitten, gebündelt und luftig zum Trocknen aufgehängt. Bald lassen sich die Körnchen herausklopfen.

Augentrost

Der Augentrost *(Euphrasia officinalis)* ist ein blaßlila Rachenblütler mit gelben Flecken am Grund. Er blüht wild auf mageren Wiesen und kann von August bis September gesammelt werden. Man trocknet ihn für einen Tee zum Trinken und Waschen bei Augenleiden, Empfindlichkeit bei Bindehautentzündung. **Rezept:** 1 Teelöffel zum Aufguß mit 2 Tassen, das ist die Tagesportion. Zu Waschungen und Kompressen den Tee filtern und halbwarm mehrmals täglich anwenden. Auch bei Erkältung der oberen Luftwege tut der Tee seine Wirkung, desgleichen bei Magenkatarrh. Er ist von einer magenfreundlichen Bitterkeit, so daß Pfarrer Kneipp dafür auch den Namen Magentrost vorschlug.

Bärentraube

Die Bärentraube *(Arctostaphylos uva ursi)*, eine der Preißelbeere ähnliche Pflanze, stammt aus dem Norden, war der Antike nicht bekannt und wurde bei uns erst im 18. Jahrhundert in die Volksmedizin aufgenommen. Der **Bärentraubenblättertee** ist nicht wahllos bei allen Blasenbeschwerden anzuwenden, sondern bei chronischer Blasenentzündung mit eitriger Schleimhaut und gleichartiger Nierenbeckenentzündung. Bei Schmerzen von Grieß- und Steinbildung verschafft er Linderung. – Man setzt 1 Eßlöffel der gerbstoffhaltigen Blätter mit 1 Tasse Wasser für mehrere Stunden kalt an, kocht dann 10 Minuten und trinkt abends warm und ohne Zucker.

Baldrian

Der Baldrian *(Valeriana offic.),* auch Katzenwurzel oder Hexenkraut genannt, spielte eine bedeutende Rolle im Brauchtum. Die dicke, faserige Wurzel gibt einen altbewährten **Nerventee,** den man 5 Minuten kocht, abgießt und abends heiß trinkt. Er ist beruhigend, schlaffördernd und krampflösend, besonders auch bei Unterleibsschmerzen der Frau. Aber auch bei nervösen Kopf- und Magenbeschwerden, nervösem Herzklopfen, Angstzuständen, Beschwerden in den Wechseljahren und während der Schwangerschaft leistet der Tee gute Hilfe. Wird auch tagsüber in kleinen Schlucken getrunken. Man soll sich aber nicht an diesen wohltätigen Tee gewöhnen, da das Verlangen danach zur Sucht werden kann.

Basilikum

Das stark aromatische Kraut Basilikum *(Ocimum basilicum),* das getrocknet *pfefferähnlich* schmeckt, ist aus Ostindien bei uns eingewandert. Dieser Pflanze wurde ein ehrwürdiger Platz unter den Würzkräutern eingeräumt, und wie aus alten Berichten hervorgeht, konnten die Menschen an ihm noch lange die Feuergeister in Gestalt der Skorpione und Basilisken erleben. Schon Hippokrates erwähnt es, und im alten Rom war es eine beliebte Würz- und Heilpflanze. In Deutschland wird die späte Sorte in den Kräuterbüchern von Albertus Magnus, Fuchs und Bock als gutes Mittel gegen Nervenschwäche beschrieben.

Das Basilikum oder Königskraut gehört zur Familie der Lippenblütler. Der Samen der einjährigen Pflanze wird im April ins Frühbeet ausgesät, und Ende Mai kommen die Sämlinge in guten humusreichen Boden. Sie lassen sich auch im Blumentopf oder auf dem Balkon heranziehen. Basilikum liebt die Wärme und spendet Wärme, unser Magen kann es erleben. Man nimmt nur geringe Mengen davon. Die feingeschnittenen Blättchen gibt man zu Salaten und Gemüsen (Bohnen, Tomaten), zu Suppen und Soßen. Es wirkt appetitanregend, magen- und herzstärkend und ist eine Hilfe für die Verdauung. Der **Tee** daraus wird getrunken bei Blähungen und Nierenschwäche, Übelkeit und Nervosität. Auch zum Gurgeln wird er empfohlen.

Für den Winter werden die Blätter und Blüten getrocknet und zu Pulver zerrieben, man verwahrt sie in gut verschließbaren Dosen.

Beifuß und Wermut

Der Beifuß und Wermut *(Artemisia vulgaris und absinthium)* sind uralte Heilpflanzen, die bei uns wild wachsen und in 200 Arten vorkommen. Sie werden in der Volksmedizin auch kaum unterschieden. Die jungen Blütentriebe kann man in den Speisen mitkochen, an Getreidebratlinge oder feingeschnitten an Salate und Gemüse geben.

Den Beifuß band man einst an die Füße, um auf Wanderschaft die Müdigkeit aus den Beinen zu ziehen. Mit seiner stinkenden Wurzel könne man den Teufel vertreiben, hieß es. Der Wermut könnte seinen Namen von der Wärme haben, nennt man ihn doch auch Wärmbde oder Wermete, und als Wormet deutet er auf seine Eigenschaft als Würmermittel hin. Mit «Wermuot» vertrieb man die

Basilikum

Hexen. Auf jeden Fall wohnen den Kräutern starke Kräfte inne, die man heute für Magen, Galle und Leber anwendet, sei es im Wermutwein, Magenbitter oder **Wermuttee:** 1 Eßlöffel Blätter mit 1 Tasse Wasser überbrühen und 5 Minuten ziehen lassen, auf den Tag verteilt in kleinen Schlucken zu trinken. Damit werden schwere Fette neutralisiert und Sodbrennen bekämpft. Bei dem Schweizer Kräuterpfarrer *Künzle* kann man lesen: «Ist einer grün wie ein Laubfrosch, mager wie eine Pappel, nimmt täglich ab an Gewicht und Humor und wirft keinen Schatten mehr, der probiere es mit einem Teelöffel voll Wermut alle zwei Stunden.» – Auch bei Unterleibsstockungen der Frau hat sich der Tee bewährt, doch hüte man sich, zuviel davon zu nehmen, um nicht Durchfall und Erbrechen hervorzurufen.

Die 1 Meter hohe Artemisia mit stark gefiederten Blättern und unscheinbaren Blütenknöpfen findet man an Wegrändern und auf Steinhalden.

Beinwell

Aus der saftigen, schwarzen Wurzel des einheimischen Beinwell *(Symphytum offic.)* wird ein **Tee** gekocht (20 g getrocknete Wurzel mit ½ Liter Wasser aufkochen und tagsüber davon trinken), der bei Magenblutungen, Darmkatarrh und Weißfluß hilft. Er wird auch gegen alle Knochenverletzungen angewandt, gegen Krampfadern, Thrombose, Venenentzündungen, Ischias, Rheuma und anderes, wobei man mit Erfolg Breipackungen der Wurzel auf die schmerzenden Stellen legt. Schon aus dem Namen geht hervor, daß es sich um ein volkstümliches Mittel bei Knochenbrüchen handelt.

Birke

Die Birke *(Betula):* **Birkenblättertee** ist zwar etwas bitter, dennoch angenehm zu trinken. Er ist ein Verjüngungstee, der den Stoffwechsel fördert, besonders die Ausscheidung der Niere anregt und daher bei Steinleiden, Gicht, Rheuma und Wassersucht sowie Bluthochdruck angebracht ist.

Bohnen- oder Pfefferkraut

Das Bohnen- oder Pfefferkraut *(Satureja hort.)* stammt aus den Mittelmeergegenden und ist wie das Basilikum ein Lippenblütler. Mit seinem durchdringenden Geschmack ist es die richtige *«Winterwürze»*. Es wächst willig, liebt lockeren Boden, Sonne und etwas Kalk. Nach der erstmaligen Pflanzung versät es sich von selbst. Es eignet sich gut als Einfassung von Gemüsebeeten, gedeiht aber auch auf dem Balkon. – Man verwendet es nicht nur an Bohnen; auch Kartoffelspeisen und Grützen, Gurkensalat, Möhrengemüse und Bratlinge erhalten dadurch ein belebendes Aroma. Bohnenkraut wird kurz vor oder noch während der Blüte geschnitten und getrocknet. In feines Papier gehüllt, findet man es heute noch in Bauernküchen in Herdnähe aufgehängt. Man kann die getrockneten Blättchen auch zu Pulver verreiben und im festverschlossenen Glas aufbewahren. Die Wirkung des Würzkrautes ist magenwärmend und appetitan-

regend, ebenso die daraus hergestellte Kräuterbrühe, die mit ein wenig Vitam-R und Sonnenblumenöl angereichert werden kann. Die angebrühten Blätter gelten als Durchfallmittel.

Bohnenschalentee bringt gute Hilfe bei Wassersucht. Wenn bei Herzerkrankungen, Nierenleiden, Rheuma oder Infektionserkrankungen Stauungen oder Harnsäure im Organismus entstehen, dann ist Bohnenschalentee das beste Mittel, um das Wasser aus dem Körper zu treiben. Er ist aber auch bei Akne erprobt. Selbst dem Zuckerkranken leistet der Tee wertvolle Dienste.

Die reifen gelblichen Schoten der grünen Bohnen sind es, die die geheimnisvolle Kraft bergen. Wer sie nicht im eigenen Garten sammeln kann, kann sie auch im Reform- oder Kräuterhaus kaufen. Auch Bohnensaft, gleichfalls trefflich zur Entwässerung geeignet, erhält man im Reformhaus, in Drogerien und Apotheken.

Zubereitung: 5 bis 6 Eßlöffel Bohnenschalen mit 1 Liter Wasser über Nacht einweichen, danach auf die Hälfte einkochen. Tagsüber schluckweise trinken.

Borretsch

Der Borretsch *(Borrago offic.)*, auch bekannt als *«Gurkenkraut»*, kommt ebenfalls aus den Mittelmeerländern. Er gehört zu den rauhblättrigen Gewächsen und wird im Frühling an Ort und Stelle ausgesät. Die blauen Blütensternchen sind eine beliebte Bienenweide. An den Boden stellt die Pflanze kaum Ansprüche. Die pelzigen Blättchen, zu Kopfsalat und allen Grünsalaten, zu Gurkensalat, Kräuterbutter, Kräuterquark usw., feingeschnitten beigefügt, geben ein feines, an frische Gurken erinnerndes Aroma. Durch neue Sämlinge findet man oft noch im Herbst für Tomaten, Kürbisse und Endivien frische Blättchen.

Borretsch verliert seinen feinen Duft beim Trocknen. Doch trinkt man aus den frischen oder getrockneten Blättern und Blüten aufgebrühten **Tee,** um die Nerven zu stärken, besonders bei nervösem Herzleiden. Er eignet sich auch zur Beimischung zu anderen Kräutertees, ebenso zu blutreinigenden *Frühlingskuren.* – Im Sommer kann man die Blätter abbrühen und mit Zitronensaft oder Fruchtsaft und Honig als erfrischende Limonade trinken.

Dill

Der Dill *(Anethum graveolens):* Das duftige Pflänzchen kann als Topf- und Balkonpflanze gezogen werden, am besten in 14tägigen Folgesaaten. Die Blätter verwendet man frisch, die Dolde halbreif zum *Einmachen* von Gurken, an grüne Salate, zu Radieschen, Tomaten, Karotten, grünen Erbsen, zu Kartoffelspeisen, Soßen und Kräuterquark. Den reifen Samen kann man zu Tee überbrühen, der besonders stillenden Müttern zu empfehlen ist. Dill-Tee wirkt auch stärkend auf die Verdauungsorgane und verhindert Blähungen. Dill-Körner kann man zur besseren Bekömmlichkeit unter Bratkartoffeln mischen. Kohl, Spinat und Mangold erhalten ein besonders feines Aroma, wenn man vor dem Auftragen kleingeschnittenen Dill untermischt.

Estragon

Der Estragon *(Artemisia dracunculus),* ist ausdauernd, beansprucht einen guten Gartenboden und wird am besten als Teilpflanze gekauft. Mit seinem feinen Geschmack gibt er Salaten und Mayonnaisen eine besondere Würze und wird auch zum Einlegen von Gurken, Zwiebeln und zur Herstellung von **Kräuteressig** gerne benützt. Immer kann auch Dill sich dazu gesellen. Suppen und Kartoffelspeisen aller Art werden im Aroma gehoben durch die Beigabe von einigen Blättchen Estragon. Auch zu Eierspeisen paßt er gut. Im Mai und Juni ist seine geschmackliche Wirkung am stärksten. Die Blätter werden *vor* der Blüte geerntet und getrocknet.

Fenchel

Der Fenchel *(Foeniculum vulgare),* ein typisches Doldengewächs, spielte schon in den Mysterien von Eleusis eine bedeutende Rolle. Man bekränzte sich mit Fenchel, pflanzte ihn in die Gärten der Mysterientempel und weihte ihn dem dort verehrten göttlichen Jakchoskinde. Nach dem Fenchel, to márathon, soll die Stätte Marathon ihren Namen erhalten haben.

Von jeher galt der Fenchel als Glücksbringer für das neugeborene Menschenkind, und noch heute schätzt ihn jede Mutter im Kinderzimmer als blähungshindernden Tee. Es gibt Fenchelhonig und Fenchelpulver als Zusatz für Kindernahrung. **Fencheltee,** wirksamer noch zusammen mit Kümmel und Anis, fördert die Milchbildung.

Fenchel ist aber auch ein hervorragendes Mittel zur Kräftigung der Augen. 1 Teelöffel Körner mit ¼ Liter Wasser kurz aufwallen lassen und über 1 Teelöffel Kamillen gießen. Nach 10 Minuten durchsieben und mit dem Tee öfters die Augen waschen, besonders vor dem Schlafengehen. Sehr heilsam sind Augendampfbäder. Als Gesichtswasser bewirkt Fenchel-Kamillentee eine gesunde, zarte Haut.

Gegen Krämpfe und Blähungen bewährt sich der Tee aus je 1 Teelöffel Fenchel, Kümmel und Anis, mit ½ Liter Wasser überbrüht und 15 Minuten ziehen gelassen. Für Kinder kann man Fenchel auch mit Milch aufkochen. So wirkt er bei Nierenleiden schmerzlindernd, löst Bronchialkatarrh, Asthma, Keuchhusten und Grippe, gut auch mit Saft von schwarzen Johannisbeeren oder Rote-Rübensaft.

Fenchel wird in Gärten und Weinbergen angepflanzt. Er braucht Sonne und Wärme. Die feingeschnittenen, aromatischen jungen Sprossen werden als Beigabe zu Butterbrot, Salat und Gemüse verwendet. Die halbreifen Fruchtdolden nimmt man zum Einlegen von Gurken und Sauerkraut. Die Körner lieben sonnige Nachsommer zum Ausreifen. Sie verleihen Backwaren gute Bekömmlichkeit und ein feines Aroma. Besonders beliebt sind sie in Lebkuchen, Früchtebroten, Brotsuppen und Aufläufen.

Die getrockneten Stengelabfälle können als milchbildendes Beifutter für das Vieh Verwendung finden. – Für Vögel allerdings enthält der Fenchel wie auch andere Doldengewächse einen Giftstoff. Ein Sperling z. B. kann wenige Stunden nach dem Genuß von 5 bis 15 Fenchel- oder Kümmelkörnern eingehen.

Frauenmantel

Die Gerbstoffe des Frauenmantels *(Alchemilla vulgaris)* regen die Drüsentätigkeit an. Er wirkt beruhigend und zusammenziehend. Bei Darmkatarrh, Zuckerkrankheit, akuten Entzündungen und langwierigen Eiterungen dient er als Heilmittel, aber auch bei Kopfschmerzen, Nervenschwäche und Frauenleiden aller Art.

Gänseblümchen

Das Gänseblümchen *(Bellis perennis),* als die kleine Botin des Frühlings, stellen wir gern in unsere Blumenväschen, haben heute aber fast vergessen, daß die Marienblümchen oder Tausendschönchen auch für wirksame Frühjahrskuren zu gebrauchen sind. Der Tee der getrockneten Pflanze regt den Stoffwechsel an und wird gegen Gicht getrunken. Die frischen Blätter und Blüten haben die gleiche Wirkung mit noch mehr Kraft. Man gibt sie an den Kartoffel- oder Frühlingssalat.

Hirtentäschel

Das Hirtentäschel *(Capsella bursa pastoris)* ist ein auf der ganzen Welt verbreitetes Unkraut, welches gewaltige Heilkräfte birgt, die schon den Alten überall bekannt waren. Es beeinflußt das Pfortadersystem, Leber, Galle, Milz und Niere. – Wegen seiner starken fieberbindenden Wirkung hat man früher die Samenkapseln den kleinen Kindern beim Zahnen in Stoff eingenäht und um den Hals gehängt. Bei Blutungen, auch bei Nieren- und Hömorrhoidenblutungen, wirkt der Tee heilend, bei unaufhörlichem Nasenbluten soll man ihn durch die Nase aufziehen. Die fetthaltige Pflanze eignet sich auch zum Auskochen für Kräuterbrühen.

Hopfen

Die gerbstoffreichen Dolden des Hopfens *(Humulus lupulus)* ergeben einen **beruhigenden Tee,** der bei nervöser Schlaflosigkeit hilft. Auch wird er bei Magen- und Verdauungsschwäche, Nierenkolik, Gallensteinen und Gelbsucht getrunken. 1 Eßlöffel Hopfenzapfen mit 1 Tasse Wasser überbrühen. Als Magenmittel dieselbe Menge als kalten Auszug. Täglich 2 Tassen trinken.

Johanniskraut

Das Johanniskraut *(Hypericum perforatum)* blüht von Johanni bis September, und dies ist auch die Zeit, in der es geerntet wird. Es wächst auf Kalk- und Urgesteinböden an sonnigen Hügeln, Wegen und Waldrändern, auf trockenen Äckern und Wiesen. Der gelbe Blütenstern gibt einen roten Farbstoff ab, wenn man ihn zerreibt. Die verästelten Stengel tragen kreuzgegenständige Blättchen, an denen man das echte Johanniskraut erkennen kann: hält man sie gegen das Licht, so erscheinen viele helle Pünktchen, die wie Nadelstiche aussehen. Das sind die Öldrüsen.

Eine lange Reihe von Volksnamen zeugt für die Beliebtheit des Johanniskrauts. Man kennt es als Hartheu, Liebeskraut und Jesu Wundenkraut, als Sonnwend- und Gottesgnadenkraut, als Herrgottsblut. Es soll unterm Kreuz auf Golgatha gestanden haben. Viele Legenden umgeben die Pflanze. Auch die Griechen müssen sie geliebt haben, denn der botanische Name kommt von hyper ikon, d. h. schöner als ein Bild.

In alten Kräuterbüchern wird das Johanniskraut gelobt, Hippokrates schätzte es, ebenso Dioskurides, ein weitgereister griechischer Arzt aus dem ersten Jahrhundert n. Chr., Paracelsus nennt es eine «Universalmedizin für den ganzen Menschen».

Hyperikum ist in erster Linie eines der besten Nervenmittel. Es beruhigt bei Föhn und Wetterfühligkeit, hilft gegen Depressionen in den Wechseljahren, gegen Frauenschmerzen und krampfhafte Magen- und Darmbeschwerden. Es reinigt Lunge, Magen, Nieren und Blase und vertreibt Blähungen. Gegen Bettnässen gibt man es Kindern zum Frühstück als Tee anstelle anderer Flüssigkeit, am besten zur Hälfte mit Schafgarbe gemischt und um 16 Uhr noch einmal eine Tasse als letzten Trank des Tages.

Johanniskrauttee: 30 g getrocknete oder eine kleine Handvoll frische Blätter und Blüten mit 1 Liter Wasser überbrühen und ziehen lassen. Es ist ein sehr guter Haustee für Jugendliche in der Reifezeit.

Die Pflanze liefert auch ein ausgezeichnetes Öl, einen wahren Balsam für die Haut, sei es bei Wunden, bei oder vorbeugend gegen Sonnenbrand und zur wöchentlichen Einreibung des Körpers. Der rote Farbstoff wirkt als Lichtfilter und ist bakterienhemmend.

Johanniskrautöl kann man leicht selbst herstellen. ¼ Liter Blüten und Knospen, am besten morgens vor dem Tau gesammelt, mit ¾ Liter bestem Speiseöl in eine Flasche geben und 20 Tage der Sonne aussetzen. Das Öl wird rötlich. Nun kann man abfiltern und nochmals eine Handvoll Blüten zusetzen und in die Sonne stellen. Der Vorgang wird wiederholt, bis das Öl leuchtend rot ist. Das so gewonnene «Rotöl» kann man auch einnehmen. 3mal täglich ½ bis 1 Teelöffel vor dem Essen, «zu den ungraden Stunden», so wollte es die Seherin von Prevorst, die das «heilige Johanniskraut» besonders liebte.

Kakao

Kakaoschalentee spielte während des Krieges eine Rolle, heute ist er eigentlich nur noch in Reformkreisen bekannt. Er ist jedoch einer der besten Blasen- und Nierentees und zugleich äußerst wohlschmeckend, wenn man ihn richtig nach Anweisung auf der Packung zubereitet. Am 2. Tag kann man ihn nochmals verwenden, mit einigen frischen Schalen aufgekocht. Als raffinierte Zugabe und zur Anregung kann man eine Messerspitze gemahlenen Kaffee mitkochen oder auch etwas Vanille zugeben. Nach Geschmack mit Honig süßen, dazu Sahne oder Milch.

Kamille

Die wilde Kamille *(Matricaria chamomilla)* wächst auf Äckern und an Wegrändern. Sie gehört zu unseren wichtigsten Kräutern in **Frauentees.** Den Germanen galt die lichte Pflanze als dem Baldur geweiht. Wir sammeln ihre kleinen Blüten

Bärentraube

im Juni oder auch noch im Juli und trocknen sie. Als Tee werden sie nur kurz überbrüht, da sonst Blausäure austritt. Die Kamille vermag mit ihrer Milde alles zu heilen, was in Entzündungsprozesse hineintreibt. Als Teeaufguß getrunken wirkt sie sehr beruhigend und krampflösend. Man wendet sie bei Verkrampfung des Magens und des Darmkanals an. Vielfach wird sie auch äußerlich zu Spülungen für Mund, Ohren und Nase gebraucht. Augenkompressen mit warmem Tee heilen entzündete Augen, und auch Darmspülungen und Sitzbäder mit Kamillentee sind wohltuend.

Kerbel

Ursprünglich für Heilzwecke und den Küchengebrauch angebaut, ist nun der Kerbel *(Anthriscus cerefolium)* auch häufig auf Schuttstellen, an Wegrändern usw. zu finden. Dieser wildwachsende Kerbel kann mit der giftigen Hundspetersilie oder dem Schierling verwechselt werden. Deshalb sei man mit dem Sammeln außerhalb des Gartens vorsichtig.

Der Kerbel ist eine sehr anspruchslose Pflanze. Er nimmt fast mit jedem Boden vorlieb und gedeiht auch an schattigen Plätzen. Ab März kann man ihn in dreiwöchiger Folge säen. Im Frühling in die Sonne, im Sommer in den Schatten, um immer junge Blättchen bereit zu halten, da die Pflanze nur einmal geschnitten werden kann. Die stehengebliebenen Pflanzen säen sich dann selber aus, so daß wir bis zum ersten Schneefall immer frische Blätter zur Verfügung haben, besonders wenn er an einem geschützten Platz mit Laub oder Tannenzweigen bedeckt wird. Die Pflanze kann auch in Kistchen gezogen werden.

Kerbel ist besonders reich an Vitamin C. Da er starke ätherische Öle enthält, welche sich rasch verflüchtigen, ist er zum Trocknen nicht gut geeignet. Es ist ratsam, die Blättchen nach Möglichkeit erst kurz vor dem Gebrauch zu schneiden. Auch sollte man die Heilwerte nicht zerstören durch Dämpfen und Kochen. Man fügt ihn feingeschnitten den fertigen Speisen direkt vor dem Auftragen bei. Das Kräutlein wird verwendet bei Salaten, zu Kerbelbutter und Kerbelquark, auch an Suppen und Soßen, wo er gerne mit Sauerampfer vermengt wird. Die wohlschmeckende Kerbelsuppe ist überall beliebt. – Kerbelwurzeln haben einen feinen, eigenartigen Geschmack und werden zu Kräuter- und Soßenbrühen ausgekocht.

Knoblauch

Ein uraltes und in mancher Beziehung bedeutungsvolles Gewürz ist der Knoblauch *(Allium sativum),* den hoher Phosphorgehalt zu einem Heilmittel besonders des Nervensystems macht. Sowohl die Assyrer als auch die Ägypter und Juden schätzten ihn sehr. Er war ein Volksnahrungsmittel, das alle, vom Sklaven bis zum Pharao, genossen. – Das in jenen Zeiten und besonders bei den genannten Völkern heraufkommende Verstandesdenken wurde durch den Knoblauchgenuß gefördert.

Auch die Griechen aßen viel Knoblauch. Homer, Pythagoras, Hippokrates und viele andere empfahlen ihn als Kräfte erhaltend, Leben verlängernd, Appetit anregend, als «Schutz gegen Trunkenheit», als den «König der Gewürze» und mehr. Bei den Römern schlug die anfängliche Verehrung später ins Gegenteil um: der Knoblauchgeruch kennzeichnete den Plebejer. Heute sind die stärksten Knoblauchesser die Bulgaren, während Russen, Serben und Türken als stärkste Zwiebelesser gelten.

Auch zu unserer Zeit wird der Knoblauch als eines der vielseitigsten *Heilmittel* geschätzt. Er schützt vor Infektionen, stärkt den Magen und fördert den Appetit, ja, er hält das Verdauungssystem in Ordnung. Seine gute Wirkung gegen Arterienverkalkung macht ihn besonders bedeutsam als Altersmittel. Ferner wirkt er blutdrucksenkend und beeinflußt die meisten Herzkrankheiten günstig. Der Herzmuskel wird gestärkt, der Pulsschlag ausgeglichener. Zudem ist der Knoblauch auch ein sicheres Wurmmittel. Man bereitet eine **Knoblauchmilch** aus ¼ Liter Milch und einer Zehe Knoblauch, die man 10 Minuten leise ziehen («simmern») läßt. Man gibt davon vor den Mahlzeiten zum Trinken oder verabreicht die Milch handwarm als Einlauf.

Beachtung verdient auch der **Bärlauch** *(Allium ursinum).* Man gibt ihn gehackt zu Salaten, auf Butterbrot und an fertige Suppen oder gewürzte Grützen, denen er vor dem Anrichten untergemischt wird. Er hat ähnliche Wirkung wie Knoblauch, viele Kräuterfreunde schätzen ihn noch höher.

Ein Tip für die Küche: Wenn Suppe oder Salat besonders gut schmecken sollen, ohne daß der Knoblauchgeruch penetrant wird, reibt man die heißgemachten Suppenteller oder die Salatschüssel mit einer zerquetschten Knoblauchzehe ein.

Knoblauchtoast: Man verreibt die Knoblauchzehe auf den noch heißen Schnitten, ehe man Butter, Quark oder anderen passenden Belag darauf gibt. Wir werden den Knoblauch immer wieder in unseren Rezepten erwähnen. Um seine medizinische Wirkung zu nützen, ist es nicht nötig, viel davon zu nehmen, dafür aber regelmäßig. Es mag noch interessieren, daß ein kleiner Löffel Honig den Mundgeruch alsbald beseitigt.

Um den Knoblauch im eigenen Garten zu ziehen, wähle man bei trockenem Boden den Herbst zum Pflanzen, bei Feuchtigkeit besser das Frühjahr. Aber ein paar Zehen kann man immer noch irgendwo hineinstecken, auch in fortgeschrittener Jahreszeit. Am besten ist ein kräftiger, humusreicher Boden; frischgedüngte Erde jedoch ist zu meiden.

Koriander

Der Koriander *(Coriandrum sativum)* ist ein Doldengewächs und reiht sich an Kümmel und Anis. Er stammt aus dem Mittelmeergebiet und Kleinasien, wo er schon im Altertum bekannt war. Die Griechen nannten ihn seines Geruches wegen «Wanzenkraut». Ausgereift duften die pfefferkornähnlichen Früchte jedoch gut und geben einen lieblich-aromatischen Geschmack. In der Küche braucht man ihn als Gurken- und Soßengewürz und zum Brotbacken. Unentbehrlich ist er für Printen und Spekulatius. Die Heilwirkung erstreckt sich auf Darm und Magen, was man seit alters zu schätzen weiß.

Kresse

Gartenkresse *(Lepidium sativum)*. Brunnenkresse siehe S. 23.
Nicht nur im zeitigen Frühjahr, sondern den ganzen Winter über kann uns die Kresse als wertvoller Vitaminspender dienen. Fröhlich keimt sie am Fenster in einer kleinen Kiste oder auch nur auf einer feuchten Unterlage aus Watte oder einem Sack. Man sät sie wieder und wieder jeweils einige Tage vor Vollmond aus und kann dann immer schon nach drei Wochen mit dem Schneiden beginnen. Ein reizendes Ostergeschenk stellt man her aus einem Obstkörbchen mit etwas Erde, das man mit Kresse besät. Zum rechten Zeitpunkt ist es voller jungem Grün – ein paar bunte Farbklekse auf das helle Körbchen, und die nahrhafte Minikultur ist dazu noch eine rechte Freude für die Augen.

Als Kreuzblütler hat die Kresse einen beträchtlichen Anteil an Senföl (Benzylsenföl). In der Pharmazie werden aus diesem Öl hochwertige Antibiotika hergestellt, deren Wirkung dem Penicillin gleichkommt, nur mit dem Vorzug, daß sie die Darmflora nicht zerstören. Es ist noch wenig bekannt, daß die frische Kresse diese antibakteriellen Stoffe enthält, besonders wirksam bei Infektionen der Atmungs- und Harnwege. Daher ist jeder Teller Kressesalat, jedes Butterbrot mit gehackter Kresse ein Vorbeugungsmittel gegen derlei Krankheiten, zudem blut- und harnreinigend, was man sich bei Hautausschlägen zunutze machen kann.

Die Kapuzinerkresse *(Tropaeolum majus)* fand erst Mitte des vorigen Jahrhunderts aus Peru ihren Weg in unsere Gärten. Dort blüht sie anspruchslos und üppig und hilft sogar noch, von Bohnen, Rosen und jungen Obstbäumen die Blattläuse zu vertreiben. Man steckt daher einige Samenkörner um diese Bäumchen, die bald von einem orangeroten und gelben Blütenkranz umgeben sind. Die Kapuzinerkresse enthält Senföl wie die Gartenkresse und hat wie diese viel Vitamin C. Man kann alles von der oberirdischen Pflanze verzehren, am besten mit anderen Salaten, mit Butter und Quark.

Unechte Kapern: Hierfür sammelt man die unreifen Früchtchen und die Knospen. Einsalzen und am anderen Tag mit frischem Wasser durchspülen. Mit Dill, Estragon, Lorbeerblatt, Nelken und etwas Meerrettich in Eindünstgläschen geben. 1 Liter Wasser mit ¼ Liter Obstessig und 20 g Salz aufkochen und abgekühlt über die Knospen und Samen gießen. Bei 75 Grad 10 Minuten erhitzen.

Kümmel

Den Kümmel, das tüchtige Gewürz, das die Speisen herzhaft und leicht verdaulich macht, findet man bei den «Neun Schönen» (siehe S. 18).

Frauenmantel

Lavendel

Früher dürfte es wohl kaum einen Garten gegeben haben, in dem nicht der Lavendelstrauch *(Lavendula vera)* gehegt und gepflegt wurde. Nach alten Familienrezepten verfertigte man aus Lavendel Schönheitswässer, deren Gebrauch «ewige Jugend» versprach. Schon der Name Lavendel verrät etwas davon, hängt er doch mit dem lateinischen «lavare», waschen, zusammen. Auch heute noch bilden die Lavendelblüten und das Lavendelöl einen wesentlichen Bestandteil von vielen geschätzten Schönheitsmedikamenten und Parfums.

Der Lavendel gehört zu den wertvollsten Lippenblütlern unseres Gartens. In den Mittelmeerländern, besonders in Griechenland, wächst er in großen Mengen wild. Um sich voll entfalten zu können, braucht er viel Sonne und Wärme. Bei günstigen Bedingungen können die Sträucher bis zu 1 m hoch werden. In Südfrankreich gibt es große, stark durftende Lavendelfelder für die Parfumindustrie.

Wer sich einen Lavendelstrauch zulegen will, besorgt sich am besten eine Teilpflanze. Doch kann man ihn sehr gut aus Samen ziehen, was ratsam ist, wenn man ihn zum Einfassen von Rabatten oder im Steingärtchen anbauen möchte. Die Samen werden im Frühjahr in Kistchen oder ins Frühbeet in gute Erde mit etwas Sand gegeben, später pikiert und im Juli verpflanzt. Man kann in den ersten Jahren andere Heil- oder Würzkräuter dazwischen säen, denn die ausdauernde Pflanze entwickelt sich langsam. Nach 5 bis 6 Jahren sollte man neue Stauden anlegen oder die alten kurz abschneiden, was zu kräftigem, neuem Wuchs anregt.

Im Juli werden die blauen Blütenzweige abgeschnitten und in schattiger, luftiger Wärme getrocknet, bis sie rascheldürr sind, aber nicht länger, damit nicht unnötig von dem kostbaren Aroma verlorengeht. Die Blüten werden dann abgestreift und in Büchsen oder Gläsern dicht verschlossen.

Lavendel im Wäscheschrank, in kleine Säckchen genäht und zwischen die Kleider gelegt, macht diese nicht nur angenehm duftend, sondern schützt sie auch vor Motten.

Lavendeltee ist ein erfrischendes Schönheitswasser einfachster Art. Man nimmt ihn zu Gesichts- und Körperwaschungen und als Badezusatz. Er wirkt nervenanregend und lindernd bei Gicht und Rheuma. Bei Herz-, Nerven- und Körperschwäche, Kopfschmerzen, Schwindel und Übelkeit, bei mangelhaftem Appetit, Verdauungsschwäche, Blutandrang und Melancholie trinke man 3 mal täglich eine Tasse. (1 kleiner Teelöffel Blüten mit 1 Tasse Wasser überbrühen und 10 Minuten ziehen lassen). Eine kleine Beigabe von Lavendelblüten bereichert das Aroma von jedem Kräuter- und auch Schwarztee.

Lavendelgeist dient zum Einreiben bei Quetschungen, Blutergüssen und Stauungen, aber auch zum Lindern von nervösen Kopfschmerzen, Asthma, Zahnschmerzen und dergleichen. Dazu 40 g Lavendelblüten, 40 g Alkohol und 40 g Wasser etwa 1 Woche in die Sonne stellen, dann filtern.

Lavendelöl (volkstümlich Spiköl) wird aus den ganzen Stengeln mit Blättern und Blüten hergestellt. Eine Handvoll Lavendel in ¼ Liter Olivenöl 14 Tage in der Sonne ausziehen lassen. Bei Appetitlosigkeit, Übelkeit und Kopfschmerzen, die vom Magen kommen, nimmt man von diesem Öl morgens nüchtern und abends je 7 bis 8 Tropfen mit etwas Wasser.

Als Gewürz läßt sich Lavendel unter Soßen und Salate mischen, im Winter auch in Pulverform. Eine einfache Kartoffelspeise läßt sich mit einer **Lavendelsoße** interessant abwandeln. Man bereitet eine weiße Grundsoße, schmeckt mit saurem Rahm, Zitronensaft und nach Belieben einem Eigelb ab. Zuletzt rührt man etwa 1 Teelöffel frische, kleingehackte Lavendelblüten hinein oder Lavendelpulver nach Geschmack, ohne weiterzukochen.

Leinsamen

Der wohltuende Lein *(Linum usitatissimum)* gehört zu den ältesten pflanzlichen Heilmitteln. Zur Gewinnung von Spinnfasern und Öl wird er auf der ganzen Welt angebaut. Das alte Hausmittel **Leinsamentee** hilft zunächst gegen Verstopfung, Entzündung des Darms, der Blase und Nierenkoliken. Aber auch bei Halsentzündung, schwerem Husten und schmerzhafter Periode schafft er Erleichterung. 1 Eßlöffel der öl- und schleimhaltigen Samenkörner werden mit einer Tasse Wasser kalt angesetzt, aufgekocht und 10 Minuten ziehen gelassen. Dieser Tee wird mit Zitrone und Honig mehrmals täglich getrunken.

Die Körner, im Ganzen oder geschrotet, bereichern die tägliche Speise mit ihrem nußähnlichen Geschmack und ihrem Nährwert. In Reformhäusern gibt es das geschrotete «Linusit» aus biologisch-dynamischem Anbau. Man kann es immer auf den Tisch stellen zu häufigem Gebrauch, nur darf es nicht alt werden. Es ist ein Regenerator und Aktivator wichtiger Zellfunktionen.

Eßlöffelweise kann man den Lein zu Quark oder Müsli geben als harmloses **Dauerabführmittel.** Auch in Brot oder Keks verbacken, dient er der Gesundheit und dem Wohlgeschmack.

Kaltgeschlagenes **Leinöl** ist eine herrliche Delikatesse, wird aber leider allzu leicht ranzig. Dennoch sollte man es einmal kennenlernen, z. B. zu einem einfachen Kartoffelgericht oder zu Quark und natürlich auch zu allen Grützen.

Zu **Breiumschlägen** kocht man eine Handvoll Körner mit Wasser zu dickem, schleimigem Brei. Man füllt ihn in ein Säckchen oder schlägt ihn in ein Tuch und legt ihn auf die schmerzende Stelle (Stirnhöhlen- und andere Entzündungen, Ekzeme, Geschwülste, Krämpfe) und deckt warm zu.

Liebstöckel

Das Liebstöckel *(Levisticum officinale),* auch Maggikraut, Suppenliebchen, Badekraut oder Heiserrohr. Im «Capitulare de villis» ordnete Karl der Große an, daß auch Liebstöckel in allen Domänengärten vorhanden sein müsse. Damals schon wurde der aromatische Doldenblütler, einst von den Römern übernommen, als Heil- und Gewürzkraut geschätzt. Man gibt die Blätter gehackt oder pulverisiert an Suppen und Soßen, Kartoffel- und Getreidegerichte und Salate. Liebstöckel gehört zu den wenigen Gewürzkräutern, bei welchen das Aroma nach kurzem Mitkochen am stärksten hervortritt. Deshalb gibt man im Sommer gern ein kleines Zweiglein an alle aromatischen Brühen und ans Kochwasser von Teigwaren. Mit einer kleinen Beigabe von ein wenig Pflanzenwürze und Öl kann man den Aufguß als **Suppenbrühe** verwenden. Die Wurzel kann gleichfalls benützt werden, roh oder gekocht, z. B. unter Kartoffelsalat.

Die Blätter werden zu einem harn- und schweißtreibenden **Tee** abgebrüht. Mit einer kleinen Gabe von Thymian ist es dann ein guter Hustentee, auch gegen Keuchhusten. Die Wirkung ist schleimlösend, magenstärkend und entwässernd. Daher wird er auch bei Hautunreinigkeiten, Wassersucht und Katarrh getrunken. Man liest, daß in manchen Gegenden, noch in der Mitte unseres Jahrhunderts, die hohlen Stengel als «Halswehrohr» zum Trinken von heißer Milch benützt wurden. – Zu kräftigenden **Sitzbädern** für den ganzen Organismus, besonders auch für schwächliche Kinder, werden einige Liebstöckelzweige abgekocht.

Zum **Anbau** kauft man am besten Teilpflanzen. Levisticum ist ausdauernd und erreicht bei günstigen Lebensbedingungen im 2. Jahr manchmal eine Höhe bis zu 2 Metern. Ab Juni schneidet man die Blätter für den Winterbedarf.

Linde

Lindenblütentee, das geliebte Getränk! Er soll frohe Laune bringen, ist die Linde *(Tilia)* doch ein Baum des Friedens. Im Hochsommer ist er gekühlt und mit Zitrone und Honig ein erquickliches Getränk, auch für Gartenfeste und Kindergeburtstage. Zur Weihnachtszeit trinken wir ihn als Punsch. Hierzu, d. h. wenn er nicht als Heiltee getrunken wird, darf er auch einmal länger kochen. Davon bekommt er eine schöne rote Farbe. Das ätherische Öl der honigreichen Lindenblüten ist krampflösend und schweißtreibend. Das macht ihn zum volkstümlichen Erkältungstee. Außerdem wirkt er beruhigend auf die Nerven wie der Duft der blühenden Linde.

Löffelkraut

Früher hieß das wildwachsende Löffelkraut *(Cochlearia officinalis)* Skorbutkraut oder Scharbocksheil, womit auf seine Heilkraft gegen den einst sehr gefürchteten *Skorbut* hingewiesen wurde. Es enthält reichlich Vitamin C und ein schwefelhaltiges Öl. Die Darm- und Nierenfunktionen werden durch den Genuß angeregt, Grieß- und Steinleiden bekämpft. Mit einem Aufguß von Löffelkraut kann man gurgeln und den Mund spülen gegen Zahnfleischbluten und Lockerung der Zähne *(Paradontose),* bei Mundgeschwüren und Nasenbluten. Im zeitigen Frühjahr streut man das Kraut kleingeschnitten an die Speisen. Wenn man es im Garten hat, kann man öfters ein Blättchen kauen. Das Kraut ist sehr wüchsig, kann mehrmals geschnitten werden und benötigt darum nur ein winziges Fleckchen im Garten. Zum Trocknen ist es nicht geeignet, da es dann seinen Geschmack verliert. Wir nehmen es also nur frisch an die Speisen.

Majoran

Der Majoran *(Origanum majorana)* stammt aus Nordafrika. Heute gehört er auf jedes Gewürzbeet in unseren Gärten. Zu würzigen Klößen, Kräutersuppen und Füllungen jeder Art, zu Bratlingen, Bohnen, Erbsen möchte man das durchdringende, leicht bitterliche Aroma nicht missen. Der an sich geschmacklosen Wurst gibt Majoran erst die richtige Würze (vom Würzen hat die Wurst auch ihren Namen). **Majoranbrühe** ist appetitanregend und darmstärkend, **Majorantee** krampfstillend und nervenstärkend, besonders für den Magen. **Majoranöl** lindert durch Einreiben und Einatmen nervöse Kopfschmerzen. Man gewinnt es aus den Stengeln mit Blättchen und Blüten, die man in Olivenöl der Sonne aussetzt.

Malve

Unverwechselbar ist der **Malventee** aus den roten, fleischigen Blüten des *Hybiscus,* einer afrikanischen Malvazeenart. In seiner Heimat trinkt ihn jedermann gegen den Durst unter dem Namen Karkadé, übersetzt «Trank, der Gesundheit spendet» oder «Zaubertrank». Er wirkt hervorragend bei Fieber, Galle-, Blasen- und Nierenentzündung, Katarrhen der Atemwege und spendet Anregung bei großer Hitze wie in Argentinien und Brasilien der Mate-Tee.

Die afrikanische Malve enthält Pflanzensäuren, Schleim- und Gerbstoffe und stickstoffhaltige Substanzen. Sie regt die Verdauung an, senkt den Blutdruck und wirkt gegen Adernverkalkung. Man trinkt den Tee warm, kalt gesüßt oder ungesüßt. Mit Zimt und Nelken ist er ein alkoholfreier *Glühpunsch.* Die rubinrote Farbe erhöht den Genuß. Er ist auch zu empfehlen bei Mittagsmüdigkeit statt Tee oder Kaffee, obgleich er weder Koffein noch andere Reizstoffe enthält, die schädlich sein könnten.

Blätter und Blüten unserer einheimischen Malve *(Malva silvestris),* der Stockrose unserer Bauerngärten, ergeben durch ihren Schleimgehalt einen reizmildernden Tee. Er ist bei Husten und Heiserkeit angezeigt. Wollkrautblüten verstärken die Wirkung. Man trinkt täglich 2 Tassen schluckweise. Mit Milchzusatz ist er ein Volksmittel gegen Lungenleiden, während die Dämpfe des Blütentees bei Ohrenschmerzen Linderung verschaffen. Als zusammenziehendes Gurgelmittel mit Salbeizugabe vertreibt er Halsentzündungen.

Mate

Mate *(Ilex paraguayensis),* das Volksgetränk Südamerikas, ist auch bei uns sehr geschätzt. Sein *Koffeingehalt* wirkt anregend, vertreibt die Müdigkeit und erhöht die geistige Leistung, wirkt aber durch andere Stoffe wiederum nicht so erregend wie Kaffee, der nur wenig mehr Koffein in sich hat. Der Geschmack ist aromatisch, leicht bitter. Mit Zitrone und Honig kann man ihn variieren. Im Sommer ist besonders der heiße Trank wohltuend, während der kalte mehr belebt.

Mate besitzt auch gute Heilwirkungen, regt den Appetit an und fördert die Verdauung. Zuviel Magensäure wird neutralisiert. Vorbeugend soll er wirken gegen Herz- und Nierenerkrankungen, den Blutdruck regulieren. Stark harnsäureausscheidende Stoffe hemmen Rheuma, Gicht und andere Stoffwechselerkrankungen in ihrer Entfaltung, und der kurmäßige Gebrauch des Mate senkt den Blut- und Harnzuckerspiegel des Diabetikers.

Melisse

Die Melisse, Zitronenmelisse, Bienenkraut *(Melissa offic.)* wurde im Altertum in den Mittelmeerländern geschätzt, wo sie auch beheimatet ist. Der Name kommt aus dem Griechischen, Melitta heißt Biene. Der zarte Zitronenduft des frischen wie auch des getrockneten Krautes würzt Kräutersuppen, Mangold, Gurken und Salate, Kräuterquark und Kräutermayonnaise. Der bekannte **Frauentee** wirkt schmerzlindernd, krampfstillend und beruhigend. Er nimmt die Schwere und Mattigkeit, lindert Kopfschmerzen, Blutarmut und Schwindelgefühl. Bei Schwangerschaft hilft Melissentee gegen Erbrechen und morgendliche Übelkeit. Man trinkt ihn bei schmerzhafter Periode und Beschwerden in den Wechseljahren.

Bei neuralgischen Kopf-, Ohren- und Zahnschmerzen helfen Einreibungen mit dem Aufguß. Auch zur Herzstärkung wird die Melisse angewandt. Sie liefert einen guten Trank für Geistesarbeiter und wird auch als Schlafmittel genommen. Bekannt ist der in Klöstern zuerst hergestellte *Melissengeist*, der auch jetzt noch gerne verwendet wird.

Mistel

Die Mistel *(Viscum album)*: Mit dem seltsamen «Goldenen Zweig» verband sich uraltes, ehrfürchtiges Brauchtum. Der Druidenpriester schnitt in weißem Gewand zu bestimmten Zeiten mit goldener Sichel den Mistelzweig. Damit er nicht mit der Erde in Berührung käme, fing man ihn in weißen Tüchern auf.

Die alten Schriftsteller stimmen darin überein, daß Sonne und Mond als Repräsentanten von Feuer und Wasser in der Mistel bedeutsam zusammenwirken. Ihre Namen lauteten «Holz vom heiligen Kreuz» und «Heil alle Schaden», und mit Silber gefaßt, trug man Mistelteilchen als Amulett gegen Krankheiten und Unheil bei sich. Wohl tötete ein Mistelzweig Baldur, den Liebling der Götter, aber in der Mistel ließ Freya den Lichtgott wiederum auferstehen.

Pfarrer Kneipp machte den **Misteltee** nach langer Vergessenheit als Frauenheilmittel bekannt. Die Homöopathie verwendet die Mistel in allerlei Zusammenhängen mit dem Blut, bei Blutungen (bei Nasenbluten den Auszug aufziehen), bei Hochdruck, Herzklopfen, im Wochenbett. Eine bedeutende Rolle spielt die Mistel in der anthroposophisch orientierten Medizin als Krebsheilmittel.

Zum Tee braucht man die jungen Zweige mit Blättern, nicht die Beeren, welche man stundenlang im kalten Wasser auslaugen läßt.

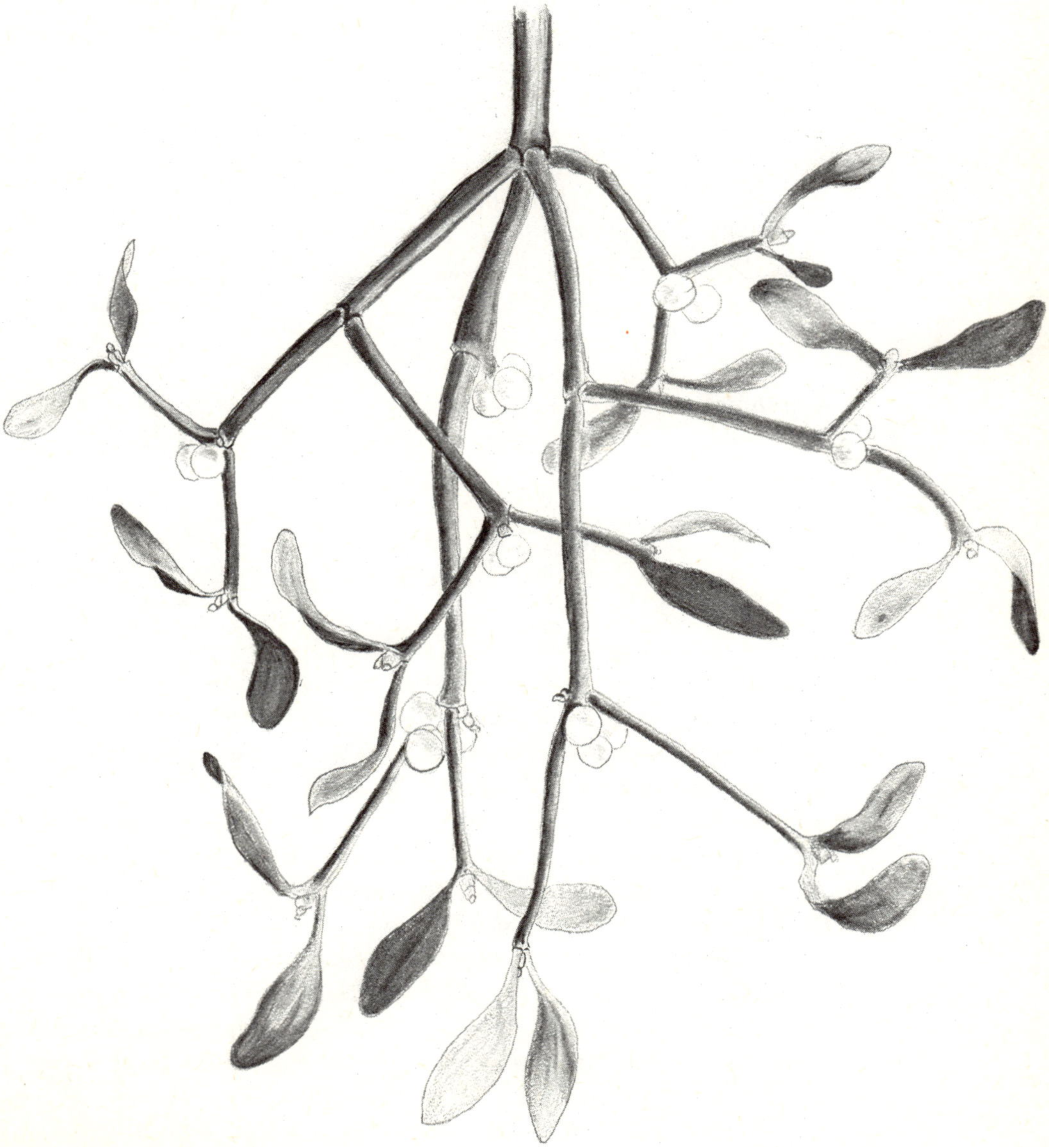

Mohn

Der Mohn, Schlafmohn *(Papaver somniferum)*: Die Mohngewächse, aus dem Mittelmeerraum stammend, sind mit über 100 Arten in der gemäßigten nördlichen Zone seßhaft geworden. Schon den Germanen war die Pflanze bekannt, förderten doch Grabungen an Pfahlbauten einen ganzen Mohnkuchen zu Tage. Den Alten war die Pflanze heilig. Die Götter der Nacht und der Todesgott wurden mit Mohnblüten bekränzt abgebildet. Noch Paracelsus maß dem Mohn große Bedeutung als Fiebermittel zu. «Alle anderen Kräuter stehen dahinter zurück» heißt es bei ihm. Der Mohn war Symbol des Schlafes und des Traumes. Aus den unreifen Samenkapseln gewinnt man das Opium, das in kundigen Händen im Morphium so wohltuende Dienste leistet. Andererseits bedeutet es größte Gefahr. Aus der Volksmedizin ist der Mohn fast verschwunden, nur als Beruhigungsmittel findet man ihn hier noch.

In der Küche lieben wir die **Samenkörner** zum Würzen von Salzgebäck, das kaltgeschlagene **Mohnöl** und die süßen Füllungen für Wickelkuchen u. a. Die gemahlenen Mohnkörner werden schnell ranzig, sollten darum nicht auf Vorrat hergestellt werden. Man überbrüht sie mit heißer Milch, mischt sie mit Rosinen und Honig, nach Belieben mit geriebenen Mandeln und geriebener Zitronenschale, Zitronensaft oder Zimt. Soll die Masse fest sein, mischt man Brösel hinein.

Mohnmilch, ein gutes Beruhigungsmittel, ½ Stunde vor dem Schlafengehen zu trinken. – 1 Eßlöffel Mohn mit 1 Liter heißer Milch in den Mixer geben. Mit Honig süßen.

Obstspeise mit Mohn: Obst der Jahreszeit zerkleinern und mit Flocken und gemahlenem Mohn in die Schüssel geben. Saft übergießen und beliebig süßen.

Petersilie

Die Petersilie *(Petroselinum sativum)*, im Volksmund auch Peterling oder Peterli genannt, gehört zu den beliebtesten und schon seit alten Zeiten bekannten Würzkräutern. In den berühmten «Zehn Büchern der Kochkunst», die vor Christi Geburt im römischen Reich geschrieben wurden, wird sie erwähnt. In deutschen Gärten pflanzt man sie seit tausend Jahren an.

Man unterscheidet zwischen einfacher, krauser und Wurzelpetersilie. Die einfache Petersilie enthält das stärkste Aroma. Die krause Schwester verwendet man gerne als Garnitur, die selbstverständlich mitgegessen wird, und die Wurzelpetersilie liefert für den Winter ein schmackhaftes, vitaminreiches Gemüse.

Man sät die Petersilie im März/April oder auch im August ins freie Land. Sie keimt sehr langsam. Heißt es doch, daß sie zuerst nach Rom reisen müsse, um sich vom Heiligen Petrus die Erlaubnis zum Aufgehen zu holen. Diese Reise dauert sieben Wochen. Nach dieser Zeit schlüpfen dann die Keimlinge aus der Erde.

Zum Winter sät man die Petersilie in Blumentöpfe oder Kistchen und stellt sie ans Küchenfenster. Aber man kann auch im Oktober Wurzeln ausgraben und umsetzen.

Nach einem alten Kräuterbuch ist der Peterling «nit allein in der küchen genützet, sunder auch in den Apotecken». Blätter und Samen wirken harnlösend und nierenanregend. Die Sonnenkräfte sind stark darin und helfen über den Winter. Die gehackten Blätter wird man darum möglichst nicht mitkochen, sondern nur überstreuen, und zwar so oft es geht.

Pfefferminze

Die echte Pfefferminze *(Mentha piperita)*, die in Gärten angebaut wird, hat die Eigenschaft, daß sie sich im Lauf der Jahre in wilde Minze zurückverwandelt. Alle 2–3 Jahre sollte man sie daher umpflanzen. Seit der Antike ist die erfrischend duftende Pflanze wohlbekannt. Abreißen galt als Frevel. Das klingt, als hätte sie damals schon unter Naturschutz gestanden. Jedenfalls war sie hochgeachtet.

Die heutige Wissenschaft charakterisiert die Pfefferminze als krampflösend, schmerzstillend und entzündungswidrig. Deshalb wird der **Tee** aus den gebrühten Blättern bei Magen- und Darmerkrankungen verordnet. Bei Gallenkolik mildert sie den Schmerz. Weniger bekannt ist, daß der Tee, äußerlich angewandt, offene Wunden und Geschwüre meist verblüffend schnell zur Heilung bringt, wenn die Auflagen öfters erneuert werden. Die starke Heilkraft beruht auf dem hohen Gehalt an ätherischem Öl (Mentholöl). Der Zahnarzt Dr. Joh. G. Schnitzer macht allerdings darauf aufmerksam, daß in diesem Öl eine Säure enthalten ist, die auf die Dauer den Zahnschmelz entkalkt, und warnt vor häufigem Genuß von pfefferminzhaltigen Näschereien. – Im Sommer ist der kalte Tee, besonders mit Zitrone und Honig, ein gutes Erfrischungsgetränk.

Pimpinelle

Das Doldengewächs Pimpinelle, Steinbibernell und große Bibernell *(Pimpinella saxifraga und P. magna)* wird im Herbst ausgesät, ist ausdauernd und gedeiht auf gutem Gartenboden. Es ist nicht zu verwechseln mit der falschen Bibernelle, dem echten Wiesenknopf (Sanguisorba) mit seinen roten Köpfchen, der im Volksmund Blutskopp oder gleichfalls Pimpinell oder Bibernell genannt wird.

Das sagenumwobene Kräutlein, auf das in früheren Jahrhunderten die Menschen in höchster Not bei Seuchen durch seltsame Vögel (Bilder für seelische Eingebungen) hingewiesen wurden – «Nehmt Bibernell, heilt die Krankheit schnell!» u. ä. – half nach alten Berichten gegen die Geißeln Pest, Cholera und Viehseuchen.

Heute kocht man aus dem Wurzelstock einen *Tee* gegen Verdauungsstörungen, gegen Husten und asthmatischen Katarrh, ein Gurgelmittel bei Heiserkeit. Die stark wassertreibende Wirkung kommt Gicht und Nierengrieß zugute. Die Blätter und Knospen der Pflanze, aber auch die des Wiesenknopfes, werden zu Suppen, Soßen und Salaten frisch verwendet.

Portulak

Portulak oder Burzelkraut *(Portulaca oleracea)* liefert mit seinen fleischigen Blättern einen feinen Salat oder Spinat. Feingehackt zu Butterbrot, Quark und Joghurt gibt er eine aparte Zukost. In Vorderasien wächst er wild, während er bei uns nur in Kulturen gedeiht.

Rosmarin

In südlichen Ländern, Dalmatien, Südfrankreich, Italien, der eigentlichen Heimat des Rosmarins *(Rosmarinus offic.)*, wächst er in großen Mengen wild und spielt eine bedeutende Rolle im Volksbrauchtum. Als Symbol des Lebens und der Stärke bekommen mancherorts junge Menschen zur Konfirmation ein Rosmarinzweiglein in die Hand, woanders ist er die «Hochzeitspflanze», von der nicht nur Braut und Bräutigam, sondern der ganze Hochzeitszug Riesensträuße aus langen Zweigen trägt, die über und über mit Flittern und Bändern behängt sind.

Bei uns wird die Pflanze in Töpfen und Kübeln gezogen, auf dem Balkan hält man sie in den Gärten und schützt sie im Winter mit Maisstroh und Erde, wobei man einen Zweig zur Benützung rausragen läßt, da er gerade den winterlichen Gerichten gut tut. Der Rosmarin kann auch in Kübeln über einen Meter hoch werden. Er ist ein Lippenblütler mit lederharten, lanzettenförmigen Blättchen. Im Frühjahr bilden sich die blaßblauen Blütchen quirlständig an den oberen Teilen der Pflanze. Die Vermehrung geschieht durch Stecklinge, die man ganz mit Erde zudeckt. Es muß nahrhafter, humusreicher Boden sein.

In kleinen Mengen verwendet man die aromatische Würze an Bohnen und Möhren, Soßen und Kartoffelspeisen, den Salaten bringt sie Abwechslung. Zu **Rosmarinessig** gibt man eine Handvoll von den abgestreiften Blättchen in eine Flasche mit Apfelessig und läßt sie etwa 14 Tage an der Sonne ziehen. Es gibt den Speisen eine eigenartige, aromatische Note.

Zu **Rosmarinhonig** werden frische Blättchen durchgedreht oder ganz fein gehackt. Davon mischt man 2 Eßlöffel voll unter ¼ Pfund Honig und gibt ihn an Salate oder vermengt ihn mit gehackten Zwiebeln und Öl zu einer Brotauflage (gegen Mundgeruch). Auch mit Quark gemischt schmeckt er köstlich.

Rosmarintee wird getrunken gegen Magenbeschwerden, Blähungen, Wassersucht, Unterleibsstockungen und Nervenschmerzen, gegen Schwindel und Blutandrang, 2 g getrocknete Blätter und Blüten oder ein paar frische Zweiglein übergießt man mit ¼ Liter kochendem Wasser und läßt 15 Minuten ziehen. Man trinkt dreimal täglich davon tassenweise, kann ihn aber auch eßlöffelweise einnehmen. Die Blätter und Blüten für den Winter sammelt man im Frühling.

Für stärkende **Bäder und Waschungen** werden die Rosmarinzweige überbrüht. Bei geschwollenen Füßen sind Fußbäder damit wohltuend. Die belebenden Rosmarin-Badezusätze erhält man auch in Drogerien und Reformhäusern.

Salbei

«Der, welcher Salbei hat, mich wundert, daß er stirbt . . .» So liest man in einer Kräutersammlung aus dem 13. Jahrhundert.

Und eine Legende erzählt, daß Maria mit dem Jesuskind auf der Flucht vor Herodes unter den schützenden Blättern eines Salbeistrauchs *(Salvia officinalis)* Zuflucht fand, bis die suchenden Landsknechte vorüber waren. Von nun an wurde der Salbeipflanze die Kraft gegeben, zu der Menschen «Heil und Hilfe» zu wachsen und zu blühen.

Schon der lateinische Name Salvia, hergeleitet aus dem lateinischen Verb salvare (retten, heilen, gesunden), weist auf die wertvollen Eigenschaften dieses Kräutleins hin. Ursprünglich wohl in den Mittelmeerländern beheimatet, ist doch der Salbei bekannt und beliebt vom Osten bis zum Westen.

Bei den Engländern hört man: «Wer ewig leben will, muß im Mai Salbei essen». Auch in unsern Breitengraden sammeln wir die grünen oder graufilzigen Blätter für den Winterbedarf schon Ende Mai oder im Juni, ehe sich an den Stengelspitzen die violetten Lippenblüten entwickeln. Die Blätter kann man vom frühen Frühjahr bis zu den ersten Nachtfrösten immer frisch vom Strauch verwenden. Zum Trocknen legt man sie in dünner Schicht auf dem Dachboden oder in warmen, sonnengeschützten, luftigen Räumen aus. Der Salbei nimmt mit dem magersten Boden vorlieb, wenn er nur reichlich Sonne hat. Für den Anbau ist es am einfachsten, sich einen Ableger zu besorgen, der an einem geschützten Platz leicht anwächst. Der Feld- oder Wiesensalbei mit seinen herrlichen blauen Blüten ist in der Wirkung nicht so stark wie der Gartensalbei. Man muß von ihm die doppelte Menge verwenden.

Die wirksamen Substanzen des Salbei sind neben ätherischen Ölen Gerbsäure, Harz und Mineralstoffe. Hieronymus Bock gibt den wohlgemeinten Rat, «daß dieses edle Kraut» besonders von denen in den Garten gepflanzt werden soll, die nicht das Geld hätten, «gen Frankfurt und Venedig zu fahren» und «von denen es billich in Gärten als die edelst Teutsch wurtz gepflanzt soll werden».

Salbei verringert in hohem Maße die Schweißabsonderung, auch die schwächenden Nachtschweiße und die sogenannte «fliegende Hitze». Bei Schwächezuständen nach überstandenen Krankheiten leistet er gleichfalls gute Dienste. Auch bei Durchfall, Verschleimungen aller Art, Leber- und Nierenleiden, Hand- und Fußschweiß und vor allem bei Drüsenleiden. Gegen Husten, Katarrh, Halsentzündungen, Mundfäule und selbst chronische Katarrhe der Luftwege dient der Salbeitee neben der inneren auch der äußeren Anwendung als vorzügliches **Gurgelwasser**: während der schlimmsten Tage mit Milch überbrüht und mit Honig; alle halbe Stunde leicht gurgeln, um die Schleimhäute nicht übermäßig zu reizen, und einen Schluck trinken.

Salbeitee wird mit Vorliebe zur Mundpflege verwendet. Besonders gute Wirkung hat er, wenn sich bei zunehmendem Alter das Zahnfleisch lockert.

Als **Zusatz für stärkende Bäder** werden die aromatischen Salbeiblätter besonders auch für Lungenkranke angebrüht. Desgleichen benützt man Salbeitee für Umschläge und Bäder bei alten eitrigen Wunden.

Beim Zubereiten von Salbeitee rechnet man 10 g Tee oder ein Händchen voll frische Blätter auf 1 Liter Wasser. Kochend überbrühen und 10 Minuten ziehen lassen. Ohne Zucker trinken, aber in vielen Fällen, besonders wenn es sich um Erkältungen handelt, mit etwas Honig vermischt.

Mit seiner nerven- und drüsenanregenden Wirkung kann der Salbeitee auch als Hustentee recht oft getrunken werden, mit Vorteil nach schweren Mahlzeiten. Der Salbei ist aber auch ein köstliches **Gewürzkraut**. Wir verwenden ihn mit seinem aromatischen Geruch im Winter getrocknet und gepulvert über die Speisen gestreut oder im Sommer die frischen feingeschnittenen Blättchen untergemischt, namentlich unter Kartoffelgerichte aller Art. Berühmte Köche aller Zeiten geben neben Bohnenkraut stets auch ein Blättchen Salbei an grüne und weiße Bohnen, Erbsen, Möhren und Gurkensalat. Klöße und Tomatensalat erhalten durch die Beigabe von einem zerhackten Salbeiblättchen erst den «letzten Schliff». Zu Großmutters Zeiten waren die «Salbeimäuschen» immer ein besonderes Vergnügen. Dazu werden schöne Salbeiblätter samt dem Stiel in dicken Ausbackteig getaucht und schwimmend gebacken. Die Mäuslein schmecken herrlich zu Salaten aller Art, auch zu Kartoffelsalat, mit Grünzeug vermischt.

Schnittlauch

Zu den wichtigsten Küchenkräutern gehört der Schnittlauch *(Allium schoenoprasum).* Er beliefert uns das ganze Jahr hindurch und behauptet deshalb seinen Platz im kleinsten Garten und sogar im Blumentopf am Fenster. Den ersten Schnittlauch kaufen wir uns als Stock. Da er sich durch die Neubildung von Zwiebeln im Boden stark vermehrt, wird alle zwei bis drei Jahre eine Teilung und Verpflanzung notwendig. Wie hübsch wirkt z. B. der Schnittlauch als Wegeinfassung! Nur darf er weder zu pralle Hitze noch zu viel Schatten haben. Eine Lebensnotwendigkeit ist feuchter, gut gedüngter Boden. Die Blütenköpfchen muß man im vorgeschrittenen Frühjahr abpflücken.

Nun gedeiht der Schnittlauch desto besser, je häufiger er geschnitten wird. Im ersten Frühling sind wir besonders dankbar für diese gesunde, vitaminhaltige Würze, die wir täglich an Salate, Suppen, Soßen, Kräuterbutter und Kräuterquark verwenden können. Und wie herrlich schmecken Schnittlauchpfannkuchen! In manchen Gegenden Norddeutschlands heißt der Schnittlauch deshalb auch «Pannkokenkraut».

Senf

Der Senf *(Sinapis alba)* kommt aus Südeuropa und ist schon bei den Römern als Tafelsenf gebräuchlich gewesen, wahrscheinlich aber in seiner Spielart als schwarzer Senf *(Brassica nigra).* Senfkörner nimmt man zum Mitkochen bei schweren Speisen, z. B. bei Kohlgerichten, zum Einlegen von Gemüsen in Essig und in seiner Form als Tafelsenf, norddeutsch Mostrich oder Mostert, zum Würzen von Salaten und Soßen. Er wird nicht nur als pikantes und wohlschmekkendes Gewürz geschätzt, das es in vielen Geschmacksrichtungen, auch süß, zu kaufen gibt, sondern auch wegen seiner verdauungsfördernden Wirkung.

Die Heilkunst bedient sich des Schwefels im Senf als hautreizendes Mittel. Aus Senfmehlen werden Umschläge gemacht, Senfpapier, Senfspiritus und Senföl reizen die Haut an rheumatischen Stellen und sorgen für Durchblutung, Senffußbäder wirken ableitend bei Blutandrang im Kopf. Senfkörner dienen dem Magen.

Tausendgüldenkraut

Die Legende erzählt, ein Kräuterweib habe tausend Gulden Belohnung erhalten, als sie eine Königin mit dem Tee dieses Krautes von langer Krankheit rettete. Davon bekam das Kraut dann seinen Namen.

Die niedrige Pflanze trägt viele zartrosa Sternchen und wächst in lichten Wäldern. Die Griechen kannten sie als Bittermittel und wandten sie bei Magenleiden an. Der Tee, den man mit kaltem Wasser durch 7stündiges Auslaugen gewinnt (1 Teelöffel auf 1 Tasse), wird tagsüber eßlöffelweise vor den Mahlzeiten getrunken. Er ist angenehmer als die typischen Bittertees (Wermut, Enzian) und wird getrunken bei Magenkatarrh, Sodbrennen, sommerlichen Brechdurchfällen und Fieber. Bei chronischen Leiden nimmt man einige Tage im Monat eine Tasse über den Tag verteilt, auch gegen Appetitlosigkeit, Gelbsucht und Blasenleiden, ferner zur Blutbildung und bei stockender Periode. Die Namen Fieberkraut, Wundkraut und Gottesgnadenkraut sprechen für seine einstige Beliebtheit in der Volksmedizin.

Thymian

Der Thymian *(Thymus vulgaris)* der Zwillingsbruder des Majoran, ist eine bekannte Würz- und Heilpflanze mit herb-erfrischendem Duft. Man sät ihn ins Frühbeet und verpflanzt später die 10 cm großen Pflänzchen. Gern suchen die Bienen die Blüten auf. Da er als Mittelmeerpflanze die Wärme liebt, empfiehlt es sich, ihn im Herbst etwas abzudecken. Zum **Trocknen** wird das Kraut kurz vor der Blüte geschnitten, weil es jetzt am aromatischsten ist, aber auch die blühenden Zweige können gebündelt und getrocknet werden. Nach dem Trocknen streift man Blüten und Blätter vom Stiel und verwahrt sie in Schraubgläsern.

Der **Feldthymian** (Quendel, *Tymus serpyllum*) ist noch aromatischer als der Gartenthymian. Er wird ebenso behandelt. Als Würze gibt man den Thymian frisch oder trocken an Salate und Soßen, an alle Speisen, die ein starkes, dem Majoran ähnliches Aroma brauchen.

Den **frischen** Thymian füllt man gern in Kräuterkissen, um einen guten Schlaf zu finden, auch brüht man ihn auf für **nervenstärkende Bäder** und Waschungen, besonders für schwächliche und «zapplige» Kinder. Auch als **Wurmmittel** ist das Kraut altbekannt, selbst gegen die gefürchteten Hakenwürmer. Man überbrüht 20 g getrockneten oder einige Zweiglein frischen Thymian mit ¼ Liter Wasser und läßt 10 Minuten ziehen. Diese Portion wird über den Tag verteilt in kleinen Mengen getrunken. Auf die gleiche Weise kann man bei Keuchhusten Linderung verschaffen. **Thymiantee** wirkt appetitanregend, herz- und magenstärkend, schleimlösend bei altem Husten. In alten Kräuterbüchern heißt es: «Thymian stärkt die Lebensgeister».

Tripmadam

Die Tripmadam *(Sedum reflexum)* ist eine Art **Mauerpfeffer**. Mit seinem lustigen altfranzösischen Namen ist es ein Kräutchen, das recht unmodern geworden ist, doch zu Unrecht. Denn die frischen jungen Blättchen bereichern jede Salat- und Gemüseplatte, jeden Eintopf und jede Kartoffelspeise.

Wacholder

Der Wacholder *(Juniperus communis)* trägt ein immergrünes Nadelkleid. Seine Beeren reifen in der Glut von drei Sommern zu ihrem vollen Aroma heran. Zur Ernte wird ein großes Tuch unter den Busch gelegt und mit Stöcken auf die Zweige geklopft, daß die Beeren herabfallen. Von alters her bis heute wird die einst hochverehrte Pflanze verwendet.

In *Oberufer* bei Preßburg wurde im volkstümlichen Weihnachtsspiel von 1600 ein mit Bändern und Äpfeln geschmückter «Kranawitbaum», das ist ein Wacholder, als Baum der Erkenntnis gezeigt. Im Märchen ist der «Machandelbaum» der Baum des Lebens, aus dem der Seelenvogel des getöteten Brüderchens auffliegt. «Feuerbaum» lautet auch einer der zahlreichen Volksnamen des Wacholders.

Abkochungen der Zweige ergeben ein gutes Badewasser gegen Gicht und Rheumatismus. Reinigend und stärkend ist die **harntreibende Kur** nach Sebastian Kneipp: Am ersten Tag ißt man 5 Beeren, am zweiten 6 und so fort, bis man bei 15 Beeren angelangt ist. Alsdann jeden Tag eine Beere weniger, um schließlich wieder wie am Anfang mit 5 Beeren zu schließen.

Außerdem ist die Wacholderbeere ein **Gewürz**, zumal für Sauerkraut. Sie wird auch zu Saft und zu Mus verarbeitet. Kindern sollte man ab und zu die bittersüßlichen Beerchen zu kauen geben, auch öfters einen Löffel **Wacholdersirup** in Milch oder Tee mischen.

Waldmeister

Aus dem feinen Waldkräutlein Waldmeister *(Asperula odorata)* mit quirlständigen Blättern bereitet man eine **Maibowle,** noch bevor die Blüten kommen. Honig wird im Wasser aufgelöst und ein Büschelchen Waldmeister, nicht zu viel, hineingehängt, so daß die Stengel außen bleiben. Nach einer halben Stunde ist die Lösung aromatisch. Weißen Traubensaft aufgießen, kühlen und vor dem Anrichten kohlesäurehaltiges Mineralwasser zugeben, evtl. Zitronenscheiben.

Zinnkraut

Der Schachtelhalm oder das Zinnkraut *(Equisetum arvensis),* mit dem man früher das Zinngeeschirr geputzt hat, den die Griechen Pferdeschwanz (Hippuris) nannten wegen seines buschigen Wuchses und mit dem sie das Blut stillten, liefert einen der besten **Tees** für Niere und Blase, namentlich bei Grieß- und Steinleiden. Man nimmt ihn mit Erfolg, wo Entwässerung des Körpers gewünscht wird. Sein hoher Gehalt an *Kieselsäure,* der sich erst bei längerem Kochen löst (20 Minuten bis ½ Stunde), macht ihn zum Mittel gegen Haarausfall und gegen das Nägelkauen der Kinder, wenn es nicht psychisch bedingt ist. Er ist auch geeignet als Haarwaschmittel, als Mundwasser und als **Badezusatz** bei Ausschlägen.

Vom Ernten, Trocknen und richtigen Aufbewahren unserer Kräuter

Im Frühsommer sammeln wir unsere Gewürz- und Heilkräuter für den Wintervorrat. Diejenigen Pflanzen, die ihr Aroma hauptsächlich in den Blättern tragen, schneidet man am besten vor der Blüte. Dazu gehören Beifuß, Pfefferminze, Rosmarin, Zitronenmelisse, Salbei und Majoran. Bei anderen z. B. Lavendel, Thymian, Bohnenkraut, Basilikum, Dill und Borretsch, erntet man zur Blütezeit. Es gibt viele Kräuter, die man zweimal schneiden kann, darunter Pfefferminze, Zitronenmelisse, Estragon, Majoran, Thymian. Selbstverständlich wird man sich im Herbst noch laufend mit Trockengut versorgen, wenn das noch nicht geschehen ist.

Die beste Tageszeit zum Sammeln ist der Morgen, wenn der Frühtau getrocknet ist. Ganz alte Überlieferungen geben sogar die Zeit vor Sonnenaufgang an, und die Tätigkeit mußte in Ernst und Schweigen vollbracht werden. Auch der frühe Abend ist gut, 17 bis 18 Uhr. An sonnigen, warmen Tagen entfalten die ätherischen Öle und Blütendüfte dann ihre stärkste Intensität.

Nun ist es richtig, die Kräuter gleich auf Papier oder Tüchern auszubreiten, auch auf Hürden oder einem mit Papier belegten Backblech, nicht aber auf Zeitungspapier. Man streift Blätter und Blüten möglichst jetzt schon von den Stengeln, dabei auch die wertvollen Jung- und Gipfeltriebe. Die groben Teile trocknet man für Badezusätze.

Am besten wird getrocknet in luftiger, schattiger Wärme, keinesfalls in praller Sonne, da sonst zuviel ätherische Öle verlorengehen. Doch wenn die Jahreszeit vorgeschritten ist und sich kühle, feuchte Witterung einstellt, ist die milde Sonne vorzuziehen. Mit Feuchtigkeit durchsetztes Trockengut verliert seine Kraft und seine Haltbarkeit.

Wir können auch **Kräuterwürze in Gläschen** herstellen. Dafür nimmt man alles, was im Sommer zur Verfügung steht, Petersilie, Kerbel, Basilikum, Estragon, Dill, Thymian, Zitronenmelisse, Majoran usw. Die Kräuter werden fein verwiegt oder durchgedreht und mit dünnen Lagen Salz in Gläschen eingedrückt. Die oberste Schicht ist ein wenig Salz. Das Glas wird möglichst zugeschraubt, sonst zugebunden. Bei der Verwendung sei man mit weiterer Salzzugabe bei den Speisen vorsichtig.

Salzloser Kräutersaft

Die Gewürzkräuter werden zweimal, besser dreimal, durchgedreht und der Saft ausgepreßt. Mit einer Saftpresse geht alles einfacher. Den gewonnen Saft in kleine Flaschen füllen und bei 90 Grad 15 Minuten sterilisieren. Nach dem Öffnen ist der Saft nur wenige Tage haltbar, die Saftausbeute in dieser Form auch nicht groß.

Kräuter in Öl

Zum Beispiel 50 g Estragon, 50 g Pimpinelle, 30 g Portulak, je 10 g Majoran, Thymian, Bohnenkraut und Liebstöckel mit 50 g Zwiebeln nach dem Waschen und Abtrocknen fein wiegen. Für dieses Quantum braucht man 160 g feines Speiseöl, am besten kaltgeschlagen. Alles gut vermischen und in luftdicht verschließbare Gläschen füllen. Im Winter zu Salaten, Grützen, Suppen und Soßen mischen. Als Brotaufstrich mit dickem Sauerrahm, Quark oder schaumig gerührter Butter ein Leckerbissen. – Die Kräuterzutaten können beliebig verändert werden, nur sollte man darauf achten, daß man sehr aromatische Kräuter in kleinen Mengen zugibt, damit der Geschmack ausgeglichen bleibt.

Kräuteressig

4 Liter Obstessig, 100 g gewiegte Schalotten, 50 g Bohnenkraut, 20 g Majoran, 50 g Estragon, 5 g Minze, 20 g Zitronenmelisse, 20 g Dill, 30 g Pimpinelle. Nach Belieben kleine Mengen Kerbel, Tripmadam, Petersilie, Schnittlauch, Selleriespitzen, Thymian und Liebstöckel. Die Kräuter feingehackt mit dem Essig in eine weithalsige Flasche füllen, verschließen und 3 bis 4 Wochen an die Sonne stellen. Dann durch ein Filterpapier gießen und in sauberen Flaschen fest verschlossen in kühlem Raum aufbewahren.

Estragonessig

wird in gleicher Weise hergestellt. Estragon artet leicht aus. Deshalb prüfe man vor Gebrauch ein Blättchen zwischen den Fingern. Es muß stark duften. Soll der Essig sehr gut werden, gibt man beim Ansetzen einen Teller Erdbeeren, Johannis- oder Himbeeren hinein, außerdem eine kleine Tasse Zucker.

Toilette-Essig

Hier kommen Lavendel, Zitronenmelisse, ein wenig Pfefferminze, Thymian und dünn abgeschälte kleingeschnittene Orangenschalen in Weinessig.

Man stellt ihn 3 bis 4 Wochen in die Sonne oder in die Wärme, dann wird er durch ein Filterpapier gegossen und abgefüllt. Man gibt von diesem aromatisch duftenden Essig etwas ins Wasch- oder Badewasser.

Anwendung und Zubereitung unserer Kräutertees

Wer erst durch seine labile Gesundheit dazu gezwungen wurde, von Bohnenkaffee und Schwarztee zu lassen und statt dessen die einheimischen Kräuter zum täglichen Haustee zu verwenden, mag sich wohl fragen, «warum habe ich mir nicht schon vor zehn Jahren den Segen der Kräutertees zu eigen gemacht?» Da stand die «liebe Gewohnheit» im Weg, da gab es Vorurteile und vielleicht auch die Furcht, sich lächerlich zu machen . . . Und nun bietet die Kräuterküche soviel Abwechslung, soviel Möglichkeiten selbst zu probieren, was schmeckt und was wohltut. In einfachster Art fördern die Wild- und Gartenkräuter Stoffwechselrückstände aus dem Gewebe und helfen durch ihre meistens leicht abführende Wirkung dem ganzen Organismus.

Oft bestehen Unklarheiten darüber, wie lange man die verschiedenen Teesorten trinken soll, besonders wenn es sich um Heiltees handelt, und über die Zubereitung der verschiedenen Kräuter. Wer seine Kräutermischung nach den persönlichen Bedürfnissen zusammengestellt hat, wird diesen Tee im allgemeinen 10 bis 14 Tage trinken, um es dann mit einer anderen Zusammenstellung zu versuchen. Ein richtiger «Kräuterkünstler» hat seine Freude am Wechsel. Es gibt aber auch Familien, welche sich ihren «Haustee» im Laufe des Sommers einsammeln und ihn dann das ganze Jahr hindurch als vorbeugenden Gesundheitstee trinken. Besser ist es, sich verschiedene Kräutermischungen zusammenzustellen, weil sich sonst der Organismus zu sehr an das Getränk gewöhnt und die anregende, umstimmende Wirkung aufhört.

Ebenso ist es ratsam, einzelne Teesorten, wenn man nicht einen einmaligen Wirkstoff zu einem bestimmten Zweck ausnutzen möchte, sei es nun Johanniskraut, Melisse, Hagebutten usw., nach zehn bis vierzehn Tagen durch eine andere zu ersetzen.

Der Zucker wird fortgelassen, aber eine kleine Honiggabe, auch etwas Zitronensaft kann die gute Wirkung oft noch unterstützen. Grundsätzlich werden keine Metall-Teekannen verwendet. Ton, Email und feuerfestes Glas sind gut geeignet. – Nach Möglichkeit werden im Sommer die Kräuter frisch aus dem Garten oder aus Wald und Flur geholt. Man wird bald das Fingerspitzengefühl entwickeln, um herauszufinden, wie viele Blättchen oder Zweiglein von dem einzelnen Kraut benötigt werden.

An getrockneten Kräutern rechnet man durchschnittlich für 1 große Tasse (¼ Liter) Wasser einen Teelöffel bis einen kleinen Eßlöffel voll, oder, wie es volkstümlich gehandhabt wird, soviel Kräuter für eine Tasse, wie man zwischen Daumen, Zeige- und Mittelfinger fassen kann. Bei bitteren Tees nimmt man weniger (bei Wermut, Tausendgüldenkraut, Enzian usw. nur einen knapp gestrichenen Teelöffel).

Wenn es sich nicht um einen Haus-, sondern einen Heiltee handelt, trinkt man morgens eine Tasse statt des üblichen Frühstücksgetränkes und frühstückt eine halbe bis eine ganze Stunde danach. Die zweite Tasse folgt eine halbe Stunde vor dem Mittagessen (statt der üblichen Suppe). Man kann sie auch zwei Stunden nach dem Mittagessen trinken, und die dritte Tasse trinkt man vor dem Schlafengehen. Sollte der Tee zu anregend sein oder sonstwie die Nachtruhe stören, so trinkt man die letzte Tasse eine halbe Stunde vor dem Abendbrot. Noch besser wird die Heilkraft der Kräuter ausgenutzt, wenn man den Tee schluckweise den Tag über trinkt.

Für die Zubereitung gibt es verschiedene Arten: Beim **Kaltwasserauszug** werden die frischen oder getrockneten Kräuter 16 Stunden oder auch länger in kaltes Wasser gelegt. Dabei werden Aroma und Heilkraft am besten erhalten. Der abgegossene Auszug wird schonend zum Trinken gewärmt. Diese Methode ist besonders anzuraten bei Mistel- und bei Baldriantee. – Beim **Heißwasseraufguß** überbrüht man die Kräuter mit kochendem Wasser und siebt je nach Angabe ab. – Die **Abkochung** wird im allgemeinen für Rinden, Hölzer und Wurzeln angewandt. Diese Substanzen kann man stundenlang vorher einweichen und dann kalt mit dem Einweichwasser aufsetzen. Je nach Härte werden sie 10 bis 30 Minuten langsam gekocht und dann noch 10 Minuten ziehen gelassen. Hierher gehört auch Schachtelhalmtee, der lange kochen muß, damit sich die Kieselsäure löst.

Das Fermentieren der Kräuter

Zu einem wohlschmeckenden Haustee eignen sich z. B. Erdbeer-, Himbeer- und Brombeerblätter, auch mit Schlehdorn- und Lindenblüten gemischt. Solche oder ähnliche Mischungen kann man auch *fermentieren.* Dadurch wird der Tee noch wohlschmeckender.

Nach dem Pflücken läßt man die Blätter eine Nacht über etwas welken, ausgebreitet auf einem Tuch, in welches man sie anschließend fest zusammenrollt und die Rolle verschnürt. Möglichst noch beschwert läßt man die Blätter in der Rolle 1–2 Tage gären. Danach sind sie dunstigwarm, dunkel gefärbt und duften stark. Nun werden sie an warmer Luft noch gründlich durchgetrocknet, keinesfalls an der Sonne. Man verwahrt sie in Gläsern oder Büchsen.

Ausländische Gewürze

Curry

Der Curry ist eine Mischung tropischer Gewürze, die im einzelnen auch bei uns gebräuchlich sind, in ihrer spezifischen Zusammensetzung aber, einem Ergebnis alter Erfahrungen der indischen Küche, ein ganz neues Gewürz ergeben. Die gelbe Farbe stammt von Kurkuma, der Gelbwurz. Man verwendet Curry in der Hauptsache zu Reis und Soßen.

Ingwer

Ingwer

Der Ingwer *(Ginger)* ist ebenfalls eine tropische Pflanze. Zum Gebrauch kommt der getrocknete Wurzelstock in unregelmäßigen gelblichgrauen Stückchen. Zu Pulver vermahlen verwendet man diese magenstärkende und blutreinigende Substanz als Backgewürz. Beliebt ist der kandierte Ingwer. – Beim Einmachen von süßsaurem Kürbis und Birnen werden Ingwerstückchen mitgekocht, um die Speise ausdrucksvoll zu machen.

Ingwerbrot: ½ Tasse Öl, 1 Tasse Rübensirup, 1 Tasse Buttermilch, 2 Eier, 2½ bis 3 Tassen Mehl, 1 Eßlöffel Ingwerpulver oder mehr, 1 Teelöffel Backpulver, etwas Salz. – Öl, Sirup, Buttermilch und die Eidotter zusammen gut verschlagen, dann das mit Ingwer, Backpulver und etwas Salz gemischte Mehl unterrühren. Es muß einen dick vom Löffel fallenden Teig ergeben. Zuletzt den Eischnee unterrühren und in geölter Form bei Mittelhitze backen.

Kapern

Die Kapern *(Capparis)* sind die in Salz und Essig eingelegten Blütenknospen des dornigen Kapernstrauchs, der in den Mittelmeergebieten beheimatet ist. Man kann sie sich selber herstellen aus den Knospen des Löwenzahns, der Sumpfdotterblume und des Gänseblümchens und aus den noch unreifen Samen der Kapuzinerkresse (s. S. 47), indem man sie in Apfelessig legt. Sie werden in Schraubgläschen aufbewahrt und zu Soßen, Salatplatten und Kartoffelsalat verwendet.

Kardamom

Das Kardamon *(Elettaria cardamomum)*, heute fast in Vergessenheit geraten, ist eines der ältesten Gewürze, seine Heimat Vorderindien. Das aromatische ätherische Öl ist in den Samen enthalten, die zu Pulver gemahlen werden. Sein brennend-würziger Geschmack dient der Weihnachtsbäckerei, z. B. Spekulatius.

Lorbeer

Der Lorbeer *(Laurus)* ist ein Gewächs der Mittelmeerländer. Die immergrünen Blätter werden jung gepflückt und getrocknet. Da der Geschmack sehr intensiv ist, wird meist ein halbes Blatt genügen. Wir verwenden es zu Suppen und Soßen und besonders zu sauer eingelegten Gemüsen.

Muskat

Das Muskat *(Myristika fragrans)* liefert uns der bis zu 18 m hohe Muskatnußbaum der Südseeinseln. Die holzigen Samen sind von einem orangefarbenen Mantel umgeben, der sog. Muskatblüte, die ebenfalls ein Gewürz bildet, auch Macis genannt. Nuß und Blüte sind sich im Geschmack ähnlich, beide recht durchdringend und daher nur in kleinsten Dosen zu verwenden. Muskat ist ein vielseitiges Gewürz, paßt besonders zur Weihnachtsbäckerei, zu Eier- und Käsespeisen, aber auch zu Kohlgerichten.

Nelke

Nelken *(Eugenia)* sind die getrockneten Knospen des Gewürznelkenbaumes der Südseeinseln. Schon im Mittelalter liebte man die «braunen Nägelein». Wir würzen damit nicht sehr ausdrucksvolle Früchte (Birnen und Kürbis), zumal wenn sie sauer eingelegt werden, Obstsuppen und -Punsche, besonders Holundersaft. Bei der Weihnachtsbäckerei sind gemahlene Nelken unentbehrlich.

Paprika

Der Paprika *(Capsicum)* oder Spanischer Pfeffer ist das Pulver der getrockneten roten Paprikaschote. Aus Amerika stammend, ist er heute in ganz Südeuropa zu Hause. Wir nützen das farbenfrohe Gewürz zu Quark und Käse, zu herzhaften Gemüsen und pikanten Salaten.

Pfeffer

Obgleich der Pfeffer *(Piper)* das am weitesten verbreitete Gewürz ist, ist er mehr und mehr umstritten. Für die Diätküche ist er ungeeignet. Wer ihn nicht meiden kann, soll die Pfeffermühle auf den Tisch stellen und sich seinen Bedarf gleich frisch auf die Speisen mahlen und vor allem nicht zuviel davon nehmen.

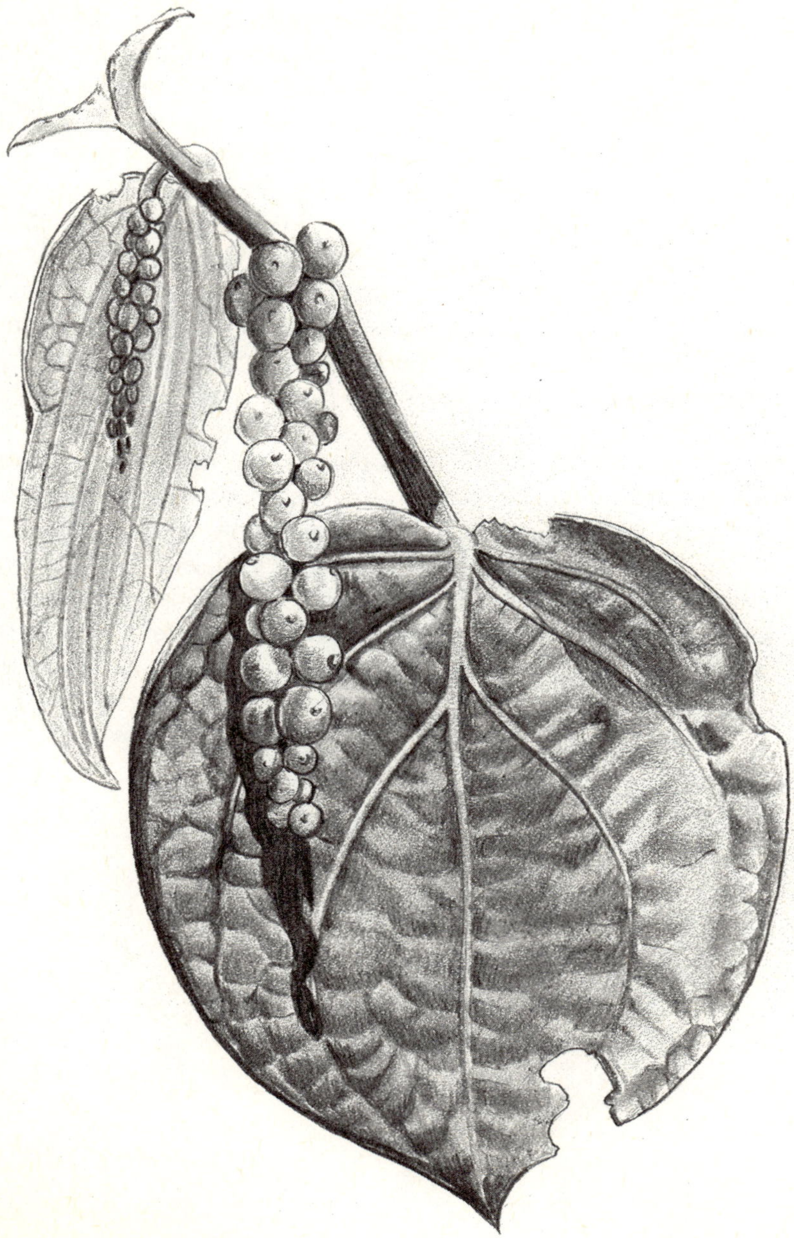

Piment

Der Piment *(Pimenta off.)* oder «Gewürzkörner» sind ein altbekanntes Tropengewürz, das heute etwas in Vergessenheit geraten ist. Der Name «Nelkenpfeffer» charakterisiert gut seinen Geschmack. Beliebt ist er bei der weihnachtlichen Honigbäckerei.

Safran

Den Safran *(Crocus)* kennen viele Hausfrauen nur aus dem Kindervers «... Safran macht den Kuchen gel». Gewonnen wird dieser stark gelb färbende Stoff aus der Safranpflanze, einer orientalischen Krokusart, die auch in Frankreich angebaut wird, und zwar aus dem Stempel der Blüte. Die Gewinnung ist sehr mühselig, das Gewürz entsprechend teuer, deshalb aber nicht zu verachten.

Vanille

Die Vanille *(Vanilla)* gehört zu den beliebtesten Gewürzen. Sie wird aus den Schoten einer tropischen Kletterorchidee gewonnen. Die meisten kommen von der Insel Réunion im Indischen Ozean, früher Insel Bourbon, *(Bourbon-Vanille)*. Durch eine Fermentierung mit feuchter Wärme färben sich die Schoten schwarzbraun und erhalten ihr feines Aroma. Zur Verwendung kratzt man das Mark mit den winzigen Samenkörnchen aus, die Schoten kocht man in den Speisen mit. In Zucker eingelegt, kann man sie lange frisch halten. Außer Gebäck würzt man mit Vanille Milchsuppen und -speisen.

Zimt

Der Zimt *(Cinnamomum)* ist aus unseren Küchen nicht wegzudenken. Es gibt den feinen Ceylonzimt (Kaneel) und den derberen Kassiazimt aus China. Die Rinde des Zimtlorbeerbaumes liefert die Zimtstangen. Zum Backen und Überstreuen werden sie gemahlen. Man würzt Gebäck und Süßspeisen, Milchsuppen und -soßen sowie Fruchtgetränke. Auch beim Konservieren von Obst läßt man gern eine kleine Stange Zimt mitkochen. – In der Reformküche nimmt man den Zimt anstatt mit Zucker mit Honig. Bekanntlich hat Zimt eine leicht stopfende Wirkung.

Gemüse im Jahreslauf

Frühling

Rhabarber

Der Rhabarber ist eine uralte Kulturpflanze. Schon vor mehr als 4000 Jahren wurde er von den Chinesen angebaut. Er gehört zur Familie der Knöteriche. In Tibet, am Himalaja und im südlichen Teil Rußlands wächst er wild.

Über Rußland und Persien gelangte er in die Mittelmeerländer und verbreitete sich über ganz Europa. Sein botanischer Gattungsname *Rheum* geht zwar auf das alte persische Wort *rewend* zurück, doch nimmt man an, daß sich die Bezeichnung Rhabarber vom altgriechischen «Rha» ableitet. So nannte man die Wolga. Für die Hellenen galt alles Nichtgriechische als barbarisch. Die ausländische Pflanze war daher ein «Barbar» von jenseits der Wolga. Die Italiener machten *rabarbaro* daraus, und über das mittelhochdeutsche *rebarbe* kam der Rhabarber zu seinem Namen.

In Deutschland wurde er zuerst in Hessen angebaut, aber heute findet man ihn in jedem Garten. Früher konnte man ihn als «Weinigen Rhabarber» in der Apotheke kaufen, um ihn bei Magenverstimmungen tee- oder eßlöffelweise einzunehmen.

Als erster Frühlingsbote im Garten schiebt er seine roten, dick zusammengeknäulten Blätter aus der Erde. Fast zusehends kommen die Stengel täglich ein Stückchen länger heraus. Bald kann der Rhabarber manche Ernährungslücke ausfüllen. Er enthält neben wertvollen Mineralsalzen vor allem die wichtigen Vitamine A und C, und gerade für Vitamin C sind wir nach den Wintermonaten besonders dankbar.

Schon morgens nüchtern kaut man ein Stück rohen Rhabarber. Er ist ja anfangs noch nicht so sauer. Nach einiger Zeit merkt man schon, wie vor allem die Verdauung in Ordnung kommt. Blasse und appetitlose Kinder blühen auf. Instinktiv sind sie immer dabei, sich die rohen Stengel zu stibitzen. Aber auch Erwachsene brauchen jetzt den rohen Rhabarber zur Reinigung und Erneuerung des Blutes. Kaum gibt es ein besseres Mittel hierzu. Man kann die Rhabarberstengel z. B. in feine Rädchen schneiden und aufs Vollkornbutterbrot legen als anregendes, bekömmliches Frühstück. Statt Zucker nehmen wir Honig oder Zuckerrübensirup.

Menschen, deren Nieren nicht in Ordnung sind, spüren nach Rhabarbergenuß manchmal Beschwerden. Hier ist einige Vorsicht geboten, obwohl die berüchtigte Oxalsäure vorwiegend in den Blättern sitzt, die zur Ernährung nie verwendet werden dürfen. Erst gegen Johanni zieht diese Säure aus den Blättern in die Stengel, und nach Johanni ist die Rhabarberzeit vorbei.

Anstelle von Zitronensaft kann man im Frühling zum Anmachen von Salaten entweder Rhabarbersaft benutzen oder feingewürfelten Rhabarber untermischen. Wenn die Stengel nicht mehr zart sind, reibt man sie auf der Rohkostreibe oder zerkleinert sie im Mixer. Dann gibt man sie unter Rohkosttunken.

Müsli aus Rhabarber und Karotten

Kleingeschnittenen Rhabarber und feingeriebene rohe Möhren zu gleichen Teilen mischen, im Ganzen etwa 250 g. 2 bis 3 Eßlöffel gemahlene Nüsse, 4 Eßlöffel Haferflocken, eingeweichte Rosinen, 1 bis 2 Eßlöffel Honig und soviel Fruchtsaft unterrühren, bis eine geschmeidige Masse entsteht.

Rhabarbermüsli mit Quark

250 g Quark mit ¼ Liter Milch gut verschlagen. 1 bis 2 Eßlöffel Honig und 250 g kleingewürfelten Rhabarber untermischen. Dies gibt eine erfrischende Brotauflage, kann aber auch mit Milch und Flocken angerührt aus kleinen Schüsseln gegessen werden.

Rhabarber mit den letzten Winteräpfeln

Rohen Rhabarber durch die Mühle drehen und mit der gleichen Menge rohen geriebenen Äpfeln vermischen. Gut verrührt und beliebig gesüßt ißt man diese Mischung wie Marmelade auf dem Brot, zu Flocken oder Getreidespeisen.

Rhabarberspeise mit Agar-Agar

1 kg Rhabarber kleinschneiden und mit einer großen Tasse Zucker vermischt über Nacht stehen lassen. Dann gibt man 12 g Agar-Agar in ½ Liter Wasser nach Vorschrift langsam zum Kochen, gibt, wenn es sich aufgelöst hat, ¼ Liter Himbeersaft dazu, mengt das rohe Rhabarberkompott hinein und gibt die Masse entweder in eine Glasschale oder in eine kalt ausgespülte Puddingform, läßt erstarren und stürzt. Mit Schlagsahne oder Vanillesoße reichen.

Rhabarbermilch

$^2/_3$ Milch und $^1/_3$ frisch gepreßten Rhabarbersaft mit Honig nach Geschmack schlagen oder mixen. Wegen Gerinnungsgefahr beides langsam zusammengeben.

Rohes Rhabarberkompott mit Früchten

Kleingeschnittenen Rhabarber mit Honig mischen und über Nacht stehen lassen. Am anderen Tag die gleiche Menge kleingeschnittene Erdbeeren, Bananen oder eingemachte Früchte hinzufügen. Man gibt dazu z. B. eine Hirse- oder Gerstenspeise.

Rhabarber-Graupenauflauf

150 g Graupen in 1 Liter Wasser ausquellen lassen. 700 bis 1000 g Rhabarber kleinschneiden, mit etwa 50 g Rübensirup vermengen und lagenweise mit den Graupen in eine geölte Auflaufform füllen. Zuoberst Graupen, darüber Butterflöckchen. Etwa 45 Minuten lang backen.

Ungebackene Rhabarbertorte

Zum Einfüllen stellt man den Rand einer Springform auf eine Kuchenplatte und gibt lageweise Vollkornzwieback und rohen, mit Honig gesüßten Rhabarber oder Rhabarbermus hinein. Man verteilt darüber 2 Tassen dicke Vanillecreme und läßt an kühlem Ort erstarren. Gehackte Nüsse darüberstreuen oder mit ganzen Nüssen oder zerschnittenen Mandeln verzieren. Die Torte läßt sich gut in Stücke schneiden.

Rhabarber-Brotauflauf

Eine Auflaufform gut einfetten und mit Vollkornbrotscheiben auslegen. Die Lücken werden mit Bröseln oder Flocken ausgefüllt. Darüber kleingewürfelten rohen Rhabarber verteilen, den man mit Honig, Zitronenschale oder Zimt, gemahlenen Nüssen und einigen Eßlöffeln Flocken vermischt hat. Dick mit Weizenkeimen bestreuen, Butterflöckchen darübergeben und bei Mittelhitze backen.

Gewürzte Rhabarbersoße

Eine helle Grundsoße zubereiten. Eine Handvoll Rhabarberwürfelchen weichdämpfen, durchtreiben und mit der Soße verrühren. Mit einigen Löffeln Rahm oder einem Eigelb abschmecken. Diese Soße ist sehr aromatisch und paßt gut zu Kartoffelgerichten und Getreidespeisen.

Rhabarber zu Wildgemüse oder Spinat

Wildgemüse oder Spinat beliebig zubereiten. Zuletzt einen kleinen Teller roh durchgedrehter Rhabarberstücke daruntergeben und über kleinster Flamme durchziehen lassen, ohne zu kochen.

Kartoffelsalat mit Rhabarber

Kartoffelsalat zubereiten, nicht zu saftig und nicht zu sauer. Etwa ½ Tasse feine Rhabarberrädchen roh untermischen und gut durchziehen lassen. Paßt auch als Rand zu einer Wildkräuterplatte.

Wurzelgemüse mit Rhabarber

Winterrüben aller Art, welche gegen das Frühjahr zu eintrocknen, besonders wenn sie in einem regenarmen Sommer gewachsen sind (z. B. Steckrüben, rote und gelbe Rüben, Pastinaken usw.), in Würfelchen schneiden und mit wenig Wasser weichdünsten. Einige Teelöffel Sirup und kleine Rhabarberwürfel (etwa ⅓ des Gemüses) darin weichdünsten, so daß sie noch ihre Form behalten. Sorgfältig mit den Rüben vermischen und ein wenig Salz, gehackte Kräuter (Dill, Borretsch, Thymian) und ein Stück Butter dazugeben.

Rhabarberrösti (Schweizer Essen)

250 g Vollkornbrotwürfelchen in Fett anrösten, 500 g kleingewürfelten Rhabarber daruntermischen und zugedeckt dünsten lassen bis der Rhabarber weich ist. Mit 3 Eßlöffeln Sirup süßen.

Rhabarberkompott

2 cm lange Rhabarberstücke in einer heißen Lösung aus Sirup kochen, danach Honig unterziehen. Als Geschmackszutaten sind Vanille oder Zimt geeignet. – Schöne Rhabarberstücke erhält, wer mit Schaumlöffel und Sieb am Herd stehen bleibt, denn Rhabarber ist in Minutenschnelle weich. Die Stückchen werden herausgesiebt und in die bereitgestellte Schale gelegt, um die nächste Schicht rohen Rhabarber in den Topf zu legen.

Rhabarberlimonade

Die Stengel in Würfel schneiden, mit heißem Sirupwasser übergießen und ziehen lassen. Absieben und kalt oder wiedererwärmt trinken, auch mit Mineralwasser.

Sauermilch-Rhabarber

Mit ein wenig Honig geschlagene Sauermilch oder Joghurt in Schalen füllen und mit Rhabarberkompott umranden. Mit gemahlenen Nüssen bestreuen. Man ißt dazu Hirseflocken, Vollkornbrotschnitten oder Knäckebrot.

Rhabarbercreme

1 Joghurt, 1 Eßlöffel gemahlene Mandeln oder Walnüsse mit 2 Tassen Rhabarberkompott kräftig schlagen. Je länger man schlägt, desto leichter wird die Creme, die man nach Belieben mit Vanillesoße überziehen kann.

Rhabarberkuchen

Wer kennt und liebt ihn nicht, diesen saftigen Kuchen! Kommt unerwartet Besuch, hilft er schnell aus der Verlegenheit. Eine Springform mit einfachem Hefe- oder gutem Mürbteig auslegen. Dick mit feinen Hafer- oder Hirseflocken bestreuen und dick mit rohen Rhabarberstücken belegen, die mit 250 g aufgequollenen Rosinen vermischt sind. Zunächst anbacken, dann erst mit Zucker und Zimt überstreuen und fertig backen oder nach dem Backen mit Honig süßen. Mit Schlagsahne eine «Götterspeise».

Rhabarberblüten, eine Überraschung

Rhabarberblüten können, solange sie noch in der Hülle stecken, als Gemüse gegessen werden. Mit wenig Wasser und Öl dämpfen und zur Verfeinerung mit weißer oder Holländischer Soße anrichten.

Das Einmachen von Rhabarber

Von Mitte Mai bis Mitte Juni ist die beste Einmachzeit. Später wird der Säuregehalt immer größer. Die rotstieligen Sorten sind die günstigsten, da sie weniger Säure enthalten und daher weniger Zucker brauchen.

Roheinfüllen

Die Rhabarberstückchen werden in Weinflaschen gefüllt, wobei man die Flaschen öfters rüttelt und auf den Tisch stößt, damit die Stückchen möglichst dicht darin sitzen. Man verschließt luftdicht mit Gummikappe oder Korken. So bleibt der Rhabarber gut erhalten. Vor Gebrauch kann man ihn nach Bedarf kochen.

Heißeinfüllen

Einen Zuckersirup kochen und die Rhabarberstückchen portionsweise hineingeben. Man läßt aufwallen und füllt den Rhabarber gleich in heißgemachte Gläser oder Flaschen, die man sofort verschließt. Geeignet sind Flaschen mit Patent- oder Gummiverschluß, Gläser mit Gummiring, Deckel und Bügel. Bei diesem Verfahren gibt es keine verkochte Masse. Die Stückchen lassen sich vorzüglich zu Kuchen verwenden, wobei man auf einem Sieb vorher den Saft ablaufen läßt. Durch das Aufkochen fällt das Einmachgut etwas zusammen, so daß sich ziemlich viel einfüllen läßt.

Rhabarber als Streckmarmelade

Rhabarberkompott zur Hälfte mit beliebiger Marmelade mischen. Sehr gut eignet sich Holundermarmelade, welche die Säure des Rhabarbers angenehm ausgleicht. Zum Süßen kann man pro kg bis zu 250 g Rosinen einige Minuten mitdurchkochen.

Marmelade aus Dörrobst und Rhabarber

1 oder 2 Tage in Süßmost eingeweichtes Dörrobst nach dem Ablaufen des Saftes entsteinen. Durchdrehen und mit der gleichen Menge roh durchgedrehtem Rhabarber vermischen. Mit dem zurückbehaltenen Saft verrühren und beliebig süßen. Man kann die Marmelade kurz aufkochen lassen.

Rhabarber entsäuern

Da gibt es den Vorschlag, den Rhabarber zu überbrühen und das Wasser abzugießen. Man schafft damit zwar die meiste Säure fort, aber es gehen auch wertvolle Bestandteile verloren. – Auch die bekannte Methode, dem Rhabarberkompott eine Messerspitze kohlensauren Kalk oder Natriumbikarbonat zuzusetzen, lehnt die Reformküche ab, weil dadurch nur eine scheinbare Entsäuerung bewirkt wird, während tatsächlich die Säure im Blut ansteigt. Dagegen kann man, um die Säure zu binden, Zitronenschalen mitkochen und etwas Zitronensaft an das fertige Kompott geben. So paradox es klingt, die eine Säure bindet die andere. Etwas rohe Milch, unter das fertige Kompott gerührt, wirkt auch mildernd, ebenso die Beigabe von zerschnittenen Dörrfrüchten (Rosinen, Feigen, Datteln, getrockente Bananen), die man im Kompott ausquellen läßt.

Rhabarbermarmelade

1 kg Rhabarber, 500 g Zucker, Saft von 2 und abgeriebene Schale von ½ Zitrone. Die Rhabarberstengel in kleine Stücke schneiden und mit dem Zucker vermischt über Nacht zugedeckt stehen lassen. Zitronensaft und -schale zufügen und die Marmelade auf lebhaftem Feuer zur gewünschten Dicke einkochen.

Rhabarbersüßmost

Da der dampfentsaftete Rhabarbersüßmost besser schmeckt als der gepreßte oder pasteurisierte Saft, ist die Herstellung im Haushalt im eigenen Dampfentsafter anzuraten. Zur Süßmostbereitung lassen sich alle Rhabarbersorten gleich gut verwenden. Den rotstengeligen Sorten ist nur darum der Vorzug zu geben, weil ihr Saft von besonders schöner Farbe ist.

5 kg Rhabarber mit 500 g Zucker ergeben 4 Liter vollwertigen und äußerst gesunden Süßmost.

Rhabarberessig

Die heilsame Wirkung von Obstessig ist heute weitgehend bekannt. Man kann seinen Obstessig im Reformhaus kaufen, kann ihn aber auch auf einfache Weise aus Rhabarber selbst herstellen. Siehe vorstehendes Rezept, aber ohne Zucker.

Die Erstlinge unter den Gemüsen

Erbsen

Am liebsten möchte man die ersten zarten Gemüschen in ihrem Naturzustand zum Butterbrot genießen. Wenn man aber Mittagsmahlzeiten daraus gestalten will, darf man sie nur leicht und behutsam dünsten ohne weitere Zutaten als etwas Salz und Butter. Nach dem Garen kann man zur Geschmacksabrundung eine winzige Gabe Honig hinzufügen. Die Zuspeisen sollte man auf diese Leckerbissen abstimmen.

Erbsen (Brockelerbsen, Pahlerbsen, Zuckererbsen)

Mit einem Minimum an Wasser die enthülsten Erbsen ganz kurz dünsten, dann 1 Prise Salz, ½ Teelöffel Honig und ein Stück Butter zugeben. Durchschütteln und anrichten.

Etwas fortgeschrittene Erbsen werden ebenso, nur etwas länger, gekocht. Sie vertragen als Würze ein wenig Muskat außer den genannten Zutaten. Vor dem Anrichten mit sehr fein gehackter Petersilie bestreuen.

Zuckererbsen, finnisch

Die in ihren Schoten gekochten Zuckererbsen werden abgegossen und mit einem Schälchen geschmolzener Butter hingestellt. Man stippt die Schoten in die Butter und zieht sie durch die Zähne – ein schmackhaftes Essen fürs Wochenendhäuschen.

Sahneerbsen

Schlagrahm mit ein wenig Salz steifschlagen und 1 Löffel feingehackten Kerbel unterziehen. Die weichgedünsteten Erbschen heiß damit vermischen. Dazu sollte man gewärmte Teller hinstellen.

Schotensuppe

Die ausgeleerten Schoten von 750 g jungen Erbsen mit Kräutern – auch Wildkräutern: 1 Handvoll Brennesselspitzen, Giersch, Gundermann usw. – etwa 20 Minuten in Wasser kochen und durchpassieren. Mit dieser Schotenbrühe eine weiße Soße bereiten, mit Muskat, Salz und gehackter Petersilie abschmecken. Die Erbschen mit einem Stück Butter weichdünsten und nach Belieben davon in die Suppe geben.

Junge Karotten, Möhrchen

Die jungen Möhren werden nur abgebürstet und ganz gelassen. Man behandelt sie weiter wie junge Erbsen. Flüssigkeit wie erforderlich. Nicht zu weich kochen, damit man sie noch kauen kann. Ein paar Körnchen Anis oder Fenchel, mitgekocht, heben den Geschmack. Wer's mag, streut frischen Fenchel darüber.

Junge Erbsen mit Karotten

Zuerst die Möhren ankochen und nach kurzer Zeit die Erbsen zugeben. Weiterbehandeln wie in vorstehenden Rezepten. Besonders empfehlenswert hierzu ist Kerbel. Als Beigabe Flädle (dünne Pfannkuchen). Zum Nachtisch Rhabarber.

Was man von der Möhre wissen muß

Die Möhre (Karotte, gelbe Rübe, Mohrrübe, – *Daucus carota*) gilt mit Recht als ein hervorragendes Volksheilmittel. Sie besitzt einen hohen Gehalt an schwefelsaurem und phosphorsaurem Natrium, Zuckerstoffe und Karotin und ist deshalb außerordentlich nahrhaft, blutreinigend, blutbildend und wachstumsfördernd.

Das Karotin tritt in Pflanzen als Blüten- oder Fruchtfarbe auf, in den Blättern in unmittelbarer Nachbarschaft des Licht- und Atmungsfarbstoffes Chlorophyll. Wir können das Chlorophyll als Lichtstoff bezeichnen. Es ist eine Vorstufe des Vitamin A, dessen Gehalt in der Möhre höher ist als in anderen Nahrungspflanzen. Im Menschen entfaltet diese Substanz ihre Wirksamkeit bis in die Sinnessphäre und unterstützt die Wahrnehmung der äußeren Lichtwelt. Sie ist beteiligt an der Bildung der Hornhaut und des Sehpurpurs. Mangel an Vitamin A führt zu Nachtblindheit. Bei Autofahrern beruht eine Unsicherheit bei Nacht im Gegenlicht oft auf einem Defizit an Vitamin A in der Nahrung und kann durch Karottendiät ausgeglichen werden.

Durch ihren Wurzelcharakter mit dem reichen Salzgehalt stärkt die Möhre die Prozesse in der Region des menschlichen Hauptes, in Gehirn und Nervensystem. Denn das Denken stützt sich auf eine Mineralisierung, auf einen feinen Zerfall von Eiweiß, eine Durchsalzung, die auch im sogenannten Gehirnsand zum Ausdruck kommt. Der Aufbau des kindlichen Nervensystems wird durch Licht- und Kieselprozesse der Karotte angeregt. Vom Kopf aus werden die aufbauenden Stoffwechselprozesse menschengemäß gestaltet und durchformt. Auch diese Kräfte können sich dabei des Licht- und Wärmewirkens der Karotte bedienen. Karottendiät ist ein erprobtes Mittel gegen Wurmbefall; in einer durchlichteten und durchformten Sphäre der Verdauungsorgane können Parasiten nicht gedeihen[1].

Neben ihren anderen Vorzügen steigert die Möhre besonders auch die Eßlust bei Kranken und Kindern. In kurzer Zeit schon stellt sich eine bessere Hautfarbe ein. Die Kinder sehen bald braun und gesund aus, und nicht ohne Grund sprechen Kinderärzte bei der Untersuchung von «Möhrenkindern». Schon nach den ersten Lebensmonaten kann man den Kindern als Vorsorge gegen Rachitis Möhrensaft geben. Besonders wichtig ist er auch bei Brechdurchfällen und anderen Magen- und Darmerkrankungen der Säuglinge und Kleinkinder.

Eine rohe Möhre zum Vollkornbrot anstelle von Feingebäck oder Süßigkeiten ist ein wertvolles Schulvesper, dazu zwingt sie zu gutem Kauen und verhilft zu einem gesunden Gebiß. Daß die Kopfkräfte des Schulkindes angeregt werden, ist sicher auch nicht ohne Bedeutung. Und wer es nicht aus der Erfahrung weiß, wie sehr Kinder rohe Möhren mögen, der weiß es wohl noch aus der Erinnerung an die eigene Kindheit. Auch für werdende und stillende Mütter sind Möhren und Möhrensaft von großem Wert.

1 Siehe dazu: R. Steiner, Über das Verhältnis der Nahrungsmittel zum Menschen. Vortrag vom 31. 7. 1924 in Dornach. Abgedruckt in R. Steiner, Naturgrundlagen der Ernährung. Ausgewählt und herausgegeben von Kurt Th. Willmann. Themen aus dem Gesamtwerk 6. Stuttgart 1981.

Wie gut Möhren übrigens sättigen, weiß jeder, der einmal bei einer Wanderung im Rucksack ein paar rohe Möhren mithatte, um bei Hungergefühl die süßen Wurzeln kräftig kauend zu verspeisen. Durch ihre stark entwässernde Wirkung ist die Möhre wertvoll bei zu hohem Blutdruck. Die Nierendiät ist auch zugleich ein Schlankheitsmittel. In Amerika stieg der Verbrauch an Möhren ums Doppelte an, als es Mode wurde, daß die Stars in Hollywood täglich ein Glas Möhrensaft tranken, das beste und billigste Schönheitsmittel für die Haut.

Bei Sodbrennen schafft eine roh gekaute Möhre oder Möhrensaft Erleichterung. Das gleiche gilt für Erkrankung der oberen Luftwege und Katarrhe, besonders wenn die Möhre mit der roten Beete zusammen bei Erkältungen und während einer Grippewelle einige Tage als einzige Nahrung genommen wird.

Auch für Tiere (Pferde und Hunde mit Wurmbefall) dienen geriebene bzw. geschnitzelte Möhren, unter das Futter gemischt, als Heilmittel.

Zum Schluß ein guter Tip für Gartenbesitzer mit eigenen Wintermöhren. Am einfachsten legt man die Möhren zum Aufbewahren zwischen die Kartoffeln, man kann sie aber auch in ein Kistchen mit einer Mischung aus Sand und Erde einschlagen, und zwar so, daß der obere Teil der Wurzel noch ein wenig herausragt. Von Zeit zu Zeit übersprüht man mit Wasser, doch sparsam, da sonst die Wurzeln leicht faulen. – Untersuchungen haben ergeben, daß bei der Winterlagerung die Vitamine abnehmen, sich dagegen der Karotingehalt erhöht.

Wer keine Saftpresse besitzt, kann die Möhren fein reiben und die Masse durch ein Tuch pressen. Mit der Presse kann man aus 500 g Möhren bis zu ¼ Liter Saft gewinnen. Man braucht sich aber nicht um diese Höchstleistung zu mühen, da man Rückstände noch für allerlei Möhrenspeisen verwenden kann.

REZEPTE

Möhrensalate, roh

Auf der Rohkostreibe geriebene Möhren mit etwa der gleichen Menge schaumiggeschlagenem Joghurt mischen. Ein wenig aufgelösten Honig und einige Löffel gemahlene Haselnüsse unterziehen. – Dieses Rezept kann vielfach abgewandelt werden; man kann mit Anis oder Kümmel würzen, man kann aber auch mehr oder weniger feingeriebene Äpfel zugeben, mit Zitronensaft abschmecken, Apfelsinenscheibchen oder etwas Meerrettich zufügen, auch Bananenrädchen passen sich gut an. Man kann Petersilie überstreuen, – kurz, man kann Phantasie walten lassen. Die Verwendung ist vielseitig: in Schälchen als Diätspeise zum Frühstück, als Salat zum Mittagessen, zumal zu jedem Getreidegericht im Winter, zum abendlichen Brei oder zur kalten Platte. Als Nachtisch komponieren wir eine

feine Möhrenspeise

aus geriebenen Möhren mit blauen Sultaninen – sie sind sehr eisenhaltig –, gemahlenen Mandeln oder Nüssen und einigen Löffeln Sahne oder Schlagsahne. Ein Kräftigungsmittel, besonders geeignet für schwächliche Kinder und Kranke.

Junge gedünstete Möhren

Die gebürsteten kleinen Karotten in den Gemüsetopf mit festem Boden und gutem Verschluß geben. Öl, Butter oder Reformmargarine zufügen und bei mäßiger Hitze kurz gardünsten ohne häufiges Aufdecken. Zum Anrichten können einige Eßlöffel geschlagene Sahne und etwas Zitronensaft zugegeben werden. Eine Festtagsspeise!

Möhren als rohe Zugabe

Unter beliebig dicke Gemüse-, Kartoffel-, Haferflocken- oder Grützesuppen vor dem Auftragen eine Tasse rohe, feingeriebene Möhren rühren, nicht mehr kochen. Die Menge reicht für 4 bis 6 Personen.

Möhrencremesuppe

Eine mit Milch verdünnte Grundsoße mit Vitam R und körniger Würze abschmecken und feingeriebene Möhren untermischen (Schneebesen). Kurz ziehen lassen ohne zu kochen, gehackte Petersilie überstreuen.

Möhrenbrei

Viel Zeit, Brennmaterial und Vorsicht können wir uns sparen, indem wir die gereinigten Möhren roh durch die Maschine drehen. Für Bratlinge, Suppen, Aufläufe usw. werden sie in dieser Form weiterverwendet. Für Dünstgemüse gibt man ein Stück Butter dazu und dämpft die Möhren in gut verschlossenem Topf etwa 10 Minuten. Mit Salz, süßer Sahne und ein wenig Honig abschmecken.

Möhrenbratlinge

Roh geriebene Möhren mit 1 bis 2 Eiern, Salz, Dillpulver, einigen Eßlöffeln Vollkornbröseln und soviel Grünkernschrot oder Haferflocken vermischen, daß ein ziemlich fester Teig entsteht. Flache, längliche Bratlinge formen und auf beiden Seiten goldgelb braten. Dazu eine Salatplatte.

Gebratene Möhrenscheiben

In Scheiben oder Stifte geschnittene rohe Möhren auf der Pfanne in kaltgeschlagenem Öl zugedeckt langsam weichdünsten. Dann einige mit ein wenig Milch oder Rahm und Salz geschlagene Eier darübergeben und kurz stocken lassen. Die Speise sehr heiß anrichten. Sie schmeckt gut zu Kartoffelbrei und grünem Salat.

Möhrenauflauf

Gedünstete Möhren (auch Reste vom Mittagessen) mit kleingewürfelten, gekochten Kartoffeln lagenweise in eine gut gefettete Auflaufform geben. 1 Tasse Milch mit 2 Eiern, Kümmel und Salz verrühren und übergießen. Obenauf kommen geriebener Käse und Butterflöckchen. Bei guter Mittelhitze backen und mit Kräuter- oder Meerrettichsoße und grünem Salat zu Tisch bringen.

Möhrensalat gekocht

Die im ganzen gekochten Möhren in Würfelchen schneiden und mit Öl, Essig, Salz, ein wenig Honig, Dillpulver und geriebenem Meerrettich mischen. Den Salat vor dem Anrichten einige Stunden zugedeckt durchziehen lassen und mit einem Kranz von Feldsalat garnieren.

Möhrenkuchen

4 Eier, 50 g Sirup, 50 g Honig, 125 g nicht zu fein ausgemahlenes Mehl, 80 g Grieß, 75 g gemahlene Haselnüsse, 150 g geriebene Möhren, abgeriebene Schale einer Zitrone, 2 Teelöffel Zitronensaft, 3 gestrichene Teelöffel Backpulver.

Sirup, flüssigen Honig, Zitronenschale und -saft mit dem Schneebesen schlagen. Nach und nach die Eidotter und die übrigen Zutaten beifügen, zuletzt das mit dem Backpulver durchgesiebte Mehl und die frischgeriebenen Möhren. Den steifgeschlagenen Eierschnee unterheben, die Masse in eine geölte, mit Weizenkeimen ausgestreute Springform oder Kastenform füllen und ungefähr 50 Minuten bei guter Mittelhitze backen.

Möhrentorte

ist lange haltbar und läßt sich gut auf Vorrat herstellen. 5 Eier, 300 g Zucker, 100 g Mehl, 400 g geriebene Mandeln oder Haselnüsse, 400 g saftige, geriebene Möhren, 80 g Weizenkeime, Schale und Saft einer Zitrone, ½ Teelöffel Zimt, ½ Teelöffel gemahlene Nelken, 1 Messerspitze Salz, 1 Päckchen Backpulver. Falls die Möhren nicht sehr saftig sind, ein wenig Rahm untermengen.

Zucker und Eigelb schaumig rühren, die Zutaten beigeben, zuletzt das mit Backpulver gesiebte Mehl. Den steifen Eierschnee unterziehen und den Teig in einer großen Springform oder zwei Kastenformen bei mäßiger Wärme in 60 bis 75 Minuten backen.

Familie Rettich

Der Rettich ist *die* «Wurzel» schlechthin, denn von der Wurzel hat er seinen Namen, von der lateinischen *«radix»*. Er steht an der Spitze der kalkreichen Gemüse und ist das eigentliche Rohkostgemüse, da es niemandem einfallen würde, ihn zu kochen oder zu backen.

Der Rettich reinigt Magen und Darm und regt die Verdauung an. Besonders ältere Leute sollten öfters kleine Mengen Rettich zu sich nehmen. Von ihm gehen wundersame Wirkungen aus auf Galle und Leber. Nieren- und Blasengrieß lassen sich kaum mit einem anderen Heilmittel so günstig beeinflussen wie mit der Rettichkur. Die harntreibende Wirkung beugt auch jeder Steinbildung vor. Außerdem enthalten Rettiche mineralische Bestandteile, die eine Übersäuerung des Blutes verhindern. Rheuma und Gicht können durch die Rettichsäfte bedeutend gemildert werden.

Nicht ohne Grund hüteten Mönche früher in ihren Klostergärten diese Wurzeln als kleine Kostbarkeiten. Sie wußten, daß große Heilkraft in ihnen steckt. Wenn man sie aber zu stark salzt, rächen sie sich, indem sie wie ein Stein im Magen liegen. Eine alte Volksregel lautet: Morgens ist der Rettich Gold, mittags Silber, abends Blei. Doch dies gilt hauptsächlich für die Diät- und Altersküche.

Besondere Heilwerte enthält der schwarze Rettich, der nie bei unseren Wintervorräten fehlen sollte. Was die Volksheilkunde als altbewährtes Mittel überliefert hat, das hat nun auch die Wissenschaft bestätigt. Auch sie empfiehlt heute besonders den schwarzen Rettich bei Gallenblasenentzündung, Gallensteinen und anderen Erkrankungen der Gallenwege. Man fand heraus, daß die im Rettich vorhandenen schwefelhaltigen Senföle eine Vermehrung der Gallenabsonderung bewirken, die Gallenblasenmuskeln zu stärkerer Zusammenziehung anregen und so eine Selbstreinigung der Gallenwege herbeiführen, wodurch Entzündungen beseitigt werden können. Auch bei einfacher Gelbsucht gibt man Rettichsaft mit gutem Erfolg.

Aber der Umgang mit Rettichen als Diätspeise will gelernt sein. Man sollte sie nicht in Scheiben schneiden, sondern auf der Rohkostraffel reiben, weil sie womöglich nicht gut gekaut werden.

Rudolf Steiner erwähnt in einem Vortrag[1], in dem er über Kartoffeln, rote Rüben und Rettiche spricht: wenn jemand eine Anregung zum Denken braucht, wenn die Gedanken in Bewegung gebracht werden sollen, dann tut es ihm gut, wenn er Rettich zu den Speisen hinzunimmt.

Auch als Vorbeugungsmittel gegen Zivilisationskrankheiten kann täglich etwas Rettich gegessen werden. Schon zum Frühstück ißt man einige Bissen ohne weitere Zutat zu Vollkornbrot und Kräutertee. Nicht auf die große Menge kommt es dabei an, sondern auf die Regelmäßigkeit. Der geriebene Rettich kann aber auch mit Sauermilch, Buttermilch oder saurem Rahm vermischt werden. Auch wird er immer einen Ehrenplatz auf unserer Rohkostplatte einnehmen.

1 Rhythmen im Kosmos und im Menschenwesen – Wie kommt man zum Schauen der geistigen Welt? 11. Vortrag vom 19. 7. 1923. Dornach 1962. GA 350

Als spezielle *Saftkur* bei Gallenbeschwerden wird der gut gereinigte, ungeschält geriebene Rettich durch ein Tüchlein gepreßt. Mit einem Mixer oder einer Saftpresse ist der Saft in Minuten gewonnen. Man nimmt davon zweimal täglich, möglichst nüchtern, ½ Stunde vor der Mahlzeit eine Tasse. Die Kur dauert durchschnittlich drei Wochen und wird nach kurzem Aussetzen wiederholt. Der Saft muß immer frisch zubereitet werden.

Den heilsamen *Rettichsirup* gewinnt man, indem man die geriebene Wurzel mit Honig mischt und Saft ziehen läßt. Er ist ein hervorragendes Mittel gegen Bronchitis und schlimmen Husten, sogar gegen Keuchhusten. Kinder nehmen ihn im allgemeinen mit Begeisterung ein. Der Rückstand gibt eine gute Brotauflage.

Das klassische Rettichbrot ist ein Vollkornbrot, dem die Scheiben dicht nebeneinander aufgelegt werden. Beliebt ist auch der *Frühstücksrettich*, den Berufstätige mitnehmen können, die auf Kantinen- oder Gaststättenkost angewiesen sind, um damit ihre Nahrung aufzuwerten. Hierzu wird der Rettich der Länge nach geteilt, aber nur soweit eingeschnitten, daß am Rettichboden die Teile zusammenbleiben. Die Schnittflächen reibt man mit etwas Salz ein, damit sie besser «weinen» und gut durchziehen.

Zur Rettichfamilie gehört auch das fröhliche Wurzelvolk der *Radieschen*. Die neuere Ernährungswissenschaft hat entdeckt, was bisher kaum bekannt war, daß sie gegen fressende Flechten, gegen Rose, Karbunkel und ähnliche Leiden, eiternde Geschwüre, Bindehautgeschwülste usw. helfen. Es wurde auch festgestellt, daß Radieschen und andere Retticharten sich mit ihrer minderwertigen Eiweißgruppe mit dem Eiweiß des sehr geschätzten Buchweizens zu einem *sogenannten hochwertigen Eiweiß* ergänzen.

Es ist bekannt, daß Kropfkranken der Rat gegeben wird, in kalkarme Gegenden oder ans Meer zu ziehen, wo das jodhaltige Meerwasser einen Ausgleich schafft. Neuerdings weiß man, daß dieser Ausgleich auch mit genügender Gabe von Rettich, Radieschen und Sauerampfer geschaffen werden kann. Gerade dort, wo in der Natur zuviel Kalk vorkommt, gedeihen Rettiche am besten.

Zu guter Letzt noch der Hinweis, daß Radieschen und Mairettich, Eiszapfen und Bierrettich bis hin zum bissigen schwarzen Winterrettich bei ausreichendem Verzehr zur schlanken Linie verhelfen.

REZEPTE

Rettichspeise für heiße Sommertage

Kleingeraspelte Rettiche mit frischer, kalter Vollmilch übergießen. Kleingeraspelte Äpfel dazugeben und 10 Minuten durchziehen lassen. Nach Belieben auch einige hartgekochte, kleingewürfelte Eier untermischen. Vollkornbrot oder Knäckebrot ergänzen die Speise.

Rettichsoße

Rettiche und Äpfel zu gleichen Teilen reiben und mit ein wenig Honig vermischen. Bis zur gewünschten Dicke Buttermilch aufgießen. Die Soße paßt zu vielen Speisen, z. B. zu Vollkornteigwaren, zu Hirsebrei oder Buchweizengrütze.

Zur Rettichkräutersoße

läßt man die Äpfel fort und gibt frisch gehackte Kräuter nach Belieben dazu (Basilikum, Liebstökkel, Schnittlauch, Petersilie, Dill, Borretsch, Minze usw.)

Rettichsalat

Den Rettich hobeln oder reiben, Bioghurt oder dicke Sauermilch schlagen, nach Geschmack mit etwas Honig. Doch ist es immer ratsam, dem Rettich kein Öl zuzugeben, da ihn das etwas schwer verdaulich macht.

Rettichquark

Unter den gut geschlagenen Quark geriebenen Rettich, evtl. Äpfel und ein wenig Honig mischen. Dies gibt einen guten Brotbelag.

Vom Spargel

Das erste Gemüse im Jahr ist für viele das Lieblingsgemüse. Die ersten Zeugnisse für sein Vorkommen geben ägyptische Reliefs an den Pyramiden des 3. vorchristlichen Jahrtausends. Der Name *Asparagos* kommt aus dem alten Griechenland und charakterisiert die Pflanze als «Nichtgesäte». Sie gehört zu den Liliengewächsen.

Die Großen des Geistes finden wir mit Vorliebe Spargel essend, allen voran Plato. Cato gibt genaue Anweisungen, wie «der Schmeichler des Gaumens» zu züchten ist, und Cäsar läßt ihn sich als Leibgericht auftischen. Seine Nachfolger genießen die leckeren Spargelgerichte, die das älteste Kochbuch der Welt, «De re coquinaria», anbietet, und endlich, anno 1568, wird der Spargel auch im Stuttgarter «Lustgarten» angebaut und wandert weiter über Schwetzingen durch ganz Deutschland. Der Große Kurfürst läßt im Märkischen Sand große Spargelkulturen anlegen. Einer in der Reihe der berühmten Genießer, bei weitem nicht der letzte, ist Goethe.

Wenn wir aber vom Standpunkt der Reformküche den Blick rückwärts wenden, so scheint es von noch größerer Bedeutung zu sein, daß der Spargel lange schon, ehe er als Leckerbissen in die Küche aufgenommen wurde, in der *Heilkunde* eine große Rolle spielte. Alle Mineralstoffe sind gut in ihm vertreten, auch die seltenen wie Eisen, Kupfer, Phospor und Schwefel, wertvoll für Blut und Nerven sowie für die Knochenbildung. Aus seinem Wirkstoffbild läßt sich auch herauslesen, daß er Harnstoffe und Wasseransammlungen aufzulösen und auszuscheiden vermag, eine Eigenschaft, die ihm von alters her nachgerühmt wird. Dennoch ist der völlig lichtlos heranwachsende Spargel mehr ein Medikament und ein Leckerbissen als ein Nahrungsmittel. Dank seiner starken Reizkraft kann er auch negativ auf Nieren und Blase wirken.

Wie man Spargel kocht

In seinem Buche «Geist der Kochkunst» von 1822, das lange als das beste Kochbuch der Welt galt, schreibt Karl Friedrich v. Rumohr: «Reinige den Spargel nicht zu lange vor dem Verbrauch, wasche ihn schnell ab, ohne ihn im kalten Wasser liegen zu lassen, binde ihn in Bündel und lege ihn nicht eher in das Kochgeschirr, als bis das Wasser in vollem Wallen ist. Salze hierauf das Wasser, und wenn du dich überzeugen willst, ob dein Spargel gar sei, so fasse ihn an die Köpfe und nicht an den Stiel, wie unerfahrene Köche zu tun pflegen».

Diese Grundregel hat auch heute noch Gültigkeit, wenn auch viele abwechslungsreiche Formen ausprobiert sind. Für Kranke und Menschen mit schwachen Verdauungsorganen ist es besser, den Spargel in Stückchen zu schneiden, bevor man ihn dämpft oder kocht, da durch die langen Fasern Beschwerden entstehen könnten. – Um das feine Aroma zu erhalten, sollte man wenig Salz erst kurz vor dem Garwerden, dagegen etwas frische Butter und ein wenig Zucker schon dem Kochwasser beigeben. Die nach unten dicker geschälten Stangen werden (wie bei Rumohr) gebündelt und je nach Zartheit 25 bis 45 Minuten gekocht.

Spargelgemüse mit Soße

Den Spargel schälen und in 3 bis 4 cm lange Stücke schneiden, möglichst die unteren Teile zuerst mit wenig Wasser und einem Stück Butter aufs Feuer bringen. Nach 10 Minuten die mittleren und wenig später die Kopfstücke dazugeben. Auf diese Weise werden die Spargel gleichmäßig gegart. Eine helle Soße zubereiten und mit Eigelb abziehen, mit Zitronensaft, Zucker und Salz abschmecken und über die fertigen Spargel geben. Manche Feinschmecker fügen etwas Orangensaft und abgeriebene Orangenschale der Tunke bei, die sich dann «Maltesersoße» nennt.

Spargel in Reisrand

1 kg Spargel vorbereiten, in 4 bis 5 cm lange Stücke schneiden und in wenig, leicht gesalzenem Wasser weichkochen. 500 g Vollreis waschen und mit $^3/_4$ Liter Wasser, Salz und Butter weich und körnig kochen. Zuletzt 80 g geriebenen Käse untermischen. Dazu eine helle Mehlschwitze bereiten, mit Spargelwasser ablöschen, mit 2 Eigelb legieren und mit Zitronensaft abschmecken. Die Spargelstücke damit binden. In erwärmter Schüssel einen Reisrand formen und das Gemüse darin anrichten.

Spargel auf Toastbrot

Frisch getoastete Schnitten auf ein geöltes Backblech legen, eine weiße Grundsoße bereiten und mit Zitronensaft und Rahm abschmecken. Die Schnitten dick damit bestreichen und mit weichgedünsteten Spargelstückchen belegen. Mit geriebenem Käse und gehackten Kräutern bestreuen und kurz im Ofen überbacken.

Spargel auf Bologneser Art

Die geschälten Spargelstangen in Salzwasser nicht ganz gar kochen, in zerlassener Butter und in geriebenem Käse wenden und so in eine gefettete Auflaufform betten, dann mit Dill und ganz wenig Curry bestreuen, mit etwas Rahm übergießen und backen.

Spargel sollen das Leibgericht des Lukullus gewesen sein. Eines aber haben wir ihm voraus zu dieser «lukullischen» Speise: neue Kartöffelchen!

Spargelsuppe

Spargelabfälle zu einer Suppenbrühe auskochen. In einem Stück Butter eine feingeschnittene Zwiebel andünsten und mit der durchgesiebten Spargelbrühe auffüllen. Nach Belieben auch gedünstete Spargelstücke dazugeben. Unter Rühren einige Eßlöffel Tapioka hineingeben und garkochen. Mit Salz, ein wenig Dill und einigen Löffeln Rahm abschmecken.

Mangold, Melde und Neuseeländer Spinat

Mangold *(Beta vulgaris var. cicla),* das «Mädchen für alles», ist eine zum Blattgemüse umgewandelte Rübe, bei der die Verdickung aus der Wurzel in den Stengeln sitzt. Er ist kein unbekanntes Gemüse, aber merkwürdigerweise erfreut er sich nicht der Beliebtheit, die er verdient. Wie alle Blattgemüse ist er reich an Mineralsalzen und dem Spinat und den Brennesseln ähnlich, die ja als reiche Vitaminträger hinlänglich bekannt sind. Mangold ist eins der anspruchslosesten Gemüse. Auf irgendwelche Pflege erhebt er keinen Anspruch. Schon frühzeitig nach dem Winter treibt er seine Blätter hervor, die nach dem Schneiden, wenn man nur das Herz stehen läßt, immer wieder nachwachsen. An geschützter Stelle und bei nicht zu großer Kälte kann man ihn sogar im Winter schneiden. Deshalb eignet er sich besonders zur Salatplatte in der blattarmen Zeit, allein oder zusammen mit anderer Rohkost. Mit den großen Blättern lassen sich kalte Platten hübsch garnieren.

REZEPTE

Mangoldsalat

Der eisenhaltige Mangold ist roh zu empfehlen, besonders für blutarme oder bleichsüchtige Jugendliche. Die gewaschenen Blätter werden zusammengerollt und fein geschnitten. Man mischt sie mit Knoblauch, Schnittlauch, Zwiebeln und beliebigen Würz- oder Wildkräutern. Zur Anregung von Leber und Galle kann man Radieschen oder junge Rettiche hineinschneiden oder -reiben. Gehackte Kräutergurken, kleingewürfelter roher Rhabarber, gemahlene Nüsse oder ein gehacktes hartes Ei geben Abwechslung. Dazu beliebige Salatsoße.

Gedämpfter Mangold

Die Blätter in grobe Streifen, die Stiele in Stücke schneiden. Das Gemüse mit Öl, einem kleinen Stengel Liebstöckel, Majoran oder Bohnenkraut und einer Zehe Knoblauch ohne weitere Wasserzugabe langsam garschmoren. Vor dem Anrichten einige Tropfen Zitronensaft, ein wenig Buttermilch, geriebenen Käse oder sauren Rahm darüber verteilen.

Bleibt noch ein Rest gedünsteter Mangold übrig, kann man ihn mit Zwiebeln, Öl und Zitrone zu Salat anmachen.

Mangoldstiele,

in manchen Gegenden auch Krautstiele genannt, sollten nicht in Wasser abgekocht, sondern in Dampf gedünstet werden. In der Schweiz werden sie gern als «falscher Spargel» gegessen.

Überbackener Mangold

1 kg Mangoldstiele wie oben vorbereiten. Während sie dünsten, einen Teig aus 4 Eßlöffeln feinem Vollkornmehl, 3 Eiern und Milch anrühren und Omeletten daraus backen. Diese werden abwechselnd mit dem Mangold in eine Auflaufform gefüllt. Dazwischen streut man geriebenes Vollkornbrot und geriebenen Käse. Wenn die Form größer ist als die Omeletten, schneidet man diese in zwei Hälften und ordnet sie so an, daß sie die Form ausfüllen. Zuoberst kommt eine Omelette, die mit etwas Milch begossen, mit Käse bestreut und mit Butterflöckchen belegt wird. 10 Minuten im Ofen überbacken.

Mangoldkuchen

Etwa 1 kg Blätter nicht ganz weich dämpfen, dazu ein wenig Salz, 3 geschlagene Eier, etwas Milch, 75 g Mehl und Pflanzenwürze geben, so daß eine geschmeidige Füllung entsteht. Auf einen beliebigen ungesüßten Teigboden auf geöltem Blech bei Mittelhitze backen. Der Kuchen wird warm gegessen.

Mangold mit Sellerie

Eine große Sellerie in Würfelchen schneiden und mit Mangoldstielen zusammen in Öl weichdämpfen. Zu einem Getreidegericht oder einer Kartoffelspeise reichen.

Mangold mit Polenta

1 kg Mangoldstiele werden in 2 cm lange Stückchen geschnitten und in Öl weichgedünstet. Zu gleicher Zeit läßt man 250 g Polenta in 1 Liter Wasser ausquellen, am besten in einer Form, in der man die Speise gleich auf den Tisch bringen kann. Dann gibt man die Mangoldstiele auf die Polenta, feingehackte Küchenkräuter dazwischen und verziert den Berg mit kleinen, im Backofen leicht überbackenen Tomaten, gebratenen Zwiebeln und Petersilie.

Siehe auch Mangoldstiele mit Milchsäuregärung S. 104.

Von Westfalen ausgehend, wird die **Gartenmelde** *(Atriplex)* heute überall angebaut. Die Kultur ist wie bei Mangold. Sehr schmackhaft und ausgiebig ist der **Neuseeländer Spinat.** Es ist auch eine wahre Freude, ihn anzupflanzen. Die dicken, fleischigen Blätter können nach dem ersten Schnitt laufend geerntet werden. Bei guter Pflege gibt es erstaunlichen Zuwachs, und die Pflanze scheint gar nicht zu merken, wenn ihr etwas fortgenommen wurde.

Für diese beiden Gemüse lassen sich alle Mangoldrezepte anwenden.

Platz für eigene Rezepte

Der Spinat *(Spinacia oleracea)* ist der «Besen des Magens». Er regt die Verdauung an. Seine Heimat ist am Kaukasus, Turkistan, Persien und Afghanistan, wo er unter dem Namen «Schamum» als Wildgemüse gesammelt wird. Seinen deutschen Namen verdankt der Spinat wahrscheinlich dem arabischen «isfinadsch». Das deutet darauf hin, daß dieses Gemüse mit den Arabern nach Europa kam, wo es seit dem 16. Jahrhundert nachweislich bekannt ist.

Wer Spinat auf dem Markt oder im Geschäft einkauft, muß besonders gut auf die Qualität achten, denn Spinat, der zuviel Stickstoff oder eine «biologische» Kopfdüngung erhalten hat, ist keinesfalls zu empfehlen und zum Rohgenuß überhaupt nicht zu gebrauchen. Es gibt aber einwandfreien Spinatanbau, und die Käufer haben es in der Hand, das Angebot an solch guter Ware zu fördern, wenn sie nur immer wieder danach verlangen. Am gesündesten ist junger Spinat, der gleich frisch nach dem Schneiden auf den Tisch gebracht wird.

In seinen glänzend grünen Blättern speichert der Spinat alles, was der menschliche Organismus zu seiner Gesunderhaltung braucht. Die Analyse weist Kalium, Natrium, Kalzium, Magnesium, Eisen, Phosphor, Sulfate sowie verschiedene Spurenelemente nach und zwar teilweise in höheren Anteilen als in Milch. Als Vitamin- und Chlorophyllträger steht der Spinat an der Spitze unserer Gemüse. Roher Spinatsaft wird daher in der modernen Ernährungslehre vor allem für schwächliche, blutarme Kinder und Rekonvaleszenten empfohlen. In der Volksheilkunde fand der Preßsaft von Spinatblättern vielfache Anwendung, so z. B. bei Gelbsucht, Bleichsucht und Steinleiden, außerdem bei Mangel an Muttermilch sowie bei rheumatischen Erkrankungen. Bei Empfindlichkeit gegen Oxalsäure muß man wissen, daß junger Spinat weniger davon enthält als alter.

Spinatgerichte sollte man nicht ein zweitesmal aufwärmen, da die Oxalsäure dann giftig in Erscheinung tritt.

REZEPTE

Spinatrohsaft

oder roh durch die Mühle gedrehten Brei gibt man Kleinkindern eßlöffelweise, mischt ihn unter Gerstenschleim, stilles Mineralwasser, Milch, Buttermilch oder Joghurt. Nach Belieben etwas Zitronensaft und Honig zufügen.

Spinatsalat

Die zarten Blätter in feine Streifen schneiden oder verwiegen. Mit Salatsoße aus Buttermilch, Zitronensaft oder Apfelessig und Öl oder mit Kräutermayonnaise anmachen. Schnittlauch, Petersilie, Würzkräuter wie vorhanden.

Spinatsalat mit Wildkräutern

Die wie oben vorbereiteten Blätter mischen mit jungen Holunderblättern, Hopfensprossen, Berberitzenblättern, Bärlauch und allem, was vorhanden ist. Auf eine Platte geben, Salatsoße darübergeben wie vorstehend.

Spinat gedünstet

Den Spinat ohne weitere Flüssigkeit etwa 4 bis 5 Minuten dünsten, bis er zusammengefallen ist. Butterflocken und Schnittlauch darübergeben und servieren. Einfacher als auf diese englische Art geht es nicht. – Für Kleinkinder und Kranke dreht man den Spinat vor dem Dünsten durch den Fleischwolf.

Spinat mit Haferflocken

In 2 Eßlöffeln Öl etwa 3 Eßlöffel Haferflocken auf kleiner Flamme kurz durchrühren. 750 g durchgedrehten oder auch nur grob zerschnittenen Spinat zufügen, kurz mit etwas Gemüsebrühe oder Wasser dünsten und mit Sahne, Petersilie und Schnittlauch anrichten.

Spinat überbacken

Feingehackte Zwiebeln in Butter anbraten, den roh durchgedrehten Spinat dazugeben und einige Minuten dünsten. Mit ein wenig Muskat und Salz würzen und abwechselnd mit Vollkornbröseln in eine gefettete Auflaufform schichten. Kurz im Ofen überbacken. Man gibt dazu Vollkornteigwaren und eine Salatplatte.

Grüner Eierstich

2 Eidotter gut schlagen, 1/8 Liter warme Milch, ein Stückchen Butter und ein wenig Salz zufügen. Das Eiweiß nicht ganz steif schlagen und mit 2 Eßlöffeln roh durchgedrehtem Spinat in die Eiermilch geben. In einem geölten Töpfchen im Wasserbad steif werden lassen. Dieser Eierstich eignet sich als Brotbelag oder Suppeneinlage.

Eier im Nest

Eine gefettete Auflaufform dick mit Kartoffelbrei auslegen, dabei in der Mitte Platz lassen für gedünstete Wildkräuter oder Spinat. Nach der Anzahl der Esser drückt man Mulden ein, in die je ein Ei eingeschlagen wird. Das Salz nicht vergessen und bei guter Hitze 8 bis 10 Minuten im Backofen überbacken.

Spinat mit Glückspilzen

Gedünsteten Spinat oder Wildkräuter auf einer Platte anrichten und darin hartgekochte Eier aufstellen, denen man die Spitze abgeschnitten hat. Auf jedes Ei kommt ein Hütchen aus einer halben Tomate und Eiweißpünktchen. Die Kinder freuen sich!

Spinatpastete

Etwa 1 kg Spinat (auch mit Brennesseln und beliebigen Gewürzkräutern gemischt) roh durch die Mühle drehen. Mit verhackten Zwiebeln und 4 bis 5 Eßlöffeln Öl aufsetzen und 5 Minuten dünsten lassen. Aus einer Tasse Gries und der nötigen, mit Wasser gemischten Milch einen dünnen Brei kochen. Nach dem Abkühlen drei gut verklopfte Eier und das gedünstete Gemüse dazugeben. Es muß eine auflaufähnliche Masse werden. Eine Springform mit ungesüßtem Teig dünn auslegen und die Füllung darauf verteilen. Mit einem zurückbehaltenen, sehr dünn ausgewellten Teigstück bedecken. Mit zerlassener Butter oder Öl bestreichen und bei Mittelhitze backen.

Flädle mit Spinatfüllung

Aus feinem Vollkornmehl einen Pfannkuchenteig bereiten, dünne Flädle auf beiden Seiten hellbraun backen und in die Mitte jeweils zwei Eßlöffel gedünsteten Spinat geben, zusammenrollen und mit gut gewürzter Tomatensoße übergießen. Dazu eine beliebige Rohkostplatte reichen.

Spinatauflauf

750 g Spinat, feingeschnitten oder durchgedreht, werden mit Zwiebeln in Öl angedünstet, mit drei Eigelb und 200 g vorgekochter Gerstengrütze gemischt. Dazu zwei Eßlöffel Mandeln oder Haselnüsse. An Gewürzen, soweit verfügbar, Basilikum, etwas Dill, Salz und Hefewürze und soviel Milch, daß es eine Auflaufmasse gibt. Zuletzt den Eischnee unterziehen. Die geölte Auflaufform mit Vollkornbröseln ausstreuen, die Masse hineingeben und eine halbe Stunde bei Mittelhitze backen.

Sommer

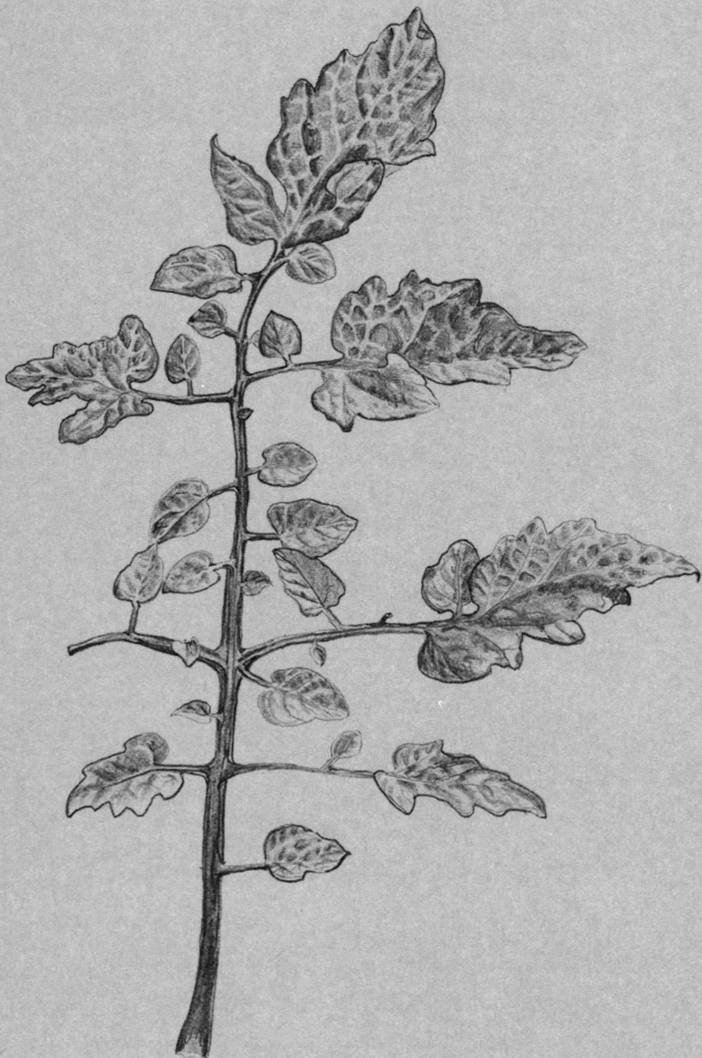

Bohnen in jeder Form

Wohl zu unseren beliebtesten Gemüsen gehören die Bohnen *(Phaseolus)*. Während der «Saison» werden sie überall gern gekocht und gegessen. Daß man aber in der Reformküche weniger von ihnen spricht, hat wohl seine Ursache darin, daß sie sich nicht zu Rohkost eignen. Eine gewisse Schwerverdaulichkeit, namentlich älterer grüner Bohnen, ist nicht zu leugnen.

Im alten Griechenland verbot *Pythagoras* seinen Schülern den Genuß von Bohnen, weil sie zur Entwicklung ihrer geistigen Fähigkeiten hinderlich seien. Es wird sich damals in erster Linie um die großen Bohnenkerne der Feldbohnen gehandelt haben.

Nun gibt es heute feine Züchtungen, seitdem Bohnen im 16. Jahrhundert aus Chile eingeführt worden sind, darunter manche fadenlose Sorte. Man unterscheidet zwischen Busch- und Stangenbohnen. Die Buschbohnen sollen recht jung gepflückt werden, sie geben dann ein feines, zartes Gemüse. Von Stangenbohnen gibt es Sorten, die sich zu einer so erstaunlichen Höhe entwickeln, daß man eine Leiter braucht, um sie abzunehmen. Wer das Wachstum im Garten verfolgen kann, stellt fest, wie sich die Blätter dem jeweiligen Stand der Sonne zuwenden.

Abgekochte Bohnen bekommen empfindlichen Menschen besser und verursachen weniger Blähungen als gedünstete. – Die Bohnen lassen sich schnipseln, brechen oder unzerteilt zubereiten. Im letzten Falle entwickeln sie das schönste Aroma.

REZEPTE

Bohnentöpfchen

Nach einer alten Kochregel sollten frische grüne Bohnen ohne Deckel gekocht werden, damit sie ihre schöne Farbe behalten. Das wäre schade und unwirtschaftlich, denn die feinen Aromastoffe würden dann entfliehen. Für kleine Familien, besonders auch für Einzelpersonen, kann man die Bohnen unzerteilt in das Gemüsetöpfchen geben und gut gewaschene neue Kartoffeln mit der Schale obenauflegen, dazu ein bißchen Bohnenkraut und soviel Wasser, daß dieses verdampft ist, bis Bohnen und Kartoffeln fertig sind. Wer diese Kochweise einmal ausprobiert hat, wird sie ziemlich sicher wiederholen. Als Frischkost ißt man einige Tomaten oder grünen Salat voraus. Man kann die Mahlzeit auch mit einem Glas Buttermilch, Quark oder mildem Käse erweitern. Salz und Fett vermißt man überhaupt nicht, doch kann man z. B. Petersilie und Basilikum oder die bekannten Bohnengewürze Dill und Rosmarin überstreuen. Auch Empfindlichen oder Magenschwachen wird solch eine Mahlzeit gut bekommen, zumal wenn zum Abschluß eine Tasse Tausendgüldenkraut- oder Fencheltee getrunken wird. Auch mitgekochtes Bohnenkraut verhilft zu besserer Bekömmlichkeit.

Natürlich lassen sich Bohnen auf verschiedene Weise zubereiten, namentlich zu dem beliebten Bohnensalat, den man schon tags zuvor richten und, mit Zitrone, Zwiebeln und Kräutern angemacht und in Gläser gefüllt, auch auf Touren mitnehmen kann.

Bohnensalat mit Gurken und Tomaten

Die Bohnen, gebrochen oder geschnitzelt und weichgedämpft, mit der gleichen Menge zerschnittenen Tomaten, einer feinblättrig geschnittenen

Gurke, gehackten Zwiebeln, Bohnenkraut, Basilikum, Petersilie, Kerbel oder anderen Würzkräutern, mit Salz, Zitronensaft und Öl anmachen.

Griechische Bohnen

1 kg Bohnen, etwa 250 g Paprikaschoten, 6 bis 8 Tomaten oder Tomatenmark, 1 Zwiebel oder Lauch, 1 Teelöffel Salz, Vitam-R, Bohnenkraut, Dill, Petersilie, 1 Eßlöffel Zitronensaft.

Die zerkleinerten Bohnen mit den in feine Streifen geschnittenen Paprikaschoten, der zerkleinerten Zwiebel oder Lauch und soviel Wasser aufsetzen, daß es verdampft, bis das Gemüse fertig ist. Die geschnittenen Tomaten dazugeben und kurze Zeit weiterdünsten lassen. Öl und die übrigen Zutaten beifügen und würzig abgeschmeckt mit Kartoffelbrei oder Vollkornnudeln auftragen. Das Gericht kann auch kalt als Vorspeise gegessen oder zu Vollkornbrot gereicht werden.

Dalmatinischer Eintopf

500 g grüne Bohnen in Stückchen brechen. Mit 2 Eßlöffeln Wasser, 3 bis 4 Eßlöffeln Sonnenblumenöl und 1 gehackten Zwiebel 15 Minuten dämpfen. 500 g geschälten Kürbis in große längliche Stücke schneiden und den Bohnen zugeben. Zusammen weichdämpfen und zum Schluß 1 kg frischgekochte, gewürfelte Pellkartoffeln vorsichtig untermischen. Mit Vitam-körnig, Kräutersalz und reichlich feingeschnittenem Dill abschmecken und vor dem Anrichten 1 Stück frische Butter darunterziehen.

Rahmbohnen

Unter die weichgedünsteten Bohnen 1 Tasse Rahm, 1 bis 2 Eßlöffel Öl, ein wenig Salz, Vitam-R und viel Petersilie mischen. Nicht mehr kochen.

Bohnenkerne, frisch gepellt aus Stangenbohnen

Solange die Bohnen noch weich sind, pellt man die Kerne aus und kocht sie mit wenig Wasser, Bohnenkraut und einem Lorbeerblatt fast weich. Dann feine Zwiebelringe und Tomatenscheiben beifügen. Kerne und Tomatenscheiben sollen ihre Form behalten. Am Schluß etwas Butter oder Öl hineingeben und mit Vitam-körnig und Petersilie abschmecken.

Bohnenauflauf

Die Bohnenkerne weichkochen und schichtweise mit Butterflocken und Parmesan in eine geölte Auflaufform füllen, mit Bröseln und Butterflocken bestreut im Ofen kurz überbacken. Ein gut verträgliches Gericht.

Puffbohnen (Feldbohne, Pferdebohne, Dicke Bohne, Saubohne)

können zu köstlichen Gerichten verarbeitet werden. Will man sie roh essen, sollten sie noch nicht ausgewachsen sein. Sie müssen so zart sein, daß man sie mit dem Finger zerdrücken kann. Südländer nehmen sie, noch in Schoten, als Reiseproviant in großen Tüten mit. Gekocht können sie wie andere Bohnen behandelt werden. In Norddeutschland gibt es ein erfrischendes Bauerngericht: mit Bohnenkraut gekochte Bohnenkerne werden kalt mit dicker (oder frischer) Milch verspeist, dazu trokkenes Brot.

Brotbelag

Auch hierzu sind Puffbohnen gut geeignet, ebenso weiße Bohnen. Die gekochten Kerne werden passiert und mit Würzkräutern, Tomatenmark oder Pilzpaste, Vitam-R, in Butter oder Öl gedünsteten Zwiebeln oder Paprika, Senf oder Meerrettich abgeschmeckt.

Bohnen sterilisieren

Die Bohnen in ungesalzenem Wasser abkochen und kurz abtropfen lassen. In die steril gereinigten Gläser etwas Bohnen- oder Dillkraut legen, dazu etwas frische Petersilie, Knoblauch und 1 Prise Salz. Die abgekochten Bohnen hineingeben und ohne jede Wasserzugabe verschließen. Beim Sterilisieren bildet sich nach und nach genügend Saft, der durch die miteingefüllten Kräuter sehr aromatisch ist. Die Bohnen werden also im eigenen Saft sterilisiert und übertreffen später andere Gemüse an natürlichem Wohlgeschmack. Dauer: 1 Stunde bei 100 Grad.

Bohnen einsäuern: Siehe «Milchsäuregärung» S. 104.

Trockenbohnen siehe «Hülsenfrüchte» S. 168.

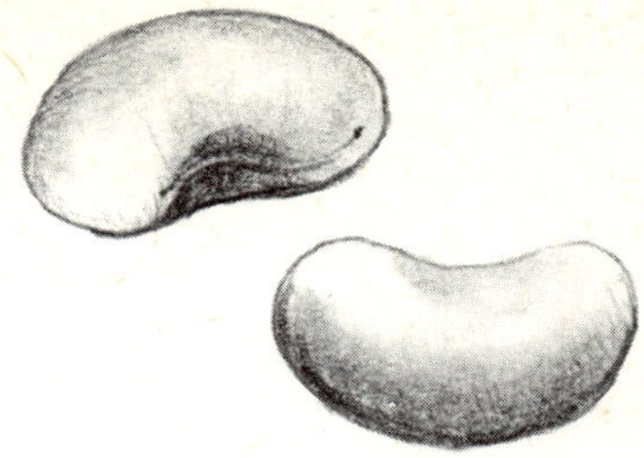

Platz für eigene Rezepte

Chinakohl

Der Chinakohl kommt aus China über Amerika zu uns und erobert sich in letzter Zeit immer mehr den Markt. Er ist ein Senfgewächs, aber wir zählen ihn seines Geschmackes wegen zum Kohl. Er ist lang, schmal und hellgrün, der Endivie ähnlich, und man kann alles an ihm verwenden. Da er nicht bläht, ist er sehr gut zu Salaten geeignet. Zu Gemüse wird er nur kurz gekocht. Dabei vermindern sich seine Vitamine wenig.

REZEPTE

Chinakohl-Salat

Die Blätter wie Endivien zerschneiden und wie Endivien oder Chicoree anmachen.

Chinakohl gedämpft

1 kg Chinakohl, 3 Eßlöffel Öl, Milch und Wasser, ½ Teelöffel Honig, Majoran, Thymian, Salz.

Die feinen Triebe zu Frischsalat verwenden, das übrige grob schneiden. Mit 2 Eßlöffeln Wasser und dem Öl aufstellen und garen. Danach eine kleine Tasse Milch, den Honig und die Gewürze beigeben. Dazu z. B. Omeletten und Tomatensoße.

Knollenfenchel

In südlichen Ländern trifft man überall Riesenflächen an, die mit Knollenfenchel oder Finocchio, Bologneser-, Malteser- oder Zwiebelfenchel *(Foeniculum duke)* angebaut sind, ähnlich unseren Kartoffeläckern. Wenn man dann den Speisezettel der Italienerin kennenlernt, tut es einem leid, daß diesem «Mädchen aus der Fremde», dem Knollenfenchel, bei uns immer noch ein wenig Skepsis entgegengebracht wird. Gerade wenn unsere einheimischen Wintergemüse zu Ende gehen und noch wenig frisches Grün zu haben ist, dann erscheint der Fenchel auf dem Markt, und nicht nur einmal, sondern mehrmals in der Woche kann er unseren Mahlzeiten eingereiht werden. Er läßt sich mit Stumpf und Stiel verwenden und ist ein sehr gesundes Gemüse. Der Magen- und Darmkranke weiß ihn besonders zu schätzen. Es lohnt sich wirklich, sich mit seiner Vielfalt vertraut zu machen.

Die Südländer verwenden ihren Finocchio in der Hauptsache roh. Man ißt ihn ohne weitere Zutat zum Brot. So wird er auch als Salat vielfach zubereitet, in feine Scheiben geschnitten und mit einer Salatsoße angemacht wie jeder andere Grünsalat.

REZEPTE

Fenchelrohkost

Das Innere der Fenchelknolle ist eine Delikatesse besonderer Art. Wie gesagt, es schmeckt köstlich zum Vollkornbrot. Zu einem feinen Fenchelsalat schneidet man die Knolle in Würfelchen, dünne Scheiben oder Streifen und fügt eine feingeschnittene Orange hinzu. Beides wird mit Honig, Zitronensaft und Öl vermischt und nach Belieben mit einem gehackten Ei oder mit gehackten Nüssen oder Mandeln. Mit dem zarten Blattgrün kann man den Salat verzieren. Man läßt ihn kurze Zeit in der Soße ziehen.

Zur Abwechslung kann man den Fenchelsalat auch mit geraspelten gelben oder roten Rüben mischen.

Die äußeren, nicht zu harten Blätter lassen sich durch die Mühle drehen und mit geriebenen Äpfeln zu Joghurt oder Sauermilch geben. Auf Kräuter verzichtet man des feinen Geschmackes wegen, etwas Zitronensaft genügt.

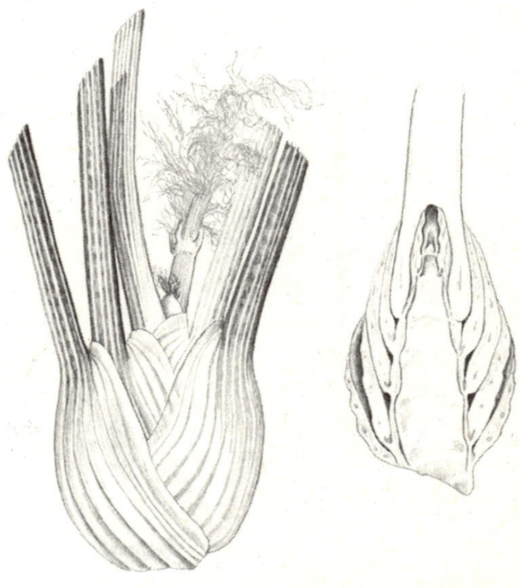

Gedünstete Fenchelknollen

Die Fenchelknollen werden nach dem Entfernen der äußeren harten Blätter, die man zu Gemüsebrühe auskocht, der Länge nach durchgeschnitten und nur mit dem Wasser, das vom Waschen hängenbleibt, und einigen Löffeln Öl nebeneinander mit der Schnittfläche nach unten im gut verschließbarem Gemüsetopf in etwa 30 Minuten weichgedünstet. Das feingeschnittene, zarte Blattgrün streuen wir vor dem Auftragen darüber.

Überbackene Fenchelknollen mit Reis

In gleicher Weise vorbereitete Fenchelknollen halbgar dünsten und mit halbgar gekochtem Reis in eine gut geölte Auflaufform schichten. Als Unterlage nimmt man Reis, darüber kommen nebeneinander die Fenchelknollen. Über das Ganze eine helle Buttersoße geben, in die das feingeschnittene Fenchelgrün eingerührt ist. Mit Butterflöckchen und Vollkornbröseln oder Weizenkeimen bestreuen und im Backofen überbacken. Statt der Reisunterlage kann man auch Vollkornteigwaren verwenden.

Fenchel in Backteig

Die halbweich gedünsteten halbierten Fenchelknollen in einen Backteig geben, in Vollkornbröseln wälzen und in Öl backen. Eine gute Ergänzung zu Kartoffelsalat, ebenso zu jedem gekochten Getreidegericht.

Den Backteig bereitet man aus 100 g Vollmehl, ¼ Liter Wasser, 2 Eiern und etwas Salz.

Kohlrabi

Der Kohlrabi *(Brassica oleracea gongylodes),* bekannt auch als Oberkohlrabi und Oberrübe, ist eine Kohlart, die ihren Kopf durch Stengelverdickung bildet. Auch die Blätter kann man verwerten. Obwohl die Pflanze keine hohen Ansprüche an den Boden stellt, braucht sie regelmäßige Pflege und viel Wasser, da sie sonst leicht holzig wird.

Der seltsame Name kommt aus dem Altdeutschen. *Caulorapa* oder *ravacaulos* nannte sich das Gemüse, das vor rund 1100 Jahren von Karl dem Großen im «Capitulare de villis» allen seinen Domänengärten verordnet wurde. Der bei Plinius d. Ä. erwähnte «Pompejanische Kohl» ist wahrscheinlich ein Vorläufer des Kohlrabi.

Wer in seiner Jugend einmal bei einer Kohlrabiernte geholfen hat – große Gärtnereien bauen den Kohlrabi feldmäßig an –, weiß, wie gut solch eine Knolle frisch geerntet schmeckt. Er weiß auch, daß die geplatzten Kohlrabi, für den Verkauf zu unansehnlich, doch das allerzarteste Fleisch haben. Die Erntezeit ist von Mitte Mai bis November. (Siehe auch S. 144: Kraut und Kohl.)

Kohlrabisalat

Die geschälten jungen Kohlrabi raffeln und mit Apfelsaft und Öl anmachen. Besonders empfehlenswert ist es, die Kohlräbchen mit feinen Gurkenscheiben zu mischen. Hier darf als Gewürz vor allem Dill nicht fehlen, aber auch Basilikum, Borretsch, Schnittlauch und Petersilie sind gut.

Kohlrabisalat kann man auch mit Buttermilch, Sahne oder Joghurt anmachen, mit Radieschen und Tomaten mischen und vor allem mit Wildkräutern wie Löwenzahn, Schafgarbe und jungen Brennesselspitzen. Mit einer Spur Honig abschmecken.

Kohlrabigemüse

500 g Kohlrabi nach dem Schälen in Scheiben oder Streifen schneiden. Mit 40 g Butter oder 2 Eßlöffeln Öl und 2 Eßlöffeln Wasser auf kleinem Feuer weichdünsten. Mit Kerbel oder Petersilie würzen.

Kohlrabigemüse mit Blättern

Die Blätter in Streifen schneiden, die jungen Knollen schälen und in Stifte raffeln. Das Grün in Öl dünsten und nach kurzer Zeit die Stifte hinzutun und auf kleinem Feuer fertig dünsten. Zum Schluß einige Eßlöffel Sauerrahm unterrühren. Würzen mit Kerbel, Petersilie, Dill und Salz.

Kohlrabisuppe

Gedünstete Kohlrabi und Wildkräuter, auch Gemüsereste, mit Gemüse- oder Wildkräuterbrühe auffüllen. Feine Haferflocken einstreuen, unter Rühren kurz aufkochen und mit reichlich Kräutern und Salz abschmecken. Einige Eßlöffel Rahm runden die Suppe ab.

Butterkohlrabi

Die in feine Streifen geschnittenen, nicht zu weich gekochten Kohlrabi in Butter und leicht geröstetem Sesam wenden. Nach Möglichkeit frische Kräuter untermischen.

Gefüllte Kohlrabi

4 bis 5 Kohlrabi werden ausgehöhlt und das Innere samt den Deckelchen zu Frischkost verarbeitet. Zur Füllung nimmt man 1 Zwiebel, Petersilie und beliebige Wildkräuter (z. B. Brennesseln, Giersch, Gundermann u. a.), auch die zarten Kohlrabiblättchen und 1 bis 2 Tassen Flocken, etwa Gersten- oder Hirseflocken. Alles wird leicht in Öl gedünstet, mit Basilikum und Salz gewürzt und mit Buttermilch zu einer Füllmasse abgerührt. Die Kohlrabi werden gefüllt und in eine geölte Auflaufform gegeben und mit einigen Eßlöffeln Wasser bei kleiner Flamme ca. 30 Minuten zugedeckt gedünstet. Dazu eine Salatplatte, Reis oder Kartoffelbrei.

Die Gurke und ihr gesundheitlicher Wert

Man kennt die Gurke *(Cucumis)* seit alten Zeiten. Schon vor 4000 Jahren soll sie am Fuße des Himalaja angebaut worden sein, und auch in ägyptischen Gräbern hat man Zeichen für Gurken gefunden. Sehr früh züchteten die Araber die saftige Gemüsefrucht, und Plinius erzählt, daß die Kaiser Augustus und Tiberius große Gurkenverehrer gewesen seien. Zu uns kam sie durch Karl den Großen.

Schon im Altertum kannte man die harnsäurelösende Kraft, welche auch heute die Gurke zu einem der wichtigsten Gemüse in der Diätküche macht. Gichtische und rheumatische Ablagerungen können durch sie gelockert und ausgeschwemmt werden. Dies gilt auch für Stein- und Grießbeschwerden, die ja auf Harnsäure beruhen. Der Nährwert der Gurke (Eiweiß, Fette und Kohlehydrate) ist gering gegenüber ihrem Reichtum an Heilstoffen. Neben Spuren von Kalk, Kupfer und Magnesium besitzt sie in beträchtlichen Mengen an Eisen und Phosphor die Heilkraft gegen manche Kopfschmerzen, Blutungen, Schwindelanfälle und blasses Aussehen. Neben den Mineralien hat man im Gurkensaft auch ein dem Insulin ähnliches Ferment gefunden, das der Bauchspeicheldrüse als Mittel gegen Zuckerkrankheit zugute kommt.

Wegen dieser Eigenschaft haben schon die alten Heilkundigen Gurken verordnet. Darüber hinaus wußten sie, wie gründlich Darm, Nieren, Lunge und Haut durch regelmäßigen Gurkengenuß gereinigt werden können. Selbst chronischer Bronchialkatarrh war so zu vertreiben. Auch für Magen- und Leberkranke sind Gurken eine gute Medizin; vor Mangelkrankheiten wie Skorbut schützt das neu entdeckte Kompletin C. Es ist also ein Unding, den Saft durch Salzen und Ausdrücken der geraffelten Gurken zu entfernen, was in manchen Kochbüchern empfohlen wird. In den 97 % Flüssigkeit der Frucht liegt der größte Teil der Heilkraft. Was die Gurke schwer verdaulich macht, ist allein das Salz, zumal wenn der gesalzene Gurkensalat lange stehengelassen wird. Darum ißt man die Gurken, wie die Natur sie uns schenkt, die jungen Gurken sogar mit der Schale. Man schneidet sie in Scheiben und stellt sie auf den Frühstückstisch, oder man reicht sie zum Abendbrot. Sie fördern sogar den Schlaf. Mit neuen Pellkartoffeln oder Körnerbrei zu Gurkenschnitten mit Quark, Sauer- oder Buttermilch erhält die ganze Familie ein gesundes Mittagessen, das schnell zubereitet ist. Auf Wanderungen wird es kaum etwas Erfrischenderes geben.

REZEPTE

Gurkensalat

Die Gurken erst kurz vor dem Genuß schälen, dann schneiden oder hobeln und *nie* salzen. Borretsch und Dill sind wohl die beliebtesten Kräuter für Gurken, aber auch alle anderen Würzpflanzen liefern das nötige Aroma. Gut geschlagene saure Sahne oder Joghurt erübrigen jede andere Zutat. Zur Abwechslung können die Gurken auch gestiftelt und mit Rhabarber- oder Zitronensaft gesäuert werden. Auch ein Löffelchen Honig, namentlich für Kinder, kann man untermischen.

Als Beigabe für alle Rohkostplatten gibt es kaum etwas Dankbareres als Gurken. Wie beliebt und bekömmlich ist z. B. der Rettich-Gurkensalat oder der warm angemachte Kartoffelsalat mit Kräutern,

Gurken und etwas Knoblauch! Eine dicke Kräutermayonnaise, mit geriebenen Gurken vermischt, ergibt einen leckeren Brotaufstrich.

Gurkensoße

In die Buttermilchsoße eine mittelgroße, ungeschälte Salatgurke fein hineinraspeln, ein klein wenig Honig dazu.

Gurkensuppe und -soße mit Dill

Eine weiße Grundsoße herstellen, am Schluß eine ungeschälte frische Gurke grob hineinraffeln, gewiegten frischen Dill und Zitronensaft zufügen. Nicht weiterkochen. Mit Buttermilch beliebig verdünnen.

Bunte Gurkensuppe

Pilze, Sellerie, Tomaten und Gurken in Streifen geschnitten in einer *Kraftbrühe* garen. Mit Muskat, Kräutern und ½ Teelöffel Honig abschmecken.

Gurkengemüse

Kleine Gurkenwürfel oder nicht zu dünne Scheiben mit etwas Wasser und Öl in gut verschlossenem Topf aufs Feuer setzen und unter öfterem Schütteln (möglichst ohne den Topf aufzudecken) in 10 bis 15 Minuten weichdünsten. Gehackten Dill und Borretsch, ein wenig Vitam-R, Salz, Zitronensaft, ein wenig Zucker und einige Eßlöffel sauren Rahm zufügen.

Gurken mit Teigwaren

– ein beliebtes schwäbisches Gericht. Eine weiße pikante Soße herstellen, mit dem vorstehenden Gurkengemüse und gekochten Teigwaren mischen. Mit in Öl leicht angebratenen Zwiebelscheiben abschmälzen.

Gefüllte Gurken

Die Gurken aushöhlen. Einige Eßlöffel gehackte Petersilie und Zwiebeln in Öl andünsten. Ausgequollene Hirseflöckchen oder Reis und Sojamehl dazutun und mit Vitam-körnig und Salz abschmecken. Wenn nötig ein wenig Sahne dazugeben, so daß es eine Füllmasse ergibt. Diese in die Gurken streichen und bei Mittelhitze im Backofen knusprig backen. Dazu eine Salatplatte, neue Kartoffeln und nach Belieben Tomatensoße.

Gurkenschnitzel

Rundscheiben von Gurken oder lange Stücke leicht mit Salz einreiben, in Ausbackteig tauchen und backen. Mit Dill und Borretsch überstreuen.

Erfrischender Gurkentrank

Die geriebenen Gurken passiert oder unpassiert mit Zitronen- oder Rhabarbersaft mischen und mit Honig süßen. Sehr geeignet als Fiebergetränk. Auch läßt sich die Gurke in den Mixer geben mit Petersilie, Borretsch und Zitronenmelisse. Zum sofortigen Gebrauch.

Für die Zeit der Gurkenschwemme kommt nun das *Haltbarmachen* an die Reihe. Da ist als erstes zu nennen das wertvolle

Einmachen mit Milchsäuregärung

Die gewaschenen, gehobelten oder gewürfelten Gurken gleich nach der Vorbereitung samt dem Saft mit Dill, Majoran, Lorbeerblättern, Zwiebel- und Meerrettichscheiben, Kirschen- und ungespritzten Weinblättern, ein paar ganzen Nelken und allem, was sonst noch an Würzkräutern verfügbar ist, in Steintöpfe oder große Gläser füllen. Auf je 1 Liter Wasser einen Eßlöffel Salz geben. Die Gurken mit dem Salzwasser übergießen und mit einem Deckel, besser einem Holzbrettchen, und einem Stein leicht beschweren, damit die Salzlake immer gut darübersteht. Nötigenfalls Salzwasser nachgießen. Wenn man die Gurken in der warmen Küche zur Gärung kommen läßt, sind sie schon in etwa 14 Tagen gebrauchsfertig. Im kühlen Raum, wo sie später aufbewahrt werden, dauert es einige Tage länger. Den sich oben bildenden Schimmel («Kahm») wie beim Sauerkraut öfters mit einem Schaumlöffel abnehmen.

Geschlitzte Salzgurken

Die Gurken waschen und an beiden Enden die Käppchen abschneiden. Die Gurken in der Mitte spalten, so daß die Teile noch fingerbreit an den Enden zusammenhängen. Diese Teile nochmals spalten, daß vier lange Viertel entstehen, die an den Enden zusammen sind. Weitere Zubereitung wie vorstehend, nun übergießt man mit lauwarmem Salzwasser. Obenauf wird ein Stück Schwarzbrotrinde gelegt, das Gefäß mit einem Teller bedeckt und an einen leicht warmen Platz gestellt. Nach drei Tagen die Brotrinde entfernen und den Topf kaltstellen. Die Gurken sind genußfertig. Es empfiehlt sich, nicht zu große Portionen einzulegen.

Sterilisierte Gurken

Zitronenkräutergurken

Die Gurken in große Schnitze schneiden, mit ein wenig Zucker und Salz abreiben und mit Zwischenlagen von Würzkräutern und Zitronenscheiben in Einmachgläser schichten. Mit leicht gesalzenem Zitronenwasser bedecken und 15 Minuten bei 80° sterilisieren. Diese Gurken sind sehr bekömmlich.

Gurkensalat sterilisiert

Kleine Einmachgläser benützen, die gerade soviel fassen, wie man für eine Mahlzeit braucht. Die geschälten, gehobelten Gurken wie vorstehend weiterbehandeln. Sie passen gut zu Herbst- und Wintersalaten, in Kartoffelsalat, in Soßen oder als Beigabe zu Gemüse.

Essig dient der Gesundheit

Bevor wir nun zu Essigrezepten kommen, wollen wir die Bedenken abbauen, die dem Essig teilweise immer noch entgegengebracht werden.

Mit einem Alter von mehr als 1000 Jahren gehört der Essig zu den ältesten Küchenhilfen. Früher gewann man ihn in großen Eichenholzfässern mit Löchern im Deckel für den notwendigen Sauerstoffzutritt. Alkoholische Säfte wandeln sich durch Essigbakterien in Essig um. Zu diesem natürlichen Verfahren gibt es auch ein chemisches, mit dem die hochprozentigen Essigessenzen gewonnen werden. Für die Ernährung schalten wir sie aus.

Eine gute Essigsorte ist «Echter Weinessig», als Kräuteressig auch würzig abgewandelt. Der Vorzug gebührt einem Essig aus gesunden, reifen Äpfeln, als «Obstessig» in Reformhäusern erhältlich.

Die Ablehnung des Essigs beruht auf einem alten Vorurteil, wonach Essig das Blut verdünnt und etwas Harnsäure bildet und ablagert. Man weiß heute um sehr positive Eigenschaften des Essigs. In der Diät wird er angewandt zur Unterstützung der körpereigenen Essigsäure, welche die Verdauung fördert und die Nieren anregt. Zu einer den ganzen Organismus reinigenden **Trinkkur** wird Obstessig mit Honig empfohlen: 1 Eßlöffel Essig, 1 bis 2 Teelöffel Honig, 1 Glas Mineralwasser. Essig kann als Medizin wirken bei Vergiftungen, Körperschwäche, Erkältungen u. a. Nur bei Übersäuerung des Magens muß man ihn meiden, wogegen er bei gesundem Magen keine Reize ausübt, ist doch der Säuregrad des Magensaftes viel höher als der des Speiseessigs. Vielfältig ist auch die äußerliche Anwendung des Essigs. – Zum Konservieren machen wir uns die antibakterielle Wirkung und den Geschmack zunutze.

Essiggurken

Gurkensalat, eingesäuert

Die Gurken werden in Steintöpfe gehobelt, gesalzen und einige Stunden stehengelassen. Gekochter und wieder abgekühlter Apfelessig wird darübergegossen und das Gefäß mit geschmolzenem Palmin luftdicht abgeschlossen. – Dieser Gurkensalat ist eine vorzügliche Beigabe zu dem winterlichen Kartoffelsalat.

Rundstücke

Zweifingerdicke Querscheiben abschneiden und mit Salz einreiben. Mit feingeschnittenem Meerrettich, Perlzwiebelchen, Senfkörnern und Würzkräutern lageweise einschichten und abgekochten, wieder erkalteten Apfelessig übergießen. Nach 2 Tagen den Essig abgießen, aufkochen und abschäumen. Nach Abkühlen wieder über die Gurken geben. Die Gläser verschließen und bei 80° 10 Minuten erhitzen.

Essiggürkchen (Cornichons)

Ein gutes altes Familienrezept: Die gut gewaschenen Gurken in Töpfe einschichten und Würzkräuter und Nelken dazwischenlegen. Soviel Apfelessig darübergeben, daß er oben zwischen den Gurken sichtbar wird. Nach 2 Tagen wird der Essig abgegossen, aufgekocht und nach dem Erkalten nochmals übergegossen. Nach 2 weiteren Tagen die Prozedur wiederholen, diesmal aber den Essig heiß übergießen und die Töpfe verschließen.

Süßsaure Gurken

Die Gurken in fingerlange, ½ cm dicke Streifen schneiden und in Essig legen, am besten über Nacht. Auf 1 kg zubereitete Gurken rechnet man ½ Liter Essig, 750 g Zucker, 1 Zitronenschale, 30 g

Zitronat und Orangeat, einige Nelken, 1 Stange Zimt und Vanille. Dieses zusammen aufkochen, bis die Flüssigkeit klar ist. Dann die Gurken hineinlegen und kochen, bis man sie mit einem spitzen Hölzchen leicht durchstechen kann. Abkühlen lassen, in Gläser füllen und 10 Minuten bei 100° erhitzen.

Senfgurken

Die Gurken schälen, halbieren und in fingerlange Stücke schneiden, auf ein Brett legen und leicht mit Salz bestreuen. Anderen Tags die Gurken mit einem Tuch abreiben und in einen Einmachtopf schichten, mit heißem Apfelessig übergießen und 1 Tag stehen lassen. Am 2. und 3. Tag den Essig wieder abgießen, aufkochen und übergießen, wenn nötig mit frischem Essig ergänzen. Er muß die Gurken gut bedecken. Zwischen die Gurken hat man Dillstengel, Estragon und Würzkräuter nach Geschmack – auch Gurkengewürz – gelegt, nach Belieben auch Zwiebelscheiben oder kleine Einmachzwiebeln, und obenauf kommt ein Säckchen mit Senfkörnern und ein paar Stückchen roher Meerrettich. Man legt ein Holzkreuz fest darüber oder beschwert in gewohnter Weise. Dann zubinden und kühl aufbewahren. – Für diese Einmachart lassen sich besonders die zu groß geratenen Herbstgurken gut verwenden.

In gleicher Weise kann man auch Kürbis oder grüne Tomaten, Paprika und Zwiebeln einlegen.

Gurkenkosmetik

kannten schon unsere Urgroßmütter. Anstatt sich, wie wir heute, im Reformhaus die milde Gurkenseife, Gesichtswasser und Gurkencreme zu kaufen, rieben sie sich das Gesicht mit Gurkenschalen ab und legten wohl auch eine Scheibe zurück bis nach der Arbeit oder zum Schlafengehen. Zur morgendlichen Ganzwaschung ließen sie Gurkenschalen, evtl. mit etwas Borax, über Nacht im Wasser liegen. Der frische Gurkensaft, übrigens ein kühlendes Mittel zur Auflage bei Kopfschmerzen, galt auch als Heilmittel bei Sonnenbrand und beim Wundliegen der Kinder.

Wer es gern probieren möchte, kann sich nach folgendem alten Rezept selbst seine **Gurkencreme** zubereiten, er muß sie allerdings bald verbrauchen: eine reife Gurke schälen, die Kerne entfernen, zerstückeln und weichkochen. Indem man 80 g Bienenwachs und 100 g Olivenöl im Wasserbad erhitzt, treibt man die Gurke durch ein Sieb. Es darf auch weniger Öl und Wachs sein; diese Menge reicht schon für eine große Gurke. Alles wird gemischt und in kaltem Wasserbad kaltgerührt. Am andern Tag füllt man die Creme in verschließbare Döschen. Sie macht die Haut straff und zart und tut müden, brennenden Füßen wohl.

Tomaten

Die Tomate *(Solanum lycopersicum)* hatte in ihrer südamerikanischen Heimat ursprünglich nur Kirschengröße. So wie wir sie heute kennen, ist sie ein Zuchtergebnis. Sie ist unser jüngstes Gemüse, denn erst im Jahre 1890 kam sie nach Europa, wo sie nur langsam nach Widerständen im Bürgertum Fuß faßte.

Heute haben wir uns längst an die rote Frucht gewöhnt, ja, unser Speisezettel verdankt ihr viel Abwechslung. Sie schmeckt zweifellos am besten, wenn das Jahr seinen Höhepunkt erreicht hat, wenn im Garten und auf dem Markt die sonnengereiften frischen Früchte leuchten. Welch eine Augenweide ist doch eine Schale voller in ihrer Farbenpracht prangender «Paradiesäpfel»! Kein Wunder, daß sie bei Appetitlosigkeit empfohlen werden, denn wer könnte solcher Versuchung widerstehen! – Der gesundheitliche Wert ist beträchtlich: Die Tomate enthält eine harmonische Zusammenstellung lebenswichtiger Vitamine (A, B, C und E), was sie besonders empfehlenswert macht bei Wachstumsstörungen, Blutarmut und Anfälligkeit gegen Infektionen.

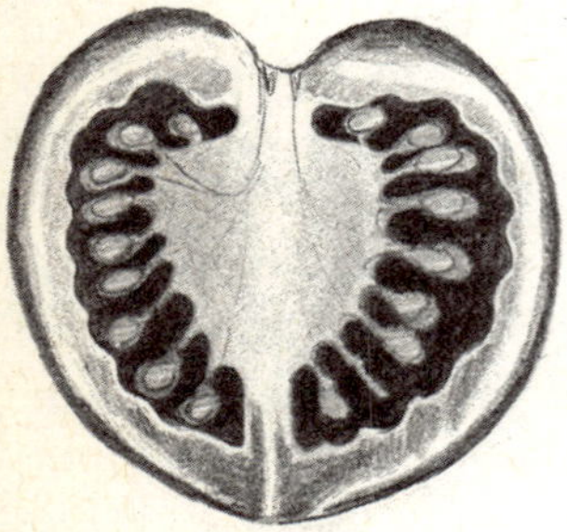

Jedoch bei allem Wohlwollen für diese Frucht sei hier nachdrücklich daran erinnert, daß die anthroposophisch orientierte Medizin allen krebskranken, krebsverdächtigen und zu Krebs neigenden Menschen grundsätzlich von der Tomate abrät, und zwar mehr als bei allen anderen Nachtschattengewächsen. Bei der Tomate ist auch mehr als sonst auf die Qualität zu achten, denn sie wird heute oft sehr falsch gedüngt und gespritzt[1].

1 Rudolf Steiner, Vortrag vom 16. Juni 1924 in «Geisteswissenschaftliche Grundlagen zum Gedeihen der Landwirtschaft» Dornach 1963. Das Wesen der Fütterung, 8. Vortr. Koberwitz S. 114 f.

REZEPTE

Das *Grundgericht* sollte stets die frische Tomate sein. Die Tomatenschüssel steht auf dem Tisch, um die übliche Mahlzeit anzureichern. Wie herrlich schmeckt ein Butterbrot mit Tomaten oder das Abendessen aus Pellkartoffeln mit Sauermilch, wenn uns ein paar rote Tomaten dazu anlachen!

Tomatensaft

Kurz die Tomaten in heißes Wasser legen und abziehen, durch ein Sieb streichen. Der Saft wird weiterverarbeitet mit Mineralwasser, Zitronensaft, etwas Salz und Honig, nach Geschmack auch Muskat. An heißen Tagen reicht man ihn gekühlt als Erfrischungsgetränk, an kalten als Heißgetränk, in jedem Fall als gesunden «Vitamincocktail».

Tomatenmilch

3 Teile Vollmilch oder Buttermilch mit 2 Teilen Tomatensaft mit 1 Prise Salz, ½ Teelöffel Honig gut verschütteln. Als kaltes Getränk vor der Mahlzeit oder als kalte Suppe mit Kräutern in Suppenschälchen.

Tomatensalat

Tomatenscheiben mit viel Zwiebeln, viel Zitrone, Öl oder saurer Sahne, evtl. einem gehackten Ei, mischen. Gut ist die Verbindung Tomaten-Gurkensalat oder Tomaten mit kleingeschnittenen Paprikaschoten. Dazu Petersilie, Basilikum, Dill.

Tomatensülze

½ Liter Tomatensaft mit 8 g aufgelöstem Agar-Agar nach Vorschrift anmachen. Mit Zitronensaft, Salz und Honig gut verrühren und über Eierscheiben, einem Zweiglein Petersilie und einigen Kapern in kleine Schälchen füllen. Die Flüssigkeit braucht einige Stunden zum Steifwerden. Als erfrischende Vorspeise zu reichen.

Gefüllte Tomaten

sind zwar eine Spielerei, aber eine recht nette und appetitanregende. Man schneidet von schönen festen Früchten ein Deckelchen ab und höhlt sie aus. Man füllt sie mit 150 g durchpassiertem Quark, der mit Zitronensaft und etwas abgeriebener Zitronenschale abgeschmeckt wurde. Auch mit Tartex, Kapern oder Kräutern kann man den Quark vermischen. Zur Füllung eignet sich auch Kartoffelsalat, gemischt mit dem Tomateninneren, feingehackten Kräutern, vielleicht auch 1 bis 2 gehackten Eiern. Man setzt die Deckelchen wieder auf. Damit kann man jede Frischkostplatte bereichern. – Ebenso können Tomaten mit einer gut abgeschmeckten *Brotmasse* gefüllt und im Ofen kurz überbacken werden.

Tomatencreme

2 Eßlöffel Mehl mit Milch verrühren, garkochen

und mit frisch gedünstetem Tomatenmark cremig verrühren. Mit Zitronensaft, Salz, etwas Honig und geschlagenem Rahm abschmecken. – Die Creme kann als Brotaufstrich oder als Beigabe zu Frischkostplatten wie auch zu Pellkartoffeln gereicht werden.

Tomatencremesuppe und -soße

kann man von rohem Saft zubereiten, der an eine weiße Soße gemischt wird. Mit Gemüsebouillon verdünnen zur beliebigen Beschaffenheit. Nicht mehr kochen lassen. Abschmecken mit saurem Rahm, Zitrone und etwas Honig. Mit Petersilie bestreuen. Ähnliche Suppen kann man mit gekochten passierten Tomaten sowie mit konserviertem Mark herstellen.

Abwandlung mit gerösteten Brotwürfeln – mit Eidotter – mit einem Klecks saurer Sahne in jeden Teller – mit zerquetschter Knoblauchzehe.

Kartoffelsuppe mit Tomaten

750 g frischgekochte Kartoffeln pellen und durch die Presse geben. Mit Gemüsebrühe auffüllen. Eine große gehackte Zwiebel, eine Handvoll gehackte Petersilie und Kerbel und 500 g in Würfel geschnittene Tomaten in Fett weichdünsten und durchtreiben. Zu den Kartoffeln geben, kurz durchkochen lassen, salzen und Muskat oder Piment beigeben und mit gerösteten Brotwürfelchen anrichten.

Tomatengemüse als letztes Herbstüberbleibsel

Einen feingeschnittenen Lauchstengel in Öl andünsten. Unausgereifte gewürfelte Tomaten dazugeben und weichdünsten. Abschmecken mit ein wenig Honig und Salz und mit den letzten frischen Kräutern (Petersilie, Majoran, Liebstöckel, Basilikum, Melisse usw.).

Tomaten mit Kürbis

Geschälten, in kleine Würfel geschnittenen Kürbis und eine große feingeschnittene Zwiebel ohne Wasserzusatz in etwas Öl langsam halbweich dünsten. Das gleiche Quantum geschälte zerschnittene Tomaten dazugeben, dann mit einem Lorbeerblatt und zwei ganzen Nelken zusammen weichdünsten. Abschmecken mit 1 Teelöffel Zitronensaft, ½ Teelöffel Honig, Salz und einer kleinen zerquetschten Knoblauchzehe. Dill und Petersilie überstreuen.

Tomatenkuchen

Das Kuchenblech mit dünn ausgewelltem Hefe- oder Mürbeteig belegen, Hirseflöckli (oder Brösel) darüberstreuen und mit Tomatenscheiben schuppenartig dick beschichten. Eine dünne Lage Brösel und reichlich geriebenen Käse gleichmäßig darüber geben. Den Kuchen bei Mittelhitze backen und nur leicht abgekühlt mit einer Schüssel voll Grünsalat zu Tisch bringen.

Schweizer Tomatenwähe

wird wie vorstehendes Rezept bereitet, aber mit einem Guß aus Rahm oder Milch mit Mehl und 2 Eiern und Salz gebacken. Man serviert heiß.

Tomatenschnitten

1½ cm dicke Vollkornbrotscheiben von einer Seite mit zerlassener Butter oder Öl bepinseln. 300 bis 400 g Tomaten zerschneiden und im eigenen Saft weichdünsten, durchtreiben und mit 1 bis 2 verschlagenen Eiern verrühren. Mit Zitronensaft, verriebenem Knoblauch, ein wenig Salz und Honig abschmecken. Die Schnitten dick mit der Masse belegen, auf ein Kuchenblech geben und im Backofen kurz überbacken. Heiß auftragen. Paßt gut zu Kartoffelsalat und jeder Salatplatte. Auch nett für unerwartete Gäste.

Pfannkuchen mit Tomaten

Ein schnell zubereitetes und wohlschmeckendes Mittagessen sind Pfannkuchen mit Tomatenscheiben und feingeschnittenen Zwiebeln, die man in der Auflaufform zwischen den Pfannkuchen backt. Dazu einen grünen Salat.

Wir fangen Sonnenstrahlen für den Winter ein, indem wir **Tomaten konservieren.**

Wenn es Tomaten zum Nachreifen gibt, so kann dies am einfachsten im Frühbeetfenster geschehen. So läßt sich die Tomatenernte noch wochenlang ausdehnen. Erfahrene Gartenbesitzer empfehlen auch, bei schlechtem und kaltem Wetter die ganzen Stauden auszugraben, die Blätter zu entfernen und die Pflanzen mit allen daran hängenden grünen Früchten an den Wurzeln in einem frostfreien kühlen Raum aufzuhängen. Hier reifen sie dann nach, so daß man bis in den Januar hinein Tomaten aus dem eigenen Garten essen kann.

Tomatenmark auf dalmatinische Art

Die ausgereiften Tomaten einen Tag in die Sonne legen, damit sie ganz weich werden. Dann zerquetschen, auf ein Sieb legen und zum Abtropfen des Saftes über Nacht stehen lassen. Die nun zurückbleibende konzentrierte Masse durch das Sieb drükken und in einem weiten flachen Gefäß in die Sonne stellen. Nach einigen Tagen ist das Mark so weit abgetrocknet, daß es, mit Salz vermischt, in Einmachgläsern aufbewahrt werden kann. Bei diesem Vorgang entstehen keine so großen Nährsalzverluste. Er setzt allerdings viel Sonnenschein voraus. Der abgetropfte Saft kann zu Suppen, Soßen und als Getränk verbraucht werden.

Tomatenmark in Flaschen

Die reifen Tomaten durchdrehen, den Rohbrei auf ein Seihtuch schütten und den abgelaufenen Saft gleich verwenden. Mit einer Fruchtpresse kann man sich die Arbeit erleichtern. – Das Mus kurz kochen und durch ein Sieb streichen. Nochmals kurz durchkochen, ein wenig Salz zugeben und kochendheiß in die vorbereiteten heißen Flaschen füllen. Sofort verschließen und 20 Minuten bei 80 Grad sterilisieren.

Tomatensalat in Gläsern

Die Tomaten in Scheiben schneiden, ein wenig salzen und in Gläser einschichten. Wie vorstehend 20 Minuten bei 80 Grad sterilisieren.

Tomaten mit Paprika

Die entkernten, in Streifen geschnittenen Paprikaschoten mit den Tomatenscheiben abwechselnd in Gläser schichten. Sterilisieren wie oben.

Mark von grünen Tomaten

1 kg grüne Tomaten durchdrehen und mit 50 g Salz, 30 g Zucker oder Honig und ¼ Liter Apfelessig zu Brei einkochen und kochend in die vorbereiteten Gläser füllen. Sofort verschließen.

Marmelade von grünen Tomaten

1 kg feste, grüne Tomaten in ganz dünne Blättchen schneiden und in knapp ¼ Liter Apfelessig weichkochen. 350 g Zucker zugeben und unter vorsichtigem Rühren zu Marmelade kochen. Die Tomaten sollen nicht breiig verkochen. In heiße Gläser füllen, sofort verschließen. Empfehlenswert ist es auch, grüne Tomaten mit Zwetschgen oder Kürbis zu Marmelade zu kochen. Sie lassen sich auch wie saure Zwiebeln oder Gurken konservieren.

Siehe auch Einmachen mit milchsaurer Gärung S. 104.

Herbst

Kürbis, Zucchetti und Melone

Der Kürbis *(Cucurbita),* aus den warmen Gegenden Asiens, Australiens und aus Afrika stammend, zählt zwar nicht zu den beliebtesten Gemüsearten, doch er besitzt wie auch seine Artgenossen Zucchetti (oder Zucchini) und Melone (und Gurke) große gesundheitliche Werte. Diese beruhen auf seinem hohen Gehalt an Natron und Kieselsäure. Für viele Beschwerden kann er ein direktes Heilmittel sein. Eine Kürbiskur – längere Zeit fortgesetzt – schafft Erleichterung bei Leber-, Herz-, Nieren- und Blasenleiden, ja selbst bei Wassersucht. Er hilft bei Verstopfung und Zuckerkrankheit. Die wassertreibende Wirkung einer solchen Kur entlastet den ganzen Körper und reinigt das Blut. – Auch Kürbiskerne sind ein Hausmittel, sowohl gegen Nieren- und Blasenleiden als auch gegen Würmer. Zerkleinert dienen sie wie Nüsse zu Müsli und Obstspeisen. Man kann sie geschält kaufen.

Wie führt man eine Kürbiskur durch? Man ißt einige Wochen lang täglich Kürbis in irgendeiner Form; am besten aber ist die Wirkung der rohen Frucht, zu den Mahlzeiten als Vorspeise. Auch Berufstätige, die auswärts essen, können eine Kur durchführen, denn man kann den Kürbis ja auch angeschnitten längere Zeit aufbewahren (vorausgesetzt, er wurde sorgsam geerntet, d. h. nicht geworfen). Entweder man reibt das Stück auf der Rohkostreibe oder ißt es so. Manche ganz gewöhnlichen Kürbissorten schmecken wie Nußkerne. – Auch für Kinder ist ein Stück Kürbis eine gute Zugabe zum Brot. Den geriebenen Kürbis kann man mit einer Salatsoße anmachen. Gut ist Kürbis mit Äpfeln, beide gerieben, Kürbis mit Tomaten, roh gerieben mit Kartoffelsalat oder für Kranke mit Kartoffelbrei. Man kann ihn auch zum Strecken für die meist übersüßten Marmeladen nehmen, muß diese dann allerdings rasch verbrauchen.

Inzwischen haben sich bei uns auch die grünen Spargel- oder Flaschenkürbisse – die Zucchetti oder Zucchini – durchgesetzt. Wer einen biologisch-dynamisch bearbeiteten Garten hat, sollte es sich nicht entgehen lassen, Kürbis oder Zucchetti auf den Komposthaufen zu pflanzen. Bald bedecken ihn die formschönen Blätter und leuchtend gelbe Blüten. Ab Ende Juli werden die ersten Zucchetti reif, die schon geerntet werden können, sobald sie 20 bis 30 cm lang sind. Man kann sie auch bis zu einer stattlichen Größe zum Wintervorrat auswachsen lassen. Auf jeden Fall ist es anzuraten, sowohl vom runden Speisekürbis als auch von Zucchetti im Herbst einen größeren Vorrat anzuschaffen. An einem luftigen, kühlen Ort gelagert, öfters nachgesehen und umgewendet, bleiben sie bis zum Frühjahr frisch.

REZEPTE

Alle Kürbisrezepte sind für jede Art Speisekürbisse wie auch für Zucchetti geeignet.

Kürbissalat

Kürbis auf grober Raffel reiben, mit Zitrone, Öl und Würzkräutern vermischen. Auch etwas Apfel und Meerrettich darunter reiben.

Kürbis-Apfel-Salat

Grob geraffelte Äpfel und die gleiche Menge geraffelten Kürbis mit Zitronen- und Rhabarbersaft, auch Obstessig und ein wenig Honig vermischen. Zugedeckt durchziehen lassen und vor dem Auftragen nach Belieben einige Eßlöffel geschlagenen Rahm, Butter- oder Sauermilch untermischen. Zur Verfeinerung kann man gemahlene Nüsse oder Rosinen zugeben.

Kürbissalat gedämpft

Kürbis in Scheiben schneiden, schälen und würfeln. Langsam nicht zu weich dämpfen. Mit Zitrone, Öl, Gewürz, Kräutern usw. anrichten.

Kürbissalat mit Tomaten

Der gestiftelte Kürbis wird zur Hälfte mit geschälten, gewürfelten Tomaten gemischt, dazu ein wenig zerhackte Zwiebeln. Borretsch, Dill, Petersilie und Basilikum sind die besten Kräuter für Kürbisgemüse.

Kürbis- und Rote-Rüben-Salat

Zu gleichen Teilen den Kürbis grob raffeln, die Rote Rübe fein reiben und mit Öl, Zitrone, Kümmel, Gewürzkräutern und etwas Ingwer oder Meerrettich würzen.

Kürbis-Kartoffelsalat

Kartoffelsalat in üblicher Weise zubereiten, aber mit der Zugabe von Flüssigkeit bis zuletzt warten. Ein Stück geschälten Kürbis auf dem Gurkenhobel in feine Scheiben oder Stiftchen zerkleinern und zu dem Kartoffelsalat geben. Mit einer kleinen, zu Brei zerquetschten Knoblauchzehe und einigen Eßlöffeln kochender Milch, mit Vitam-körnig verrührt, gut vermischen. Nicht am Öl sparen!

Kürbissuppe

500 g Kürbis schälen, das Innere herausnehmen, ein Drittel reiben. Das übrige in Würfel schneiden und mit einem Lorbeerblatt oder einem Stengelchen Liebstöckel im eigenen Saft weichdämpfen. Durchpassieren, mit 1 Liter Kraftbrühe oder Wasser auffüllen und aufkochen lassen. 2 Eßlöffel Grieß dazurühren, gut durchkochen und an heißer Stelle noch etwas ziehen lassen. Dann den rohen Kürbis unterziehen, ein Stückchen Butter und 1 bis 2 Eßlöffel Rahm dazutun und mit Petersilie bestreuen.

Kürbis mit Kartoffelbrei (auch als Diätspeise)

Die durchpassierten Karoffeln zur Hälfte mit rohem geraffeltem Kürbis mischen. Auf kleinem Feuer mit heißer Milch schaumig schlagen und mit gebratenen Zwiebeln servieren.

Kürbisgemüse

Zum Dämpfen 2 bis 3 cm große Würfel schneiden. Eine gehackte Zwiebel in Fett andünsten und die Kürbiswürfel dazugeben. Das Dünsten im eigenen Saft entwickelt die feinsten Duftstoffe. Die Würfel sollen weich sein, dabei aber noch ansehnlich. Zum Schluß Küchenkräuter, frisch oder getrocknet, hinzugeben: Majoran, Thymian, Petersilie, Zitronenmelisse usw. – Nach diesem Grundrezept läßt sich eine Anzahl von Gerichten zusammenstellen, z. B. das Ganze mit einer gut abgeschmeckten Tomatensoße vorsichtig verrühren oder mit weichgekochten weißen oder grünen Bohnen (auch eingelegten) und frischgekochten Kartoffelwürfeln vermischen, ein in Dalmatien sehr beliebter Eintopf.

Kürbisgemüse mit Tomaten

2 cm große Kürbis- oder Zucchettiwürfel mit der gleichen Menge Tomatenwürfel, einer gehackten Zwiebel, etwas Salz, 2 Eßlöffeln Öl, 1 Stengel Bohnenkraut vermischen. Ein wenig Tomatensaft zusetzen und in etwa 20 Minuten weichdünsten.

Kürbis-Eintopf

In Würfel geschnittenen Kürbis, grüne Bohnen und rohe Kartoffelwürfel zu gleichen Teilen weichdünsten. Eine gut abgeschmeckte Pilz- oder Tomatentunke daruntergeben und mit Basilikum, Bohnenkraut würzen, dann ein wenig zerquetschten Knoblauch, Salz und Pflanzenwürze zugeben.

Gebackener Kürbis, einfachste Art

Kürbis in fingerlange und -dicke Stücke schneiden, leicht mit Salz einreiben und mit Zitronensaft beträufeln. Auf ein geöltes Kuchenblech legen und im Backofen bei Mittelhitze backen. Voraus ein Salat, dazu jede beliebige Getreidespeise.

Abänderung: Man kann auch große Stücke mit der Schale, mit Kümmel gewürzt, im Backofen backen.

Gebackene Kürbisscheiben, paniert

Die Kürbis- oder Zucchettischeiben mit ein wenig Salz einreiben. Einige Eiweiß mit ein wenig Salz verquirlen. Die Scheiben darin umdrehen und in Weizenkeimen oder gemahlenen Vollkornbröseln wenden. In Sonnenblumenöl schwimmend backen.

Kürbisscheiben im Ausbackteig

Besonders für Zucchetti geeignet. Solange die Zucchetti jung sind, ungeschält verwenden. 1½ cm dicke Scheiben schneiden, leicht mit Salz abreiben. Zuerst in Ausbackteig und dann in Brotbröseln wenden und in Öl backen. Man ißt dazu grünen oder Kartoffelsalat. Backteig s. S. 101 (Fenchel in Backteig)

Kürbiskuchen, salzig

Ein Kuchenblech mit einem beliebigen ungesüßten Teig auslegen und mit Brotbröseln bestreuen. Dann 1½ cm große Kürbiswürfelchen mit der gleichen Menge Tomatenwürfeln, 2 Eiern, 1 Tasse Milch oder Rahm, 1 Teelöffel Honig, etwas Salz und Muskat vermischen. Die Füllung auf den Teigboden verteilen, mit Butterflöckchen und geriebenem Käse bestreuen und bei guter Mittelhitze backen. Der Kuchen wird warm gegessen.

Kürbisbrötchen

Dicke Brotscheiben beiderseits mit Öl bepinseln, dick mit rohem gestifteltem Kürbis belegen und auf einem Kuchenblech solange überbacken, bis der Kürbis weich ist. Auf jedes Brot eine Scheibe Käse legen und nochmals einschieben, bis der Käse verlaufen ist. Dick mit Petersilie und Dill bestreuen und sofort auftragen. Ein gutes Abendessen!

Kürbis auf Polentaplatte

Von 1 Liter leicht gesalzenem Wasser und 200 g Maisgrieß einen Brei ausquellen und auf einer Platte anrichten. Darüber in Öl gedünstete Zwiebeln und beliebige Pilze geben. Den Rand mit gleichmäßig geschnittenen (1 cm dicken) in Öl gebratenen Kürbisscheiben (Zucchetti) belegen, die zuvor mit etwas Salz und Zitronensaft abgerieben wurden. Mit Tomatenscheiben und Petersilie verzieren.

Gefüllte Zucchetti

Einen ausgewachsenen Flaschenkürbis längs halbieren und aushöhlen. Nur der nicht mehr junge Kürbis wird geschält. Eine Füllmasse zubereiten aus Reis mit Pilzen, aus Gerstengrütze oder aus Grünkernschrot mit Zwiebeln, 1 bis 2 Eiern, reichlich gehackter Petersilie und einigen Eßlöffeln Hefeflokken. In den Kürbis hoch einfüllen, die andere Hälfte aufsetzen und mit kräftigem Faden umwickeln. Auf gefettetem Blech bei mittlerer Hitze im Ofen backen.

Kürbisauflauf, süß

Steif ausgequollenen Grieß vermischt man mit einem großen Stück feingeriebenem Kürbis, einigen Eßlöffeln Sirup und 2 Eigelb. Zu einer Auflaufmasse verrühren, nach Belieben ein Stück Butter beigeben, zuletzt den steif geschlagenen Eischnee unterziehen. In einer gefetteten Auflaufform backen.

Kürbiskuchen, süß

Den Bodenbelag kann man aus Hefe- oder Mürbeteig zubereiten. – Belag: Aus 1 Tasse Grieß und ½ Liter Milch einen Brei kochen. Nach dem Abkühlen einige Eßlöffel Honig oder Sirup, 1 Prise Salz, abgeriebene Schale und Saft einer Zitrone, 1 Eßlöffel Butter, 80 g gemahlene Mandeln, 3 verschlagene Eigelb und 600 g geriebenen Kürbis zugeben. Zuletzt den Eischnee unterziehen, alles auf den Teig geben und bei guter Mittelhitze backen.

Kürbiscreme (geeignet für Kranke und Kleinkinder)

Den geschälten rohen Kürbis fein reiben und mit Sirup und Rahm vermischen. Besonders gut mit sehr reifen Brombeeren, auch zur Verzierung.

Kürbiskompott

Kleine Kürbiswürfel mit ein wenig Süßmost und Zitronenschale weich dämpfen, aber nicht zerfallen lassen. Den Saft abgießen und noch ein wenig einkochen lassen, mit Johannisbeer- oder anderem sauren Fruchtsaft abschmecken und mit Honig oder Sirup süßen. Saft über das Kompott gießen, abgekühlt servieren.

Kürbismarmelade mit Äpfeln

Der weichgekochte, durchpassierte Kürbis wird mit der gleichen Menge Apfelmus vermischt und mit Sirup oder Honig unter kräftigem Rühren gut durchgekocht. Zitronensaft verfeinert den Geschmack, ebenso eine kleine Beigabe von Zimt oder Nelken. Zum baldigen Verbrauch bestimmt.

Kürbismarmelade mit Pflaumen

Kürbis und Pflaumen zu gleichen Teilen unter ständigem Rühren dick einkochen. Zucker- oder Sirupzugabe erübrigt sich, nur muß man die Marmelade bald verwenden.

Der Kürbis kann den ganzen Winter als *Streckmittel für Marmeladen* genützt werden, indem man der vorhandenen Marmelade feingeriebenen rohen Kürbis untermischt.

Das Einlegen von Kürbis

Sauer-Kürbis

5 kg Kürbis, 5 Zitronen, 60 g Senfkörner, 3 Lorbeerblätter, 3 Nelken, Thymian und Dill nach Geschmack, 50 g Salz. Der Kürbis wird geschält, von Kernen befreit, geraspelt und mit den in Scheiben geschnittenen Zitronen und den anderen Zutaten wie Sauerkraut in Steintöpfe gedrückt. Einige Tomaten oder Pilze darunter verfeinern den Geschmack sehr. Als Rohkostsalat, zu Gemüsen oder als Zugabe zu Kartoffelsalat und anderen Salaten vielseitig verwendbar.

Gewürzkürbis (wie Gewürzgurken)

Kürbis schälen, von Kernen befreien, in Stücke schneiden und mit Weinblättern, Kirschblättern, Meerrettichstückchen, Zwiebeln, Dill und Lorbeerblättern in einen Steintopf schichten. Mit leichtem Salzwasser bedecken, mit Brett und Stein beschweren. In 3 bis 4 Wochen kann man sich bedienen. Brett und Stein sollten alle 14 Tage abgewaschen werden.

Kürbis und Zucchetti, süßsauer

Die in Stücke geschnittenen Kürbisse oder Zucchetti bei kleinster Flamme kochen, bis sie fast gar sind. 500 g Zucker, ¼ Liter Obstessig, etwas verdünnt mit dem Kochwasser, mit einem Stengelchen Zimt, 1 Stück Ingwer und einigen Nelken aufkochen. Nach der Abkühlung die Kürbisstücke damit übergießen. Will man den Kürbis länger aufheben, muß der Zuckeressig drei Tage hintereinander abgegossen und wieder aufgekocht werden. Einfüllen und zubinden. Vorsorglich von Zeit zu Zeit kontrollieren und, wenn nötig, den Essig wieder aufkochen.

Platz für eigene Rezepte

Von allen Melonenarten ist die Wassermelone gesundheitlich am wertvollsten. Sie hat die gleiche entwässernde Eigenschaft wie der Kürbis. Als Erfrischung für Fieberkranke ist sie besonders geeignet, empfehlenswert aber auch für eine Schlankheitskur.

Die Melonen sind zu jeglicher Verarbeitung eigentlich zu schade. Wassermelonen sind am aromatischsten, wenn sie frisch aufgeschnitten sind.

Zur Erfrischung kann man sie in Portionsstücke schneiden, mit Zitronensaft und Honig befeuchten und einige Zeit in den Kühlschrank stellen. Beim Servieren nach Wunsch mit Schlagsahne verzieren.

Die unverarbeitete Melone ist eine angenehme Zugabe zu belegten Broten. Die bunte Platte läßt sich mit ihr zum echten «Augenschmaus» herrichten.

Zur Weiterverarbeitung ist die Honig-, Netz- und Zuckermelone besser geeignet. Das gewürfelte Fruchtfleisch wird mit Ananas, Bananen und Weinbeeren vermischt, auch Aprikosen, Birnen und Preiselbeeren sind gut. Wir kennen auch den **Melonensalat:** Joghurt und etwas Honig schaumig schlagen und damit die gewürfelten Melonenstücke übergießen. Vor dem Servieren kalt stellen.

Die Kartoffel

Die Kartoffel *(Solanum tuberosum)* kommt aus dem Reich der Inkas (Peru) zu uns. 1570 wurde sie schon in der Gegend von Sevilla angebaut. König Philipp II. erhielt eine Kiste voll Kartoffeln verehrt, die er dem Papst zum Geschenk machte. Dieser sandte einen Teil davon dem erkrankten niederländischen Kardinal, welcher wiederum einige Knollen davon seinem Statthalter Livry überreichte. Der nun gab zwei Kartoffeln dem Botaniker Carolus Clusius, der sie auspflanzte. Wegen der Ähnlichkeit mit Trüffeln nannte er sie «Tartufoli». Clusius stand mit anderen botanischen Gärten im Austausch und sandte die Kartoffeln 1585 nach Wien.

Nach England gelangte die Kartoffel von Chile aus durch den berühmten englischen Seefahrer Francis Drake. Ein Denkmal in Offenburg trägt die Inschrift: «Francis Drake war der Mann, der vor 300 Jahren Kartoffeln nach England hat gefahren.»

Der Große Kurfürst ließ «diese bezaubernde Pflanze» in seinem Lustgarten züchten. Die Preußenkönige Friedrich Wilhelm I. und vor allem Friedrich der Große setzten ihre Nutzung auch als Nahrungsmittel durch. Dennoch hatte sie es recht schwer, im Volk heimisch zu werden.

Heute hat die Kartoffel nicht mehr wie früher die Bedeutung eines Volksnahrungsmittels. Eine Zeitlang hatte sie eine bestimmte Aufgabe in der Entwicklung des menschlichen Bewußtseins. Denn nach den geisteswissenschaftlichen Forschungen Rudolf Steiners wirkt sie in besonderer Weise auf die Gehirnfunktion, indem sie die Tätigkeit des Vorderhirns anregt, aber dabei das Mittelhirn belastet. Dadurch wird eine Steigerung der rein intellektuell-materialistischen Denkfähigkeit hervorgerufen, jedoch die spirituellen Denkprozesse mit der Möglichkeit, große geistige Zusammenhänge begreifen zu können, abgelähmt[1]. Diese Mission der Kartoffel ist heute abgeschlossen, und die Pflanze degeneriert. Sie ist nur noch schwer zu kultivieren, sie baut ab auf der ganzen Linie. Daher sind besonders Kartoffeln aus Demeter-Anbau zu empfehlen, der die Degenerationserscheinungen soweit wie möglich kompensiert. Bei Neigung zu Krebs wird geraten, den Kartoffelgenuß einzuschränken und neue Kartoffeln ganz zu meiden.

Die Kartoffel enthält Eiweiß und Stärke, Vitamine und Mineralstoffe, besonders Kalium. Da beim Rohabschälen wertvolle Stoffe fortfallen, sollte man alle Gerichte möglichst aus gekochten Schalenkartoffeln zubereiten.

1 Rudolf Steiner, Vortrag vom 2. August 1924 in «Ernährungsfragen» Basel 1956. Über das Verhältnis der Nahrungsmittel zum Menschen.

REZEPTE

Kartoffeln in der Schale (Pellkartoffeln)

Da die Kartoffel viel Wasser und Stärkemehl enthält, wählen wir ein Kochverfahren, welches das Stärkemehl am besten zum Quellen bringt. Dies erreichen wir durch Aufsetzen mit kaltem Wasser. Die Beigabe von heißem Wasser verschließt sofort die Außenfläche und erschwert das Eindringen der Hitze. Neue Kartoffeln enthalten weniger Stärkemehl und viel Wasser, können deshalb auch mit heißem Wasser aufgesetzt werden. Um die Verdaulichkeit zu erleichtern und besonders bei neuen Kartoffeln das darin enthaltene Solanin zu neutralisieren, fügt man dem Kochwasser einen Teelöffel Kümmel bei. Man nimmt so wenig Wasser, daß es verdampft ist, bis die Kartoffeln gar sind. Noch besser ist das Garen im Kartoffeldämpfer. Neuerdings gibt es bauchige Tongefäße mit Deckel und Griff zu kaufen, in denen die Kartoffeln ganz ohne Wasser auf dem Herd gegart werden können. Sie sind dann besonders aromatisch, ähnlich wie im Feuer gebratene Kartoffeln.

Ölschalenkartoffeln

Die gut gewaschenen und abgetrockneten Kartoffeln längs halbieren, die Schalenseite kreuzweise einritzen, die Stücke mit Öl bepinseln, mit Kümmel bestreuen, mit der Schnittfläche nach unten auf ein Blech legen und etwa 30 Minuten im Ofen backen.

Schwenk-Kartoffeln

Die eben gekochten und gepellten Kartoffeln in zerlassener Butter oder Öl und gehackter Petersilie umdrehen und Kräutersalz überstreuen. Besonders gut eignet sich hierzu eine feuerfeste Glasschüssel, in der man das Fett erhitzt und die Kartoffeln gleich aufträgt.

Kräuterkartoffeln

Tags zuvor gekochte Kartoffeln in Stifte schneiden und mit einigen Eßlöffeln Öl, gehackten Zwiebeln, Kümmel und Salz in die Bratpfanne geben. Nach leichtem Durchbraten, bevor sich Krusten bilden, einige Eßlöffel sauren Rahm mit 1 bis 2 Eiern, Kerbel, Petersilie und Schnittlauch gut schlagen, unter die Kartoffeln mischen und noch einmal durchdämpfen.

Sirupkartoffeln

sind besonders geeignet zum Garnieren festlicher Gemüseplatten. 500 g kleine, gleichmäßige Kartöffelchen kochen. 5 g Butter leicht bräunen und weitere 50 g Butter dazugeben. Wenn das Fett zerlassen und ruhig ist, die Kartoffeln hineinschütten und unter häufigem Rütteln leicht braun braten. Wenn sie eine schöne Farbe angenommen haben, 1 Teelöffel Sirup und ½ Teelöffel Salz zufügen und unter ständigem Wenden braten, bis die Kartoffeln schön glänzen. Sofort auftragen.

Kartoffelbrei

Auch diesen können wir aus Kartoffeln zubereiten, die mit der Schale gekocht sind. 1 kg frisch gekochte, geschälte Kartoffeln durchpressen. Sofort ⅛ Liter Milch (heiß) dazugeben und gut verrühren. Den Topf aufs Feuer setzen und unter allmählichem Hinzufügen von weiterer Milch (im ganzen etwa ¾ Liter, je nach dem Stärkegehalt der Kartoffeln mehr oder weniger) mit dem Schneebesen schlagen. Je länger man Luft zuschlägt, um so leichter und schöner wird die Speise. Zuletzt ein Stückchen Butter (etwa 20 g) unterziehen und mit ein wenig Salz abschmecken. Nach Belieben mit in Butter gebratenen, feingeschnittenen Zwiebeln abschmälzen und sofort auftragen. Mit einer schönen Salatplatte und einem kleinen Nachtisch eine selbständige Mahlzeit. Besonders für die Diät ist der mit Wasser statt mit Milch zubereitete Kartoffelbrei bekömmlicher. Man gibt dann etwas mehr Butter darunter und einen Teelöffel körnige Würze. Für übriggebliebenen Kartoffelbrei gibt es mancherlei Verwendungsmöglichkeiten, z. B.

Kartoffelsuppe

Den Kartoffelbrei-Rest mit einer Mehlschwitze vermischen und mit Gemüsebrühe auffüllen. Einen feingeschnittenen, in Öl oder Butter (Vitaquell) weichgedünsteten Lauchstengel unterrühren, mit Piment, einigen Eßlöffeln saurer Sahne und Vitam-R abschmecken.

Grüner Kartoffelbrei

Dem fertigen Kartoffelbrei eine Tasse durch die Mühle gedrehte rohe Wildkräuter zusetzen, durchziehen, aber nicht mehr kochen lassen. Den Berg auf eine vorgewärmte Platte setzen und z. B. mit einer Soße (Käse-, Tomaten-, Zwiebelsoße) übergießen.

Kartoffel-Kroquetten

Den abgekühlten Kartoffelbrei mit 1 bis 2 Eigelb, geriebenem Käse, Salz und Muskat mischen. Mit 2 in Mehl getauchten Teelöffeln walnußgroße Bällchen formen, diese in Bröseln wälzen und schwimmend backen. Wenn der Kartoffelbrei nicht dick genug ist, ein wenig Mehl oder Brösel untermischen. Die Kroquetten sind dekorativ für ein festliches Essen.

Einfache Kartoffelküchlein

Aus dem Kartoffelbrei mit einem Ei, etwas Mehl und Bröseln und mit Kräutern vermischt, flache Küchlein formen und diese in Öl, Butter oder Reformmargarine auf der Pfanne backen.

«Himmel und Erde»

Beliebtes Gericht aus Norddeutschland und Schlesien. 500 g Äpfel in Würfel schneiden und in ½ Liter Wasser rasch weichkochen. 1 kg frischgekochte Kartoffeln pellen, klein würfeln und sofort mit den Äpfeln vermischen. Eine gewürfelte Zwiebel in reichlich Öl oder Butter dünsten und den Saft einer Zitrone oder Essig und ½ Teelöffel Salz dazugeben. Als Beilage Sauerkraut oder Bohnensalat, aber auch Getreidebratlinge aller Art.

Kartoffelauflauf

50 g Butter schaumig rühren, 3 Eigelb mit 1 Eßlöffel Milch schlagen, dazu ca. 100 g geriebenen Käse und 50 g Mehl, 1 Teelöffel Vitam-körnig, Salz und Kümmel mit 500 g gekochten, geriebenen Kartoffeln gut verrühren. Den steif geschlagenen Eischnee unterziehen und das Ganze bei guter Mittelhitze als Auflauf backen. – Passend zu jeder Rohkost.

Kartoffelrand

Frischgekochte Kartoffeln pellen und auf eine feuerfeste Platte pressen, so daß in der Mitte eine Vertiefung bleibt. Man gibt Gemüse (Reste) hinein und bestreut den Rand, den man mit Butterstückchen belegt hat, nach kurzem Überbacken mit gehackten Kräutern. Dazu eine zum Gemüse passende kräftige Soße.

Wintereintopf

500 g Möhren, 1 kg Kartoffeln und eine mittelgroße Sellerieknolle in kleine Würfel schneiden, 4 Eßlöffel Öl und ½ Tasse Wasser dazugeben und in gut verschlossenem Gemüsetopf weichdämpfen. 2 Eßlöffel geriebenes Brot mit einer Tasse Milch oder Rahm glattrühren, ein wenig Salz und Vitam-körnig dazugeben, unter die Speise rühren und auf kleinem Feuer ausquellen lassen.

Rhabarberkartoffeln

Aus 20 g Fett, 20 g Mehl, ½ Teelöffel Salz, 1 Teelöffel Vitam-körnig mit 1/8 Liter Wasser eine Mehlschwitze bereiten. 2 mittelgroße Rhabarberstengel in Würfel schneiden und weichdämpfen und mit etwas Honig süßen. Dann in die Mehlschwitze geben und mit 1 kg frischgekochten, gewürfelten Kartoffeln vermischen. Nach Belieben mit 1 Eigelb oder einigen Eßlöffel Rahm abschmecken.

Grüne Kartoffelklöße (Kräuterklöße)

500 g kalte gekochte Kartoffeln reiben. 50 g Vollmehl, 50 g Brotbrösel, ein Ei, eine große Handvoll gewiegten Spinat, Brennesselspitzen, Petersilie, Melisse, Minze, Liebstöckel, Basilikum usw. beifügen. (Von den Kräutern insgesamt zwei Eßlöffel voll.) Im Dampf oder in leichtem Salzwasser die geformten Klöße garziehen lassen.

Kartoffelklöße, Knödel oder Knöpfle

1 kg Pellkartoffeln vom Tag vorher abziehen und durchtreiben, dazu etwas Muskat, Salz und soviel Grieß, wie die Masse aufnimmt. Dazu ein Ei. Der Teig darf nicht naß sein. Rollen formen, Scheiben abschneiden, in jede 2 bis 3 in Butter angeröstete Brotwürfel drücken, Klöße formen, in Mehl wälzen,

wodurch die Klöße schön glänzend werden. In leicht gesalzenes, kochendes Wasser legen und ohne Deckel langsam garziehen lassen.

Abwandlung: Die vorbereiteten Klöße mit Öl bepinseln und im Backofen backen.

Schupfnudeln: (Mutters Rezept)

Von der gleichen Masse auf dem Backbrett fingerlange Nudeln formen, in leichtem Salzwasser einmal aufkochen lassen und in leicht geölter Pfanne braun braten.

Kartoffelpuffer

Rohe Kartoffeln werden mit der Schale fein geraffelt. Die Flüssigkeit bei der Masse lassen. Dazu einige Eßlöffel Grieß, Majoran, Kümmel, Salz und feingeriebene Zwiebel. Die Puffer schnell, so daß sie nicht verfärben, in Öl, evtl. in zwei Pfannen, beidseitig backen, pfannenbodengroß oder in kleineren Kuchen. Sie dürfen innen etwas weich bleiben.

Berner Rösti

Gekochte Kartoffeln sehr dünn geschnitten oder grob geraffelt in die Pfanne geben, wie oben gewürzt, sehr langsam mehr dünsten als braten. Man kann deshalb etwas Brühe zugeben. Die Kartoffeln sollen nicht gewendet werden. Erst beim Anrichten kippt man die Pfanne um, daß die braune Seite der Kartoffeln nach oben kommt.

Abwandlung: Scheiben von gegarten Roten Rüben auf den Boden der Pfanne legen, darauf die Kartoffeln langsam durchdünsten lassen.

Platz für eigene Rezepte

Paprikaschoten

Die eigentliche Heimat dieses Nachtschattengewächses *(Capsicum)* ist Brasilien und die daran angrenzenden südamerikanischen Staaten. In Europa kennt man die Pflanze seit dem 16. Jahrhundert. Die teilweise noch heute erhaltene Bezeichnung «spanischer Pfeffer» läßt darauf schließen, daß sich die Spanier um die Kultur des Paprikas zuerst bemühten. In größeren Mengen wurde er aber erst seit dem 18. Jahrhundert angebaut, und zwar hauptsächlich in Ungarn.

Nach mühevollen Versuchen hat man nun Paprika gezüchtet, die so abgehärtet sind, daß sie auch in unserem Klima gedeihen. Hellgelbe, grüne und leuchtend rote Fruchtschoten verleihen unseren Gärten einen reizvollen Schmuck.

Der gesundheitliche Wert der Paprikaschoten ist beträchtlich. Die Analyse ergab, daß sie zu den stärksten Vitamin-C-Trägern gehören. Während z. B. Zitronen- oder Orangensaft auf 100 g Frischgewicht 40 bis 50 mg Vitamin C enthält, wurden bei Paprika 200 bis 300 mg, also das Vier- bis Sechsfache, nachgewiesen.

Die Paprikaschoten können vielseitig verwendet werden, doch sollte der Rohgenuß immer an erster Stelle stehen, auch für Kinder, die sie fast ohne Ausnahme sehr gern essen. Die Früchte sind heute soweit gezüchtet, daß man auch die Kerne darin lassen kann, ohne befürchten zu müssen, daß diese das ganze Gericht durch ihre Schärfe verderben. Die scharfschmeckenden Sorten, die als Würzpaprika gezüchtet werden (Peperoni), haben im allgemeinen nur für die Gewürzfabrikation und zum Einlegen eine Bedeutung. – In Ungarn finden wir überall die Früchte für den Winterbedarf vor den Fenstern an Schnüren zum Trocknen aufgehängt. Bei Versuchen hat sich ergeben, daß selbst nach dreimonatiger Lagerung nur ein unbedeutender Vitamin-C-Verlust vorliegt. Besonders beliebt sind die Tomatenpaprika, aber es gibt sie nur kurze Zeit, da sie nicht lagerfähig sind. Auch als Gewürz ist Paprika zu empfehlen. Er enthält eine Menge Geschmack-, Farb- und Nährstoffe, vermag viele Speisen geschmacklich abzurunden und ist zudem für jedermann bekömmlich.

REZEPTE

Paprika nature

Stiel und Samenkörner entfernen, die Schoten in feine Streifen schneiden und zum Butter- oder Quarkbrot essen oder unter Salate einschließlich Kartoffelsalat mischen.

Paprikasalat

Die in gleicher Weise vorbereiteten Schoten mit Zwiebeln, Zitronensaft, Öl und ein wenig Salz vermischen.

Bunter Paprikasalat

Eine gelbe, eine rote, eine grüne Paprikaschote würfelig schneiden. Zwei Tomaten und eine Apfelsine in dünne Scheibchen schneiden. Aus Obstessig, 2 bis 3 Eßlöffeln Öl, Salz, einem Teelöffel Honig die Soße rühren und übergießen. Zuletzt zwei hartgekochte kleingeschnittene Eier daruntergeben. Mit Bananenscheiben und Nußsplittern garnieren.

Paprika-Tomaten-Salat

Unter 500 g in Scheiben geschnittene Tomaten 2 bis 3 Paprikaschoten, Zwiebeln, eine zerquetschte Zehe Knoblauch, 2 Eßlöffel feinzerhackte Kräuter (Majoran, Liebstöckel, Basilikum, Zitronenmelisse usw.) geben und mit Zitronensaft, Öl, Salz und einer Prise Zucker anmachen.

Kaltgefüllte Paprikaschoten

Vorbereitete ausgehöhlte Schoten überbrühen und kurze Zeit im Brühwasser lassen. Abtropfen lassen. 250 g Quark mit einigen Löffeln Rahm, ½ Teelöffel Zucker, dem gleichen Quantum Zimt, 1 Prise Salz und etwas Apfelsaft vermischen. Einen großen säuerlichen Apfel mit der Schale hineinraspeln und gründlich mischen. In die Schoten füllen, entweder mit dem Hütchen zudecken oder dieses zerkleinert in die Füllung mischen und in diesem Fall eine Olive oder Nuß obenaufsetzen. Auf Salatblättern zu mit Butter bestrichenem Vollkornbrot anrichten.

Gefüllte Paprikaschoten

Den Fruchtdeckel ringsherum mit einem scharfen, spitzen Messer ausschneiden und die Samenbündel herausnehmen. Vorgekochten Reis, 1 bis 2 harte Eier, in Fett gedämpfte Zwiebeln, Petersilie, Tomatenmark und etwas Salz vermischen und in die ausgehöhlten Schoten füllen. Die Deckel wieder aufsetzen und die Schoten nebeneinander in eine gefettete Auflaufform stellen. Reichlich Tomatensaft darübergießen und zugedeckt etwa 50 Minuten dünsten oder im Ofen backen.

Paprika mit Grünkernfüllung

150 g Grünkernschrot ausquellen lassen, mit in 2 bis 3 Eßlöffeln Öl angerösteten Zwiebeln mischen, 1 Löffel Sojamehl, 1 Teelöffel möglichst frischen Majoran oder getrocknete Kräuter (Petersilie, Basilikum, Rosmarin, Liebstöckel, Thymian) und 1 Ei in die abgekühlte Masse rühren, in die Paprika füllen und diese in eine Auflaufform stellen und wie in vorstehendem Rezept garen.

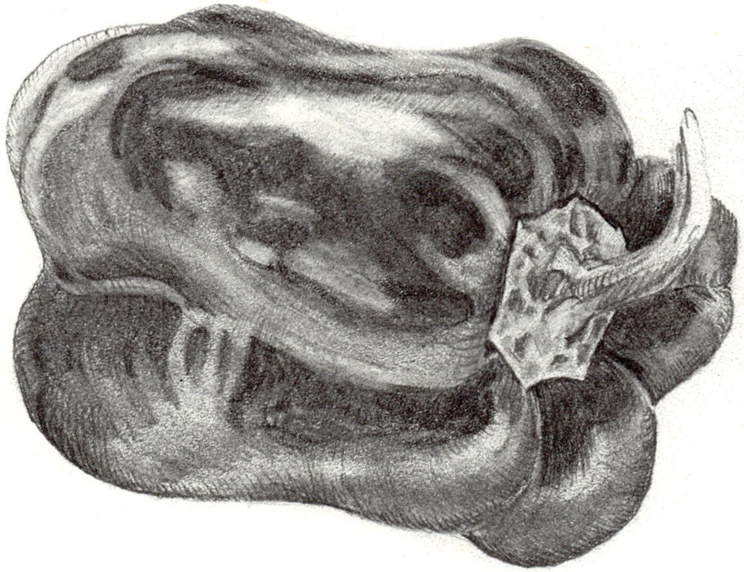

Paprika-Rührei

Zerhackte Zwiebeln, in Streifen geschnittene Paprikaschoten, Petersilie, Majoran, Kerbel usw. und einige geschälte, zerkleinerte Tomaten in reichlich Öl oder Butter etwa 10 Minuten dünsten lassen. Dann einige gut geschlagene Eier dazurühren und die Speise stocken lassen. Besonders empfehlenswert als feine Brotauflage.

Griechisches Paprikagemüse

Etwa 4 Eßlöffel Öl (Sonnenblumenöl) oder ein Stück Butter erhitzen. 500 g grüne, in Stückchen gebrochene Bohnen, drei in Streifen geschnittene Paprikaschoten, ein wenig Bohnenkraut, ein Blättchen Salbei, ein wenig Minze und 2 Eßlöffel Wasser dazugeben und in gut verschlossenem Gemüsetopf bei mittlerem Feuer etwa 30 Minuten dünsten. 300 g kleingeschnittene Tomaten untermischen und zusammen fertig werden lassen. Zuletzt mit Salz und einer Zehe verriebenem Knoblauch abschmecken. Etwaiger Saft kann mit ein bis zwei Eßlöffeln Brotbröseln gebunden werden. Übriggebliebenes Gemüse – was bei dieser Köstlichkeit selten ist – mit Zitronensaft und gehackten Zwiebeln vermischen und kalt als Brotauflage geben.

Gedünsteter Paprika mit Pilzen

3 bis 4 Eßlöffel Öl oder ein Stück Butter erhitzen. Eine zerhackte Zwiebel, Petersilie, 400 bis 500 g zerkleinerte Pilze beliebiger Art, 200 g geschälte, in Scheiben geschnittene Tomaten, eine kleine Knoblauchzehe und 4 bis 5 in Streifen geschnittene Paprikaschoten dazugeben und das Ganze weichdünsten. Mit einigen Eßlöffeln saurem Rahm oder Buttermilch, ein wenig Salz und ein paar Tropfen Zitronensaft abschmecken. Zu Teigwaren, Reis und allen Kartoffel- und Getreidegerichten passend.

Für den Winter

Paprika in Streifen schneiden und abwechselnd mit in Scheiben geschnittenen Tomaten in Einmachgläser geben und 75 Minuten sterilisieren.

Platz für eigene Rezepte

Über die Artischocke

Man darf annehmen, daß unsere beliebte Artischocke *(Cynara scolymus)* mit ihren nährstoffreichen Blütenböden und fleischigen Blattstielen schon von den frühen Mittelmeervölkern als Nahrungsmittel verwendet wurde. Zahlreiche Hieroglyphen-Inschriften der Ägypter, welche die bildliche Darstellung von Artischockenköpfen enthalten, bestätigen diese Annahme. Wann sich der Übergang von den wildwachsenden zu den Zuchtformen vollzogen hat, wissen wir nicht. Doch spricht Plinius im ersten Jahrhundert nach Christi Geburt schon von der Artischocke als einer «Speise der Reichen», und hundert Jahre später erfahren wir von Galenos, dem berühmten Feinschmecker, wie die Artischocken zubereitet wurden. So hat sich diese Gemüsefrucht durchgesetzt und wurde im Laufe der Zeit auch in den wärmeren südwestlichen Gegenden Deutschlands angebaut. Die Artischocken waren eine Lieblingsspeise Goethes, der sie sich aus der Nähe Frankfurts schicken ließ. Heute verlassen wir uns in der Hauptsache auf die Einfuhr, und die Touristen des Südens berichten von endlosen Feldern, namentlich der römischen Campagna, wo die Artischocken silbrig und glänzend das Auge erfreuen. Durch ihre große Frostempfindlichkeit verschwand allmählich die Begeisterung für den Anbau in unseren Breiten.

Nun gibt es aber wieder eine Anzahl von Liebhabern, welche auch in unserem Klima an einem geschützten Platz im Garten mit dem Anbau begonnen haben und berichten, daß sie in jedem Jahr eine reichliche Ernte verzeichnen können durch genügenden Kälteschutz mit Reisig oder Stroh. Etwa von Juni bis Juli kann man bei uns die Blütenknospen ernten. Eingeführt kauft man sie gewöhnlich von Oktober bis zum späten Frühjahr.

Schon im Mittelalter wurden die Ärzte auf diese Pflanze aufmerksam. Ein gewisser Dodonaeus berichtet von dem günstigen Einfluß auf die Gallenbildung und ihre helfende Wirkung bei «verstopften Lebern und Nieren», bei Wassersucht und Gelbsucht. Auch dürfte es kaum ein angenehmeres Nervenstärkungsmittel geben. Neben anderen wichtigen Stoffen wirkt besonders der Kupfergehalt und das Insulin, deshalb besonders geschätzt vom Diabetiker. Eine «Kur» kann man beliebig lange vornehmen, aber einige Wochen lang sollte man täglich eine mittelgroße Artischocke essen.

Die Zubereitung ist sehr einfach. Man kocht die Knospen in leicht gesalzenem Wasser. Sie müssen darin schwimmen. Ihr Garwerden prüft man, indem man eines der Kelchhüllblätter aus dem Blütenboden herauszieht. Je nach Größe dauert es 30 bis 50 Minuten. Am besten reicht man dazu Mayonnaise, auch Holländische Soße, gebräunte oder klare Butter.

Man zieht die Hüllblätter einzeln aus den Artischocken heraus und tunkt sie in eine der genannten Beigaben, um die Weichteile mit den Zähnen abzuzupfen. Die Reste kommen auf den Tellerrand oder in Abfallschälchen. So ißt man sich durch bis zu dem fleischigen Fruchtboden, der nun freigelegten großen Delikatesse.

Hier werden zuerst die Staubgefäße, das sogenannte «Heu», «le foin», wie es der Franzose nennt, vorsichtig mit der Gabel weggenommen, bis man zum Blütenboden kommt. Auch der fleischige Stiel der Pflanze ist eßbar. – Wenn es sich um eine Diät- oder Kurspeise handelt, läßt man die genannten Beigaben besser weg. Auch der rechte Feinschmecker nimmt die Köstlichkeit gern ohne jede Zutat.

Die Kochbrühe, welche stark harntreibend wirkt, ist so reich an Mineralsalzen, daß man sie, falls sie zu würzig schmeckt, mit Wasser und etwas Pflanzenwürze zu einer aromatischen Trinkbrühe verdünnen kann. Artischocken «aus der Dose» sind für Kurzwecke nicht empfehlenswert.

In den Mittelmeerländern und in Frankreich werden ganz junge Artischöckchen, mit einer Salattunke übergossen, als Rohkost gegessen. Auch auf den *Artischocken-Diät-Sirup*, der sich schon viele Freunde erworben hat und in Reformhäusern, Apotheken und Drogerien gekauft werden kann, sei hingewiesen, ebenso auf den Artischocken-Extrakt.

Platz für eigene Rezepte

Auberginen (Eierfrüchte)

Italienisch Melanzana, französisch Aubergine, der botanische Name lautet *Solanum melongena,* d. h., es ist ein Nachtschattengewächs. Die fleischigen Früchte glänzen dunkelviolett, blau, seltener sogar weiß – dann erinnern sie wirklich an Eier. In ihrer ostasiatischen Heimat gibt es die Redensart: «Wer von drei Auberginen träumt, wird vom Glück gesegnet sein.»

In den warmen Gegenden Europas baut man die Pflanze schon seit etwa 300 Jahren an, aber auch bei uns kann man sie an der wärmsten Stelle des Gartens zu gutem Gedeihen bringen, notfalls mit Hilfe eines Frühbeetes. Im übrigen sind sie das ganze Jahr hindurch frisch zu haben. Junge Früchte kann man ungeschält verwenden, sollte sie aber gleich zubereiten, sobald sie aufgeschnitten sind, da sich das Fruchtfleisch rasch dunkel färbt. Große vollreife Früchte sind besser geeignet zum Zerteilen für Auflauf und Gemüse. Am besten schmecken sie in Öl gebraten oder geschmort.

REZEPTE

Serbischer Auberginensalat

Die ungeschälten Auberginen ins mittelheiße Rohr legen. Wenn sie weich sind, kurz in kaltes Wasser tauchen und schälen. In Würfel schneiden und mit Zwiebeln, Basilikum, Petersilie, ein wenig Salz, Zitronensaft und Öl anmachen. – Dieser Salat kann auch noch mit Tomaten und Äpfeln gemischt werden.

Auberginenpfannkuchen

Die Auberginen in sehr feine Scheiben schneiden, Öl in die Pfanne geben, leicht salzen und die Scheiben kurz anbraten, dann mit Pfannkuchenteig überdecken und von beiden Seiten backen. Dick mit Kräutern überstreuen und mit Tomatensoße und Salat servieren.

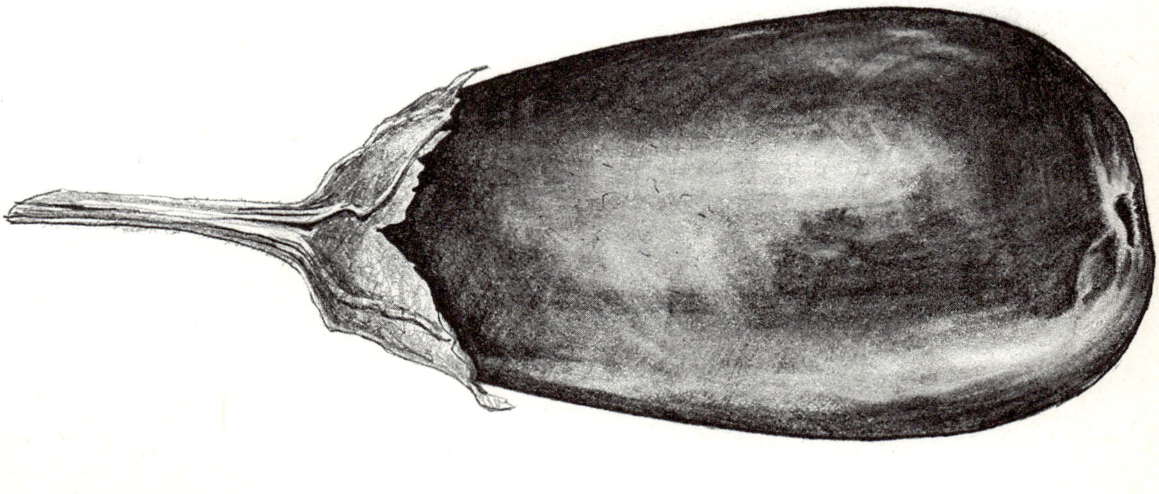

Auberginenbratlinge

Die Früchte werden in 1 cm dicke Scheiben geschnitten, in Pfannkuchenteig getaucht und in Öl gebraten. – Man kann sie auch in Mehl wenden und ohne weiteres in Öl ausbacken.

Eine dritte beliebte Art, Auberginen zu backen, ist es, die Scheiben zuerst in Mehl, dann in geschlagenem Ei und schließlich in Bröseln zu wenden, so daß sie ganz eingepackt sind. Dazu eine Salatplatte, Reis oder Polenta, auch eine Tomaten- oder Meerrettichsoße.

Auberginenauflauf

Die Auberginen in 1 cm dicke Scheiben schneiden, ganz leicht salzen und den Boden einer gefetteten Auflaufform damit belegen. Mit geriebenem Käse bestreuen, eine Lage Vollkornnudeln, gegebenenfalls auch einen Getreiderest, wieder eine Lage Auberginen, bis die Form voll ist. Zuletzt eine Buttersoße übergießen, Brotbrösel darauf und im Backofen etwa 40 Minuten backen.

Gefüllte Auberginen

Große vollreife Früchte eignen sich besonders. Man halbiert sie der Länge nach, höhlt leicht aus und füllt sie wie in den Gurken- und Kürbisrezepten. Auf geöltem Blech im Backofen backen.

Platz für eigene Rezepte

Kalte Auberginenspeise zum Abendbrot

Die Früchte schälen und mit einigen Tomaten und einer Zwiebel fein verhacken (Mixer), bis ein kerniger Brei entsteht. Mit Salz und Muskat oder Majoran in der Pfanne in etwas Öl gut durchbraten. Die ausgekühlte Masse mit vielen gehackten Kräutern mischen, auf eine Platte häufen, mit Tomaten, Gurken (auch eingelegten) und harten Eiern umkränzen und dazu Brot reichen. Man kann die Masse auch dick auf Toastbrot streichen.

Auberginen-Mischgemüse

Die Auberginen schälen, in Würfel schneiden und mit Zwiebeln, einigen feingeschnittenen Paprikaschoten, einer Zehe Knoblauch, grünen zerkleinerten Bohnen, Kürbis, auch Gurken, Pilzen und Tomaten, alles in beliebiger Menge mit einigen Eßlöffeln Öl und 2 bis 3 Eßlöffeln Wasser in sich weichdünsten. Würzen mit Salz, ½ Teelöffel Zukker, 2 Teelöffeln Zitronensaft. Mit sehr reichlich Petersilie und einigen Eßlöffeln Sahne oder Buttermilch abschmecken. Dazu Hirsebrei oder Naturreis, voraus Salat.

Blumenkohl

Der Blumenkohl *(Karfiol, von italienisch cavolofiori),* ein Favorit unter den Gemüsen, ist aus dem östlichen Mittelmeer zu uns gekommen. Mit seinem hohen Kalkgehalt gehört er zu denjenigen Kohlarten, die am wenigsten blähen. Nie sollte man einen Strunk fortwerfen. Wenn man ihn nicht zum Salat verwenden will, gönne man ihn wenigstens (abgeschält) den Kindern. Voraussetzung ist aber, wie auch bei den anderen Gemüsen, daß der Blumenkohl nicht gejaucht ist. – Da der Blumenkohl reich an Natrium ist, wirkt er säureausscheidend und wird – als Rohkost – besonders Arthritiskranken empfohlen. Der Kopf wird vor dem Putzen 10 Minuten in leichtes Salz- oder Essigwasser gelegt, um die Insekten zu lösen.

REZEPTE

Blumenkohlsalat roh

Man teilt den Blumenkohl in kleinste Röschen und mischt ihn in Öl, Zitrone, Rahm oder Mayonnaise. Mit Dill, Petersilie und Salz abschmecken.

Blumenkohl-Tomatensalat

Salat von rohem Blumenkohl mit Tomatenscheiben mischen und mit folgender Soße übergießen: 3 Eßlöffel Mayonnaise mit Buttermilch oder Joghurt vermischt, dazu ein Teelöffel Senfkörner oder Senf, Paprikapulver und Zitronensaft. Mit Petersilie und Dill überstreuen.

Pikanter Blumenkohlsalat

Die kleinen Röschen mit eingelegter Gurke, Tomaten, Zwiebeln, Paprika in Streifchen, Öl und Buttermilch mischen. Mit frischem Tomatensaft abschmecken.

Blumenkohl gedämpft

Er wird am schönsten, wenn man den unzerteilten Kohl im Dämpfer nicht zu weich dämpft. Er schmeckt dann so vorzüglich, daß man ihn ohne alle Beigaben essen kann.

Salat von gedämpftem Blumenkohl

Nach dem Dämpfen (siehe voriges Rezept) den Kopf in Röschen teilen, den Strunk kleingeschnitten mit verwerten. Mit Salz, Zitronensaft, ½ Teelöffel Honig, Öl, Petersilie, Dill, Basilikum oder Kerbel würzen.

Gedämpfter Blumenkohl auf Salatplatte

Der im Ganzen gedämpfte Blumenkohl wird auf eine Salatplatte auf eine Unterlage von Kopfsalat- oder Chinakohlblättern gesetzt. In Butter geröstete Brotbrösel oder Sesamkerne mit Salz darüberschütten und gehacktes Ei, geriebenen Parmesankäse und gehackte Petersilie ringsum garnieren.

Gebackener Blumenkohl

Halbweich gedämpften Blumenkohl in Röschen teilen, diese in Pfannkuchenteig tauchen und in Öl backen.

Blumenkohl italienisch

Einen großen Blumenkohlkopf vorbereiten und in Salzwasser kochen. Von ½ Liter Wasser oder Milch mit 100 g Maisgrieß einen nicht zu dicken Brei kochen, mit 50 g geriebenem Schweizerkäse durchmischen und in eine geölte Auflaufform füllen. Darauf den gedämpften ganzen Blumenkohl setzen, mit einer gut abgeschmeckten Tomatensoße übergießen, nochmals mit geriebenem Käse überstreuen und bei Mittelhitze überbacken.

Blumenkohl in der Form

In die geölte Auflaufform eine Lage kernigen, nicht ganz weich gekochten Reis einschichten. Darüber Blumenkohlröschen und Butterflöckchen, oben wieder Reis. Dann eine Soße aus 2 bis 3 Eiern, einer Tasse Rahm und Muskatnuß übergießen, mit Brotbröseln und Butterflöckchen bedecken und bei Mittelhitze backen.

Blumenkohlsuppe

Auch für Reste geeignet. Den Topf mit zerkleinertem, weichgekochtem Blumenkohl mit Hirseflokken und Gemüsebrei auffüllen und kurz kochen lassen. Würzen mit Salz, Muskat und Schnittlauch. Mit einem Stück Butter anrichten.

Broccoli

Der Broccoli *(Bröckelkohl),* manchmal irrtümlich Spargelkohl genannt, ist eine Kohlart, die sich in den letzten Jahrzehnten immer mehr den Markt erobert hat. Sie gedeiht sehr gut in unserem Klima. Dieser Kohl ist dem Blumenkohl ähnlich, nur kleiner, zarter und blaugrün. Man ißt die Röschen, die feinen Blättchen, die langen, fleischigen Stiele und bereitet ihn wie Blumenkohl zu.

Grünmais

Der Mais *(Zea mays)* war das Hauptnahrungsmittel der Inkas, Mayas, Azteken und anderer indianischer Kulturvölker. Eine wilde Urform ist bis heute nicht gefunden worden. Den Indianern war die goldgelbe Frucht ein Geschenk des Sonnengottes, um den alles Leben kreiste. Nach der Entdeckung Amerikas war es Venedig, welches große Handelsgeschäfte mit Mais bei den östlichen Mittelmeervölkern machte, besonders mit den Türken. Dreißig bis vierzig Jahre nach der ersten Erwähnung des Maises im Tagebuch von Christoph Kolumbus 1492 rauschten in der Türkei weite Maisfelder. Als Türkenkorn eroberte er auch den Südosten von Europa und ist heute nächst dem Weizen das meistangebaute Getreide der Erde. – Im Südosten wurde der Mais das traditionelle Nahrungsmittel, wie bald darauf die Kartoffel im Norden Europas. Unter dem Namen Kukuruz breiten sich die Maisfelder in den russischen Steppen aus.

Heute gibt es ihn in vielen Kultursorten. Wenn hier zum Grünmais geladen wird, so handelt es sich um den Mais als Gemüse, um Maiskolben, die man auf dem Markt kaufen kann. Und es muß nicht einmal Zuckermais sein, der gewöhnliche Mais tut es auch.

Hat man eigenes Pflanzland, so ist zu empfehlen, die Aussaat in gewissen Abständen vorzunehmen. Ab April bis Mitte Juli kann man jeden freigewordenen kleinen Platz, wenn er einigermaßen Sonne hat, benützen, um 2 bis 3 Maiskörner in ein Pflanzloch zu stecken. Wenn dann die Maishalme mit ihren schilfartigen Blättern aufschießen, entfernt man diese bis auf wenige, damit sich die Kolben gut entwickeln können. Wenn der Mais auch nicht bis zu 4 m hohen Stauden heranwachsen wird, wie der Riesenmais in seiner Heimat, so wird man doch viel Freude an ihm erleben können. Auch Zuckermais gedeiht gut bei uns.

Ein köstlicher Leckerbissen sind die jungen, noch unreifen Kölbchen, sobald die Fruchthaare sich nur ein wenig bräunlich zu färben anfangen. Roh genossen sind sie ein ausgezeichnetes Lebermittel. – Die Ernte beginnt Ende Juli oder Anfang August, und da in den Herbsttagen eine ganze Menge unausgereifter Kölbchen stehenbleibt, kann man diese noch bis gegen Weihnachten nachsammeln. Sie schmecken fast so gut wie die Erstlinge und lassen sich noch lange hinhalten, wenn man sie luftig auseinanderlegt. Wenn sie dann doch zu hart werden sollten, um als Kolben gekocht zu werden, kann man die Körner abstreifen und wie Hülsenfrüchte kochen, auch mit einer Tomaten- oder Meerrettichsoße begießen, in einen Gemüseeintopf mischen oder die garen Körner zu Salat anmachen.

Am schönsten aber ist das Knabbern der Maiskolben bei Tisch. Wir können immer Gäste dazu einladen, da viele dieses gesellige Vergnügen noch nicht kennen und da mit wenig Aufwand rasch die schmackhafte Mahlzeit zubereitet ist. Als Vorspeise wird die würzige Maisbrühe mit Salz aus Tassen getrunken, dann werden als Hauptgericht die Maiskolben geknabbert, die man mit etwas Butter bestreicht. Daneben serviert man eine Salatplatte und hinterher einen kleinen Nachtisch.

REZEPTE

Maiskolben

Für eine Person rechnet man durchschnittlich zwei mittelgroße Kolben. Der Mais darf noch nicht ausgereift sein, so daß die Körner milchig weiß sind. Das ist die richtige Zeit zum Abnehmen. Man nimmt die Schutzblätter und den unteren Stielansatz fort und gibt die Kolben in sprudelnd kochendes Salzwasser. In etwa 10, höchstens 15 Minuten sind die Maiskolben gar. Weil sie rasch erkalten, trägt man sie in der Brühe oder in einer Serviette auf einer Platte auf. – Von den Südamerikanern können wir etwas abgucken. Sie kochen ihren «Choklo» in länglichen Choklopfannen mitsamt den Blättern, die sie erst am Tisch ablösen. Die Speise gewinnt dadurch an Aroma und Gehalt und bleibt in den Blättern auch länger warm. Der rustikale Charakter des Gerichts wird dadurch betont.

Maissalat

Gekochte Maiskörner mit kleingehacktem Paprika, Zwiebeln, Tomaten und harten Eiern mischen, mit Mayonnaise abschmecken und auf Salatblättern anrichten.

Farmertoast

Vollkornschnitten toasten und mit Butter und ein wenig Senf bestreichen. Die Schnitten mit gekochten Maiskörnern belegen, darauf Tomatenstückchen und geriebenen Käse geben und kurz im Ofen überbacken. Mit Kräutern überstreuen und zu einer Salatplatte anbieten.

Edelkastanien (Maronen)

Die Edelkastanie *(Castanea sativa)* gehört zu den Buchen. An ihren steifen, aufrechten Ähren sitzen oben die männlichen Kätzchenblüten und am Grunde ein Büschel weiblicher Blüten in einer Hülle. Diese Hülle birgt später einen bis drei Samen, die Maronen. Mit Roßkastanien sind sie nicht verwandt.

Früher spielten die Edelkastanien eine weit größere Rolle als jetzt. Bei den Römern waren sie sehr geschätzt und kamen als wichtiges Volksnahrungsmittel, vergleichbar unseren Kartoffeln, bei arm und reich täglich auf den Tisch. Der Dichter Vergil preist sie in seinen Versen: «Wolle bei mir diese Nacht, o Freund, noch bleiben und ruhen. Hier auf grünem Laube, wo milde Äpfel wir haben, Sieh doch, und mürbe Maronen und weißen Käse in Fülle.»

Nun gedeihen die Kastanien nicht nur in südlichen Ländern, sondern auch in vielen Gegenden bei uns, und man möchte wünschen, daß sie weit mehr als bisher hier angepflanzt würden, denn sie sind nicht nur schön, sondern ihre Früchte auch nahrhaft und gesund, eine wertvolle Bereicherung unserer Tafel. In ihrem Nährwert ähneln die Kastanien dem Getreide. Sie haben auch den gleichen, hohen Kohlehydratanteil. Für die kochsalzfreie Ernährung Herz- und Nierenkranker sind sie besonders wichtig, ebenso als Aufbaukost, zumal sie leicht bekömmlich und appetitanregend sind. Man hat nur auf gutes Einspeicheln zu achten. Darüber hinaus ist die medizinische Wirkung der Eßkastanie interessant durch das den Blutfluß regulierende Vitamin K bei Hämorrhoiden, Krampfadern, Venenentzündung und schlechter Blutgerinnung. Und tatsächlich kennt man im Tessin, wo die Kastanie als die «Kartoffel des Südens» gilt, diese Krankheiten weniger. – Alte Naturärzte bezeichnen die Maronen auch als Vorbeugungsmittel bei Adernverkalkung. Sie helfen bei Steinleiden, Durchfall und Darmreizungen. Ihr hoher Nährwert liefert, besonders nach dem Vorbild der Römer mit Quark, einen vollwertigen Ersatz für Fleisch.

Wer erinnerte sich nicht gern an die Maronimänner in den Großstädten an den Straßenecken, die man leider nur noch selten sieht, mit ihren «frischen Maroni!», an denen man sich im Winter so schön die Hände wärmen konnte!

Das Rösten der Kastanien: Die auf der hochgewölbten Seite mit einem scharfen Messer kreuzweise eingeschnittenen Kastanien auf einem Blech in die Mitte des nicht zu heißen Backofens schieben und in 20 bis 30 Minuten weichbraten. Für kleine Portionen kann man auch die Bratpfanne mit Deckel nehmen, kann öfter schütteln und wenden. Nachdem man die beiden Hüllen weggenommen hat, sind die Maronen in dieser Art ein beliebtes und sättigendes Abendessen.

Für die folgenden Rezepte müssen die Kastanien zuerst von ihren Hüllen befreit werden. Man kann dabei auf zwei Arten vorgehen. Die trockene Schälart ist zu empfehlen für Gerichte, bei denen die Früchte ganz bleiben sollen. Bei für Püree bestimmten Maronen macht man es besser folgendermaßen: die Früchte kreuzweise einschneiden und in kochendes Wasser legen, 10 Minuten kochen, in sehr kleinen Portionen herausnehmen und Schale und innere Haut entfernen. Immer in möglichst heißem Zustand schälen.

Frische Kastanien sind nur im Herbst zu haben. Getrocknet und in Dosen gibt es sie das ganze Jahr über. Man kann gedörrte wie frische Kastanien verwerten, wenn man sie 24 Stunden einweicht, halbweich kocht und die Hautreste entfernt.

REZEPTE

Kastanienmus

Die gekochten, geschälten Kastanien durch ein Sieb streichen oder durchdrehen und mit ein wenig Butter und heißer Milch schaumig rühren. Man serviert mit gebräunten Zwiebeln, Tomatenmark oder beliebigem Gemüse, evtl. etwas Knoblauch oder Majoran. Die so vorbereiteten Kastanien dienen aber auch als Grundlage für einen Nachtisch mit Fruchtsaft oder Schlagrahm.

Kastanien mit Rosenkohl

Die vorbereiteten Kastanien zur Hälfte mit noch nicht ganz weichgedünsteten Rosenkohlröslein mischen und mit einem Stück Butter oder Reformmargarine weichdünsten. Mit wenig Sahne und Salz abschmecken.

Kastanien mit Äpfeln

Unter die geschälten Kastanien halbweich gekochte Apfelschnitze geben und das Ganze fertig dünsten. Mit ein wenig Salz und Honig würzen. Das Gericht paßt gut zu Kartoffelbrei oder zu Schalenkartoffeln.

Als süße Speise eine Handvoll Rosinen und ein wenig Honig untermischen und einige Löffel Sahne einrühren.

Blaukraut mit Kastanien

Gehobeltes Blaukraut, leicht angekochte Kastanien und feingeschnittene mürbe Äpfel, alles zu etwa gleichen Teilen, mit einer zerkleinerten Zwiebel, Lorbeerblatt, 2 Nelken, einem Eßlöffel Zuckerrübensaft, 2 bis 3 Eßlöffeln Öl und ½ Teelöffel Salz in den Kochtopf geben und langsam weichdünsten. Das Verkochen mit den Äpfeln gibt einen köstlichen Geschmack. Salat als Vorspeise rundet die Mahlzeit ab.

Kastanienbraten

500 g gekochte, geschälte Kastanien durchdrehen. Gehackte Zwiebeln, ein wenig Majoran, Petersilie und beliebige Würzkräuter, Rosenpaprika, Meersalz, ein Paket Haferflocken und 2 Eßlöffel Sojamehl oder 2 Eier beifügen und zu einer Bratenmasse formen. In eine gut geölte Kastenform füllen, mit Öl überpinseln und dies während der etwa 40minütigen Backzeit bei Mittelhitze wiederholen.

Die fast vergessene Pastinake

Als sich die Kartoffel nach größten Schwierigkeiten im 18. Jahrhundert soweit durchgesetzt hatte, daß sie im Großen angebaut wurde, verdrängte sie mancherlei andere wertvolle einheimische Gemüse, darunter auch die Pastinake *(Pastinaca sativa)*.

Die Pastinake, auch Hirschmöhre genannt, findet sich wild an Straßengräben, Wegrändern, trockenen Wiesen, Rainen oder Schuttablagerungen. Sie gehört zur Familie der Doldengewächse (Umbelliferen), hat goldgelbe Blüten (Juli/August) und wird oft über einen Meter hoch. Die nahrhafte Wurzel wird bis zu einem halben Meter lang.

In manchen Gegenden werden auch heute noch die Hirschmöhren gesammelt und – Blätter, Stiele und Wurzeln – als Gemüse gekocht. Auch als Viehfutter findet die Pflanze Verwendung.

Früher wurde sie allgemein angebaut, dann war sie lange fast in Vergessenheit geraten. Seit einigen Jahrzehnten kommt sie nun wieder einigermaßen zu Ehren. In Anbau und Pflege ähnelt die Pastinake der Möhre, nur ist sie viel ausgiebiger. Ihrer Herkunft nach ist sie eine Kreuzung aus Möhre und Petersilie. Das kann man auch am Geschmack der saftigen elfenbeinfarbigen Wurzel feststellen, der zudem etwas an Sellerie erinnert. Die Blätter sind Sellerieblättern ähnlich und werden wie diese verwendet. An den Boden stellt diese dankbare Erdfrucht so gut wie keine Ansprüche. Sie ist auch, ein weiterer Vorzug, winterhart. Trotzdem sollte man einen Teil der Wurzeln vor Eintritt des Frostes ernten, da man sie später nicht mehr leicht aus dem Boden herausbringt.

Im Ausland, namentlich in der französischen und englischen Küche, ist die Pastinake sehr beliebt. Auch in der Diätküche spielt das wohlschmeckende Gemüse eine Rolle, da es *Inulin* enthält, einen Stoff, der insulinartig wirkt, also für die Zuckerdiät wichtig ist. In der Heilkunde dienen Wurzel und Saft als magenstärkendes Mittel. In älteren Zeiten wurde die Pflanze gegen Schwindsucht und Fieber gegeben. Heute kann man die mineralsalzarme Winterkost mit Pastinaken anreichern.

REZEPTE

Pastinakensalat

Die rohen Wurzeln werden fein gerieben und mit einer beliebigen Salatsoße angemacht. Köstlich schmeckt der Salat, wenn man einige Löffel sauren Rahm, dicke Sauermilch oder Joghurt darunterrührt. Man kann ihn auch mit ein wenig Meerrettich, geriebenem Apfel, einer eingelegten geriebenen Gurke und einer zerhackten Zwiebel vermischen oder mit Korinthen und Nüssen.

Pastinakenbrei

Die Wurzeln im Sieb oder mit sehr wenig Wasser weichdämpfen und durchtreiben, dann mit ein wenig Milch, Rahm, Salz und Butter verrühren. Man kann den Pastinakenbrei auch zu gleichen Teilen mit Kartoffelbrei verrühren.

Pastinakengemüse

Die in Streifen oder Würfel geschnittenen Wurzeln werden mit einigen Löffeln Wasser aufs Feuer gesetzt und – gut zugedeckt – weichgedünstet. Zuletzt schmeckt man mit ein wenig Salz ab und streut gehackte Petersilie darüber. Nach Belieben kann man am Schluß eine weiße Soße wie zu Blumenkohl dazugeben; pikant ist auch eine gut abgeschmeckte Tomatensoße. Unter Mischgemüse oder als Beigabe zum Eintopf sind die Pastinaken ebenfalls zu empfehlen. – Im übrigen lassen sich alle Schwarzwurzel- und Topinamburrezepte auch für Pastinaken verwenden, nur daß einem das mühsame Abschaben dabei erspart bleibt.

Pastinakenauflauf

500 g Pastinaken, 3 Eßlöffel Öl, etwa ¼ Liter Wasser oder Gemüsebrühe, 2 Zwiebeln, 50 g Grieß, Vollkornbrösel nach Bedarf, 20 g gehackte Mandeln oder Haselnüsse, 20 g Butter, etwas Salz, Pflanzenwürze, ein wenig Muskatnuß, 2 Eier, 2 bis 3 Eßlöffel Buttermilch, 2 Eßlöffel geriebener Käse. Die Pastinaken reiben und mit den Zutaten mischen. Zuletzt den Eierschnee unterrühren, den Teig in eine geölte Form füllen, mit Butterflöckchen und Käse bestreuen und etwa eine Stunde backen.

Porree, Breitlauch

Der Lauch *(Allium porrum)*, ein sehr mildes Zwiebelgewächs, ist in Südeuropa beheimatet. Die ganze Pflanze wird als Gemüse oder Suppengrün verwendet.

REZEPTE

Porreesalat

Die weißen Teile der Stangen werden nach sorgfältiger Reinigung in feine Rädchen geschnitten und mit Salatsoße angemacht, auch mit Mayonnaise verfeinert.

Lauchquark

500 g Quark mit etwas Milch oder Buttermilch schaumig rühren und mit 200 g feingeschnittenen Rädchen aus den hellen, zarten Stangenteilen mischen.

Lauchsalat aus gekochten Stangen

Nicht zu weich gekochte Stangen in schmale Streifen schneiden und mit einer beliebigen Salatsoße übergießen. Ein gehacktes hartes Ei überstreuen.

Lauchgemüse

Wir verwenden nicht nur das Weiße der Stangen, sondern auch die grünen weichen Blätter, die sich besonders zu Dünstgemüse eignen. Man schneidet sie in Stücke, setzt 2 bis 3 Eßlöffel Wasser und ebensoviel Öl zu und dünstet in 10 bis 15 Minuten weich. Nach Geschmack Muskat und Salz. Es wird aufgetragen mit einer weißen Soße übergossen oder mit Käse überstreut, auch mit in Butter geröstetem Sesam oder Brotbröseln.

Festliches Lauchgemüse

Die grünen Blätter wie vorstehend verwenden und die schönen weißen Teile unzerschnitten wie Spargel in Butter oder Öl weichdünsten. Mit ein wenig Salz und Zitronensaft und einigen Eßlöffeln Rahm anrichten. Dazu gibt es Reis, Getreide- oder Kartoffelbrei und Salat.

Lauch-Linsen

250 g Linsen, 500 g Lauch. Hier lassen sich besonders gut die grünen Teile verwenden. In 1 Liter Wasser, etwas Pflanzenwürze, 2 bis 3 Eßlöffeln Öl zu Gemüse kochen. Zum Schluß, wenn alles gar ist, mit Obstessig, Salz und Buttermilch abschmecken.

Porreekuchen

Eine Auflaufform mit ungesüßtem Hefeteig auslegen, einen Rand hochziehen und mit kurz angekochtem Porree füllen. Man gießt eine noch rohe Mehlsoße über, die mit saurem Rahm und Eidotter oder geriebenem Käse abgerührt wird. Obenauf kann man Semmelbrösel und Butterflöckchen geben. Bei Mittelhitze etwa 30 Minuten im Ofen backen. Zuvor Salat und dazu ein Glas Saft.

Chicorée

Der wilde Chicorée *(Cichorium)*, auch bekannt als Zichorie oder Wegwarte, wächst überall an Rainen und Feldwegen, wo schon mancher seine blaßblauen Blüten angetroffen und sich vielleicht vergeblich bemüht hat, die Blumen zu pflücken. Nach der Legende muß sie mit sperrigem Wuchs und zähen Stengeln am Wege warten, bis der Herrgott einmal wiederkommt, den sie als Braut, nach ihrem Bräutigam Ausschau haltend, nicht erkannte und mit schnippischen Worten abwies, da er sie nach dem Wege fragte. Sie ist als altes Heilkraut bekannt. Die Benediktinerin Hildegard von Bingen schrieb im 12. Jahrhundert von ihren gesundheitsfördernden Kräften, und andere bis zum Pfarrer Kneipp sind ihr darin gefolgt.

Die Zichorie wirkt wohltuend auf Leber und Milz, auf Gallenblase, Magen und Nieren. Sie fehlt in keinem der alten Kräuterbücher, aus denen die Ärzte und teils auch das Volk ihre Kenntnisse schöpften.

Bekannt war die Zichorie früher als Kaffee-Ersatz, und man kann sie auch jetzt noch als Beigabe für Bohnenkaffee kaufen, dem sie ein eigenes Aroma verleiht, auf das mancher Kenner nicht verzichten möchte.

Seit über 200 Jahren wird der Chicorée in Feldkulturen angebaut. Aus den Wurzeln werden im Winter durch ein besonderes Treibverfahren in Sandkisten die beliebten Sprossen herangezogen. Seinen typischen bitteren Geschmack schätzt nicht jedermann, deshalb findet man Ratschläge, am unteren Ende einen Keil herauszuschneiden und die Pflanzen in warmes Wasser zu legen. Dabei gehen aber wertvolle Mineralsalze verloren. Gerade der Bitterstoff, das Taraxin, ist es, was den Chicorée so heilsam macht und unbedingt erhalten bleiben sollte. Man kann durch mancherlei Zutaten und Soßen den bitteren Geschmack des Salates mildern, man kann ihn sogar liebgewinnen.

In Belgien, wo viel Chicorée kultiviert wird, kann man seine richtige Behandlung lernen. Die Pflanzen werden dort in den Geschäften nicht ausgestellt, sondern im Dunkeln verwahrt. Die Hausfrau deckt ihre Chicoréekörbchen zu und stellt es zu Hause wieder dunkel. Wenige Stunden Lichteinwirkung genügen, um die Bitterstoffe stark hervorzulocken. Die Blätter entwickeln sich, und bald öffnet sich auch die Stange.

REZEPTE

Am wertvollsten ist der Chicorée, wenn er roh genossen wird. Man kann abwechslungsreiche Salate aus ihm herstellen, man kann aber auch die gereinigten Schößlinge ganz einfach zum Butterbrot essen oder zu Quark und Pellkartoffeln. Dies ist ein vollwertiges, schmackhaftes Schnellgericht. Wer wenig Zeit zum Kochen hat, kann sich seine Mahlzeiten mit Chicorée wertvoll anreichern.

Zu **Salaten** werden die gereinigten Stangen in Rädchen geschnitten – nach Belieben auch mit anderen Salaten gemischt verwandt (Kartoffelsalat) – und bald nach dem Vorbereiten angemacht, da sich sonst die Schnittflächen rötlich verfärben.

Festlicher Chicoréesalat

Die Rädchen mit feingehackten Zwiebeln, Zitronensaft, Öl und einigen Löffeln saurem Rahm mischen. Ein hartgekochtes, kleingeschnittenes Ei daruntergeben. Portionsweise auf Salatblättern anrichten.

Grapefruit-Chicoréesalat

Vier Stangen Chicorée in Rädchen und eine geschälte Grapefruit in ganz dünne Scheiben schneiden. 4 Eßlöffel Mayonnaise mit 2 Eßlöffeln Schlagrahm mischen, mit ein wenig Honig, Salz und Zitronensaft abschmecken und locker unter den Salat heben.

Chicorée-Roterübensalat

Der vorbereitete Chicorée wird mit gekochten, kleinwürflig geschnittenen oder mit rohen, feingeriebenen roten Rüben gemischt und mit einer Salatsoße aus Öl, Zitronensaft, Sauerrahm und Salz angemacht. Eine Joghurtsoße mit etwas Honig ist auch sehr fein. Kleingeschnittene Äpfel verbessern den Salat.

Weitere Chicoréesalate

kann jeder nach diesen Anregungen selbst erfinden, z. B. nehme man Orangen, Bananen oder Nüsse dazu. Aber auch mit rohem Sauerkraut, mit Paprikaschoten und Reis, mit Tomaten und Kräutern läßt sich der Chicorée gut kombinieren.

Chicorée mit Früchten

Vorbereitete Chicorée grob zerschneiden. Frisches Obst, Grapefruit, Orange, Apfel, Birne, Ananas, oder auch Obstkonserven zerkleinern. Etwas Zitronensaft und Honig hinzugeben. In die ausgehöhlten, ungespritzten Grapefruit- oder Melonenschalen füllen und mit Schlagrahm bekrönen. Gut gekühlt servieren.

Chicorée mit Kräuterquark

Feine Rädchen schneiden und mit etwas Zitrone beträufeln. Speisequark mit Schnittlauch, Dill, Petersilie und Joghurt anmachen. Dazu große, mehlige Kartoffeln waschen, abtrocknen und auf einer Salzschicht auf dem Backblech im Ofen 30 bis 40 Minuten garen. Frische Butter rundet dieses gesunde, vitamin- und eiweißreiche Gericht ab.

Chicoréegemüse in saurer Sahne

Den vorbereiteten Chicorée grob zerschneiden oder auch ganz lassen und mit Butter oder Margarine in einem flachen Topf bei offenem Deckel dämpfen, aber nicht zu weich werden lassen. Mit Salz, Muskat und Petersilie würzen und ¼ Liter saure Sahne übergießen.

«Winterspargel»

Die unzerteilten Chicoréestangen in wenig Salzwasser weichdämpfen und auf einer erwärmten Platte anrichten. Brotbrösel oder Sesam in Butter hellbraun rösten und über dem Gemüse verteilen.

Chicorée-Auflauf

Etwa 500 g Chicorée grob schneiden und in Öl oder Butter dünsten und schichtweise mit nicht sehr weich gekochten Vollkornteigwaren in eine gefettete Auflaufform füllen. Unter eine gut abgeschmeckte Soße zwei Eier rühren und über den Auflauf gießen. Mit Butterflöckchen, geriebenem Käse und Böseln bestreut im Backofen backen. Das Gericht wird mit einem Grünsalat ergänzt.

Die gute, alte Zwiebel

Sie galt schon bei den Ägyptern als Symbol für den Mond. Sie verspürten den Zusammenhang des Liliengewächses mit dem bleichen Gestirn. Auch die Griechen müssen sie geschätzt haben, sie brachten sie auf den Altären Apollos als Opfergabe dar. Und von hier führt der rote Faden bis in unsere Hausapotheken, denn es ist noch nicht lange her, daß die Zwiebel als vielseitiges Heilmittel eine bedeutende Rolle spielte. Nur wenig davon ist heute noch Allgemeingut geblieben, aber es ist nicht verloren.

Wie die angeschnittene Zwiebel, die in der Küche herumliegt, Giftstoffe aus ihrer Umgebung an sich zieht und unbrauchbar wird, so vermag sie auch *Krankheiten abzuleiten*. Bei Kopf- und Ohrenschmerzen, bei Zahnweh und Augenentzündungen, besonders nach Erkältungen, kann eine Auflage von frischen zerkleinerten Zwiebeln in einem Mulltüchlein sofort den Schmerz abziehen. Man legt sie direkt auf die schmerzende Stelle oder in den Nacken. Bei Fieber und Hitze im Kopf bindet man die Zwiebeln unter die Fußsohlen, bei Herzstörungen auf die Waden. Bei fließendem Schnupfen legt man halbierte Zwiebeln auf den Nachttisch und atmet ihren Duft ein. Während einer Grippe- oder Schnupfenzeit sollte man morgens und abends und auch tagsüber an Zwiebelscheiben riechen, die alten Schnittflächen aber immer vorher abschneiden. – Gegen Blähungen und Blasenkrämpfe bei Kindern kann es genügen, eine dünne Zwiebelscheibe in ein Glas mit warmem Wasser zu tauchen und einige Schlückchen davon trinken zu lassen. – Bei Bienen- und Wespenstichen bindet man die Zwiebelscheibe auf den Stich. Diese Maßnahme hilft auch bei Frostbeulen und Hornhautbildungen an den Füßen.

In vielen Familien weiß man noch, wie gut der *Zwiebelumschlag* bei Halsschmerzen und Heiserkeit tut. Man bindet die Zwiebeln in ein durchlässiges Tüchlein, legt ein feuchtes Taschentuch und zuletzt einen Wollstrumpf herum. – Als *Haarpflegemittel* ist die Zwiebel wohl ihres Geruches wegen in Verruf gekommen, dennoch wirkt sie durch ihren Schwefelgehalt sehr gut auf die Kopfhaut und die Haut im Allgemeinen. Der Haarboden wird kräftig mit immer neuen Zwiebelschnittflächen eingerieben. Diese Kur wird am besten abends 2 bis 3 mal wöchentlich durchgeführt, bei starkem Haarausfall täglich.

Zwiebelsirup ist ein ausgezeichnetes Hustenmittel. Man kann ihn ohne zu Kochen in 24 Stunden herstellen, indem man die Zwiebeln in feine Scheiben schneidet und mit Zucker oder Honig zugedeckt stehen läßt. Der ausgetretene Saft wird löffelweise stündlich eingenommen. Man kann ihn aber auch rasch durch Kochen mit Zucker, Honig oder Sirup gewinnen, Dauer ¼ Stunde. Er wird nach dem Absieben in heißer Milch gegeben. – Zwiebeln in Wasser und Milch gekocht, sind ein wurmtreibendes Mittel. Man gibt dem befallenen Kind morgens und abends je 3 Eßlöffel davon. – Bei manchen Menschen wirken Zwiebeln blähend. Wenn keine besondere Krankheit vorliegt, kann man beobachten, wie nach längerem Gebrauch, wie auch von Knoblauch, die blähende Wirkung aufhört. Der Körper hat sich dann von seinen eigenen Giften befreit. Vielleicht empfiehlt man auch deshalb bei Gicht, Arterienverkalkung und Zuckerkrankheit rohe Zwiebeln als ständige Zugabe zu den Hauptmahlzeiten, wie sie ja in allen Fällen zur Aufwertung der Speisen beitragen, im Winter noch besonders durch reichlich Vitamim C.

Ein preisgekröntes Schlafmittel: Ein reicher Inder setzte einen hohen Preis für das Schlafmittel aus, das sich als das wirksamste erweisen würde. Er bekam daraufhin ein paar tausend Zuschriften aus aller Welt. Schließlich erhielt ein tschechischer Bauer den Preis für folgendes einfache Hausmittel: Man zerreibe vor dem Schlafengehen eine Zwiebel über einer großen Tasse, schütte heiße Milch darüber und trinke langsam aus.

Die **Winterheckenzwiebeln** (Schnittzwiebeln) sind leider viel zu wenig bekannt. Dabei sind sie äußerst anspruchslos. Wir säen sie im Frühling, am Benediktentag, dem 21. März, nach der Bauernregel «Benedikt macht Zwiebeln dick». Diese winterharten Zwiebeln entwickeln sich sehr üppig. Sie bleiben im Winter in der Erde, frieren etwas zurück und treiben schon im Februar frische Schößlinge, die wir genau wie Schnittlauch abschneiden und als erstes frisches Grün verwenden. Die festen kleinen Zwiebeln können wir dann im April verbrauchen, wenn die Winterzwiebeln zuende sind.

REZEPTE

Ein guter Wink zum Zwiebelschneiden: Das beste Mittel gegen die Tränen beim Zwiebelschneiden ist frische Luft. Man verrichte diese zwar unangenehme aber gesunde Arbeit auf dem Balkon oder am offenen Fenster.

Zwiebelsalat

wird aus feinen Zwiebelscheibchen oder -würfelchen zubereitet, angemacht mit Zitronensaft und Öl, geschlagener Sahne oder Joghurt, mit oder ohne Kräuterzugabe.

Apfel-Zwiebelsalat

2 Teile in Stiftchen geraspelte Äpfel und 1 Teil Zwiebeln mit ein wenig Anis (als wärmende Zutat) und ein wenig Honig, Zitronensaft und Öl als Salat anmachen.

Quark und Zwiebeln

250 g Quark mit Sahne oder Bioghurt, 1 Eßlöffel Öl, 1 Teelöffel Zitronensaft und ein wenig Salz cremig schlagen. Eine gehackte Zwiebel unterrühren und Vollkornbrot, Pumpernickel usw. damit bestreichen, Petersilie überstreuen.

Eine Soße für die Rohkost

1 Tasse Joghurt, 1 Eßlöffel Zitronensaft, 1 kleiner Teelöffel Honig, 1 Messerspitze Salz und eine mittelgroße gehackte Zwiebel mit einer Gabel cremig schlagen. Diese Soße kann allen Frischgemüsen, der Jahreszeit entsprechend, beigemischt werden. Das Rezept eignet sich auch für eine Schlankheitskur. Jeden Tag läßt sich die Gemüseplatte abändern, sowohl im Geschmack als auch in der Zusammenstellung. Man kann davon essen, soviel man Lust hat, ohne Bedenken wegen der schlanken Linie.

Einfaches Zwiebelgemüse

500 g Zwiebeln schälen und in Scheiben schneiden. Mit ein wenig Wasser weichkochen. Eine weiße Soße herstellen, die mit 1 Löffel Sojamehl angereichert wird, dann die Zwiebeln hineingeben. Mit Zitronensaft abschmecken und Petersilie überstreuen. Zur Ergänzung von Grünsalat und einem Getreidegericht.

Zwiebelgemüse für den Festtag

Zwiebeln schälen und im Ganzen fast weich kochen. Gut abtropfen und in Öl kurz weiterdünsten. Etwas Zucker überstreuen, damit die Zwiebeln braun werden. 2 bis 3 Eßlöffel Mehl mit sauerer Sahne, ein wenig Salz und Vitam-R verrühren. Über die Zwiebeln geben und in festverschlossenem Topf kurz weiterdämpfen. Die Soße soll beim Servieren eingekocht sein.

Gebackene Zwiebeln

Mittelgroße, gleichmäßige Zwiebeln schälen und einige Minuten in leicht kochendem Wasser ziehen lassen. (Das Wasser später für Suppen verwenden.) Die Zwiebeln nebeneinander in eine gefettete Auflaufform setzen. Ein Stück Butter in warmer Milch zergehen lassen. 1 bis 2 gut geschlagene Eier und einige Eßlöffel geriebenen Käse dazugeben. Abschmecken mit Paprikapulver, Salz und Kümmel. Die Flüssigkeit über die Zwiebeln gießen, mit Brotbröseln bestreuen und bei guter Mittelhitze im Backofen backen. Schmeckt vorzüglich zu Getreidebrei oder Kartoffelsalat.

Gefüllte Zwiebeln

Große, gleichmäßige Zwiebeln schälen, in der Mitte etwas aushöhlen und etwa 15 Minuten in Salzwasser ankochen. Gekochte Hirse oder Vollreis, auch Reste, mit Pilzen, Tomatenmark, Vitam-R oder Tartex, 1 bis 2 Eßlöffel Sojamehl und beliebigen Würzkräutern mischen und mit dieser Masse die Zwiebeln füllen, so daß sie oben übersteht. Mit Käse und Butterflocken belegen und kurz im Backofen überbacken.

Zwiebelsoße

2 große Zwiebeln hacken, in Scheiben oder Würfel schneiden und in reichlich Öl bei geschlossenem Topf auf kleinem Feuer weichdünsten. Eine braune Soße zubereiten mit einem Lorbeerblatt und 2 Nelken, etwas Vitam-R und ein wenig Zitronensaft. Mit den Zwiebeln vermischen.

Zwiebelkuchen

Besonders im Herbst ist der Zwiebelkuchen ir Schwabenland allerorts anzutreffen, wo er z neuem Apfel- oder Traubensaft oder zum «Suser» aufgetragen wird. Aber auch zu Silvester ist er passend. Die Reformküche gibt besser eine Tasse Pfefferminztee dazu.

Durchschnittlich nimmt man 1 kg Zwiebeln. In Würfel schneiden und in einer Tasse Öl halbweich dünsten. Nach dem Erkalten kommen 3 Eier, 1 Teelöffel Kümmel, ein wenig Salz, 2 Eßlöffel Mehl und ¼ Liter saurer Rahm hinzu. Ein Kuchenblech mit ungesüßtem Hefe- oder Mürbeteig belegen und die Masse darüber verteilen. Dick mit Butterflocken belegen und bei guter Mittelhitze backen. Der Kuchen wird noch heiß gegessen, zuvor ein Salat.

Eingelegte Zwiebeln

1 kg kleine Zwiebeln (Schalotten) abschälen und in 2 Liter Salzwasser, dem man ¼ Liter Essig zugeführt hat, halbweich kochen. Abtropfen lassen und mit Gewürzkräutern (Dill, Estragon, Basilikum) in einen Einmachtopf schichten. Zu dem abgelaufenen Essigwasser noch ½ Liter dazutun und mit 100 g Zucker aufkochen. Kochendheiß über die Zwiebeln gießen, zudecken und wie üblich kühl und trocken aufbewahren.

Zwiebeln einsäuern s. S. 107.

Topinambur

Die Pflanze trägt auch die Namen Erdapfel, Erdartischocke, Jerusalemartischocke, Patate, Süßkartoffel oder Knollensonnenblume. Der Topinambur *(Helianthus tuberosus)* ist ein Korbblütler und wurde zu Beginn des 17. Jahrhunderts aus Amerika eingeführt. Den Namen soll er Indianern aus dem Stamme Topinambo verdanken, welche 1613 Gäste am Pariser Hof waren.

Dem Gemüsezüchter mag der Topinambur als ausdauerndes Gewächs willkommen sein. Er bleibt den Winter über an Ort und Stelle im Boden und kann Fröste bis zu 30 Grad überstehen. Der Knollenreichtum übertrifft die beste Kartoffelsorte. Meist werden die dicken Knollen als Gemüse verwandt, während man die kleinen gleich wieder für die nächstjährige Ernte in die Erde gibt. Leider machen sich aber die Mäuse gern über die Knollen her, und man findet sie nur noch ausgehöhlt wieder. Dagegen grabe man ein Loch im Garten, füttere es dick mit Walnußlaub aus, lege die Knollen hinein und decke mit Nußlaub und Erde zu. Die Mäuse meiden den Ort, und die Topinamburs bleiben unangetastet.

Der täglichen Küche bietet dieses Gemüse eine wohlschmeckende, gesunde Bereicherung. Vielseitige Verwendungsmöglichkeiten haben wieder zur stärkeren Verbreitung beigetragen. Der Geschmack der rohen Knolle ähnelt Salatherzen und milchreifen Haselnüssen, während gedünsteter Topinambur an Artischocken erinnert.

Auch ein apartes Getränk ist zu empfehlen. Der im Mixer hergestellte kakaobraune Saft schmeckt wie Kokosmilch und wird allein oder mit Fruchtsäften getrunken. Mit Quark zusammen tritt der Nußgeschmack noch stärker hervor.

Über die Bedeutung des Topinamburs für Zuckerkranke siehe S. 264.

REZEPTE

Topinambursalat

Den Topinambur waschen und reiben oder stifteln. Mit Zitronensaft, Sauermilch, Rahm, Öl, nach Geschmack auch mit etwas Honig mischen.

Gemischter Topinambursalat

Den Topinambur zur Hälfte mischen mit Früchten aller Art, besonders auch mit geraffelten Äpfeln. 2 Löffel Haselnußmus mit Fruchtsaft sahnig schlagen und untermischen oder geriebene Nüsse überstreuen.

Topinambur mit Frischgemüse aller Art

Weißkohl, Rotkohl, Blumenkohl, geriebene Sellerie, Gurke, Möhren, Rote Rüben, Tomaten, Lauch und so weiter zur Hälfte mit Topinambur mischen und weiterbehandeln wie vorstehend, auch Nußmus, Nüsse oder Rahm dazugeben, Zitronensaft, ungesüßten Sanddornsaft und so weiter.

Topinambur mit Sauerkraut

Zur Hälfte mischen mit rohem Sauerkraut, mit gehackten Zwiebeln in heißem Öl durchschwenken. Einige Wacholderbeeren und Kümmelkörner daruntergeben, nach Belieben einige Löffel sauren Rahm und gemahlene Nüsse.

Topinambur-Cocktails

Die Cocktails bieten eine mannigfaltige Abwechslung, um den Topinambursaft zu mischen mit Gemüse- und Obstsäften, auch mit saurem Apfelsaft, Orangensaft, Zitrone, Sanddornsaft, Preiselbeerenelixier usw. Wenn Süßung gewünscht wird, dann am besten Honig.

Besonders sei auch auf den in Reformhäusern, Apotheken und Drogerien käuflichen *Topinambursirup* hingewiesen, welchen man gerade bei Alterszuckerkrankheit schätzt.

Gedünstete Topinamburs

Wenn man Pellkartoffeln kocht, zuoberst die Topinamburknollen legen und weichdünsten lassen. Letztere brauchen zum Garwerden etwa die Hälfte an Zeit wie die Kartoffeln. Deshalb muß man behutsam beobachten, wenn sie fertig sind, da die Knollen leicht zerfallen. Man kann diese mit den Kartoffeln zusammen essen, angereichert mit Quark, Butter oder Käse. Ergänzt mit einer Salatplatte, gibt es eine vollwertige Mahlzeit. Topinamburknollen, auch gargekocht ohne Kartoffeln, können zu den mannigfaltigsten Speisen zusammengestellt werden, z. B.: Kleingewürfelt dem Kartoffelsalat untergemischt. Rohgewürfelt mit dem gleichen Quantum gewürfelten Möhren oder Sellerie in einigen Eßlöffeln Öl weichgedünstet zu Vollkornteigwaren, Vollreis oder Hirse. Aber auch für sich weichgedünstet, ohne eine andere Gemüsezugabe, mit Tomantensauce oder geriebenen Meerrettich vermischt, munden sie vortrefflich.

Gebratene Topinamburs

Die gedünsteten, gewürfelten Topinamburs zur Hälfte mit in Scheiben geschnittenen gekochten Schalenkartoffeln mischen und wie Bratkartoffeln weiterbehandeln.

Topinamburauflauf

Die halbgargekochten Topinamburs in Scheiben schneiden und schichtweise mit geriebenem Parmesankäse in eine Auflaufform geben, 2 bis 3 mit ein wenig Milch und Salz zerschlagene Eier darübertun. Mit Butterflöckchen belegen und im Ofen kurz überbacken. Gut zu Kartoffelbrei und Grünsalat.

Kraut und Kohl

Die große Schar der Kraut- und Kohlgewächse *(Brassica)* gehört in die umfassende Familie der Kreuzblütler. Sie sind vitaminreich, enthalten Jod, Eisen und bekanntlich Schwefel. Beim Kochen lassen wir den Deckel einen Spalt offen, damit der unangenehme Schwefelgeruch abdampfen kann. Der Reichtum an organischem Kalk im Kohl kommt besonders dem Knochenbau der Kinder zugute.

Wir verdanken unsere Kohlsorten den Griechen. Sie waren es, die diese erdenschweren Gemüsepflanzen aus dem ölhaltigen Raps züchteten. Der Römer hatte eine besondere Vorliebe für den Kohl. Seinen Kohl selber zu pflanzen galt ihm als Sinnbild einfacher und friedlicher Lebensführung. Nachdem Diokletian (284–305 n. Chr.) abgedankt und sich nach Dalmatien zurückgezogen hatte, wurde er von Maximianus aufgefordert, den Thron von neuem zu besteigen. Er aber antwortete: «Könntest du den Kohl sehen, den ich in meinem Garten zu Salona gezogen habe, so würdest du mich mit einem derartigen Angebot verschonen!»

Heute muß der Gärtner und Landwirt seinem Kohl besondere Aufmerksamkeit widmen. Er gibt ihm eine Umgebung von Würz-, Duft- und Heilpflanzen und pflegt ihn sorgfältig durch Hacken und Düngen. Der biologisch-dynamische Anbau liefert besonders zarte, bekömmliche Kohlköpfe, die auch ohne große

Kochkunst schmackhafte, leicht verdauliche Gerichte ergeben und auch roh, als Salat keine Beschwerden verursachen.

Gewürze für alle Kohlarten sind Salbei, Minzen, Zitronenmelisse, Dill, Basilikum, Borretsch, Kümmel und Nelken, Estragon, Weinraute und Senfkörner.

Soweit möglich, sollte man den Kohl mit «homöopathischen» Zugaben kochen, d. h. mit kleinsten Beigaben von Holunderblüten, Johanniskraut, Brennnesseln, Brombeerblättern, Salbei, Minze, Melisse und Löffelkraut.

REZEPTE

Krautsalat (aus Weißkohl, Rotkohl und Wirsing)

500 g gehobeltes Kraut mit einer kleingewürfelten Kräutergurke und 2 mittleren geraspelten Äpfeln, gehackten Zwiebeln und einer Zugabe aus den oben genannten Kräutern vermischen. Nach Belieben etwas Zitronensaft und 1 Teelöffel Honig beifügen, auch ein wenig Kümmel und zuletzt einige Eßlöffel kaltgeschlagenes Öl. Den Kohl leicht einstampfen und beschweren. Einige Stunden zum Durchziehen zugedeckt stehen lassen und vor dem Anrichten mit zwei Gabeln lockern und evtl. einige Löffel Sauerrahm oder Joghurt untermischen. Besonders würzig schmeckt dieser Salat mit zwei Eßlöffeln Tomatenmark, die man mit dem Sauerrahm verrührt. Auch ein wenig Knoblauch kann dabei sein. Der Salat, der auch mit Grünsalaten ergänzt werden kann, paßt gut zu Vollkornteigwaren, gewürzten Grützen oder Vollreis. – Im Winter werden die Frischkostplatten immer zimmerwarm gegessen.

Gedünstetes Weißkraut

Weißkraut gibt es beinahe das ganze Jahr über frisch zu kaufen, da es sich sehr gut lagern läßt. Im allgemeinen wird es gehobelt oder fein geschnitten, aber wenn man es sorgfältig mit Zusätzen kocht, ist es vorteilhafter, es nur in walnußgroße Stücke zu schneiden. Es schmeckt dann herzhafter. Mit sehr wenig Wasser und einigen Eßlöffeln Öl ansetzen, Kümmel oder Senfkörner hinzugeben, auch ein Lorbeerblättchen, 2 bis 3 ganze Nelken und ein kleines Quantum von den erwähnten «homöopathischen» Beigaben.

Kohlbällchen

Verwendung für lose Kohlblätter. Die losen Blätter werden vorsichtig auseinander genommen, mit kochendem Wasser überbrüht, daß sie geschmeidig werden, und zum Abtropfen herausgenommen. Dann auf ein Tuch legen, die großen Blätter außen, die kleinen innen, das Tuch zusammennehmen und leicht auswinden. Dadurch entstehen kleine Bällchen, die mit einigen Löffeln Wasser und Öl und ein wenig Salz aufs Feuer gesetzt und weichgedünstet werden, in Butter gebratene Vollkornbrösel oder geröstete Sesamkörner über die fertigen Bällchen geben. Paßt zu jeder Getreidespeise und Frischsalat.

Nußkohl

Den gehobelten Weißkohlkopf mit ein wenig Kümmel, Sonnenblumenöl oder Pflanzenmargarine weichdünsten. 150 g gemahlene Nüsse, 1 bis 2 Teelöffel Pflanzenwürze und ein wenig Salz beifügen und einige Minuten auf kleinem Feuer oder an heißer Stelle ziehen lassen.

Kohleintopf

Für ein oder zwei Personen wird ein kleiner Krautkopf halbiert. Mit der Schnittfläche nach unten in den Gemüsetopf legen, gewaschene ganze Kartoffeln, Kümmel und etwa eine Tasse Wasser dazugeben. Bei gut geschlossenem Topf weichdämpfen. Wird verspeist mit etwas Rohkost, z. B. Radieschen, Tomaten oder einer Stange Chicoree; zu den Kartoffeln frische Butter und ein Stück Käse, dazu ein Glas Buttermilch. Auch Quark ist eine gute Zukost.

Rotkohl (Blaukraut) läßt sich in gleicher Weise zubereiten.

Rotkohl, geschmort

1 kg Rotkraut fein hobeln und mit einigen Eßlöffeln Zitronensaft oder Apfelessig vermischen. Dann im Dünsttopf 3 bis 4 Eßlöffel Öl mit 1 Eßlöffel braunem Zucker und vielen gehackten Zwiebeln kurz erhitzen. Das Kraut hineingeben mit Lorbeerblatt, einigen Nelken und einer Tasse Apfelsaft. Kurz vor dem Garwerden einige mit Gehäuse geriebene Äpfel dazutun, mit wenig Wasser fertig dünsten und salzen. Gut zu Klößen.

Rotkraut mit Aprikosen

Wie vorstehend beginnen und mit dem Kraut 125 g getrocknete über Nacht eingeweichte Aprikosen hinzufügen. Alles zusammen weichdünsten. Als Zugabe Maronen und Reis.

Wirsingkohl *(Savoyerkohl, Welschkohl, Krauskohl, Mailänderkohl)*

Es gibt ihn fast das ganze Jahr, er ist in der Zubereitung dem Weißkohl ähnlich, aber die Blätter werden auch gern in Stücke zerpflückt. Besonders die französische Küche hat sich seiner angenommen. Als Gewürze sind zu empfehlen Bohnenkraut, Thymian, Majoran, Kümmel.

Grundrezept

In Öl dünsten mit einigen Eßlöffeln Wasser, einer Messerspitze Honig, gekörnter Würze, Salz und Muskat. Weichdünsten bis die Flüssigkeit eingekocht ist. Schnittlauch, Petersilie, einige Eßlöffel Parmesan. Dazu Buttersoße.

Mischgemüse mit Wirsing, Möhren und Zwiebeln

Wirsing, Möhren und Zwiebeln zu gleichen Teilen putzen und zerkleinern. Die Zwiebeln in Öl leicht rösten. Möhren, die kleinen unzerschnitten, große zerkleinert, und die zerpflückten Wirsingblätter dazugeben und weichdünsten. – Vor dem Auftragen das nötige Salz, Pflanzenwürze, reichlich Petersilie und eine Tasse Rahm dazugeben. Paßt gut zu jeder Kartoffelspeise und zu Graupen.

Zu unseren runden Kohlköpfen, dem Weißkohl, Rotkohl oder Blaukraut und Wirsing gesellt sich als Abart des Weißkohls der nach oben spitz zulaufende **Filderkohl** oder Spitzkohl. Die oft riesigen Köpfe sind besonders zart und werden gern zu Sauerkraut verarbeitet. Man kultiviert sie in der Gegend von Stuttgart (auf «den Fildern»).

Platz für eigene Rezepte

Laudatio des Kohlblattes

Bei unserem Loblied auf den Kohl als Nahrungsmittel vor allem für den Winter wollen wir nicht vergessen, daß er auch ein Heilmittel ist. In seinem Büchlein «Von den wunderbaren Heilwirkungen des Kohlblattes» hat der Botaniker Droz die zahlreichen Heilerfolge mit Kohl in seiner eigenen Praxis beschrieben[1]. Aber auch von anderer Seite hört man von erfolgreichen Behandlungen von Magengeschwüren mit Weißkohlsaft, Drüsenschwellungen einschließlich Mumps, Diabetes, Skrofulose, Flechten, Nierenentzündung, Bronchitis, Rheuma usw.

Nun soll das Kohlblatt gewiß nicht den Arzt ersetzen; doch kann man es bei manchen chronischen Fällen auch einmal mit Kohlblätterumschlägen oder Preßsaft versuchen. Die beste Wirkung schreibt man dem Weißkohl und vor allem dem Wirsing zu, weniger dem Rotkohl. Braucht man einen großen Umschlag, vielleicht für Brust, Nacken oder Schulter, so läßt man die Blätter ganz und zerquetscht sie mit einem Wellholz oder einer Flasche. Für Wunden, Geschwüre, Kopfneuralgie richtet sich die Größe nach den zu behandelnden Teilen. Man schichtet die Blätter übereinander und schließt den Verband. Um sich voll auswirken zu können, sollen die Kohlblätter im vollen Saft stehen und nicht von künstlich gedüngten Böden kommen.

Wie steht es mit den Pilzen?

Ein Kapitel für Pilzfreunde soll in dieses Buch nicht eingefügt werden. Denn die Pilze entstammen wie die Algen einer frühen Entwicklungsstufe der Erde.

Die schwammigen Gebilde entquellen mehr der Erde als daß sie hervorsprießen. Sie wachsen im Dunkel des Waldes ohne grüne Blätter, ohne Beziehung zum Licht. Auch fehlt ihnen die Wurzel; nur ganz oberflächlich verbinden sie sich mit der lockeren Humusschicht des Waldbodens. Zu eigener Blüten- und Samenbildung gelangen sie nicht. Etwas Schmarotzerhaftes spricht durch sie.

Der heutige Mensch ist auf eine andere Nahrungswelt eingestellt, er braucht Nahrungspflanzen, die in der Erde verwurzelt sind und sich dem Licht öffnen. Die Pilze können ihm nicht vermitteln, was er zu seinem Leben und zur Entwicklung seiner Individualität braucht, außerdem belasten sie den Stoffwechsel.

Wenn hier gelegentlich dennoch Pilze vorkommen, so sind nur kleine Mengen als Geschmacksbeigaben gemeint, zu Füllungen, Soßen oder zum Garnieren. Es ist jedem freigestellt, die eigene Phantasie walten zu lassen und die Pilze, zumal sie ja auch nicht immer zu haben sind, durch anderes zu ersetzen: Es können Zwiebeln sein, Maronen, harte Eier, Topinambur, gekochte Lauchscheiben oder andere Gemüse und Kräuter. Käse kann natürlich auch oft aus einer Verlegenheit helfen.

1 Camille Droz, Von den wunderbaren Heilwirkungen des Kohlblattes CH-2206 Les Geneveys-sur-Coffranne NE (Schweiz) o. J.

Winter

Zweitausend Jahre Sauerkraut

Sauerkraut roh
macht gesund und froh!

Von Sauerkraut hat schon der griechische Arzt Hippokrates (460–377) gesprochen, und in freigelegten römischen Kellern fand man zerschnittenes und in Bottichen und Tongefäßen eingestampftes Weißkraut, zweitausend Jahre alt. – Der Name unseres jetzigen Sauerkrautes war «Kumpost», vom lateinischen compositus, zusammengesetzt. Die Römer verstanden darunter hauptsächlich ihre eingelegten Oliven, und da das Kraut einen ähnlichen Konservierungsprozeß durchmacht, wurde dieser Name ihm übertragen. Im ostpreußischen Platt blieb er als «Kumst» für Sauerkraut erhalten. Im 11. Jahrhundert kennt man auch die Bezeichnung «surkrut». Wie man aus alten Chroniken ersieht, war der Weg zur milchsauren Gärung derselbe wie heute.

«Die Deutschen» werden damit verspottet, das Sauerkrautessen sei ihre Angelegenheit. So ist es nicht. Fast überall wird Sauerkraut gegessen, namentlich in Amerika und England. Nach einem Bericht von 1788 ordnete der englische Schiffsarzt Gilbert Blane an, daß für die langen Seereisen genügend Sauerkraut mitgenommen würde, um die Besatzung vor Skorbut zu schützen. Es durfte weder gewaschen noch gekocht werden, damit die Heilwerte erhalten blieben. Dr. Blane stützte sich auf den großen Erfolg des James Cook, der auf seiner Weltumsegelung (1772–75) nicht einen einzigen Skorbutkranken an Bord hatte, und das in einer Zeit, wo der Skorbut das größte Risiko der Seefahrer war. Cook hatte in weiser Voraussicht 60 Fässer Sauerkraut auf diese Weltreise mitgenommen.

Auch der französische Bakteriologe Louis Pasteur nennt das Sauerkraut eines der gesündesten Gemüse, und es wurde festgestellt, daß in den Gegenden Frankreichs, wo am meisten Sauerkraut verzehrt wird, die Leute am ältesten würden. – Die Chinesen bereiten aus Pflanzen, die unseren Kohlarten verwandt sind, ebenfalls ein sauerkrautähnliches Gericht. Den russischen Bauern dient es seit alten Zeiten als Kalk- und Eisenspender.

In der Behandlung der *Zuckerkrankheit* hat sich das Sauerkraut besonders in Amerika einen bevorzugten Platz erobert. Wegen seines hohen Gehalts an Milchsäure gilt es als eins der besten Desinfektionsmittel für Magen und Darm. Rohes Sauerkraut hat aber auch viele andere diätetische Eigenschaften. Es regt den Appetit an. Bei Erbrechen aus verschiedenster Ursache, bei Schwangerschaften und Herzstörungen z. B. werden erfolgreiche Kuren durchgeführt. Übermäßige Harnsäure und viele Störungen der Verdauungsorgane konnten geheilt werden, bei Müttern wurde die Milchbildung gesteigert. Auch namhafte Ärzte, Hartmann, Sauerbruch und neuerdings Joh. Kuhl und viele andere, haben die Heilkraft des Sauerkrauts und seines Saftes erkannt und gewürdigt.

Daß rohes Sauerkraut eines der wirksamsten Mittel gegen Würmer ist, daß es die Lunge reinigt und auch hartnäckige Verstopfung heilt, weiß man seit langem.

Am wirksamsten ist das Kraut auf nüchternen Magen. Den Saft nimmt man nüchtern und jeweils ½ Stunde vor den Mahlzeiten, 4 Eßlöffel voll, Kinder weniger, je nach dem Alter.

Trotz allem stößt die Verwendung dieser gesunden Kost immer noch auf einigen Widerstand. Oft hört man, Sauerkraut werde nicht gut vertragen. Dies gilt aber nur für das stundenlang gekochte und meist noch mit einer Einbrenne versehene schwer verdauliche Kraut. Den rohen Saft kann auch der empfindlichste Magen vertragen, ebenso das rohe, ganz fein gewiegte oder durchgedrehte Sauerkraut. Es wird unter die fertigen Speisen gemischt, z. B. an Schleimsuppe, an Kartoffelbrei, an Soßen.

Mit Sauerkraut im Faß kann man dem Winter ruhig entgegensehen. In einer österreichischen Zeitung war 1978 der kluge Rat zu lesen, mit Sauerkraut der z. Zt. grassierenden Grippe zu Leibe zu rücken. Wegen seines hohen Gehalts an Vitamin C sei dieses alte Hausmittel gegen alle Erkältungskrankheiten auch heute noch wirksam. Und außerdem ist es das beste Mittel gegen unerwünschten Winterspeck.

REZEPTE

Sauerkraut selbstgemacht

In vielen Familien lebt heute noch der Wunsch, das Sauerkraut wie in alten Zeiten einzumachen. – Einst ging die «Krautschneiderin», einen mächtigen Hobel am Riemen geschultert und den «Dorschendolch» umgehängt, in die Häuser, in die sie zum Krautschneiden bestellt war. Im November hatte sie Hochsaison. Da wurden die runden Köpfe aus dem Gemüseland, aber auch die vornehmen spitzigen Filderhäupter eingehobelt und mit dem Krautstampfer eingestampft. Die herausgestoßenen «Dorschen», die Strünke, ergaben, mit Kümmel gewürzt, ein feines Gemüse.

Zum Selbsteinsäuern besorge man sich in richtiger Art herangezogene Krautköpfe. Kunstgedüngter Kohl ergibt keine haltbare Ware. Die wichtigen *Milchsäurebakterien* werden geschädigt durch künstliche Stoffe (Salpeter, Essigsäure, Schädlingsbekämpfungsmittel usw.), die noch in Spuren an den Kohlköpfen haften. Die «Krautstande» war früher ein unentbehrliches Requisit in jedem Haushalt. Heute verwenden wir zum Einlegen die oft noch herumstehenden, nicht mehr gebrauchten irdenen oder Steinguttöpfe.

Die gut abgelagerten, mindestens zehn Tage alten Krautköpfe werden nun geputzt, halbiert, die dicksten Storzen herausgenommen und das Kraut gehobelt. Wenn Hobel oder Haushaltsmaschine fehlt, kann man auch einmal aushilfsweise den Brotschneider benützen.

Der Boden des Gefäßes wird mit einigen Krautblättern belegt. Darüber kommt eine etwa 8 cm hohe Lage feingehobeltes Kraut, dann eine kleine Handvoll Wacholderbeeren, einige feingehobelte säuerliche Äpfel, streifig geschnittene Zwiebeln, nach Möglichkeit unausgereifte saure Weinbeeren (davon kann man auch auf den Boden des Gefäßes verteilen, es fördert die Gärung), eine Handvoll kleine Meerrettichwürfel und Salz. Hiervon aber nicht soviel wie früher üblich, sondern 10 bis höchstens 15 g auf das Kilo Kraut. Nach jeder Lage wird tüchtig mit dem Stampfer gestampft.

Man fährt so fort, bis der Topf voll ist. Es dürfen keine Lücken entstehen. Zuoberst legt man einige Krautblätter und ein gebrühtes Tüchlein, darauf ein Holzbrettchen oder einen umgekehrten Teller und einen schweren Stein, den «Sauerkrautstein». Es sollte ein Kieselstein sein, kein Sandstein, weil dieser zerbröckelt.

Das eingelegte Kraut bleibt nun in einem Raum zwischen 16 und 18 Grad stehen. Weniger Temperatur behindert die Gärung. Zu ihrer Beschleunigung kann man dem Kraut 1 Teelöffel saure Milch oder ½ Teelöffel Zucker zusetzen. Nicht empfehlenswert ist der Zusatz von Hefe oder Sauerteig, weil dann nicht die typische Milchsäuregärung entsteht. Wenn man am 2. Tag noch einmal stampft, bildet sich schneller Saft. Wenn sich nach 3 Tagen noch keine Flüssigkeit gebildet hat, kann man soviel frisches Wasser zugießen, bis es leicht über dem Kraut steht. Die Gärung dauert 3 bis 4 Wochen. Dazwischen wird ab und zu die schleimige Haut abgenommen und nötigenfalls etwas Wasser nachgefüllt. – In manchen Gegenden gibt man ein Stück Birkenholz in den Einmachbehälter, was mit den heilbringenden Kräften der Birke zusammenhängen mag. Soll das Kraut ein besonders feines Aroma erhalten, kann man nach der Gärung eine Tasse Apfelsaft mit dem Saft einer Zitrone darübergießen.

Nach einem alten Rezept

wird das Kraut (auch Rotkraut) portionsweise in einer Schüssel durchgeknetet, bis sich ein schaumiger Saft bildet, und dann erst in dem großen Gefäß eingestampft. Es ist zuletzt genug Saft da, und schon vom 5. Tage an kann das Kraut gegessen werden. Die Gärung schreitet fort, und der gute Geschmack wie auch die Säure nehmen täglich zu.

Sauerkraut fast salzlos (und gut ausprobiert)

50 kg feingehobeltes Kraut, 4 bis 5 Liter Sauermilch, 1½ kg feingeschnittene Zwiebeln, 100 g Meersalz, 100 g Kümmel und 100 g Wacholderbeeren werden nach gutem Mischen eingestampft, mit Deckel und Gewicht beschwert und wie vorstehend weiterbehandelt.

Salzloses Sauerkraut

Anstelle von Salz 2 Prozent Zucker beim Einstampfen zugeben. Wenn sich nicht genügend Lake bildet, 2prozentige Zuckerlösung beifügen. Solches Sauerkraut hat einen angenehmen, reinen Geschmack und hält sich solange wie mit Salz zubereitetes. – Da sämtlicher Zucker zu Milchsäure vergoren wird, ist es auch für Zuckerkranke geeignet. Salzloses Sauerkraut lernte ich auch während eines Ferienaufenthaltes bei Bergbauern Oberösterreichs kennen. Dort lag das gehobelte Kraut mit Wasser bedeckt, mit Tuch, Brett und Stein beschwert, ohne jeden Salzzusatz im Faß. Ein Versuch mit einer kleinen Portion, wenn es um salzlose Diät geht, dürfte sich immerhin lohnen. Im Geschmack war das Kraut köstlich.

Sauerkrautsaft (Lake)

Auf diesen kostbaren Heilsaft muß noch hingewiesen werden. In ihm sieht Dr. Kuhl einen besonders wirksamen Schutz- und Heilstoff, ein unzerstörtes Naturprodukt, reich an Fermenten, Vitaminen und Mineralstoffen. In einem alten Kräuterbuch kann man lesen: «Bei Magenleiden probiere man es auch einmal mit Sauerkrautsaft, welcher mit der sechsfachen Menge Wasser verdünnt wird. Jede Stunde nehme man einen Eßlöffel voll davon, achtmal am Tag. Das hat schon vielen geholfen, wenn teure Medikamente versagten.»

Diese Lake wird auch angewendet als äußeres Mittel bei Entzündungen, Geschwüren und Brandwunden. Man macht Auflagen, die öfters erneuert werden müssen. Auch Diabetiker haben an dem Sauerkrautsaft ein wertvolles Hilfsmittel. Wenn man überschüssige Lake hat, die gut vergoren ist, kann sie in gereinigte, dunkelfarbige Flaschen gefüllt werden, wobei die Flüssigkeit bis zum Korken reicht und kühl und liegend aufbewahrt wird. Sterilisieren ist dabei nicht nötig.

Weitere Einmachrezepte mit Milchsäuregärung

Auch sonst lassen sich noch viele Gemüse durch *Einsäuern* mühelos und praktisch konservieren, besonders für einen größeren Haushalt. Der hohe gesundheitliche Wert des eingesäuerten Gemüses sollte uns der wichtigste Anlaß sein, diese Art Konservierung in den Vordergrund zu stellen. So läßt sich z. B. neben dem gewöhnlichen Sauerkraut auch ein *Mischkraut* herstellen, mit dem man recht gute Erfolge erzielte. Es liefert uns im Winter einen köstlichen Salat. Das Gemüse kann aber, genau wie Sauerkraut, auch gedämpft werden. Als gute Zusammensetzung sei z. B. empfohlen: Weiße Rüben, Möhren und Weißkraut zu gleichen Teilen. Die Rüben werden zerkleinert, indem man sie nach dem Putzen zuerst durch die Maschine gibt zu einem feinen Scheibenschnitt, dann ein zweites Mal, um einen sauerkrautähnlichen Schnitt zu erhalten. Man rechnet dabei etwas mehr Salz zum Einstampfen als zum Sauerkraut: 150 g auf 5 kg. Das Gemüse wird weiterbehandelt wie Sauerkraut.

Bohnen

Das gleiche gilt auch für *eingesäuerte Bohnen.* Man braucht bei dieser Einmachmethode weniger Salz als zu Salzbohnen, was einen Gewinn an gesundheitlichen Werten bedeutet. Zum Einsäuern rechnet man auf 5 kg Bohnen gleichfalls 150 g Salz. Die Bohnen werden vor dem Konservieren abgewellt und können geschnitzelt oder gebrochen eingelegt werden. Man versäume auch nicht, genügend Bohnenkraut und auch einige Stengelchen Minze und Salbeiblättchen dazwischenzulegen. Als Abschluß nimmt man gerne einige Weinblätter.

Tomaten

Bei größerem Tomatenanfall ist auch hier ein Versuch mit Einsäuern zu empfehlen. Es eignen sich reife und namentlich auch alle unausgereiften Früchte. Nur müssen sie fest und gesund sein. Nach dem Waschen werden die Tomaten einige Male durchstochen, eingelegt und mit einer 4prozentigen Salzlösung übergossen. Die Flüssigkeit muß gut über den Früchten stehen. Sie werden zugedeckt und weiterbehandelt wie Sauerkraut.

Mangoldstiele

Ein bewährtes Schweizer Rezept: Die Mangoldstiele werden in Würfel oder Streifen geschnitten, eingeschichtet und mit einem Teller beschwert, um sie ein wenig zusammenzupressen. Auf 1 Liter Wasser gibt man einen gehäuften Teelöffel Salz und 1 Tasse Milch und gießt diese Flüssigkeit über den Mangold. Sie muß einige Zentimeter überstehen. Die Mangoldstiele werden weiterbehandelt wie vorstehende eingesäuerte Gemüse. Sie eignen sich gut für Eintöpfe, Mischgemüse und Salate, auch zum Mischen mit Kartoffelsalat.

Zwiebeln

werden in gleicher Weise behandelt wie oben. Kleine Zwiebeln eignen sich besser als große. Zum Würzen etwas Kümmel einlegen.

Grundsätzliches zu Kühltruhe und Einkochen

Die Kühltruhe: Das Einfrieren von Lebensmitteln bedeutet eine große Arbeitserleichterung, und es ist auch nicht viel dagegen einzuwenden. Höchstens, daß es nicht übertrieben werden sollte. Das frische Aussehen des Gefriergutes darf jedoch nicht über seine innere Struktur hinwegtäuschen. Diese macht Verdichtungsprozesse durch, die zu einem wurzelhaften Charakter führen. Erst die Anwendung der Küchenwärme lockert die Speisen wieder auf. Je länger und je tiefer gekühlt wird, desto tiefer greift die Veränderung ein, die rasch nach dem Auftauen auch sichtbar wird. Dr. Hauschka (Ernährungslehre) nennt «die Tatsache, daß man im Januar ‹frischen› Spargel und Kirschen ißt, befremdlich und widernatürlich».

Das Einkochen verändert dagegen die Struktur in Richtung des Verblühens und Welkens. Das Kochen gehört jedoch in unser Ernährungssystem und bereitet den Verdauungsprozeß sehr weit vor. Wir bemühen uns, das Einmachgut so schonend wie möglich zu behandeln, die Wärme so niedrig, die Dauer so kurz wie möglich zu halten. Die Zuckermenge klein halten, obwohl sich ein Teil des Zuckers durch das Einmachen in Traubenzucker verwandelt. Man kann bei der Verwendung mit Honig oder Sirup nachsüßen. Die Chemikalien zum Konservieren sind Gifte, die nichts in der Küche zu suchen haben. Die Konservenindustrie kann uns mit solchen Hilfsmitteln nur abschrecken.

Das Dörren und **das milchsaure Einlegen,** auch ein **Einlegen in Honig** oder Sirup sind die besten Konservierungsmaßnahmen (siehe «Vom Dörren des Obstes»).

Sauerkrautverwendung

Die Entnahme des ersten Sauerkrautes bedeutete früher und gewiß auch noch heute immer ein kleines Fest. Die aufgelegten Deckblätter werden entfernt, das Tüchlein immer gut mit heißem Wasser gereinigt und das nun gewordene Sauerkraut jede Woche abgewaschen.

Keinesfalls darf nun beim Zubereiten das Sauerkraut gewässert oder gar der Saft abgepreßt werden, weil man dadurch die wertvollsten Mineralstoffe wegschwemmen würde.

Unsere fertiggekochten Speisen, z. B. Kartoffel- oder Erbsenbrei, gewürzte Grützen aller Art, gewöhnliche weiße Tunke usw. können vor dem Auftragen angereichert werde mit einer Handvoll feingeschnittenem oder durch die Mühle gedrehtem rohem Sauerkraut.

Sauerkrautsalat

Das Kraut etwas zerschnitten auf einer Platte ausbreiten. Eine gehackte Zwiebel in einigen Eßlöffeln Öl glasig dünsten und über dem Kraut verteilen, wenn man nicht die rohe Zwiebel vorzieht. Mit Grünsalaten, wie sie die Jahreszeit bietet, auch mit Radieschen, Tomaten, Gewürzgurken usw. umranden.

Sauerkrautsalat mit Äpfeln und Meerrettich

Unter 300 g gehacktes Sauerkraut 2 bis 3 gestiftelte Äpfel, 1 Eßlöffel feingeriebenen rohen Meerrettich, 1 gehackte Zwiebel und ½ Teelöffel Honig geben. Mit einigen Eßlöffeln Öl und saurem Rahm vermischen.

Bunter Sauerkrautsalat

Das Sauerkraut mit einer gehackten Einmachgurke, Zwiebeln, 2 bis 3 feingeriebenen rohen Möhren, einer feingeschnittenen Paprikaschote, Majoran, Petersilie und anderen Küchenkräutern, 1 Teelöffel Honig, 2 hartgekochten gehackten Eiern und einigen Eßlöffeln Öl vermischen.

Sauerkrautsalat süßsauer

Das zerschnittene Sauerkraut mit dem gleichen Quantum geraspelten Äpfeln, einem Eßlöffel Johannisbeermarmelade und mit etwas Saft von süßsauer eingelegten Früchten vermischen. Ein bis zwei Stunden durchziehen lassen und vor dem Auftragen mit eingemachten Beeren verzieren.

Sauerkrautsalat mit Ananas

300 g vorbereites Sauerkraut mit kleingeraspelten Äpfeln, einer Tasse Traubensaft, einigen Scheiben zerkleinerter Ananas, einer halben Tasse gehackten Nüssen, einer kleinen Tasse eingeweichten Korinthen mischen. Mit Zitrone und Sauerrahm anmachen.

Abwandlung: Statt der Ananas kann man Grapefruits oder Orangen nehmen.

Fünf-Minuten-Sauerkraut

Gehackte Zwiebeln mit einigen Eßlöffeln Öl andünsten. Das Sauerkraut hineingeben. Mit zwei Gabeln auflockern und mit den Zwiebeln vermischen. Zudecken und einige Minuten zum Durchdünsten stehen lassen. – Besonders zu empfehlen für beim Kauen behinderte oder alte Menschen.

Sauerkraut überbacken

Gut geölte Auflaufform zur Hälfte mit Sauerkraut füllen, eine dicke Lage Tomaten (auch eingemachte) und Pilze, eine große gehackte Zwiebel und Majoran darüberfüllen. Über das Ganze eine Tasse saure Sahne und Butterflöckchen geben. Bei Mittelhitze etwa 30 Minuten backen. Wurden Zutaten roh verwendet, muß die Form die ersten 20 Minuten zugedeckt werden.

Sauerkrautrolle

Einen üblichen Hefeteig von 500 g Mehl etwa fingerdick ausrollen. 500 g Sauerkraut mit 2 Zwiebeln, Tomatenmark, Rahm, Kümmel, 2 Eiern, 1 bis 2 Eßlöffeln Vollmehl, Salz, 3 Eßlöffeln Öl, eine Zehe gehacktem Knoblauch und Petersilie vermischen. auf den Teig verteilen, aufrollen und noch einmal gehen lassen. Mit Eigelb bestreichen und bei Mittelhitze backen. Statt einer Rolle kann man auch mehrere kleine backen.

Sauerkrautpie

Ein Springblech mit einem beliebigen dünnen Teigboden auslegen, eine dicke Lage gedämpftes Sauerkraut hineingeben. Einen dünn ausgerollten Teigdeckel darüberlegen. Den Rand andrücken. Mit verklopftem Ei oder zerlassenem Fett bestreichen und bei guter Mittelhitze etwa 45 Minuten backen. Warm auftragen. Man serviert dazu Endivien-, Chicorée- oder anderen Salat.

Sauerkraut mit Kartoffeln

Frischgekochte Pellkartoffeln heiß schälen. Große Kartoffeln nach dem Schälen durchschneiden. Leicht salzen und Kümmel darüberstreuen. Einen Teller rohes Sauerkraut durch die Mühle drehen, mit den Kartoffeln vermischen und in eine gefettete Auflaufform schichten. Einige Eßlöffel Öl darüberträufeln und zum Erhitzen kurz in den Ofen schieben.

Teigwaren mit Sauerkraut

500 g Teigwaren abkochen und mit 250 g rohem, feinverwiegtem oder durchgedrehtem Sauerkraut mischen. Auf einer feuerfesten Platte heißstellen. Eine gehackte Zwiebel in Öl andünsten und mit gerösteten Brotbrösel oder geriebenem Käse über die fertig angerichtete Platte streuen.

Eintopf mit Sauerkraut

Aus Weizen- oder Haferflocken oder Schrot einen nicht zu dicken gesalzenen Brei kochen, zusammen mit Liebstöckel oder Majoran, einem zerschnittenen Lauchstengel, einigen gehackten Möhren, einem Stück zerkleinerter Sellerie und einem Stück Butter oder einigen Eßlöffeln Öl. Zuletzt etwa 150 g roh durch die Mühle gedrehtes Sauerkraut unterrühren und nicht mehr weiterkochen. – Als Vorspeise beliebigen Grünsalat. Nach Belieben noch eine kleine Apfelspeise zum Nachtisch.

Sauerkraut auf dem Brot

Eine alte Redensart lautet: Kraut dehnt Kindern die Haut. Das soll bedeuten, daß Sauerkraut wachstumsfördernd sei. Man mache doch einmal den Versuch, den Kindern als Vesperbrot gelegentlich auf das Vollkornbrot einen dicken Belag von einem der oben genannten Sauerkrautsalate zu reichen; fast ohne Ausnahme verspeist jedes Kind eine solche Schnitte mit Behagen.

Rosenkohl (Sprossenkohl, Brüsseler Kohl)

Außer verhältnismäßig viel Eiweiß enthält der Rosenkohl Natrium, Kalium, Kalk, Mangan, Eisen, Phosphorsäure und Vitamine. Er gehört zu den wenigen Gemüsen, die einen Säureüberschuß haben, und wird daher nicht von allen Menschen vertragen. Für den Geschmack ist es von Vorteil, wenn er tüchtig durchgefroren ist.

REZEPTE

Rosenkohlsalat

Die Röschen putzen, die kleinen ganz lassen, die größeren zerschneiden. Soße aus 1/8 Liter Milch, 100 g Quark, 2 Eßlöffel Öl, 1 Messerspitze Honig, von Kräutern was zur Verfügung steht, z. B. Basilikum, Borretsch, Dill und Petersilie. Um den Geschmack zu mildern, kann man am Schluß der Soße noch eine gekochte, zerquetschte Kartoffel untermischen. Oder statt Quarktunke geriebenen Käse, eine Einmachgurke mit ihrem Saft und wenn nötig, noch etwas Buttermilch, Zwiebeln, Salz.

Rosenkohlsalat gedämpft

Gedämpften Rosenkohl in einer Soße aus etwas Obstessig ½ Teelöffel Honig, Salz, gehackten Zwiebeln, Paprikapulver und Öl einige Zeit ziehen lassen.

Rosenkohl gedünstet

Die Röschen mit so wenig Salzwasser in 10 Minuten weichdünsten, daß es eingekocht ist. Mit Basilikum, Borretsch oder Petersilie würzen und mit einem Stück Butter durchschwenken. Sofort servieren.

Rosenkohl gebunden

Vorbereiten wie vorstehend. Nach dem Weichdünsten mit ganz feinen Haferflocken oder Weizenkeimen bestäuben, Curry, Zitronensaft, Salz, 1 Tasse Sahne. Vorsichtig durchschütteln.

Rosenkohl mit Maronen

Die Maronen kochen oder rösten oder aus der Dose schon zubereitete Maronen heiß machen. Mit gedünstetem Rosenkohl mischen, vorsichtig, damit die Kastanien nicht zerbrechen, und einige Eßlöffel Öl daruntergeben. Mit Muskatnuß und Salz würzen. Dazu Kartoffelbrei, voraus Salat.

Grünkohl

Den Grünkohl (Braunkohl, Federkohl) nennt man in einigen Gegenden auch Winterkohl, weil er den Winter im Garten überdauert, ja erst nach dem Frost richtig wohlschmeckend wird. Die Hamburgerin hängt den gewaschenen Kohl im Netz vor das Fenster, damit er tüchtig durchfriert. Dort heißt er auch Braunkohl, weil er durch langes Kochen bräunlich wird. Die Rheinländer sagen Moos oder Brunmoos.

Der Grünkohl wird feingewiegt oder durch den Wolf gegeben. Die reichliche, meist zu große Fettzugabe brachte ihn in den Ruf, schlecht verdaulich zu sein. Oft wurde er lange gekocht oder mehrfach gewärmt, auch zu fetten Braten verzehrt. So war er wahrhaft «schwere» Kost. Als uraltes Bauerngemüse spielt der Kohl im weihnachtlichen Brauchtum eine Rolle. Die Kinder legen die Blätter am Vorabend des Nikolaustages auf die Fensterbank für das Schimmelchen des

Nikolaus. In einigen Gegenden essen Menschen und Tiere am Weihnachtsabend Grünkohl, um vor Krankheit bewahrt zu werden, und ihn am Silvesterabend zu essen, soll im neuen Jahr vor Geldsorgen bewahren.

Wir schätzen den Grünkohl wegen seines hohen Eisengehalts und Vitaminreichtums. Daher essen wir ihn auch roh und verwenden ihn zur Anreicherung der Speisen wie Schnittlauch und Petersilie.

REZEPTE

Salat

Als Salat wird er fein zerschnitten wie Endiviensalat und mit Zitrone und Öl angemacht. Man kann den Geschmack verändern durch schaumiggeschlagenen Joghurt oder Sauermilch. Auch ein rohes Eigelb kann unter die Soße gerührt werden. Gewürzt wird mit feinzerhackten Zwiebeln, zerquetschtem Knoblauch, Estragon, Majoran und Thymian. Zur Reinigung nie mit warmem Wasser auslaugen, auch nicht versuchen, den herben Geschmack durch Überbrühen zu mildern, denn gerade diese Herbe birgt die wertvollsten Stoffe.

Grünkohlgemüse

1½ kg Grünkohl, reichlich ½ Liter Wasser, 3 bis 4 Eßlöffel Öl, 2 Eßlöffel feine Haferflocken, etwas Muskat nach Geschmack, Piment (Nelkenpfeffer) und Salz. – Den verlesenen und gewaschenen Kohl grob zerkleinern, die harten Rippen abstreifen. Mit gehackten Zwiebeln oder Lauch, Öl und Wasser in gut verschließbarem Topf aufstellen und etwa 45 Minuten garen lassen. Dann nach gutem altem Rezept die Haferflocken, evtl. mit Milch oder Wasser, hineinrühren und ausquellen lassen. Möglichst wenig rühren oder aufdecken, um das Aroma zu erhalten. – Beim Salzen sehr vorsichtig sein, da viele Mineralsalze schon enthalten sind. Man reicht dazu außer der Rohkostplatte Getreidespeisen, Kartoffel- oder Eierspeisen, Maronen.

Es gibt auch Grünkohlgerichte mit Dörrbirnen und Backpflaumen, jedoch die Reformküche steht diesen mit Zurückhaltung gegenüber, da nur wenige Obstsorten mit Gemüse zusammen harmonieren. Viele dieser Zusammenstellungen werden von empfindlichen Menschen nicht vertragen.

Platz für eigene Rezepte

Die Rote Rübe

Die Roten Rüben *(Beta vulgaris),* Beten oder Randen verdienen eine viel größere Beachtung, als ihnen im allgemeinen zugebilligt wird. Wegen ihrer Einwirkung auf die Bildung der roten Blutkörperchen wurde sie schon von den Ärzten der Antike empfohlen. Heut weiß man um ihren reichen Gehalt an Kalium, Kalzium, Phosphor, Schwefel, Magnesium und Eisen. Die Alkalimetalle Rubidium und Cäsium bewirken den hohen Basenüberschuß, durch den sie schädlichen Stoffwechselübersäuerungen (Entzündungen, Rheuma, Gicht) entgegenwirken kann. Bei Stirnhöhlenkatarrh ist sie heilsam, ebenso bei offenen Beinen.

Man spricht von einem vielleicht noch unentdeckten Stoff gegen fieberhafte Erkrankungen, gegen Grippe und andere Infekte. In der Volksmedizin wußte man davon. So gab man Kindern bei Fieberzuständen Rote Rüben. Sie werden gerieben und ausgepreßt, der Saft wird zimmerwarm gegeben. Das gilt auch für Erwachsene in Grippezeiten. Ebenso wird immer wieder von dem günstigen Einfluß des Saftes bei Krebskranken berichtet (Ferenczi, Kuhl).

Rudolf Steiner weist in den Arbeitervorträgen (1923) eindringlich auf die «rote Rübenwurzel» hin. Einmal übt sie einen besonders günstigen Einfluß auf das Denken aus, zum anderen sei sie auch ein gutes Mittel gegen Würmer. Zur Zeit des Vollmondes solle man sie verwenden, bei Neumond jedoch aussetzen. Sie sei auch sehr zu empfehlen für Kinder, die nicht recht wachsen wollen, verabreicht vor allem in früher Jugend bis etwa zum 7. Lebensjahr.

REZEPTE

Rote-Rüben-Saft

Rote Rüben reiben und auspressen. Der Rückstand muß nicht stark ausgepreßt werden, weil man ihn noch zu Suppen oder Salaten verwenden kann. Mit etwas magenwärmendem Anis kann man die geriebene rote Rübe auch mit Getreideflocken als Frühstücksmüsli verwenden. – Man gibt besonders schwächlichen oder blutarmen Kindern und werdenden oder stillenden Müttern von diesem Saft: 3mal täglich eine halbe Stunde vor dem Essen ein halbes Weingläschen voll, nach Belieben mit Zitronensaft und Bienenhonig angereichert. Kleinkinder bekommen ihn bei der Umstellung von Muttermilch auf Flaschennahrung, angefangen mit tropfenweiser Zugabe.

Rote Rüben als Frischkost

Besonders wertvoll ist die Verbindung der Roten Rübe mit rohgeriebenem Meerrettich. Wenn man Meerrettich für einige Male auf Vorrat reiben will, bewahrt man ihn mit Öl übergossen in geschlossenem Glas auf. Zwar vermindern sich dabei die Vitamine, aber die ätherischen Öle sind noch weiterhin beträchtlich. – Die feingeriebenen, rohen Roten Rüben verrührt man mit gut geschlagener dicker Sauermilch oder Sauerrahm. Angenehm ist etwas Anis dabei. Dies gibt eine vitaminreiche Ergänzung zu allen Speisen, besonders auch zu Getreidebrei am Abend. Zur Abwechslung vermischt man den Salat einmal mit süßem oder saurem Fruchtsaft anstelle von Sauermilch. Auch der süße aromatische Himbeersaft mit Zitronen harmoniert gut mit dem Geschmack der Rüben.

Rote Rüben verbinden sich sehr gut **mit geriebenen Äpfeln,** zu gleichen Teilen vermischt. Man reibt die Rüben und Äpfel und gibt reichlich Buttermilch, Joghurt oder Sauermilch, ein wenig Anis und Honig dazu. Diese Rote-Rüben-Speise ist ein ausgezeichnetes Mittel selbst bei hartnäckiger Verstopfung. In der vitaminarmen winterlichen Kost schließt sich damit eine Ernährungslücke.

Gebackene, gedämpfte und gekochte Rote Rüben

In manchen Gegenden können die Roten Rüben auch schon gekocht gekauft werden. Im allgemeinen wird man aber das Backen, Dämpfen und Kochen in der eigenen Küche vornehmen. Wir müssen dabei Sorge tragen, daß die Wurzeln und Blätter nicht zu kurz abgeschnitten werden, damit sich die Rüben nicht «verbluten» und wertvolle Stoffe verloren gehen.

Gebackene Rote Rüben

Folgende Zubereitungsart ist zu empfehlen, weil dadurch am wenigsten Nährwerte verlorengehen. Geschmack, Farbe und Saft bleiben erhalten.

Die Rüben waschen und ungeschält auf einem Kuchenblech oder in einem ausgedienten Aluminiumtopf ohne Flüssigkeit im Backofen bei Mittelhitze backen. Das dauert je nach Größe und Alter der Rüben 1 bis 2 Stunden. Auch beim Kuchenbakken bleibt immer noch Platz für ein paar Rüben. Nach dem Backen läßt sich die Schale dünn abziehen. Wir reichen zu diesem Leckerbissen rohes Sauerkraut, Butter und Käse und ein Glas Buttermilch.

Rote-Rüben-Salat

Die gebackenen Roten Rüben stifteln oder in kleine Würfel schneiden und mit Salz, einer Spur Honig, Anis, Fenchel oder Kümmel und gut geschlagenem Sauerrahm, Zitronensaft oder anderem saurem Saft vermengen.

Gemischter Rote-Rüben-Salat

Die gebackenen Roten Rüben auf der Reibe stifteln und zu gleichen Teilen mit weichgedünsteten Sellerie- und frischgekochten Kartoffelwürfelchen mischen. Anmachen wie Kartoffelsalat.

Pikanter Rote-Rüben-Eintopf

Gedämpfte Rote Rüben abziehen und in Würfelchen schneiden und mit $^2/_3$ frisch gekochten Kartoffeln würfeln, mit 1 bis 2 feingeschnittenen Einmachgurken mischen, Buttermilch zugeben und unter Rühren kurz kochen lassen. Zuletzt Salz, ein wenig Honig, ein Stück Butter und geriebenen Meerrettich unterrühren. Heiß durchziehen, aber nicht mehr kochen lassen.

Rote Rüben mit Meerrettich

Gegarte Rote Rüben mit der gleichen Menge Äpfeln raffeln und mit Honig, geriebenem Meerrettich und Apfelsaft oder Obstessig abschmecken. Sehr gut zu Getreide- oder Kartoffelbrei, ein Gericht aus Polen.

Rote-Rüben-Gemüse in Meerrettichsoße

Gegarte Rote Rüben in Stifte oder Würfel schneiden und mit einer Meerrettichtunke vermischen.

Betenbartsch

Diese östliche Spezialität («Borschtsch») ist in seinem ursprünglichen Rezept recht umständlich und auch nicht passend für die neuzeitliche Küche. Doch gibt es auch eine vereinfachte Form, die zur Zubereitung eigentlich nur Minuten braucht.

Wir rechnen etwa 500 g gegarte Rote Rüben und das gleiche Quantum weichgedünstetes Sauerkraut, dazu zwei milchsaure Kräutergurken, ein wenig Paprikapulver, ein wenig gestoßene Nelken und ein Lorbeerblatt.

Die gewürfelten oder geriebenen Roten Rüben samt Sauerkraut, den feingestiftelten Gurken und den anderen Zutaten aufkochen lassen. Nach Bedarf auch die Gurkenbrühe und ein wenig Obstessig beifügen und sehr heiß auftragen. Nach dem Ausschöpfen kommt in jeden Teller ein großer Eßlöffel dicke saure Sahne. Anstelle der Fleischzutaten können gedünstete Pilze eingerührt werden.

Zu diesem Rezept lassen sich auch die milchsauren und die konservierten Roten Rüben nach Urgroßmutters Rezept verwenden (siehe unten S. 160). Dies ist sogar empfehlenswert, weil es zu einem interessanten Geschmack führt. Hierzu gibt es Reis, Vollkornnudeln oder Kartoffelbrei.

Rote Rüben mit Sellerie und Tomaten

Man schneidet gekochte Rote Rüben in kleine Würfel. Eine große Sellerieknolle wird in Stifte gehobelt und in etwas Sonnenblumenöl mit ganz wenig Wasser 15 Minuten gedämpft. Ferner bereitet man eine pikante Tomatensoße vor. Man würzt sie mit Lorbeer, Nelken, wenig Zwiebeln und Knoblauch, gibt die weichgedämpfte Sellerie und die fertigen Roten Rüben hinein. Im Verhältnis nimmt man drei bis vier Teile Rote Rüben und einen Teil Sellerie. Das Ganze läßt man kurz ziehen und verfeinert die Speise vor dem Auftragen noch mit ein wenig Zitronensaft, pflanzlicher Würze und nach Belieben mit Rahm. Mit einer Rohkostplatte und Kartoffelbrei oder einer Getreidespeise ist dies ein festlicher Schmaus.

Rote Rüben mit Äpfeln

Die vorbereiteten Rüben mit in Öl weichgedämpften Apfelwürfeln vermischen, mit etwas Apfelsaft, Zitrone und Honig abschmecken. Mit Rahm verfeinern.

Rote-Rüben-Blättertrank

Wenn man einwandfrei gezogene Rote Rüben hat, kann man Blätter und Stiele mitverwerten. Sie werden grob zerschnitten und in wenig kochendem Wasser umgewendet. Nach dem Abgießen wird der nierenreinigende Heiltrank noch mit Zitronensaft oder Birkenelixier abgeschmeckt.

Rote-Rüben-Blattgemüse

Die feingeschnittenen Blätter mit wenig Wasser und Öl weichdünsten. Mit Basilikum oder Liebstöckel, auch Thymian oder Majoran würzen. Ebenso können die in Stücke geschnittenen Stiele zubereitet werden. Würzen mit Knoblauch, dazu eine Meerrettichsoße.

Rote-Rüben-Salat nach Urgroßmutters Rezept

1 kg gegarte – am besten gebackene – Rote Rüben schälen und in feine Scheiben hobeln oder in grobe Stifte raffeln. Mit einer fein geschnittenen Zwiebel und folgenden Gewürzen einschichten: 2 bis 3 Gewürznelken, 4 bis 5 Körner Koriander, 1 bis 2 grobgeraspelten Meerrettich und 1 Lorbeerblatt. Auf ½ Liter Obstessig 1 Teelöffel Salz, 1 Teelöffel Honig, Demetersirup oder braunen Zucker, ½ Teelöffel Paprika (mild), Kümmel oder Anis, 1 Teelöffel Senfkörner und einige Pfefferkörner geben, die Rüben übergießen und gut zugedeckt einige Stunden oder Tage ziehen lassen. Die Flüssigkeit muß über den Rüben stehen, evtl. also mit Teller und Stein beschweren.

Auch **Milchsäuregärung** der Rüben läßt sich erzielen und gibt ein herrliches Gesundheitsgetränk. Die Wurzeln legt man in einen Topf, salzt sie und gibt kaltes Wasser darauf. Nach wenigen Wochen ist der rote Sauersaft trinkbar, die Rüben laugen aus.

Sellerie, eines der gesündesten Gemüse

Wenn sich die Wintervorräte allmählich erschöpfen, gehört unsere besondere Aufmerksamkeit dem Sellerie *(Apium graveolus)*, volkstümlich auch Zeller und Eppich geheißen. Als Nahrungs- wie als Heilpflanze ist er uns gleich wertvoll. Gerade in der gemüsearmen Zeit ist es so wichtig, die noch raren Grünsalate mit kräftespendenden Wurzelgemüsen anzureichern, und das besorgt der Sellerie mit einer Vielzahl von Vitaminen in hohem Maße. – Nur in Deutschland gibt es vorwiegend Knollensellerie, während man im Ausland Bleichsellerie (Stangensellerie) bevorzugt, ja mancherorts Knollensellerie sogar unbekannt ist. Aber der würzige Geschmack einer Sellerieknolle ist nicht zu ersetzen.

In der Naturheilkunde spielt der Sellerie schon lange eine bedeutende Rolle. Knollen und Blätter werden bei einer Reihe von Leiden verwendet, bei Rheuma, Nervenschwäche, schwacher Bauchspeicheldrüse, Magen- und Darmstörungen, bei Lungen- und Blasenleiden. Bekanntlich ist Sellerie auch bei Nierenerkrankungen (Steinen) wirksam, ausgenommen bei akuter Nierenentzündung. Blätterabkochungen in Milch werden bei Erkältungen, besonders gegen Husten empfohlen. Auch für den Zuckerkranken enthält der Sellerie wichtige Stoffe.

Vom Selleriekochwasser teilte ein alter Arzt die seit Jahren erprobte Erfahrung mit, daß bei Rheumatismus, wenn alle anderen Mittel nicht mehr helfen, die darin enthaltenen Heilkräfte unbedingt erfolgreich sein würden. Für diese Anwendung wird die Sellerieknolle in Stücke geschnitten und weichgekocht. Die Flüssigkeit wird nach Geschmack mit etwas Zitronensaft, aber ohne Zucker im Laufe des Tages schluckweise getrunken, morgens nüchtern und je eine halbe Stunde vor den Mahlzeiten. Die Kur dauert 3 bis 4 Wochen und wird notfalls wiederholt. Der günstigste Zeitpunkt ist der Vorfrühling, um die Ausscheidung der Winterablagerungen zu unterstützen. Diese Kur war früher als «Zellerkur» bekannt.

REZEPTE

Köstliche Salatplatten

lassen sich herstellen mit rohem Sellerie und Roten Rüben, mit oder ohne Beigabe von Äpfeln. Desgleichen kann man ihn mischen mit geriebenen gelben Rüben, mit Sauerkraut oder Kartoffelsalat.

Feiner Selleriesalat

1 Grapefruit, 2 Äpfel, ½ roher, feingeriebener Sellerie, 1 Teelöffel Honig, Zitronensaft und 1 Becher geschlagener Joghurt oder Sauerrahm werden miteinander vermischt. Garnieren mit Walnußhälften.

Sellerie-Chicoréesalat

Den Chicorée in kleine Stückchen schneiden, mit der gleichen Menge feingeriebenem Sellerie mischen, ein wenig Honig, Zitronensaft, Öl, beliebige Küchenkräuter (Basilikum, Dill, Borretsch) untermischen, in Portionsschälchen anrichten und jeweils 1 bis 2 Eßlöffel saure Sahne darübergeben.

Sellerie-Lauch-Salat

Je 1 Eßlöffel Quark und Mayonnaise, 1 Joghurt, Saft einer Zitrone, 1 Sellerie, 1 mittelgroße Stange Lauch und ½ Teelöffel Honig. Der Sellerie wird gerieben, der Lauch feingeschnitten und in die Soße aus den übrigen Zutaten gemischt. Man kann auch geriebene Nüsse unterziehen und mit Ananas- oder Orangenscheiben verzieren.

Selleriecreme, roh

250 g Quark kremig rühren. Eine mittelgroße Sellerie reiben, mit Zitronensaft, einem mit Schale geriebenem Apfel, 1 Teelöffel Honig, Salz und Paprika locker vermengen.

Salat von gedämpftem Sellerie

Wir dünsten oder kochen die Sellerieknolle im Ganzen, um Geschmack und Nährwerte weitgehend zu erhalten. Dann den Sellerie in Würfel oder Scheiben schneiden. Eine Soße aus Obstessig oder Zitronensaft und Öl, wenig Salz, Zwiebeln und Majoran oder Paprika, ½ Teelöffel Honig und ein paar Eßlöffeln Rahm anrühren, über den Sellerie geben und mit Schnittlauch oder Petersilie bestreuen. Der Salat wird warm gegessen.

Selleriegemüse

Eine weichgedämpfte Sellerieknolle in Scheiben oder Würfel schneiden. Eine Soße aus einer Tasse von dem Dämpfwasser und Milch, geriebenem Käse, Salz, gekörnter Würze, einem Stück Butter und Muskat bereiten. Nach Bedarf einige Löffel Rahm zugeben. Mit Petersilie bestreut zu Getreidebratlingen geben.

Italienischer Gemüsesalat

Sellerie zusammen mit Fenchelknollen halbweich dünsten und in Würfelchen schneiden. Mit der gleichen Menge frisch gekochten Kartoffeln und etwas weniger Roten Beeten, ebenfalls gegart und in Würfel geschnitten, mischen. Dazu 1 Eßlöffel Senf, 2 bis 3 hartgekochte, zerschnittene Eier, feingehackte Zwiebeln, saure Gurke, Oliven, Öl und Zitronensaft oder Obstessig mischen. Die Salatschüssel wird mit einer zerquetschten Knoblauchzehe ausgerieben, halbwarm servieren.

Gedämpfter Sellerie mit Roten Rüben und Tomaten

1 kg Rote Rüben garen, am besten durch Backen (siehe S. 159). Eine große oder 2 mittlere Sellerie in Stifte hobeln und in 2 Eßlöffeln Öl und 3 Eßlöffeln Wasser weichdämpfen. Den Topf dabei so wenig wie möglich aufdecken. Es dauert etwa 15 Minuten. Die abgezogenen Roten Rüben in Stücke schneiden, den Sellerie zugeben und mit Tomatensoße mischen.

«Sellerieschnitzel»

Die halbweich gedämpften Sellerieknollen in fingerdicke Stücke schneiden und abtropfen lassen. Die Scheiben mit Mehl, verklopftem Ei und Bröseln panieren und in Öl hellgelb braten. Dazu Grünsalat und Vollkornnudeln, Kräutersoße.

Sellerie mit Champignons

Wie oben gedünstete Selleriescheiben auf einer feuerfesten Platte anordnen, auf jedes Stück einige gedünstete Champignons oder andere Pilze setzen. Mit 1 Tasse Gemüsebrühe übergießen, so daß die Scheiben davon bedeckt sind. Etwas geriebenen Käse und Butterflocken überstreuen und kurz (10 bis 15 Minuten) im Ofen überbacken. – Man kann die belegten Scheiben auch mit einer Soße aus ½ Liter Milch, 1 Eßlöffel Mehl und 2 Eiern begießen und backen.

«Selleriebraten»

2 mittelgroße Sellerieknollen reiben und mit 1 gehackten Zwiebel in Öl kurz und kräftig andünsten. Mit 2 Eiern, 1 Tasse Paniermehl, 1 Tasse Grieß, ½ Liter Milch, Majoran, Paprika und Salz tüchtig vermischen und in einer geölten, feuerfesten Form bei Mittelhitze backen. Dazu eine kräftige Soße (z. B. Meerrettich).

Sellerieauflauf

Zwei große Sellerieknollen nicht ganz weich dämpfen und in Scheiben schneiden. Aus Öl, einigen Eßlöffeln Mehl, Milch, Gemüsewasser, gekörnter Würze und 2 Eigelb eine dickliche Soße anrühren. Die Scheiben in eine geölte Form legen und übergießen. Bei Mittelhitze bräunlich backen.

Selleriesuppe

Frisch gekochte Kartoffeln schälen und zerstampfen; auch übriggebliebener Kartoffelbrei läßt sich verwenden. Mit heißer Gemüsebrühe, in welcher reichlich Lauch mitgekocht wurde, einer mittelgroßen feingeriebenen Sellerieknolle und einigen Pimentkörnern vermischen. Die Suppe mit einem zerklopften Ei und einem Stück Butter gleich auftragen.

Selleriesoße

Eine weiße Mehlsoße mit Zitronensaft abschmekken, nach Belieben etwas Buttermilch dazugeben und mit einer Tasse rohem feingeriebenem Sellerie vermischen. Mit Würzkräutern bestreuen. Kann auch mit einigen Eßlöffeln feinen Haferflocken zu Suppe erweitert werden.

Die Selleriebowle für den Gourmet

Sie wird aus zwei kleinen oder einer großen rohen Sellerieknolle bereitet, die, in dünne Scheiben geschnitten, mit Honig beträufelt und mit Apfelsaft übergossen, mindestens 12 Stunden ziehen müssen. Vor dem Auftragen eine Flasche Traubensaft und eine Flasche Sprudel dazugießen.

Bleichsellerie

Der Bleichsellerie (Stangen- oder Staudensellerie) ist in unseren Nachbarländern England, Italien, Frankreich und in Amerika sehr geschätzt, und allmählich kommt er auch zu uns. Er bildet keine Knollen, dagegen blasse dicke Blattstiele, die vorwiegend roh verwertet werden. Man kann ihn das ganze Jahr über erhalten.

Der Stangensellerie ist in Italien bei großen Festessen als Zwischengericht beliebt, um die Mahlzeit bekömmlich zu machen und den Appetit wieder anzuregen. In Amerika ißt man die gekühlten Stangen mit Butter und Käse bestrichen.

REZEPTE

Bleichselleriesalat

Die Stangen ausbrechen und kurz in kaltem Wasser waschen. Wir lassen sie ganz oder teilen die dicken Stücke der Länge nach und schneiden etwa 6 cm lange Stücke. – 250 g Quark, 1/8 Liter Joghurt, 1 Eßlöffel feingehackte Kräuter (Basilikum, Liebstökkel, Dill) werden mit etwas abgeriebener Zitronenschale gemischt. Den Quark in Schälchen anrichten, dazu den Sellerie reichen. Man bestreicht sie mit dem Quark oder löffelt mit ihnen aus den Schälchen.

Waldorfsalat

2 grob geraffelte saftige Äpfel, 1 Tasse feingeschnittenen Stangensellerie, 1 Eßlöffel Zitronensaft, 2 Eßlöffel gehackte Walnüsse. Tunke von ½ Tasse Mayonnaise und 2 Eßlöffeln süßer Sahne. Die Äpfel sofort mit dem Zitronensaft beträufeln, Sellerie und Nüsse dazugeben und mit der Tunke mischen. Eine Stunde kalt stellen. Abwandlung mit Ananasstückchen, Weinbeeren u. ä.

Bleichsellerie mit Butter

Stangensellerie halbieren oder vierteln, in einigen Eßlöffeln Wasser und Öl nicht zu weich kochen. Servieren mit heller oder brauner Butter. Dazu Kerbel, Basilikum, Petersilie, Salz. Man kann auch abändern mit geriebenen Mandeln und geriebenem Käse. Die Mandeln in Butter kurz anrösten und zusammen mit dem Käse überstreuen. Auch gut mit Maronen und geriebenem Käse, Paprikapulver, Curry.

Bleichsellerie als Gemüse

1 kg Stangensellerie, 2 Eßlöffel Öl, 2 Eßlöffel Wasser, 1 kleine Tasse Milch, ½ Teelöffel Honig, etwas Muskatnuß. Die Stengel in 5 cm lange Stücke schneiden und mit Öl und Wasser weich dünsten. Zum Schluß Honig, Muskat, Salz und Rahm unterrühren.

Platz für eigene Rezepte

Meerrettich

Der Meerrettich *(Armoracia rusticana)* ist seit tausend Jahren in Mitteleuropa bekannt. Seine Heimat ist im Südosten Europas. Heute ist das beliebte Gemüse in aller Welt verbreitet und wird z. T. auf ausgedehnten Feldern angebaut. Reich an Vitamin C, verbessert der Meerrettich von Oktober bis Mai unsere Nahrung. Obwohl der Vitamingehalt zum Frühling hin abnimmt, birgt er immerhin noch das heilsame Senföl, das uns beim Reiben in die Augen beißt. Darum erledigen wir diese Arbeit am offenen Fenster und bereiten den Meerrettich erst kurz vor dem Gebrauch, da das ätherische Öl flüchtig ist.

Der Genuß der heilsamen Pflanze darf jedoch nicht übertrieben werden. Durch ihre Wirkung auf die Nieren hilft sie bei Wassersucht, bei Leber- und Gallenbeschwerden, bei Darmstörungen und gegen Würmer. Auch gegen Katarrh, Asthma und Lungenleiden wird sie gelobt.

Meerrettich mit Wermut: ½ Teelöffel Wermut mit ½ Liter Wasser überbrühen und 2 Minuten ziehen lassen. Abgießen und 20 bis 30 g frisch geriebenen Meerrettich einrühren. Zudecken und nach etwa 20 Minuten den ersten Schluck davon nehmen. Auf den Tag über verteilt trinken, aber immer leicht angewärmt. Bei Erkältungen oder Brustbeschwerden auch etwas Honig beifügen.

Meerrettichmilch: 1 bis höchstens 2 Teelöffel geriebenen Meerrettich mit ½ Liter heißer Milch übergießen und wie oben weiterverwenden, auch morgens nüchtern oder vor dem Schlafengehen eine kleine Tasse voll trinken.

Auch mit schwarzem Johannisbeersaft kann der Meerrettich getrunken werden. Man läßt ihn gut zugedeckt über Nacht mit dem Saft stehen und trinkt tagsüber schluckweise. Einige Tage solcher Meerrettichgetränke wirken oft Wunder gegen Erkältung.

Äußerlich angewandt wirkt Meerrettich ableitend. Man reibt ihn und bindet ihn zur Nacht auf die Fußsohlen, eine Nacht auf die rechte, die andere auf die linke. Manchmal stellt sich ein starkes Brennen ein. Dann kann man den Verband entfernen, andernfalls behält man ihn bis zum Morgen. Kopfschmerzen, Blutandrang mit Schwindel, Neuralgien, Zahn-, Magen- und Rückenschmerzen können so vertrieben werden. Ein Meerrettichfußbad regt bei kalten Füßen die Durchblutung an.

Die grünen *Meerrettichblätter* kann man ebenfalls auf die Fußsohlen binden, aber auch in der Küche sind sie verwendbar. Mit ihrem würzigen Aroma bereichern sie feingeschnitten jede Rohkost. Gedünstet gebraucht man sie als Zusatz bei Spinat, Mangold, Grünkohl usw.

REZEPTE

Meerrettichsoße für Salate

1 Teelöffel geriebenen Meerrettich mit ¼ Liter Schlagsahne oder verdünntem Quark, ein wenig Salz und Zitronensaft, dazu ein wenig Honig schlagen und unter den Salat ziehen.

Apfelmeerrettich

2 große Äpfel rasch auf der Rohkostreibe zerkleinern und Zitronensaft zugeben. 1 Teelöffel geriebenen Meerrettich und flüssigen Honig dazugeben und sofort zu Kartoffelspeisen oder Vollkornbrot auftragen.

Orangenmeerrettich

2 Orangen auspressen, die eine der Schalen abreiben und mit ein wenig Honig, Zitronensaft und 1 Teelöffel Meerrettich mischen.

Meerrettich mit Möhren und Äpfeln

Möhren und Äpfel zu gleichen Teilen raffeln, 1 bis 2 Teelöffel geriebenen Meerrettich mit Honig, Zitronensaft und Rahm darunterziehen. Eine gute Beilage zu allen Speisen, die weniger markant im Geschmack sind.

Kartoffel-Meerrettich-Salat

Gekochte kalte Kartoffeln reiben, mit einem Stück geriebenem Meerrettich vermischen und einige Eßlöffel Sahne zugeben und wie Kartoffelsalat anmachen.

Meerrettichtörtchen für «Bunte Platten»

8 g Agar-Agar in ½ Tasse kochendem Wasser leise ziehen lassen bis zum Auflösen. In eine Tasse kalte Milch einen sauren Apfel und ein fingerlanges Stückchen Meerrettich hineinreiben. Das aufgelöste Agar-Agar und ein wenig Salz und Honig dazutun. Die Masse in kleine runde Förmchen füllen. Nach dem Erstarren auf getoastete Schnitten stürzen, dazu Kresse, Radieschen, Oliven, Eierscheiben, Tomaten, saure Gurken usw. reichen.

Meerrettichsoße, warm

Eine helle Tunke zubereiten und mit Milch auffüllen. Etwas Muskat und einige Eßlöffel geriebenen Meerrettich dazutun. Nun soll die Soße nicht weiterkochen. Abschmecken mit ein wenig Zucker, Salz, einigen Tropfen Zitronensaft und einigen Eßlöffeln süßem Rahm. Durch Aufkochen verliert der Meerrettich an Schärfe, aber auch an Wirkung.

Man kann auch eine feingeschnittene Kräutergurke oder ein Stück in feine Rädchen geschnittene frische Gurke in die gewärmte Schüssel legen und die Soße darüber anrichten.

Meerrettichessig

Eine Tasse geriebenen Meerrettich mit einer geriebenen Zwiebel, einem Teelöffel Paprikapulver, ein wenig Salz und Zucker in einen Steintopf geben und mit ¾ Liter kochendem Apfelessig übergießen. Gut zubinden und 14 Tage stehen lassen. Den Essig durch ein Tuch seihen, aufkochen und in kleine Flaschen füllen. Gut verkorken und kühl aufbewahren.

Meerrettich als feine Würze

Alle Soßen, Salate und Gemüsegerichte, besonders auch Kartoffelbrei, Möhren und Rote Rüben erhalten eine gesunde Aufwertung durch das Dazutun von ein wenig Meerrettich, den man auch in feine Streifchen geschnitten verwenden kann. Roten Rüben, als Salat eingemacht, fügt man kleine Meerrettichwürfel bei, ebenso Gurkenkonserven.

Platz für eigene Rezepte

Kohlrüben

Die Kohlrübe (Steckrüben, Bodenrüben, Unterkohlrabi, Wruken) ist durch den Krieg leider zu Unrecht in Verruf geraten. Die zarten, biologisch-dynamisch gezogenen Rüben *(Brassica napus rapifera)* haben jedoch das Recht, als Wintergemüse einen hohen Rang einzunehmen. Die gelbfleischigen Kohlrüben sind im allgemeinen noch zarter als die weißen.

REZEPTE

Kohlrübensalat

Die Rübe schälen und in feine Stifte raffeln. Aus Sauermilch, Rahm oder Joghurt mit Zwiebel, Öl, Zitronensaft und gewiegten Würzkräutern (Petersilie, Liebstöckel, Borretsch, Basilikum usw.) eine Soße bereiten und mit den geraffelten Kohlrüben mischen. Gemahlene Nüsse überstreuen.

Kohlrübengemüse

Die Rüben schälen und in kleine Würfel schneiden. Mit wenig Wasser, Öl, Salz und etwas Rübensirup (1 Eßlöffel auf ½ kg) in gut verschlossenem Topf weichdünsten. Mit reichlich Petersilie und ein wenig Kümmel würzen, Butter und geriebenen Käse darüber geben und mit Salat und einer Getreidespeise servieren. – Ein gutes Gewürz ist auch Majoran, den man reichlich mitkochen lassen kann.

Schweizer Rübengemüse («Räben»)

2 Eßlöffel Zucker in 2 Eßlöffel Öl bräunen. Die pommes-frites-großen Rübenstäbchen hineintun, umrühren, weitere 2 Eßlöffel Öl zugeben und mit ¼ Liter Wasser auffüllen. Mit rohen Kartoffelstückchen abdecken, zudecken und weichdämpfen. Würzen mit Salz, Kümmel und Majoran.

Italienische Rübensuppe

Die Rüben fein schneiden und mit Gemüsebrühe ankochen. Nach etwa 20 Minuten mit Gemüsebrühe auffüllen, pro Person eine kleine Handvoll Reis einstreuen und mit 1 Löffel Senfkörnern und 1 Zweiglein Rosmarin garen lassen. Mit einigen Löffeln Öl oder einem Stück Butter und geriebenem Käse auftragen.

Schwarzwurzeln

Es ist noch nicht lange her, daß die Schwarzwurzel *(Scorzonera hispanica)* als Gemüse entdeckt wurde. Den Klosterköchen des Mittelalters war sie vollkommen unbekannt. Dabei ist die Schwarzwurzel in der Alten Welt daheim, aber sie blieb offenbar lange Zeit hindurch unbeachtet. In Mitteleuropa wächst sie wild. Zunächst entdeckte man sie als Medikament. «Schlangengras» und «Vipernwurzel» lauteten die ältesten Volksnamen der Pflanze. Man schrieb ihr giftwidrige Eigenschaften zu. Nach einem Bericht von 1577 wurden in der Schweiz Schwarzwurzeln in den Gärten als Mittel gegen Schlangenbisse gezogen. Ein Gelehrter jener Tage rühmt aber auch ihre Heilwirkung bei Epilepsie und Ohnmacht, Herzkrankheiten und schwachen Augen. Bald erkannte man, daß die Wurzeln von «Schlangengras» eßbar seien und gut schmeckten. Zu dieser Entdeckung kam es im Lande der hohen Kochkunst, in Frankreich. Der anonyme Verfasser des «Jardinier Français», dessen Werk im Jahre 1616 erschienen ist, rühmt sich darin, die ebenso delikate wie auch gesunde Wurzel in den Küchengebrauch eingeführt zu haben, und um 1700 war die Schwarzwurzel auch in ganz Deutschland beliebt.

Schwarzwurzeln enthalten Kalzium, Magnesium, Phosphor, Eisen, Vitamine und Spurenelemente. Sie gelten als Nervennahrung, sind blutbildend und wirken entwässernd. Man nimmt den Saft auch als Gicht- und Nierenmittel. – Wer einen Garten hat und im zeitigen Frühjahr die noch in der Erde steckenden Wurzeln holt, übersieht dabei auch nicht das zarte Grün der Blätter, um es feingeschnitten dem Salat unterzumischen.

Vor dem Zubereiten werden die Schwarzwurzeln gewaschen, gebürstet und geschabt. Damit sie weiß bleiben, legt man sie nach dem Putzen sofort in Milch- oder Essigwasser. Das Schaben geht ganz leicht, wenn man davor die Wurzeln kurz überbrüht. Für kleine Familien kann man beim Pellkartoffelkochen die gewaschenen Schwarzwurzeln obenauflegen und mitgaren lassen. Sie lassen sich dann vor dem Anrichten oder am Tisch mit Leichtigkeit abziehen.

Schwarzwurzeltee
zur Blutreinigung, für Gicht- und Nierenleiden
Für ½ Liter Tee reicht eine Schwarzwurzel. Sie wird ungeschält in Scheiben geschnitten und ungefähr ¼ Stunde gekocht.

REZEPTE

Schwarzwurzelsalat, roh

Zuerst die Soße zubereiten, damit man die rasch sich verfärbenden Schwarzwurzeln hineinreiben kann. Sie besteht aus Zitronensaft und Öl, Rahm oder Milch, Zwiebeln, Basilikum oder Thymian. Wir rechnen pro Person eine Schwarzwurzel. Den Salat auf eine Platte legen und z. B. mit einem dicken Kranz von Brunnenkresse oder anderen Wildkräutern, Tomatenscheiben oder geraspelten Radieschen umgeben.

Die gekochten, geschälten, kleinwürfelig geschnittenen Schwarzwurzeln in der gleichen Weise wie vorstehend weiterbehandeln. Man kann auch einen roh geraspelten Apfel untermischen und dem Salat einen Löffel grobgehackter Nüsse oder Mandeln zugeben.

Schwarzwurzeln in Buttersoße

Aus Butter, Mehl, Milch und Pflanzenwürze, etwas Salz und einer Prise Zucker eine Soße rühren und aufkochen. Die weichgekochten, in Stücke zerschnittenen Schwarzwurzeln hineingeben und beim Auftragen mit ein paar Tropfen Zitronensaft und einigen Löffeln Sauerrahm abschmecken. Dazu reicht man Frischkostsalat und ein Getreidegericht.

Schwarzwurzeln mit Bröseln

Die weichgekochten, unzerschnittenen Schwarzwurzeln auf einer heißen Platte anrichten, mit Bröseln bestreuen und mit heißer brauner Butter übergießen.

Schwarzwurzeln auf Toastbrot

Die mit etwas Butter bestrichenen Brotscheiben dick mit Tomatenmark bestreichen und die gleichmäßig geschnittenen, gekochten Schwarzwurzeln darauflegen. Mit Weizenkeimen bestreuen und kurz im Ofen überbacken.

Hülsenfrüchte

Die Hülsenfrüchte *(Leguminosen)* gehören zu den Schmetterlingsblütlern. Ihre Samen springen leicht aus den Hülsen heraus. Unter dem Sammelnamen Hülsenfrüchte werden in der Küche die reifen getrockneten Samen verstanden. Dazu gehören Erbsen (s. S. 82), Bohnen, Linsen und Sojabohnen. Auch die Wicke, die Süßlupine und sogar die Erdnuß gehören hierher. Hülsenfrüchte haben einen hohen Sättigungswert und sind besonders in der kalten Jahreszeit begehrt. Ihr hoher Eiweißgehalt – Soja als der stärkste Eiweißträger unter den Leguminosen enthält 40 % Eiweiß – ist positiv zu beurteilen. Andererseits stellt der Stickstoffgehalt eine erhebliche Belastung für den Körper dar. Darum muß auch zur Vorsicht geraten werden.

Außerdem ist die Hülsenfrucht ein wichtiger Stärketräger. Da das Pflanzeneiweiß (Legumin) in Zellen eingeschlossen ist, wird es weit schwerer verdaut als tierisches Eiweiß. Langes Einweichen ist erforderlich. Zusatz von Natron löst zwar den Kalk und fördert das Weichwerden, aber er hebt den Säuregehalt des Körpers an. Praktische Erfahrungen haben erwiesen, daß Hülsenfrüchte, uneingeweicht und gleich mit kochendem Wasser aufs Feuer gegeben, schneller weich werden. Das gilt sogar für ältere Früchte (über 1 Jahr alt). Hülsenfruchtgerichte sollten stets zusammen mit Wurzelgemüse oder Sauerkraut angerichtet werden. Allein sind sie schwerer verdaulich. – Hülsenfrüchte, bevorzugt Erbsen, sind auch geschält und gemahlen erhältlich, sie sind bei vollem Nährwert leichter verdaulich. Solches Hülsenfruchtmehl bildet die Grundlage für «Erbswurst», Suppen- und Soßenwürfel.

REZEPTE

Bohnensalat (auch für Linsen und Erbsen geeignet)

Weiße Bohnen werden weichgekocht, kaltgestellt und mit Zitronensaft und Öl, mit Bohnenkraut, Majoran, Thymian und feingeschnittenen Zwiebeln und Salz zu Salat angemacht. Man kann auch rohe geriebene Möhren, rohe Schwarzwurzeln oder rohen Blumenkohl, Tomaten oder jeden grünen Salat untermischen. Auch rohe Rote Bete, rohes Weiß- oder Blaukraut und kleingeschnittene Äpfel kann man dem Bohnensalat zufügen.

Bohnen-Kartoffelsalat

150 g weichgekochte weiße Böhnchen vermischen mit drei mittelgroßen, gekochten Kartoffeln, einem Stück weichgedünstetem Sellerie, einer gehackten Zwiebel, viel gehackten Küchenkräutern (Majoran, Thymian, Bohnenkraut, Basilikum, Borretsch, Liebstöckel, Tripmadam usw.). Dann eine kleine Zehe feinzerdrückten Knoblauch, Zitronensaft oder Apfelessig, Salz, Öl und eine Prise Zucker. Man kann auch ein bis zwei hartgekochte, kleingehackte Eier daruntergeben. Den gutgemischten Salat einige Zeit durchziehen lassen und mit einem Rand von Feld-, Endivien-, Chicorée- oder beliebigem Grünsalat anrichten.

Bohnen- und Erbsengericht

3 Liter Wasser, 40 g weiße Bohnen, ebensoviel gelbe oder grüne Erbsen, 1 Tasse Naturreis, 250 g Möhren, 250 g Zwiebeln, 1 Prise Muskat, 2 Nelken, Petersilie, Thymian, 1 Stück Sellerie. Im Winter nimmt man getrocknete Gewürze. Man läßt die Hülsenfrüchte mit den Gewürzen und dem zerschnittenen Sellerie kochen und gibt nach einer Stunde den Reis und die ganzen Möhren hinzu. Wenn alles weich ist, die in Öl angdünsteten Zwiebeln hineintun. Abschmecken mit Salz.

Gelbe Erbsen

300 g gelbe ungeschälte Erbsen, 1¼ Liter Wasser, Sellerie, Petersilienwurzel, Bohnenkraut, Lorbeerblatt, Zwiebeln, 20 g Weizenmehl, 30 g Butter, wenn nötig noch gekörnte Würze. Die Erbsen werden tags zuvor eingeweicht und mit dem Einweichwasser und den Zutaten gargekocht. Nach dem Durchstreichen der Suppe nochmals aufsetzen, mit dem in kaltem Wasser angerührten Mehl andicken, die Butter zufügen und jetzt erst mit Salz und Suppenwürze abschmecken. Nach Belieben geröstete Brotwürfel dazu servieren.

Weiße Bohnensuppe

375 g weiße Bohnen, Zitronensaft oder Obstessig nach Geschmack, zum Schluß 1 Teelöffel Honig zufügen, die übrigen Zutaten wie vorher. Die Bohnen müssen aber nicht unbedingt passiert werden.

Linsensuppe

300 g Linsen, 3 Möhren, weitere Zutaten und Zubereitung wie oben. Ein Teelöffel Senf pro Teller verbessert den Geschmack, etwas Essig macht die Suppe leichter verdaulich.

Linsenbratlinge

Aus 250 g gekochten Linsen mit in Öl gedämpften Zwiebeln und Petersilie und 250 g gekochten durchgedrehten Kartoffeln mit 2 Eiern oder 2 Eßlöffeln Sojamehl einen Teig bereiten. Einige Eßlöffel Brotbrösel untermischen, so daß man Bratlinge formen kann. Diese in Öl braten.

Linsenbraten

250 g Linsen mit einer ganzen Zwiebel, einem Stück Zitronenschale, einem Lorbeerblatt und 2 Nelken weichkochen und durchpassieren. Mit 2 Eiern zu einer gut vom Löffel fallenden Masse rühren, evtl. noch mit Bröseln ausgleichen, in eine geölte runde Form füllen und etwa 30 Minuten backen. Dann auf eine Platte stürzen und Tomaten- oder Pilztunke darübergießen, mit ein wenig Minze oder Petersilie bestreuen. Dazu Kartoffelbrei und Salat.

Süddeutsche Linsenspätzle

250 g Linsen weichkochen. 1 große gehackte Zwiebel in 3 Eßlöffeln Öl dünsten, 2 eingeweichte, ausgedrückte Vollkornbrötchen dazugeben, Salz, Majoran und gekörnte Würze. Zusammen durchdrehen, mit ½ Tasse kochender Milch begießen und zuletzt 2 Eier und etwa 500 g feines Vollkornmehl – je nach den Zutaten auch etwas weniger – untermischen. Den Teig auf das Spatzenbrett oder in die Spätzlesmühle geben und in üblicher Art zu Spätzle verarbeiten.

Erbsenbraten

250 g Erbsen weichkochen, 1 Tasse Tomatensaft, 2 Eier, 2 bis 3 Eßlöffel Öl, 1 Tasse Vollkornbrösel, feingeschnittene Zwiebel, Majoran, Thymian, Bohnenkraut und Salz dazumischen und in gefettete Kastenform füllen. Bei Mittelhitze backen. Alle Salate passen gut dazu.

Hülsenfruchteintopf

125 g Erbsen (oder andere Hülsenfrüchte, alle sind geeignet), 100 g Graupen, ein kleiner Blumenkohl, 1 bis 2 Lauchstengel, 500 g Kartoffeln, 2 Zwiebeln, Petersilie, Bohnenkraut, Kümmel, 2 Eßlöffel Öl. Die Hülsenfrüchte mit den Graupen heiß übergießen und über Nacht einweichen. Andern Tags halbweich kochen. Die rohen, in Stücke geschnittenen Kartoffeln dazugeben, desgleichen die zerkleinerten Gemüse und Kräuter und alles weiterkochen lassen. Zuletzt die zerhackte Zwiebel in Öl weichdünsten und untermischen. Dazu paßt gut roher Sauerkrautsalat.

Sellerie-Bohnen

250 g weiße Bohnen mit Zwiebeln ankochen. Nach kurzer Zeit die gewürfelte Sellerieknolle mit Bohnenkraut und Majoran hinzugeben und weichkochen. Dann einige Löffel süße Sahne, Muskat, gekörnte Würze und ein Stück frische Butter dazu. Mit reichlich gehackter Petersilie bestreuen. Dazu z. B. Tomatensalat und Brot.

Hülsenfrüchte süßsauer

Dem fertigen Linsen-, Erbsen- oder Bohnenbrei, welchem reichlich Kräuter zugesetzt werden, folgende Soße untermischen: 1 bis 2 Eßlöffel feine Haferflocken, angerührt mit der Flüssigkeit von eingedünstetem süßsaurem Gemüse oder Früchten oder Obstessig mit 1 bis 2 Eßlöffel Rübensirup und Öl. Dazu gebackene Käseschnitten und Chicoréesalat oder Bleichsellerie.

Bohnentörtchen

200 g Sirup mit 2 Eidottern gut schlagen. 250 g weichgekochte passierte und erkaltete weiße Bohnen dazurühren unter Beigabe von Saft und geriebener Schale einer Zitrone. Nach Bedarf mit Milch oder Rahm zu einer geschmeidigen Masse abrühren. Zuletzt den Eischnee dazugeben und in kleine geölte Förmchen füllen. Bei Mittelhitze backen und nachher mit gemahlenen Nüssen bestreuen.

Platz für eigene Rezepte

Salate und kalte Platten

Salate und kalte Platten

Einige Regeln für die Zubereitung der Rohkost

Für alte Menschen und Kranke, auch bei sehr ungemütlichem Wetter beginnen wir die Mahlzeit mit einer warmen Suppe, die innerliches Behagen gibt, die Magensäfte und den Appetit anregt. Sonst steht an erster Stelle die Frischkost, die nüchtern ihren Wert am besten entfaltet. Sie ist nicht so sehr als Nahrung zu betrachten, sondern vielmehr als Heilfaktor mit Schutz- und Wirkstoffen (Fermenten und Vitaminen), Mineralsalzen, Fruchtsäuren, Gerb-, Aroma- und Bitterstoffen. Um diese wertvollen Bestandteile der Pflanzen voll auszunutzen, muß man einige Regeln für die Zubereitung der Rohkost beachten.

Dabei sollte es selbstverständlich sein, daß nur Gemüse *bester Qualität* zum Rohverzehr genommen wird. Die Hausfrau sollte erforschen, wie und wo der Salat gezogen wird, den sie kauft. Meist sucht sie die größten, festesten Köpfe aus, ohne Rücksicht darauf zu nehmen, welcher Düngung diese Üppigkeit zu verdanken ist. Ideal ist das Gemüse aus *biologisch-dynamischem* Anbau, ganz besonders, wenn es *frisch* ist. Man gibt sich einer Illusion hin, wenn man meint, angewelktes Blattgemüse in der Wasserschüssel wieder zum vollen Wert auffrischen zu können.

Grüner Salat und Blattgemüse bekommen die Soße erst unmittelbar vor dem Auftragen, Kohlarten, auch Blumenkohl, läßt man besser eine Zeitlang in ihr liegen.

Wir halten die Salatplatte, abgesehen vom Gesundheitsgesichtspunkt, für notwendig, um die Zunge wieder auf den «Grund der Natur» zurückzuführen. Daher bleibt der Salat so natürlich wie möglich und wird nicht «verkünstelt».

Die kalte Platte

muß nicht immer eine Frischkostplatte sein, zaubert die *«Kaltmamsell»* ihre Herrlichkeiten doch auch aus Gekochtem, aus Weckglas oder Eingesäuertem und Eingesalzenem.

Es bedarf der Kunst, die verschiedenen Rottöne von Radieschen, Paprika, Roter Bete und Tomate reizvoll zu kombinieren mit dem Grün der Kräuter, Gürkchen und Oliven, leuchtende Eirunden in Reihen oder als Inselchen dazwischen. Aber es darf nichts nach «Kunst» aussehen, alles ist eßbare, appetitanregende Natur. Auch die «Architektur» sollte solide sein. Der Gast darf ruhig einzelne Bausteine herausziehen, ohne daß die Pracht zusammenzustürzen droht. Kleine Einzelportionen sind zwar recht hübsch, haben jedoch immer etwas Zwanghaftes, Aufessen zu müssen. Vor allem bei belegten Brötchen, den «Sandwiches», lasse man jedem seine persönliche Freiheit und richte sie auf großen Platten an. Hier möglichst nichts aufstapeln!

Die Hauptregel ist, alles frisch aufzutragen! Am Vormittag darf die Platte gerichtet werden, in kühlem Raum hält sie sich bis zum Abend. Aber nichts über Nacht stehen lassen!

Salat-Grundsoße

2 Eßlöffel kaltgeschlagenes Öl, 1 Eßlöffel Zitronensaft, 1 Prise Salz, ½ Teelöffel Honig, beliebige Kräuter, feingehackt. Alles gut mischen.
Abwandlungen der Grundsoße:
Dazu Tomatensaft, kleingehackte Kräutergurke, gehackte Zwiebeln, ein hartgekochtes gewürfeltes Ei, Schnittlauch, kleingeschnittene Paprikaschote, 2 Eßlöffel Preißelbeerkompott, ohne Honig, aber mit den Kräutern. Paßt besonders gut zu Chicorée, Endivien und Chinakohlsalat. 1 Teelöffel Senf.

Sauermilch-Soße

¼ Liter Sauermilch (Buttermilch, Joghurt), Zitronensaft oder Apfelessig, Zwiebelstückchen, 1 Prise Salz, viele gehackte Kräuter. Gut vermischen, nach Belieben Öl und Sauerrahm. Man kann soviel gehackte Kräuter nehmen, wie die Soße aufnimmt, dazu noch etwas Quark. Auch gut als Brotaufstrich. Zur Verfeinerung die Zwiebel und Gurke reiben, auch etwas Knoblauch zerdrücken, evtl. Tomatenmark oder -saft.

Quarksoße

⅛ Liter Milch oder Rahm, 100 g Quark, 1 Messerspitze Honig, 1 Prise Salz, 1 Eßlöffel Zitronensaft und viele gehackte Kräuter. Abwandlungen wie bei Grundsoße.

Knoblauchsoße

(ähnlich der berühmten französischen Aiolo)

2 bis 3 Knoblauchzehen, 40 g Weizenkeime, 1 Eidotter, ¼ Liter Öl. Saft von ½ Zitrone, Kräuter, gehackt. – Zuerst die Weizenkeime mit etwas Wasser gut einweichen und kurz stehen lassen. Dann die gut zerstoßenen Knoblauchzehen unterrühren und den Dotter ganz langsam ununterbrochen rührend hineingeben. Zuletzt die Kräuter dazu. Eine gute Beigabe zu Kartoffelsalat und zu Eiern. – Angereichert mit mehr Weizenkeimen als pikante Brotauflage.

Grundmayonnaise

2 Eigelb, ¼ Liter kaltgeschlagenes Öl, 1 Eßlöffel Zitronensaft, 1 Prise Salz, 1 Messerspitze Honig. Alles außer dem Öl im Mixer kurz verquirlen, dann das Öl langsam zugeben.

Falsche Mayonnaise

1 Eßlöffel Mehl mit ein wenig Milch anrühren und unter Rühren aufkochen und erkalten lassen. 1 Eigelb, einige Eßlöffel Rahm, etwas Essig und Öl, Salz und Honig, kleingehackte Zwiebeln und Küchenkräuter gut darin durchschlagen.

Abwandlung mit 1 Teelöffel Senf und 1 Messerspitze Paprika. Auch mit kleinen Kapern. – Statt der Kräuter Sanddornsaft. Strecken mit 1 Glas Joghurt, dicker Sauermilch oder Quark.

Mandelmayonnaise

Zur Grundmayonnaise 2 Eßlöffel Mandel- oder Haselnußmus. 2 Eßlöffel Wasser und 1 Eßlöffel Zitronensaft. Diese Mayonnaise eignet sich besonders gut zu festlichen Frischkostplatten.

Eiertunke

Ein hartgekochtes und ein rohes Eigelb mit einem Eßlöffel Öl gut verrühren. Dazu Zitronensaft, ein wenig Salz und Zucker und gewiegte Kräuter.

Gekochte Mayonnaise mit Pfeilwurzelmehl

(Arrow-root)*

50 g Arrow-root mit etwas kaltem Wasser anrühren und in ½ Liter kochende Flüssigkeit (½ Milch, ½ Wasser) unter Rühren hineingeben. Einige Minuten kochen und abkühlen. Tropfenweise Öl hineinschlagen, Zitronensaft, Pflanzenwürze, Salz. Zu Kräutermayonnaise feingewiegte Kräuter, Kapern, Knoblauch oder Senf usw. Nach Wunsch 1 bis 2 gut geschlagene Eigelb oder eine Tasse süßen oder sauren Rahm zufügen. Die Festigkeit der Masse muß jede Hausfrau nach ihrem Geschmack ausprobieren.

* Siehe Quellmittel S. 182

Kopfsalat

Der Kopfsalat enthält Eisen, auch Arsen und Kupfer, welche die Blutbildung anregen, ferner Vitamin C und die basischen Mineralien Kalium, Kalzium und Natrium. Den alten Römern galt der grüne Salat als beruhigend, weshalb sie ihn hauptsächlich abends verzehrten.

Beim Zubereiten werfen wir die großen Außenblätter nicht weg, denn sie enthalten mehr Chlorophyll als die wegen ihrer Zartheit so beliebten Salatherzen. Man nimmt den Kopf auseinander und legt die Blätter unzerkleinert, um keine Mineralsalze zu verlieren, in kaltes Wasser, welchem je Liter 1 Teelöffel Kochsalz zugesetzt wird. So lösen sich alle kleinen Lebewesen und Unreinigkeiten. Nun kommt der Salat zum Ausschütteln in einen Plastik- oder Drahtschwenker.

Die großen *Außenblätter* mit den härteren Rippen zerpflückt man oder schneidet sie fein wie Endiviensalat. Als Unterlage für Frischkostplatten kann man sie im Ganzen nehmen, auch mit anderem Gemüsesalat (Mangold, Spinat, Radieschen, Wildkräutern) anmachen oder für grüne Suppen und Soßen durchdrehen. Bei den weniger großen Blättern werden nur die Rippen mit dem Messer aufgeschlitzt.

Beim Anmachen spielen die *Kräuter* eine große Rolle. Man würzt mit herben und milden Kräutern in weiser Dosierung. Zu den milden zählen Dill, Borretsch, Pimpernell, Petersilie, Kerbel, Zitronenmelisse. Herb sind Kresse, Bohnenkraut, Estragon, Basilikum, Beifuß, Liebstöckel, Minze, Majoran, Thymian, Salbei, Rosmarin, natürlich auch Schnittlauch und Zwiebeln. Um ein zartes Knoblaucharoma anzudeuten, reibt man die Salatschüssel zuvor mit einer angeschnittenen Knoblauchzehe aus.

Durch den Wechsel der Kräuter können wir der Salatplatte immer wieder einen anderen Geschmack verleihen. Auch die Aufmachung trägt dazu bei, daß sich die Esser jeden Tag neu auf die Salatschüssel freuen, die bald mit Radieschen und Gurken, bald mit Tomatenscheiben, hartgekochten Eiern, jungen geriebenen Möhren und was es alles im Jahresrhythmus gibt, verziert und angereichert werden kann.

Am bekanntesten ist das Anmachen mit Zitronensaft, Salz, Zucker und Öl. Statt des Zuckers kann man ein wenig Honig nehmen. Auch alle ungesüßten Fruchtsäfte sind brauchbar, voran Rhabarbersaft, ebenso Wildkräutersäfte. Dazu kommen feingeschnittene Zwiebelröhrchen oder Schnittlauch. Die Soße wird mit der Gabel in der Salatschüssel geschlagen und dann der Salat hineingegeben zum leichten Durchmischen mit dem Salatbesteck aus Holz. In manchen Haushalten ist das ein Ehrenamt des Hausherrn, das er bei Tisch vornimmt.

Kopfsalat mit Sahne für Feinschmecker

Nach dem Vorbereiten die Salatblätter in Öl umwenden. Eine Soße aus 1 Tasse dicker saurer Sahne, verquirlt mit 2 Eigelben, etwas Salz, einer Messerspitze Honig, 1 bis 2 feingehackten Kräutern, Zwiebeln und Zitronensaft.

In manchen Gegenden liebt man *frische, leicht gesüßte Sahne* zum Salat.

Gemischter Kopfsalat

Den vorbereiteten Kopfsalat mit feingeraspelten jungen Gurken und Radieschen vermischen. Nun 2 bis 3 Eßlöffel sauren Saft, ein wenig Salz und Honig, einen Eßlöffel feingewiegten Dill, fein gehackte Zwiebel und 2 bis 3 Eßlöffel Öl verschlagen und den Salat hineingeben. Die Platte mit geraspelten oder in Röschen geschnittenen Radieschen bestreuen.

Kopfsalat nach Jägerart

Den gewaschenen Salat mit Öl, Salz, Honig und Zitrone anmachen, ein gehacktes Ei, feingehackte Brunnenkresse, Schafgarbe, Löwenzahn oder Sauerampfer darunter mischen und vor dem Anrichten geriebene Haselnüsse darüber streuen.

Festlicher Kopfsalat

Einen besonders schönen, festen Salatkopf nach dem Wegnehmen der Außenblätter im Ganzen waschen und ausschütteln und senkrecht in vier Teile schneiden. Dann in der Soße drehen und wenden. Vorsichtig ausschütteln und alle vier Teile mit der Schnittseite nach außen auf einer runden vertieften Platte zusammensetzen. Die Winkel ausfüllen mit harten Eivierteln, auch Oliven und Kapern. Beliebige Kräuter überstreuen und gleich servieren.

Salat mit Meerrettichsahne

Den Salat wie vorstehend vorbereiten, marinieren und auf flacher Glasplatte anordnen. 1 Tasse Sahne steif schlagen und mit 1 Eßlöffel oder mehr geriebenem Meerrettich mischen und den Salat damit überziehen. Paßt gut zu einer festlichen Einladung mit belegten Broten.

Fenchel-Mischsalat

Die gereinigten Fenchelknollen von rauhen Außenblättern, Ausläufern und dem Grün befreien. Die zarten inneren Knollen in feine Streifen schneiden und mit Zitronensaft und Öl anmachen. Boden und Rand einer Platte mit Kopfsalat belegen, der für sich angemacht wird. In die Mitte den Fenchel legen und mit gehacktem Fenchelgrün und grobgehackten Mandeln überstreuen. Die gröberen Fenchelteile als Gemüse dünsten oder zu Gemüsebrühe auskochen.

Salatnester

In der üppigen Salatzeit von schönen Salatköpfen die guten Außenblätter abnehmen und in feine Streifen geschnitten als Unterlage zu Salatplatten verwenden. Das Innere herausnehmen und ohne weitere Zutat zum Butterbrot reichen. Das zurückgebliebene Salatnest pro Person in halbhohe Glasschälchen legen und mit beliebigen rohen geriebenen Gemüsen füllen (Kohlrabi, Möhren, Gurken, Rettichen usw.). Mit Salatsoße übergießen und mit Tomatenscheiben, Radieschen, Petersilie usw. verzieren.

Platz für eigene Salatideen

Winterliche Frischkostplatten

Endiviensalat

An den Bitterstoffen erkennen wir die Endivie gleich als eine nahe Verwandte des Chicorée *(Cichorium endivia).*

Den Salat vorbereiten und in Streifen schneiden. Eine Tasse Joghurt oder Sauerrahm und eine kleine Handvoll saure Beeren (Preißel-, Sanddorn-, Berberitz-, Ebereschenbeeren und andere saure Beeren) und etwas Honig gut mischen. Den Endiviensalat beifügen samt einigen Löffeln Öl.

Gemischter Rote-Rüben-Salat

Gekochte Rote Rüben raffeln, rohen Sellerie fein reiben und etwas geriebenen Meerrettich zufügen. Mit einer beliebigen Salatsoße anmachen.

Rotkohl mit Schlagsahne

Rotkohl und Apfel fein reiben, mit Zitronensaft, Salz und einigen Eßlöffeln flüssigem Honig vermischen. Beschweren und durchziehen lassen. Dann auflokkern, ¼ Liter geschlagene Sahne unterziehen, mit gehackten Nüssen bestreuen und sofort auftragen.

Frischkost aus Weißkohl, Sellerie und Apfel

250 g Weißkohl, 125 g Sellerie, einen säuerlichen Apfel, eine Kräutergurke und eine Zwiebel fein raffeln. Ein Glas Joghurt mit Vitam-R und ein wenig Honig gut durchrühren und mit dem vorbereiteten Salat vermischen, mit einem Kranz Feldsalat anrichten.

Festliche Salatplatte

Den Boden einer flachen Platte mit Kopfsalat auslegen. Das Innere von Fenchelknollen sehr fein schneiden und in die Mitte legen. Eine kleine, feingeriebene Rote Rübe mit rohem, feingeschnittenem Sauerkraut vermengen. Dieses rosa gefärbte Kraut hübsch auf der Platte anordnen. Dazwischen und als Rand Feldsalat und Kresse. Einige Eßlöffel Oliven- und Sonnenblumenöl, einige Eßlöffel Quark, einige Eßlöffel grob gemahlene Wal- oder Haselnüsse, eine geriebene Kräutergurke und einige Eßlöffel Rahm oder Sauermilch fein vermischen, über der Salatplatte verteilen und mit Radieschen, Petersilie und Kapern verzieren.

Apfelsalat

Die Äpfel entkernen und in Stiftchen raffeln und mit einer kleinen, roh feingeriebenen Sellerieknolle, einigen kleingeschnittenen Ananasscheiben und 1 bis 2 feinblättrig geschnittenen Orangen mischen. Mayonnaise und grob zerkleinerte Walnußkerne, Zitronensaft und Zucker oder besser Honig dazutun und mit gemahlenen Nüssen überstreuen.

Eine Rohkostgemüseplatte

kann auch ganz anders angeordnet werden. Die einzelnen geriebenen oder gehobelten Gemüse (Möhren, Weiß- und Rotkohl, Rote Bete, Sellerie) werden gesondert auf Salatblätter nebeneinander gelegt und mit einer Mayonnaise übergossen (damit sparsam sein). Garnieren mit Tomatenscheiben, Radieschen, Petersilie, Zitrone.

Zwiebelsalat mit Orangen

Orangen und Zwiebeln im Verhältnis von 2 zu 1 schälen und in Scheiben bzw. in dünne Ringe schneiden und in die Salatschüssel schichten. Den Saft der Orangen auffangen und mit weiterem ausgepreßtem Orangen- oder Zitronensaft ergänzen. Honig, etwas Salz und Öl dazumischen und über die Scheiben geben. Man kann einige Oliven oder Kapern überstreuen. Gut durchziehen lassen!

Waldorfsalat

100 g Rosinen, eine mittelgroße gedünstete Sellerieknolle, 1 kleine Ananas (wahlweise auch eine Grapefruit), 1 Apfel, 1 Stange Chicorée, 2 Eßlöffel Mayonnaise, 1 Glas Joghurt und eine Spur Salz.

Die Rosinen 5 Minuten in kaltem Wasser quellen lassen und gut abtropfen. Apfel, Sellerie und Ananas in kleine Würfelchen und den Chicorée in feine Scheiben schneiden. Alle Zutaten gut vermischen, Mayonnaise und Joghurt gut verschlagen, salzen und den wohlschmeckenden Salat damit anmachen. Man kann auch kleine Förmchen aus Mürbeteig mit dem Salat füllen und Nüsse darüberstreuen.

Italienischer Salat

1 mittelgroße Sellerieknolle in Stiftchen raspeln. Mit 5 bis 6 Eßlöffel Sonnenblumenöl und 1 bis 2 Eßlöffeln Wasser weichdünsten. Etwa 250 g weichgedämpfte, kleingewürfelte Rote Rüben und 300 bis 400 g Möhren, 1 kleinen gedämpften Blumenkohl, auch gedünstete grüne Erbsen, 1 feingehackte rohe Zwiebel, 1 zu Brei zerquetschte Zehe Knoblauch, 600 bis 700 g frisch gekochte, in Würfelchen geschnittene Pellkartoffeln, 1 Teelöffel Senfkörner, 1 bis 2 geriebene oder gewürfelte Einmachgurken, Salz, Paprikapulver, Majoran, Dill, Schnittlauch, Petersilie und 3 hartgekochte, grob gewiegte Eier dazugeben. Auch noch etwas Öl und den Saft einiger Zitronen beifügen. Die Flüssigkeit muß je nach den Gemüsezugaben bemessen sein. Der Salat soll die Beschaffenheit eines saftigen Kartoffelsalats haben.

Russischer Salat

Hierfür Knollengemüse verwenden wie Sellerie, Möhren und Rote Bete, sowie Bohnen. Alles klein schneiden und in Nußbutter dünsten. 2 bis 3 gedämpfte Kartoffeln ebenfalls klein würfeln. Wenn alles kalt ist, mischen und mit nicht zu dicker Mandelmayonnaise anmachen.

Gemüse in Gelee für die kalte Platte

In 1 Liter Kraftbrühe (Gemüsebrühe), gut gewürzt und mit Zitronensaft oder Apfelessig abgeschmeckt, das Agar-Agar nach Anweisung auf der Packung auflösen. Kleine Glasschalen kalt ausspülen, in den Boden einen kleinen Spiegel der Brühe gießen und in bunter Reihenfolge zerkleinertes Rohgemüse aller Art einlegen: ½ Teelöffel geriebene Möhren oder Rote Bete, etwas zusammengeballt, in Scheiben Radieschen, frische oder milchsaure Gurke, Spargelstückchen, kleine Blumenkohlröschen, grüne Erbschen, ein wenig Sellerie, gerieben – kurzum alles, was man zur Hand hat. Auch gedünstete Gemüse kann man verwenden, Pilzchen, Eischeiben, Tomaten, Petersiliezweiglein, Zwiebelchen, Oliven und Kapern. Doch gibt man nicht zu viel von alledem in die einzelnen Schälchen, sondern wechselt die Einlagen in den verschiedenen Zusammenstellungen ab. Man füllt mit der übrigen Agarbrühe auf und läßt fest werden. Hernach stürzt man die Schalen auf Grünsalat, serviert auch mit Kopfsalat, mit oder ohne Mayonnaise.

Man kann die Agarsülze auch auf einer großen Platte anstatt in kleinen Förmchen aufbauen. Die Hausfrau kann nach Herzenslust ihre Phantasie walten lassen.

Belegte Brote für die kalte Platte

Sauerkraut-Käsebrot

Vollkornbrotscheiben mit Sauerkrautsalat belegen und mit einer Scheibe Käse abdecken. Auf geöltem Blech kurz im Ofen überbacken, so daß der Käse schmilzt. Heiß auftragen.

Selleriebrötchen

Kastenbrot in nicht zu dünne Scheiben schneiden und mit Butter bestreichen. Eine weichgedünstete Sellerieknolle in Scheiben schneiden und die Brote damit belegen. Einige Eßlöffel Tomatenmark mit gehackten Zwiebeln, Petersilie, 1 bis 2 Eiern und etwas Salz vermischen, die Selleriescheiben mit dieser Paste bedecken und auf geöltem Blech im Ofen überbacken, so daß sie unten knusprig braun sind.

Ein pikanter Aufstrich

Sahnequark mit geriebenem Käse und etwas Milch schaumig schlagen, rohe Sellerie fein reiben und sofort damit vermischen. Abschmecken mit Zitrone und Salz. Gut auf Schwarzbrot.

Meerrettichbutter

1 Tasse gemahlene Nüsse mit 2 Teelöffeln geriebenem Meerrettich, 1 Teelöffel Vitam-Paste, 1 Teelöffel Zitronensaft und saure Sahne oder dicke Sauer-

milch zu einer dicken Creme schlagen. Brote damit bestreichen (auch gut zu Pellkartoffeln).

Chesterschnittchen

Auf Brotscheiben Butter streichen, Tomatenscheiben und eine Scheibe Chester darauf legen. Wenige Minuten in den heißen Backofen schieben.

Aus allen Elementen der kalten Platte kann man mit etwas Geschick reizvolle Sandwichs gestalten. Nicht zu viel «raufpacken»!

Hawaitoast

Brotscheiben belegt mit je ½ Kompottbirne (gut abtropfen lassen) oder mit einem Ring Ananas und Käsescheiben, darauf ½ Walnußkern. Beim Überbacken sinkt er in den Käse.

Ein gefüllter Brotlaib

Ein langes, schmales Schwarzbrot aushöhlen, zerkleinerte, in Butter oder Öl angedünstete und erkaltete Pilze mit einigen Eßlöffeln Tomatenmark, gehackten Zwiebeln, Kapern, 2 bis 3 hartgekochten kleingeschnittenen Eiern, ein oder zwei Ecken zerschnittenem Käse (Gervais), dem nötigen Salz, Majoran, einer zerquetschten Zehe Knoblauch, einigen Eßlöffeln dickem Rahm, pflanzlicher Würze und einem Teelöffel Senfkörnern gut verrühren. Das ausgehöhlte Brot unter ständigem leichtem Andrükken damit füllen. Es ist vorteilhaft, das Brot schon am Tage vor dem Gebrauch herzustellen und es in der Kälte fest werden zu lassen. Zum Gebrauch etwa 1½ cm dicke Scheiben abschneiden.

Suppen, Soßen und Quellmittel

Suppen und Soßen, Quellmittel

Früher stand die Suppe am Beginn des Menüs. Heute läßt man die Suppe ganz fort oder nimmt nur eine kleine Menge aus der Tasse. In der Diätküche gibt man sie gern in bestimmten Fällen, so, wenn der Körper nach einer Aufwärmung verlangt, und speziell für Kranke und alte Menschen, für die die Suppe mit einem Gläschen Gemüsesaft schon fast die ganze Mahlzeit bedeutet.

Man unterscheidet zwischen dünnen Suppen, die zur Anregung des Magens, der Drüsen und Nerven dienen, und dicken Suppen, welche zugleich sättigen sollen. Zu den anregenden Suppen werden die Gemüse in reichlich Wasser gekocht, damit sich die Salze lösen.

EINIGE GRUNDREGELN

Gemüsebrühe

Alle vorhandenen Gemüsereste, besonders Zwiebeln, Lauch und Sellerie, Kräuter wie Liebstöckel, Majoran oder Bohnenkraut, werden 10 bis 15 Minuten lang ausgekocht und abgesiebt. Auf dieser Grundlage lassen sich alle Rezepte für salzige Suppen herstellen.

Gemüsekraftbrühe

1 Liter Gemüsebrühe wird mit Pflanzenwürze (Vitam-R, Frugola oder Cenovis) und Salz gewürzt. Man läßt 1 Teelöffel Butter darin zergehen und serviert in Tassen, nachdem man Petersilie oder Schnittlauch übergestreut hat.

Die Gemüsebrühe, die man immer im Vorrat halten kann, ermöglicht jederzeit eine kleine Zwischenmahlzeit. Nimmt man sie vor der Hauptmahlzeit, schließt das den folgenden Salatteller nicht aus.

Bereicherungen

Die Kraftbrühe läßt sich durch Zugaben verfeinern, z. B. mit in Butter gebratenen Brotwürfelchen, mit einem Eigelb, Fallei oder verrührtem Ei, mit einer geriebenen rohen Möhre. Man kann auch eine getoastete Brotschnitte in den Suppenteller legen und die Suppe darüber anrichten. Man kann die Tasse mit Knoblauch ausstreichen oder eine zerquetschte Knoblauchzehe einlegen. Man würzt mit Muskat, Piment, ein wenig frisch gepreßtem Tomatensaft oder -ketchup, mit Zitronensaft.

Einlagen

Einlagen für klare Brühe werden extra gekocht. Man benötigt pro Person ca. 30 g Vollkornteigwaren, 25 g Naturreis oder 10 bis 15 g Grieß.

Für die beliebte schwäbische *Flädlessuppe* werden die Flädle mit der heißen Brühe übergossen und mit Kräutern bestreut. Pro Person und Teller nehme man ein Vollkornflädle (Pfannkuchen).

Gemüsecremesuppen

Als Grundlage dient die weiße oder die Bechamelsoße (s. S. 181). Man gibt beliebiges, kleingeschnittenes, gekochtes Gemüse, auch Reste hinein, verdünnt nach Gutdünken mit Milch oder Kraftbrühe und bindet mit einigen Löffeln Rahm, mit einem Eidotter. Abschmecken mit Salz, Kräutern, vielleicht auch einmal mit Zitrone.

Mit Hilfe eines Mixgerätes lassen sich leicht die verschiedensten Gemüsecremesuppen zubereiten. Verwendet man Rohgemüse, so müssen sie rasch zu Tisch gebracht werden, damit sie ihren vollen Nährwert behalten.

Selleriecremesuppe

Rohe Sellerieknollen schälen, zerschneiden und mit etwas Milch im Mixer pürieren, bis das Gemüse ein gleichmäßiger Brei ist. Gemüsebrühe mit einigen Eßlöffeln Haferflocken aufkochen, die Sellerie hineingeben und abschmecken mit Muskat, Salz, Petersilie oder Pflanzenwürze. Etwas Rahm in jeden Teller. – Oder das pürierte Gemüse in die fertige weiße Soße mischen und erwärmen ohne aufzukochen.

Gebundene Suppen lassen sich auch herstellen mit Agar-Agar und mit Arrow-root (siehe Quellmittel S. 182.)

Warme Soßen

Wenn wir das Grundrezept für eine einfache weiße Soße beherrschen, können wir es beliebig abwandeln. Wichtig ist, daß jede dicke Soße ganz glatt gerührt wird. Sie muß etwa 10 Minuten kochen, damit sich der Mehlgeschmack verliert.

Grundrezept für eine weiße Soße (helle Schwitze):
50 g Butter, 2 Eßlöffel Mehl, ½ Liter Gemüsebrühe oder Wasser, Salz. Die Butter in einer Kasserolle zergehen lassen, das Mehl darin verrühren und unter ständigem Weiterühren die Flüssigkeit in kleinen Portionen hinzugeben, bis eine gleichmäßige Soße entstanden ist. Zudecken und bei kleinster Flamme zu Ende kochen lassen. Abschmecken.

Bechamelsoße

ist prinzipiell dieselbe Soße, jedoch anstatt mit Wasser mit Milch oder auch mit Sahnezugabe gekocht. Sie ist feiner als die Grundsoße. Ein wenig Muskatnuß oder Muskatblüte steht ihr gut.

Buttermilchsoße

wird ebenso nur mit ½ Wasser und ½ Buttermilch gekocht, wobei man wegen der Gerinnungsgefahr bis zum Ende rühren muß. ½ Lorbeerblatt und 1 Nelke mitkochen.

Käsesoße

Die Grundsoße oder die Bechamelsoße wird zum Schluß mit feingeriebenem Käse und nach Belieben mit gehackten Kräutern vermischt.

Currysoße

Man fügt dem Grundrezept zuletzt 1 bis 2 Teelöffel Currypulver oder -paste bei.

Braune Soße

Für eine braune Soße (dunkle Mehlschwitze) das Mehl in der Butter unter Rühren etwas bräunen lassen, weiter wie weiße Soße. Der Charakter dieser Soße ist herber, sie hat mehr Eigengeschmack.

Pikante Soße

Etwas Butter zergehen lassen und einige Zwiebelstückchen darin leicht anbräunen. Jetzt erst das Mehl zufügen und unter Rühren bräunen. Langsam Wasser oder Gemüsebrühe zugeben und immer wieder dazwischen rühren, bis eine gleichmäßige Soße entstanden ist. Einen Teelöffel Essig hineinschütten, aufkochen. Nach dem Kochen kleingeschnittene Essiggurken in die Soße geben und mit Würzextrakt abschmecken.

Senfsoße

Zu dieser Abwandlung der pikanten Soße keine Gurken, sondern einen vollen Teelöffel Senf gut unterrühren.

Ganz leichte dicke Soßen

lassen sich mit Schmelzflocken bereiten, desgleichen mit Arrow-root, das besonders leicht verdaulich ist (Schonkost). (Siehe Quellmittel S. 182).

Rheinische saure Soße

Eine braune Grundsoße zubereiten und abschmekken mit Senf, Essig, einer Messerspitze Zucker und Kapern. Vor dem Auftragen einige Eßlöffel sauren Rahm unterrühren. Gehackte Petersilie überstreuen.

Agar-Agar

Agar-Agar ist ein Pulver aus indischen Meeresalgen, das in der Reformküche anstelle von handelsüblicher Gelatine verwendet wird, welche aus Eiweißbestandteilen entfetteter Tierknochen hergestellt ist. Agar-Agar ist achtmal so quellfähig und führt dem Körper außerdem wichtiges organisches Jod zu. Daher ist es geeignet zu **Algenkuren** für Leber und Darm. Man nimmt es auch mit Erfolg bei Erschöpfungszuständen, Mangelkrankheiten, Nervosität und Gedächtnisschwäche.

Kur-Agar kauft man in der Apotheke als fadenförmige Algen. Man nimmt die vorgeschriebene Menge mit einem geriebenem Apfel oder einer verschlagenen Banane, evtl. mit etwas Honig. Man kann die Algen zerschneiden. Man speichelt gründlich ein und trinkt nach etwa 15 Minuten 1 bis 2 Tassen heißen Tee nach, am besten einen Heilkräutertee je für den besonderen Bedarf. Bei **Drüsenschwäche,** auch der Schilddrüse, und noch nicht zu weit vorgeschrittenem Kropf trinkt man heiße Milch nach. Agar-Agar quillt im Darm und holt aus allen verborgenen Fältchen die Schlacken. Man kauft kein chemisch gereinigtes weißes Präparat, sondern das graue, naturbelassene. Im Übrigen halte man sich an die Angaben auf der Packung.

Tapioka

Tapioka kommt in Perlform auf den Markt und ist auch als *echter Sago* bekannt (zum Unterschied zu «Sago» aus Kartoffelmehl). Er wird aus den Wurzeln der in Südamerika beheimateten Maniokpflanze gewonnen, die in vielen Tropengebieten angebaut wird. Auch aus dem Mark der Sagopalme wird Tapioka hergestellt. Man gebraucht Tapioka und Sago zur Bereitung von Sülzen und geleeartigen Obstspeisen. Die Substanz ist durchsichtig und leicht gekörnt. Empfindlichen Mägen ist sie besonders zuträglich.

Sago-Fruchtspeise: 3/4 Liter Flüssigkeit aus ½ Wasser, ½ Fruchtsaft, mit Zucker und 65 g Sago kochen lassen. Beliebige frische Beeren in eine Fruchtschale geben, die klargekochte Flüssigkeit darübergießen und erkalten lassen. Zum Sonntag mit Kleingebäck und Schlagrahm.

Arrow-root (Pfeilwurzmehl)

Dieses feinste aller Stärkemehle wird aus den fleischigen Wurzelknollen der tropischen Marantastaude gewonnen. Die Indianer verwandten es als Mittel gegen Pfeilgifte. Arrow-root nimmt man in der Küche zum Binden von Suppen und Soßen, zu Cremes und Puddings. Es hat keinerlei Eigengeschmack, ist schnell zuzubereiten und wird leichter verdaut als Mehl. Ärzte verordnen es, wenn ein Magen nichts anderes mehr verarbeiten kann. Es wirkt stark basisch, also Säure ausgleichend. *Anwendung:* Das kalt angerührte Pulver in die siedende Flüssigkeit einlaufen lassen, zu Suppe etwa 2 bis 3 Eßlöffel auf 1 Liter, und unter Rühren kurz aufkochen lassen.

OBST, SO VIEL WIE MÖGLICH

Unsere Garten- und Wildbeeren

Stachelbeere

Die Stachelbeere *(Ribes glossularia)*, in Europa, Nordafrika und Asien wildwachsend, ist eine in vielen Arten kultivierte Gartenfrucht. Wir kennen sie auch unter dem Namen Krausbeere, Klosterbeere und Heckenbeere. Es gibt rote, gelbe und grüne Früchte verschiedener Größen. Nach dem Rhabarber ist sie ein weiteres Frühlingsgeschenk, das unsere Tafel bereichert.

Stachelbeeren sind geschätzt zur Belebung der Drüsen. Zuckerkranken sind sie besonders zu empfehlen, und wie alles Beerenobst wirken sie blutreinigend.

REZEPTE

Kompott aus Stachelbeeren

500 g Stachelbeeren, 4 Eßlöffel Bienenhonig, Saft und Schale einer halben Zitrone, 50 g Mandeln, $^1/_8$ Liter süße Sahne. – Die von Blüte und Stiel befreiten Beeren, welche nicht zu reif sein sollten, werden mit Wasser und der Zitronenschale langsam gargedünstet. Dann werden Honig und Zitronensaft zugefügt. Das Kompott erkalten lassen und die geschälten, gestiftelten Mandeln und die steifgeschlagene Sahne lose unterziehen. Vor dem Servieren kaltstellen.

Stachelbeertörtchen

Mürbteigtorteletts mit frischen, reifen Stachelbeeren oder mit Kompott füllen und mit erhitzter Himbeer- oder Aprikosenmarmelade bedecken. Dazu Schlagrahm oder Quarkcreme.

Stachelbeerschnitten

Ein Randblech mit Hefeteig belegen, etwas anbakken und frische, mit Honig oder Sirup vermischte Stachelbeeren darauf geben. Dann eine dünne Teigdecke auflegen. Mit in Milch verklopftem Eigelb bestreichen, bei Mittelhitze backen und noch heiß zu Schnitten schneiden.

Stachelbeerkuchen

Ein Kuchenblech oder eine Springform mit beliebigem Teigboden belegen, 2 cm dick Stachelbeeren darübergeben. Mit Honig beträufeln und bei Mittelhitze backen. Danach mit Agar-Agar-Guß versehen.

Beerennachtisch

Beeren aller Art mit echtem Vanillezucker und Honig mischen, zudecken und mehrere Stunden kaltstellen. In Portionsschälchen verteilen und mit gemahlenen Nüssen bestreuen. Dazu ein Kännchen kalte, ungeschlagene Sahne reichen.

Alle Beeren lassen sich *mit Quark* zu erfrischenden Sommerspeisen zubereiten. Gaumen und Augen tut es wohl, wenn eine Schicht gekrümeltes Schwarzbrot dazwischen gelegt wurde.

Das Konservieren

In Flaschen: Stachelbeeren kann man ohne jede Zutat in Weinflaschen konservieren. Die noch harten Beeren werden, am besten mit der Schere, von Stielen und Blüten befreit, gewaschen und in die Flaschen gefüllt. Man füllt nun Wasser ein, bis die Beeren bedeckt sind. Vielleicht haben wir das Glück, Quellwasser benützen zu können. Man füllt immer wieder nach, bis keine Luftbläschen mehr aufsteigen. Das Wasser muß fast am Rand stehen. Luftdicht verkorken und kühl und dunkel liegend aufbewahren. Die so konservierten Beeren eignen sich gut für Kuchenbelag.

In Gläsern: Will man mit Zuckerlösung einmachen, so nimmt man nicht ganz ausgereifte Beeren. Man rechnet 300 bis 400 g Zucker auf 1 Liter Wasser und erhitzt 30 Minuten bei 75 Grad.

Marmelade

Reife Stachelbeeren auf kleinem Feuer zum Platzen bringen. Auf $2^1/_2$ kg Beeren $1^1/_2$ kg Zucker, 30 Minuten kochen und verschließen wie gewöhnlich.

«Schüttelmarmelade»

für alle Beeren geeignet, ein Rezept, das sehr viele Freunde hat: 500 g Beeren und 500 g Zucker aufs Feuer setzen. Unter ständigem, gleichmäßigem Rütteln des Topfes zum Kochen bringen und vom Augenblick des Kochens an genau 7 Minuten kochen. Nicht rühren, nur schütteln. Die Marmelade ist dann nicht «totgekocht», das Aroma und auch eine schöne Farbe bleiben erhalten.

Stachelbeer-Kirsch-Marmelade

Stachelbeeren lassen sich sehr gut mit schwarzen Kirschen einkochen. Die Kirschen geben ihr feines Aroma an die Stachelbeeren ab, und diese spenden den Kirschen ihre Gelierkraft. Die Marmelade wird schön steif, während der Geschmack der Kirschen vorherrscht. Wenn es sich um späte Kirschensorten handelt, kann es sein, daß die Stachelbeeren schon früher verarbeitet werden müssen, weil wir sie ihrer Gelierkraft wegen gerne im unreifen Zustand benützen. Die Stachelbeeren werden vor dem Einkochen halbiert. Auf 1 kg Beeren 800 g Zucker nehmen. Die entsteinten Kirschen später gesondert kochen, dann mit den Stachelbeeren mischen und zusammen noch einige Minuten durchkochen.

Stachelbeersaft

läßt sich aus unreifen und aus gereiften Beeren herstellen, ungezuckert als Salatsäure und für die Diabetikerküche, sonst mit Zuckerzusatz nach Geschmack.

Erdbeere

Die Erdbeeren *(Fragaria)* spielen eine bedeutende Rolle in der Volksheilkunde. Schon seit alten Zeiten sind sie mit Legenden und Sagen verknüpft. Sie gedeihen vor allem auf eisenhaltigen Böden und verdanken diesem Eisen ihren wunderbaren aromatischen Duft. In gewöhnlichem Gartenland, das normalerweise kein Eisen enthält, ziehen sie die nötigen Eisenspuren von weither an sich. Bei manchen Menschen ist es gerade dieses Eisen, das als Allergie den bekannten Nesselausschlag hervorruft. Das kann der Fall sein, wenn das Blut schon genügend Eisen enthält – es will dann nicht noch mehr davon haben – oder es ist ein Zeichen dafür, daß eisenarmes Blut sich anreichert. In diesem Fall soll man trotz des Ausschlags bei den Erdbeeren bleiben und in der äußeren Rötung nur ein Anzeichen des Heilungsprozesses sehen.

Alte Volksbücher preisen die Erdbeere als Gichtmittel. Vor zweihundert Jahren führte darauf der berühmte Botaniker Linné mit Erfolg eine Erdbeerkur durch. Auch bei Nierensteinen und -grieß, bei Leberleiden, Gelbsucht, Magen- und Darmbeschwerden, bei Hämorrhoiden sowie bei manchen Hautkrankheiten brachten Erdbeerkuren günstige Ergebnisse. Im Altertum war die anregende Wirkung der Erdbeere auf Herz und Kreislauf bekannt.

Bei einer *Erdbeerkur,* die sich von Natur aus nur über wenige Wochen erstrecken kann, werden täglich bis zu einem Kilo Erdbeeren genossen, ideal, wenn es Walderdbeeren sein könnten. Darüber hinaus sei man enthaltsam, ergänze die Erdbeermahlzeit mit frischem Salat, leichtem Gemüse und etwas Milch. Mit Sauermilchprodukten dazu macht man auf diese Weise auch eine Schlankheitskur. Bei chronischer Verstopfung steht das Schüsselchen mit Erdbeeren (ohne Zucker und Sahne) schon morgens auf dem Frühstückstisch, um als erstes genommen zu werden.

In der Schönheitspflege ist die Erdbeere ein altes Hausmittel. Bei Hautunreinigkeiten wird das Gesicht täglich vor dem Schlafengehen mit frischem Erdbeersaft eingerieben. – Daß auch Zahnfleischblutungen durch Erdbeereinreibungen behoben werden, hängt wohl mit dem hohen Gehalt an Vitamin C zusammen. Die Heilwirkung erstreckt sich auch auf Rheumatismus und allgemeine Erschöpfungszustände, auf Appetitlosigkeit und in erster Linie auf Blutarmut.

Die instinktsichere Volksheilkunde schätzt nicht nur die Frucht, sondern auch die jungen Blätter der Erdbeere. Erdbeerblättertee bewährt sich bei Katarrhen der oberen Luftwege, bei Durchfall und bei Störung der monatlichen Blutungen. Ein gutes Hausgetränk ist ein Tee aus Erdbeerblättern mit Waldmeister und etwas Thymian.

REZEPTE

Toastbrot mit Erdbeeren

Leicht geröstetes Vollkornbrot mit Hasel- oder Mandelmus und Honig bestreichen. Frische Walderdbeeren oder halbierte Gartenerdbeeren dick darüberlegen. An heißen Tagen ist dies ein einfaches, erquickendes Abendbrot.

Erdbeermüsli

5 Eßlöffel Getreideflocken mit 1/4 Liter Apfelsaft, dem Saft einer Zitrone, ein wenig Honig und 5 Eßlöffeln Sahne oder Milch verrühren. 500 g Erdbeeren vorsichtig daruntermischen (größere Früchte zerkleinern). Zuletzt mit geriebenen Nüssen oder Mandeln bestreuen.

Erdbeermilch

Gut reife Erdbeeren pürieren, ein wenig flüssigen Honig dazugeben und mit dem gleichen Quantum Milch verrühren. Als Müsli Gerstenflocken einrühren.

Erdbeerquark

250 g Quark mit 1/8 Liter Milch und 1 bis 2 Eßlöffeln Honig gut schlagen. 500 g Walderdbeeren oder zerkleinerte Gartenerdbeeren unterziehen. Auch gut auf Pumpernickel.

Erdbeersahne

500 g reife, aromatische Erdbeeren werden püriert und unter 1/4 Liter steifgeschlagene Sahne gezogen, nach Belieben mit etwas dünnflüssigem Honig gesüßt. Man richtet in Gläsern an und garniert mit ganzen Erdbeeren.

Erdbeerspeise mit Rhabarber

250 g Erdbeeren mit Honig vermischen und durchziehen lassen. Aus 500 g Rhabarber Kompott kochen und abgekühlt dazugeben. Mit Weizenflokken oder -brei anrichten.

Erdbeerpudding

Den Boden einer Glasschale mit Vanillepudding, nicht zu steif gekocht, bedecken. Frische Erdbeeren mit Quark, Rahm, etwas Vanille und Honig vermischt, auf den Pudding legen. Gemahlene Mandeln oder Nüsse überstreuen und mit schönen Früchten verzieren.

Erdbeertorte

70 g Quark, 60 g Butter und 1 Ei, 1 Prise Salz, ein wenig abgeriebene Zitronenschale, 1 Eßlöffel Honig mit etwa 300 g Mehl verrühren. Je nach Beschaffenheit des Quarks muß man die Mehlmenge evtl. verändern. Den Teig einige Stunden (über Nacht) kühl stellen, dann einen Tortenboden backen und nach dem Abkühlen dick mit Erdbeeren belegen, die leicht mit Honig gesüßt wurden. Nach Gefallen einen Agar-Agar-Guß darüberziehen (1/2 Liter Saft mit 8 g Agar-Agar). Mit Schlagsahne garnieren. – Der Teig ist auch für andere Obstkuchen geeignet.

Erdbeerbowle

250 g Erdbeeren mit 1 Eßlöffel Honig vermischen und zugedeckt 1 Stunde ziehen lassen. 1/2 Flasche Trauben- oder Apfelsaft darübergießen und eine weitere Stunde kühlstellen. Vor dem Auftragen 1 Flasche Fruchtsaft und 1/2 Flasche Mineralwasser dazugeben.

Erdbeermarmelade

wird hergestelt als «Schüttelmarmelade», siehe Stachelbeeren, S. 186.

Erdbeerhonig,

eine Überraschung für Kranke. 500 g Walderdbeeren oder pürierte Gartenerdbeeren mit dem gleichen Quantum Honig 1 Stunde lang rühren, in gereinigte, trockene Gläser füllen und sofort luftdicht verschließen. Die Konfitüre unter Kontrolle behalten, sie hält nur kurze Zeit.

Johannisbeere

Die Johannisbeere *(Ribes)* ist nah verwandt mit der Stachelbeere und wie diese ein Steinbrechgewächs, im Österreichischen als «Ribisel» bekannt. Am häufigsten wird die rote Johannisbeere angebaut, immer seltener die mildere weiße. Beide Sorten enthalten viel Fruchtsäure und wirken lösend, namentlich bei Blut- und Hautleiden. Doch sind sie roh mit Vorsicht zu genießen. Besonders von älteren Menschen werden sie manchmal nicht so gut vertragen. Der Diabetiker aber wird gerade die rote Johannisbeere, vor allem ihren Saft, besonders schätzen.

Schwarze Johannisbeeren sind mit ihren großen Heilwirkungen fast unübertrefflich. Sie gehören zu den stärksten Vitamin-C-Trägern und leisten werdenden und stillenden Müttern hervorragende Dienste, auch Rekonvaleszenten, kranken und schwächlichen Kindern. Mit schwarzen Johannisbeeren sollte man sich stets für den Winter eindecken. Nicht zufällig nennt man schwarze Johannisbeeren auch Gichtbeeren.

REZEPTE

Hier können häufig die gleichen wie für Stachelbeeren angewandt werden.

Jahnnisbeerkuchen (Träubleskuchen)

Ohne diesen vielbeliebten Festtagskuchen der schwäbischen Großmutter geht es einfach nicht!
1 kg Johannisbeeren abzupfen und mit 3 Eßlöffeln Honig gut mischen. 5 bis 6 Eiweiß zu steifem Schnee schlagen, beliebig mit Zucker und abgeriebener Zitronenschale mischen und 200 g geschälte, geriebene Mandeln unterziehen. Die Johannisbeeren dazurühren, die Masse auf das mit Mürbeteig belegte Kuchenblech streichen und bei mäßiger Hitze hellgelb backen.

Konservieren wie Stachelbeeren
siehe auch **Schüttelmarmelade** S. 187.
Zur *Saftbereitung* im Entsafter muß man die Johannisbeeren nicht abzupfen, sondern man kann die Stengel mitdämpfen.

Altdeutsches Rezept mit Honig

Alle Beerenfrüchte können auf folgende Art haltbar gemacht werden: Die frischgepflückten tadellosen Früchte werden mit gutem Bienenhonig, der notfalls etwas angewärmt wird, damit er dünnflüssig ist, übergossen und luftdicht verschlossen. Die Gläser werden sofort in Zeitungspapier gewickelt, um das Licht abzuhalten und in luftigem, kühlem Raum aufbewahrt. Die Früchte behalten auf diese Weise ihre Vitamine, und der Honig, der einen Teil des Aromas aufnimmt, ergibt einen besonders wertvollen Brotaufstrich. Unter Kontrolle halten!

Himbeere

Die Himbeeren *(Rubus)* holen wir in Wald und Garten. Sie gehören zur Familie der Rosengewächse, was wir dem Duft der Früchte wohl anmerken können. Die Beeren schmecken frisch gepflückt am besten. Eigentlich sind sie zu schade für jede Zubereitung, falls es nicht darum geht, große Mengen zu Wintervorrat zu verarbeiten.

Die Beeren wirken auf die Keimdrüsen, besonders bei der Frau vermögen sie Stauungen zu lösen. Hochgeschätzt ist der erfrischende Trank besonders bei Fieber und bei hohem Blutdruck, auch geschlagen mit Buttermilch, Molke und saurem Fruchtsaft. Heilkräftig ist die Himbeere für alt und jung.

REZEPTE

Müesli

Die Beeren mit Flocken oder feingemahlenen Getreidekörnern mischen, dazu Buttermilch, Sauermilch, Rahm oder Joghurt und Nüsse. Schrot über Nacht oder einige Stunden zuvor einweichen.

Himbeermilch

Die Beeren – auch Erdbeeren und Heidelbeeren eignen sich dazu vorzüglich – werden im Suppenschälchen mit frischer Milch übergossen. Dazu ein Butterbrot: ein «klassisches» Abendessen für Kinder.

Himbeercreme

Wir schlagen die gut reifen Früchte mit Quark und Milch oder Sahne schaumig. Man kann etwas Vanille und Honig beigeben.

Himbeerspeise

1 Paket Zwieback, 500 g Himbeeren, 250 g Speisequark, 2 Becher Joghurt, Saft einer Zitrone, einige Löffel Rahm, 2 Eßlöffel Honig. Eine Glasschale mit dem Zwieback auslegen und die Früchte einfüllen. Die übrigen Zutaten schaumig rühren und über die Beeren gießen. Die Schale 1 Stunde kühl stellen.

Statt Zwieback kann man auch Pumpernickel nehmen, den man aber zerkleinern muß.

Rote Grütze

Die Sommerspeise Norddeutschlands ist besonders für die Resteverwendung geeignet. Bei Marmelade- und Saftbereitung kann man sie als erwünschtes Nebenprodukt einplanen. Man kann alle Beerensorten dazu nehmen, sehr gut auch Mischungen.

1 Liter Saft mit 100 g Tapioka oder Sago ¼ Stunde kochen. Die Beeren oder auch Rückstände untermischen, bei sauren Früchten Rosinen beigeben. Erkalten lassen und mit Milch oder Rahm reichen.

Himbeerkuchen

Einen gebackenen Mürbteigboden 2 cm hoch mit Himbeeren belegen, eine Packung Agar-Agar mit Fruchtsaft nach Vorschrift auflösen, über den Kuchen geben und erstarren lassen. Mit oder ohne Schlagsahne auftragen.

Himbeerbowle

500 g Himbeeren leicht mit Honig mischen. Mit einer Flasche weißem Traubensaft übergießen und eine Stunde kalt stellen. Vor dem Auftragen eine Flasche Mineralwasser dazugeben.

Konservieren wie Stachelbeeren, möglichst wenig Zucker nehmen.

Marmelade

Es ist ratsam der Himbeermarmelade etwas Johannisbeersaft beizugeben, da dessen starke Gelierkraft die Marmelade rascher andickt und ihr eine schöne Farbe verleiht. Im übrigen ist hier wieder die «Schüttelmarmelade»-Bereitung geeignet (S. 187).

Himbeer-Johannisbeergelee wird hergestellt aus ½ Liter Himbeersaft, ½ Liter Johannisbeersaft und 1 kg Zucker. Man kocht bis zur Gelierprobe, füllt in die Gläser und verschließt nach dem Erstarren. Bei großem Anfall von Waldhimbeeren ist auch *Himbeersaftbereitung* rentabel. Man bedient sich des Entsafters oder man muß die Beeren in großem Topf mit Wasser auskochen, durch ein Tuch abseihen, nochmals erhitzen (nach Belieben mit Zucker, nötig zur Haltbarkeit ist er nicht!), heiß in heiße Flaschen füllen und sofort verschließen.

Platz für eigene Rezepte

Himbeermuttersaft

Diesen gewinnt man, indem die Beeren in einem Tontopf oder Steintopf im Wasserbad erhitzt werden. Der ausgetretene Saft wird abgesiebt, heiß in Flaschen gefüllt und sofort verschlossen.

Auf die gleiche Art bereitet man *Himbeersirup*, muß dazu allerdings 500 g Zucker auf einen Liter Saft mitkochen.

Brombeere

Vollreife Brombeeren *(Rubus fructicosus)* gehören im Geschmack entschieden zu den edelsten aller Beerenfrüchte. Wir ernten sie daher erst, wenn sie ihre satte Farbenfülle erreicht haben und ohne Zucker am besten schmecken. Die Beeren enthalten viel Vitamin A, Eisen, Phosphor, Kalk und andere Wirkstoffe, die besonders den Nerven zugute kommen. Brombeersaft ist gut für Fieberkranke, er lindert Halsschmerzen, Heiserkeit und Blasenleiden. Der schmackhafte Brombeerblättertee ist ein beliebtes Mittel gegen Durchfälle.

REZEPTE

Brombeerdessert

Die Brombeeren werden sortiert und die nicht vollwertigen Früchte mit Zitronen- oder Obstsaft aufgekocht und gesüßt. Die schönen Beeren dazulegen, in Portionsschälchen verteilen und mit einem Klecks Schlagrahm auftragen.

Brombeertorte ohne Backofen

Den Rand einer Springform auf eine Tortenplatte stellen und das Innere so mit Vollkornzwieback dicht auslegen, eventuelle Lücken mit Vollkornbröseln ausfüllen. Dann den Boden mit Brombeeren dick belegen. 4 g Agar-Agar mit ¼ Liter Wasser oder Fruchtsaft auflösen, mit echtem Vanillezucker und abgeriebener Schale einer Zitrone würzen. Nach Vorschrift erhitzen und abgekühlt über den Kuchen geben. Man kann der Agarmasse auch etwas Honig beigeben. Das Ganze muß mehrere Stunden stehen – aber nicht im Eisschrank – bis die Torte schnittfest geworden ist. Den Rand abheben und die Torte nach Belieben mit Schlagsahne verzieren.

Gebackene Brombeertorte

Den Boden einer Springform mit Mürbteig auslegen. Von dem Teigrest einen Rand herumlegen. Man läßt den Teigboden in etwa 15 Minuten hellgelb backen. Kurz vor dem Herausnehmen schlägt man zwei Eiweiß mit etwas flüssigem Honig zu Schnee, mischt 500 g Brombeeren darunter und füllt alles in die Springform. Nochmals in den Ofen schieben und bei guter Oberhitze hellgelb werden lassen.

Brombeertörtchen

Einen Mürbeteig dünn auswellen, in Tortenförmchen legen und hell ausbacken. Mit Brombeeren belegen und eine Vanillecreme darüber geben.

Heidelbeere

Sofern der Wald noch in Ordnung ist, können wir die Heidelbeeren, Bickbeeren oder Blaubeeren *(Vaccinium myrtillus)* auch als gesunde, naturreine Gaben von ihm erwarten. Man gebe jedem Kinde Gelegenheit, die blauschimmernden, erbsengroßen Kugeln kennenzulernen und zu einem festen Bestand der Kindheit zu machen, was früher selbstverständlich war. Vom Juni bis in den Herbst hinein leuchten sie uns entgegen und werden von fleißigen Sammlern gepflückt, doch hoffentlich nicht «gekämmt». Heute wird die Heidelbeere als Zierstrauch mit besonders großen Früchten auch im Garten angebaut.

Einst war die Heidelbeere «offizinell», also vollwertiger Bestandteil der in Apotheken angebotenen Heilmittelschätze. Getrocknete Beeren und der Saft aus frischen Früchten waren begehrte Arznei der Natur. Auf diese heilbringende Kraft sollten wir uns heute wieder besinnen: Die Beeren sind reich an Kalium, sind harnsäurefrei und weisen einen erheblichen Basenüberschuß sowie beachtliche Vitaminwerte auf. Blutarme und schlechtessende Kinder stürzen sich geradezu auf diese Beeren. Sie helfen und lindern bei schlechter Blutzusammensetzung, Drüsenleiden, Tuberkulose, besonders bei Hämorrhoiden und Diabetes. Als angenehmes Mittel nimmt man sie bei Würmern, namentlich bei Madenwürmern, denen oft so schwer beizukommen ist. Mit ihrer keimwidrigen und zusammenziehenden Wirkung (Gerbsäure) helfen die Früchte bei Mund- und Halskatarrh, wobei der verdünnte Saft zum Gurgeln genommen wird. Auch üblen Mundgeruch und selbst die lästige Mundfäule kann man mit ihm vertreiben. Um die Darmtätigkeit anzuregen, gibt man die frischen Beeren oder 3 – 4 Eßlöffel frisch zubereiteten Saft morgens nüchtern und je ½ Stunde vor den Mahlzeiten einige Wochen hindurch. Getrocknete Heidelbeeren wirken dagegen stopfend und sind ein Mittel gegen Durchfall, zumal für Kinder ein gärungshemmendes Medikament. Sie werden teelöffelweise langsam gekaut. Für Ferienreisen und Autofahrten in den Süden nehme man eine Flasche Heidelbeersaft als Reisebegleiter mit. Bei Magen- und Darmstörungen durch Ernährungsumstellung hilft die entgiftende Wirkung.

Hervorragend bewährt haben sich Heidelbeeren bei der Behandlung verschiedener hartnäckiger Flechten. Die erkrankten Stellen werden mehrmals täglich mit Heidelbeersaft betupft, den man dann eintrocknen lassen muß. Notfalls kann man auch getrocknete Beeren nehmen, die über Nacht in Wasser eingeweicht und dann gekocht werden. Wenigstens vier Tage lang soll man den Saft nicht abwaschen, bei Nichterfolg Prozedur wiederholen.

So sollten die Heidelbeeren im Hause möglichst nie ausgehen. Der Volksmund sagt: «In der Heidelbeerernte kann der Arzt auf Urlaub gehen».

Heidelbeermarmelade gegen Nachtblindheit: Der Schweizer Arzt Dr. Lubich von der «Forschungsstelle für Verkehrsmedizin» in Schaffhausen hat entdeckt, daß ein bestimmter Bestandteil der Heidelbeeren im Auge einen lichtempfindlichen Stoff, den Sehpurpur, bildet. Für Autofahrer, die auch außerhalb der kurzen Reifezeit Blaubeeren zu sich nehmen wollen, gibt es eine Möglichkeit: Heidelbeermarmelade als «Traffic Jam» gegen Nachtblindheit! Sie gehörte daher auch zur «eisernen Ration» der Weltraumfahrer.

REZEPTE

Heidelbeerteller

Die Suppenteller zur Hälfte mit gewaschenen Heidelbeeren füllen, mit flüssigem Honig beträufeln, frischer Milch oder schaumig geschlagener Sauermilch begießen und mit Zimt überpudern. Man kann auch Bananenstückchen hinzufügen.

Heidelbeerkompott

Die Heidelbeeren mit einem kleinen Glas Trauben- oder Apfelsaft aufs Feuer bringen und mehrmals aufwallen lassen, zugedeckt noch etwas ziehen lassen und mit Honig süßen.

Heidelbeersülze

½ Liter Saft von eingemachten Heidelbeeren mit etwas Zitronensaft und Honig verrühren, 10 g Agar-Agar darin lösen und über ca. 400 g Beeren in kleine, ausgespülte Schalen füllen. Nach dem Erstarren stürzen und mit Schlagrahm überziehen.

Heidelbeerkuchen

Eine Springform mit Mürbeteig belegen, Heidelbeeren einfüllen und fast fertig backen. Inzwischen 2 Eiweiß mit 1 Teelöffel Zitronensaft und Zucker zu steifem Schnee schlagen, über den Kuchen verteilen und im Backofen gelblich werden lassen.

Das Konservieren der Heidelbeeren

Das Trocknen

Kuchenbleche oder Obsthürden mit Papierbogen belegen und die Heidelbeeren darüber ausbreiten. Bei heißem Wetter können sie in der Sonne trocknen, sonst muß man sie bei 65 Grad im Ofen dörren. Die Beeren dürfen nicht zu hart werden, sondern sollen eine gewisse Elastizität behalten. Man bewahrt sie am besten in Schraubgläsern auf. Die getrockneten Beeren können auch in Wasser oder Fruchtsaft eingeweicht und mit anderen Früchten zusammen verwendet werden.

Heidelbeeren in Flaschen

Die verlesenen und gewaschenen Beeren ohne jeden Zusatz im Einmachtopf bei mäßigem Feuer unter öfterem Umrühren zum Platzen bringen. Dreimal aufkochen lassen und vom Feuer nehmen. Man füllt das Mus in erwärmte Flaschen und schließt mit Korken oder Gummikappen. Auch einen Eßlöffel zerlassenes Palmin kann man als Verschluß benutzen. Das festgewordene Fett schließt luftdicht ab. Der wertvolle, in den Heidelbeeren enthaltene Gerbstoff konserviert von selbst, so daß es auf ein dichtes Verschließen übrigens nicht so sehr ankommt, es würde genügen, die Flaschen mit einem Leinenläppchen zuzubinden. Auf diese Art eingemachte Heidelbeeren sind sehr haltbar.

Die *Heidelbeerblätter* geben einen vorzüglichen Tee, zumal bei Diabetes. Sie enthalten Stoffe mit insulinähnlicher Wirkung. Viele Zuckerkranke trinken ihn gern als täglichen Haustee. Auch bei Husten, Magenverstimmung, Darmentzündung und Blasenschwäche ist er zu empfehlen. Bei Augenentzündung, Halsweh und Zahnfleischentzündung nimmt man den Tee zu Spülungen und zum Gurgeln. Mit Zitronensaft und Honig gibt er eine erfrischende Limonade.
Zubereitung: 30 g getrocknete oder 1 Handvoll frische Blätter über Nacht in 1 Liter kaltem Wasser einweichen, aufkochen, 10 Minuten langsam kochen und zugedeckt noch ziehen lassen.

Preiselbeere

Die Preiselbeere oder Kronsbeere *(Vaccinium vitis idaea)* gehört zur Familie der Heidelbeere. Beheimatet ist sie in den skandinavischen Ländern. Die wertvollen, herben Beeren kann man auch roh essen, wenn sie gut durchgereift sind, aus Geschmacksgründen werden jedoch die gekochten Beeren bevorzugt. Man pflückt die mineralsalzreichen Früchte in zum Teil halbreifem Zustand und breitet sie in der Sonne aus. Bald färben sich auch die weißen Bäckchen rot, die Beeren werden weich, und man kann nun alle gemeinsam verwerten.

Die Blätter ergeben einen Tee gegen Nieren- und Blasenleiden sowie gegen Bettnässen. Der Tee aus der ganzen Pflanze ist schweißtreibend, geeignet bei Grippe und Erkrankungen der Atmungsorgane.

Melonensalat mit Preiselbeeren

Eine Honigmelone schälen und würfeln, einige Löffel Mayonnaise, 1 Tasse Sahne steifschlagen, 1 Tasse Preiselbeeren, frisch oder eingekocht, Honig nach Geschmack. Alles gut miteinander mischen.

Das gleiche Rezept läßt sich statt mit Melonen auch mit grobgeraspeltem Speisekürbis variieren.

Preiselbeertunke

Eingemachte Preiselbeeren durch ein Sieb streichen, langsam süße Sahne und Buttermilch beigeben. Nach Geschmack mit Honig oder Rübensirup süßen.

Konservieren ohne Zucker

Die Beeren in einen breiten Topf geben und unter öfterem Schütteln ohne zu rühren ganz langsam kochen, bis der Saft darübersteht. In Gläser füllen und verschließen.

Preiselbeeren mit Honig

1 kg Preiselbeeren mit $^1/_2$ kg geriebenen Äpfeln mischen. $^1/_4$ kg Zucker dazugeben und bis zum leichten Gelieren kochen. Dann die Schale je einer abgeriebenen Zitrone und Orange, 1 Zimtstengel und 1 Teelöffel Ingwer einrühren und kurz weiterkochen. Jetzt erst $^1/_2$ kg Honig untermischen. Sofort in Gläser füllen und luftdicht verschließen.

Konservieren mit Zucker

3 kg gewaschene Preiselbeeren mit 1 kg Zucker auf dem Feuer gut durchschütteln und rasch kochen (15 bis 20 Minuten), bis der Saft darübersteht. In Gläser füllen und am andern Tag zubinden.

Preiselbeermarmelade

Siehe «Schüttelmarmelade» S. 187.

Preiselbeeren mit Birnen

Von den wie oben mit Zucker gekochten Beeren gießt man einen Teil des Saftes ab und füllt mit Wasser auf (etwa $^1/_4$ der Saftmenge). Darin werden geschälte, geviertelte Birnen weichgekocht. Man schüttet die Preiselbeeren hinzu, läßt alles nochmals heiß werden, füllt in Töpfe und bindet am anderen Tage zu. Die Preiselbeeren verlieren dadurch viel von ihrer Schärfe.

Holunder

Der Juni bringt uns den heilkräftigen Holunder, Holder, Flieder *(Sambucus nigra),* von dem es im Volksmund hieß:
«Vor Hollerstauden und Kranawitten (Wacholder)
rück i mein Hut und neig mich bis halbe Mitten . . .»

In Österreich wurde der Strauch mancherorts sogar mit «geistlicher Herr» angesprochen. Überall rankte sich ehrfürchtiges Brauchtum um die einst der Frau Holle geweihte Pflanze, die vom Frühjahr bis zum Herbst ihre Gaben verschenkt.

Sehr zeitig im Jahr sind die ersten zarten *Holunderblättchen* draußen, die man unter alle Frühlingssalate mischen kann. Sie geben, einige Minuten gekocht, einen blutreinigenden *Tee,* den man morgens nüchtern einige Wochen hindurch trinkt, aber bitte nicht mehr als eine Tasse, es könnte sich sonst Übelkeit einstellen. Der Tee aus getrockneten *Holunderblüten* dagegen ist ein sehr angenehmer Erkältungstrank, der leicht schweißtreibend wirkt und den man zur Verstärkung gern mit Lindenblüten mischt. Das feine Aroma der frischen Holunderblüten kommt in verschiedenen Speisen und Getränken zur Geltung.

REZEPTE

Holunderküchle

sind vor allem in Süddeutschland beliebt. Die Blütendolden werden kurzstielig abgeschnitten, in einen Pfannkuchenteig getaucht und in Öl schwimmend ausgebacken. Man genießt die aparte Delikatesse mit Zucker und Zimt bestreut.

Holundermilch-Kaltschale

Dies ist eine angenehme sommerliche Erfrischung. Eine Blütendolde mit 1 Liter Milch überbrühen und nach 40 Minuten wieder herausnehmen. Die Milch wieder aufs Feuer setzen und 15 g Stärkemehl einrühren, gut schlagen mit $^{1}/_{4}$ Liter Milch und 2 Eigelb. Nach dem Aufkochen mit Honig süßen und kaltstellen. Servieren mit beliebigem Kleingebäck oder kräftigem Vollkornbrot.

Holunderblütensuppe

Einige Holunderblütendolden in Süßmost legen und einige Stunden ziehen lassen. Die Blüten herausnehmen und die Suppe mit Stärkemehl aufkochen, mit Zucker oder Honig süßen und mit Zitronensaft abschmecken. Die Suppe kann kalt oder warm gegessen werden. Wer's mag, richtet sie über zerbröckeltem Vollkornzwieback an.

Holunderblütenklöße

Einen Teig zu Kartoffelklößen aus gekochten Kartoffeln herstellen und einige Eßlöffel abgezupfte Holunderblüten (im Winter getrocknete) untermischen. Klöße formen und wie üblich in Salzwasser kochen. Die Holunderblüten geben den Klößen eine ganz besondere Note, die in manchen Gegenden sehr geschätzt wird.

Holunderblütenbowle

2 Holunderblütendolden und etwas Honig mit 2 Flaschen Süßmost übergießen und zugedeckt auslaugen lassen. Dann durchsieben und mit sprudelndem Mineralwasser mischen.

Holunderblütenlimonade

bereitet man aus 1 kg gereinigten Holunderblüten, 500 g Zucker und 5 mit der Schale in feine Scheibchen geschnittenen Zitronen. Man überbrüht mit 3 Litern Wasser und läßt die Flüssigkeit 3 Tage zugedeckt stehen. Danach wird in Flaschen abfiltriert und gut zugekorkt. Das Getränk mit dem feinen Aroma ist sehr beliebt an heißen Tagen.

Im Spätsommer und Frühherbst reifen die *Holunderbeeren* heran. Ihr hoher gesundheitlicher Wert macht sie zu einer einfachen Herbstkur geeignet. Sie wirken blutauffrischend und entschlackend bei Ablagerungserscheinungen wie Gicht und Rheuma. Berufstätige, die zu wenig Bewegung haben, sollten darum so oft wie möglich frischen Holundersaft trinken und Speisen aus den gekochten Beeren essen. Mit Zitronensaft und Honig kann man den herben Geschmack

angenehm machen. Auch Magenkranken ist der Holunder sehr zu empfehlen. Bei Erkältungen der Luftwege gibt es alle 2 bis 3 Stunden ein kleines Glas heißen Holundersaft, dessen schweißtreibende Wirkung zweimal täglich durch ein heißes Fußbad unterstützt wird. Es ist darum gut, sich ein paar Flaschen davon als Wintervorrat anzulegen. Der Saft wird durch einen Dampfentsafter gewonnen oder durch Auskochen der Beeren mit Wasser. Dieser Frischsaft ist besonders reinigend. Man trinkt je eine halbe Stunde vor den Mahlzeiten ein halbes Weinglas voll. Der Rückstand läßt sich für Marmeladen und Kompott verwenden, besonders in Mischungen mit unserem herbstlichen Obst. Die rohen Beeren sollte man allerdings meiden, da die Kernchen leicht giftig sind und Übelkeit verursachen. Getrocknete Beeren aber sind ein gutes Mittel gegen Durchfall, ähnlich wie getrocknete Heidelbeeren. Man kaut etwa zehn Stück davon gut durch.

Nach Pfarrer Kneipp kann man sich kein besseres Blutreinigungsmittel denken als Holundersaft und Holundermus: Da seien doch die Leute in früheren Zeiten gescheiter gewesen. Anstatt südliche Länder zu teuren Kuren aufzusuchen, sei man alljährlich zu dem alten Hausfreund, dem Holunderbaum, in die Kur gegangen.

Holunderkompott

500 g Holunderbeeren mit $^1/_8$ Liter Wasser und einem kleinen Zimtstengel weichkochen. Beliebig süßen.

Gemischtes Holunderkompott

1 kg Holunderbeeren mit je 3 in Stücke geschnittenen Äpfeln und Birnen und 10 entsteinten, zerschnittenen Zwetschgen, 1 Zimtstengel, $^1/_8$ Liter Wasser oder Süßmost und Zuckerrübensirup weichkochen. Nach Belieben mit ein wenig Stärkemehl binden.

Holundersuppe

Die Holunderbeeren mit Äpfeln und Zwetschgen weichkochen, durch ein Sieb streichen, mit Wasser oder Süßmost verdünnen und mit etwas Stärkemehl andicken. In die fertige Suppe Grießklößchen oder Schneebällchen aus geschlagenem Eiweiß einlegen. – Geschmacksabwandlungen erzielt man durch Zitronensaft, mitgekochte oder hinzugeriebene Zitronenschale, eine Nelke oder Apfelsaft. Süßen mit Honig. Puffmais ist gut geeignet zum Überstreuen. Auch kalt als **Holunderkaltschale** mit gekochten Obststückchen.

Holundermarmelade

Die Beeren werden mit oder ohne Zucker unter fleißigem Umrühren dick eingekocht. Ohne Zukkerzusatz muß man sie in Gläsern sterilisieren. Wenn man im Winter eingeweichtes, durchpassiertes Dörrobst dazugibt, hat man eine wohlschmekkende, bekömmliche Marmelade.

Holunderkompott

Auf 1 kg Beeren kommen 250 g Zucker. Ohne Wasserzugabe – es genügt, was vom Waschen hängen bleibt – in Gläser füllen und 40 Minuten bei 90 Grad erhitzen.

Kärntner Holundermanndl

125 g kleingewürfeltes Vollkornbrot in Butter rösten. Etwa 1 kg Holunderbeeren mit 125 g Rübensirup erhitzen, Saft ziehen lassen und über die Brotwürfel geben. In Suppentellern anrichten und über jeden Teller ca. 3 Eßlöffel Joghurt, dicke Sauermilch oder Sauerrahm geben.

Holunder für den Winter

Würziger Holundertrank

4 Liter Holunderbeeren mit $1^1/_2$ Liter Wasser weichkochen, durchsieben und mit 375 g Zucker, 1 Zimtstengel, einigen ganzen Nelken, ein wenig ganzem Ingwer und Zitronenschale noch einige Minuten durchkochen. Heiß in heiße Flaschen füllen und sofort verschließen. Man kann den Saft auch mit dem Dampfentsafter gewinnen und wie oben weiterbehandeln. Das likör- oder punschartige Getränk ist jahrelang haltbar. Da es sehr intensiv ist, kann es zum Gebrauch verdünnt werden.

Holundermus mit Kürbis

Kürbis wird geschält, in kleine Stücke geschnitten und mit dem gleichen Quantum Holunderbeeren weichgekocht. Dann wird die Masse durch ein Sieb gestrichen und mit Zucker (auf 5 kg $1^1/_2$ kg Zucker), reichlich Zitronensaft und feingeschnittenem Ingwer (auf 5 kg 50 g Ingwer) zu einem dicken Brei gekocht und heiß in Gläser gefüllt. Wenn man statt Zucker Rübensirup verwenden will, muß man die Gläser noch kurz sterilisieren. Statt Zitronensaft kann man Rhabarbersaft nehmen. Man kann vor der Verwendung eine frische aromatische Frucht oder Kompott unter die Marmelade mischen, z. B. ist im Frühjahr Rhabarberkompott sehr gut dazu geeignet. Auch Äpfel, Birnen und besonders Quitten statt oder mit dem Kürbis und mit dem Holunder zusammen geben eine gute Verbindung.

Sanddorn

Der Sanddorn *(Hippophae rhamnoides)* mit seinen silbergrauen Blättern – er ist eine Weidenart – und den orange leuchtenden Beeren, die dicht an dicht direkt an den Zweigen sitzen, wächst bis zu acht Meter hoch nicht nur an den Meeresküsten Europas, sondern auch an sandigen Flußufern und im Schotter der Gebirgsflüsse (so als «Rheindorn»). Er wird zur Uferbefestigung und als Zierstrauch angebaut.

Seinen hervorragenden Platz unter den Wildfrüchten verdankt er seinem Gehalt an Vitamin C, der fast zwanzigmal so hoch ist wie der der Zitrone. Dazu ist dieser Wirkstoff in allen Zubereitungsarten so haltbar wie bei keiner anderen Frucht. Dadurch haben auch die Menschen in Regionen mit einer langen sonnenlosen Zeit einen wertvollen Schutzstoff, der die Widerstandskraft gegen Infektionen stärkt.

In einem Botanikbuch des 17. Jahrhunderts wurden die Beeren als magenfreundlich und als durststillend bei Fieber empfohlen. In Skandinavien kannte man ihre Heilkraft schon in alten Zeiten, und heute noch ißt man in Finnland würzige Sanddornsoßen zu Fleisch und Fisch.

Die weichen, sehr fest sitzenden Beeren lassen sich nur mühsam vom dornigen Strauch pflücken, und da die Pflanze geschützt ist, darf man auch keine Zweige abbrechen. Deshalb sei auf die Sanddornerzeugnisse aus Reformhäusern, Apotheken und Drogerien hingewiesen. Wer aber in der Nähe eines Sanddorngebüsches wohnt oder ihn gar im Garten hat, der sollte die Gelegenheit zum Selberpflücken nützen.

Die Ernte beginnt im September. Man gewinnt den *Saft* mit der Saftpresse oder dem Dampfentsafter oder auch einfach durch Kochen im Wasser, bis die Beeren platzen. Man streicht sie durch ein grobes Leinen oder ein Haarsieb. Nun füllt man den Saft kochendheiß in kleine Flaschen und verschließt diese gleich. Am besten süßt man erst zum Gebrauch mit Honig.

Für **Sanddornmark** gilt das Gleiche. Man kocht mit weniger Wasser, füllt in kleine Gläser, die man luftdicht verschließt.

Zu **Marmelade** empfiehlt sich eine Mischung aus Sanddornsaft mit milden Früchten wie Äpfeln, Birnen, Kürbis, Karotten oder Quitten.

Wenn frische Beeren erreichbar sind, kann man diese lange am Strauch lassen und als vortreffliche **Säure** unter Frischkostplatten mischen.

Eberesche

Die Eberesche *(Sorbus aucuparia* und *Sorbus moravica,* die mährische Eberesche) ist im Volksmund als Lieblingsspeise der Drosseln am bekanntesten unter dem Namen Vogelbeere. Die Mährische, Süße oder Edeleberesche trägt die größten und mildesten Früchte und wird jetzt oft angepflanzt. Auch sie tragen ganze kleine Apotheken in sich und helfen bei Leiden der Harnorgane, bei Gicht und Rheuma, Magen- und Darmschwäche. Dem Diabetiker ist der Ebereschentee zu empfehlen. Bei Durchfall ißt man 2 mal täglich 10 bis 12 getrocknete Beeren, und beim Herannahen einer Grippe werden 2 Eßlöffel Beeren mit ¾ Liter siedendem Wasser übergossen und zum Ausziehen stehen gelassen. Man trinkt die Flüssigkeit im Lauf des Tages, nach Belieben mit etwas Honig.

Ein kleines Gläschen frisch ausgepreßten Saft morgens nüchtern zu trinken, empfiehlt sich als wirksame Herbstkur, besonders bei Wassersucht und Zahnfleischschäden. Der Anteil an Vitamin C ist groß.

Ganz vorzüglich ist **Ebereschenmarmelade.** Die Beeren werden am besten nach den ersten Frostnächten geerntet und auf einem Blech im Ofen leicht überbacken. Man mischt zur Hälfte mit Rübensirup und kocht eine Marmelade zum Gleichverbrauch. Man kann Apfelmus, Birnen, Quitten, Möhren, Kürbis oder Tomaten dazutun. Für das **Gelee** müssen wir die Beeren mit wenig Wasser weichkochen und den abgelaufenen Saft mit der gleichen Menge Zucker eindicken.

Berberitze

«Nun reifen schon die roten Berberitzen . . .» Die unscheinbaren kleinen Beeren *(Berberis vulgaris)* sind manchem nur durch dieses Gedicht von Rilke bekannt, doch können wir sie vom Herbst bis durch den Winter hindurch am dornigen Strauch finden. Häufig wird die Berberitze als Ziergehölz und zu niedrigen Hecken angepflanzt, sie hat hübsche rote Blütchen. Die länglichen Beerlein des auch Essig- oder Sauerdorn genannten Gewächses sind ein Geschmacksträger für Salate, Kräutertees, Marmeladen und Fruchtsäfte mit wenig Eigengeschmack, auch wenn nur geringe Mengen zugegeben werden.

In der Kräuterapotheke hat die Berberitze ihren Platz als Fiebermittel und bei den krampflösenden Mitteln für Magen und Darm, Leber und Galle. Den Tee bereitet man aus 20 g Beeren mit $^1/_2$ Liter Wasser. Ihr hoher Vitamin-C-Gehalt macht die Berberitze zum Parodontosemittel.

Saftbereitung

Die Beeren mit einem Holzstampfer zerquetschen oder durchdrehen und den Saft auspressen. Zum Klären stehen lassen, dann in Fläschchen füllen und mit ein wenig Öl luftdicht verschließen, verkorken und kühl aufbewahren.

Hagebutte

Die Hagebutte *(Rosa canina):* Seit Jahrtausenden rankt sich die Heckenrose um Märchen, Sagen und Legenden. Dornröschen, Schneeweißchen und Rosenrot, das Röslein auf der Heide und so manche andere Rose erzählen von der Verehrung und Bewunderung, die man dieser Blume im Volk entgegenbrachte. Im Christentum wurde die Königin der Blumen das Sinnbild Christi, während die Fünfzahl ihres Blütenbaues auf das geheimnisvolle Zeichen des Pentagramms hinweist.

Immer wieder wurden und werden neue Rosensorten gezüchtet, aber um Hagebutten zu sammeln, muß man die Wildrosenhecken aufsuchen, Rosa canina und Rosa rugosa mit den rundlichen Rosenäpfelchen. In alten Kräuterbüchern kann man lesen, daß die Hagebutten, Hetschepetschen, Hiefen oder wie die volkstümlichen Namen lauten mögen, zu Weihnachten oder Neujahr gegessen, ein gutes Heilmittel gegen vielerlei Krankheiten seien. Magisches Brauchtum umgibt die Frucht (eigentlich Scheinfrucht) der Rose. Die Kühe sollten am Heiligen Abend drei Hagebutten mit einem Stück Brot bekommen, um gesund zu bleiben. Drei Hagebutten mußten es auch sein, die man in der Neujahrsnacht pflückte (sie hängen ja lange an den Sträuchern), um sie den Angehörigen durch ein Fenster zuzureichen. Diese mußten sie schweigend verzehren.

Unsere Zeit hat uns dagegen sehr nüchterne Erkenntnisse über das Vitamin C, die Ascorbinsäure, gebracht, welches die Hagebutte in großen Mengen besitzt, mehr als Zitronen, schwarze Johannisbeeren und Paprikaschoten. Die früher so rätselhaften Mangelerscheinungen und die Anfälligkeit gegen Infektionen können damit wirksam bekämpft werden. Vorzüglich ist auch die Wirkung auf den Stoffwechsel, weshalb zu Stoffwechselkuren gern Hagebuttentee empfohlen wird, desgleichen zur Heilung von Nieren- und Blasenerkrankungen. Pfarrer Kneipp schreibt in seiner *Wasserkur:* «Noch nenne ich die Hagebutten, die gesotten einen recht heilsam wirkenden Tee abgeben. Nur muß er längere Zeit genommen werden. Die Erfahrung lehrte mich, daß er vor weiterer Ausbildung von Steinen schützt.»

Der wohlschmeckende **Hagebuttentee** ist auch ein guter Haustee für die ganze Familie. Früher verwendete man dazu hauptsächlich die Kerne, die einen

feinen vanilleähnlichen Geschmack haben, den «Kernlestee». Die Früchte zu Tee werden gesammelt, sobald sie rot sind. Die Temperatur sollte beim *Trocknen* nicht über 60 ° ansteigen. Zugleich ist eine kleine Luftzufuhr notwendig. Deshalb wird ein Holzstückchen in die Backofentür geklemmt. Die Hagebutten sollen zum Aufbewahren zwar sehr gut ausgetrocknet sein, aber ihre rote Farbe behalten. Man muß mit 24 Stunden Trockenzeit rechnen. Zum *Tee* kann man die ganzen Hagebutten nehmen oder sie grob mahlen.

Sollen möglichst viel Heilstoffe erhalten bleiben, setzt man den Tee kalt an, 50 g Hagebutten auf 1 Liter Wasser, und bringt ihn nach 24 Stunden für 10 Minuten zum Kochen. Dieser Tee kann täglich von jedermann getrunken werden, besonders aber bei erhöhtem Vitamin-C-Bedarf, sei es während des Wachstums oder im Alter, bei Schwangerschaft und Stillzeit und natürlich in der kalten Jahreszeit. Als Fiebertee wird er mit Zitronensaft und Honig gemischt. – Zur Sammelzeit kann man den Tee auch aus frischen Früchten bereiten. Man kann seinen Vitaminbedarf auch durch Kauen von entkernten Hagebutten decken. Dazu genügen 3 g dieser Schalen täglich, die man morgens nüchtern ißt.

Die Hagebutten werden für **Hagebuttenmarmelade oder Hägenmark** von Stiel und Fliege befreit, einmal durchgeschnitten, durchgedreht und mit etwas Wasser zu Mus gekocht. Dann treibt man sie durch ein Sieb. Für 1 kg Mark genügen 750 g Zucker. Die Masse wird mit dem Zucker unter ständigem Rühren 5 Minuten durchgekocht und kochend in heiße Gläser gefüllt, die man gleich luftdicht verschließt. Will man weniger oder gar keinen Zucker verwenden, so muß man das Einmachgut 10 Minuten sterilisieren. Im Winter kann man es dann süßen Marmeladen zufügen oder mit Honig verrühren.

Die runden fleischigen *Rosenäpfelchen* der Rosa rugosa ißt man frisch vom Strauch, kann sie aber auch begrenzt haltbar machen, indem man die entkernten Früchte mit dem gleichen Quantum Rübensirup weichkocht, einen Tag stehen läßt, den Saft ablaufen läßt und ihn dann dick einkocht. Die Früchte läßt man zum Schluß kurz mitkochen, füllt in Gläschen und verschließt luftdicht.

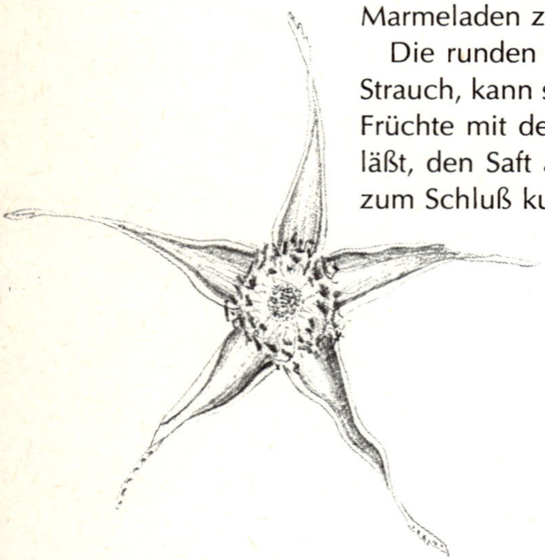

Steinobst und Kernobst und vom Dörren

Die Kirschen sind reif

Die Kirsche *(Cerasus)* gehört zu der Gattung Prunus, das heißt, sie ist eine Verwandte der Pflaume. Nehmen wir zum höheren Ruhm des römischen Feldherrn und Feinschmeckers Lucullus (117 bis 57 v. Chr.) an, daß er den Kirschbaum aus Westasien über Afrika in Europa einführte, so schließt dies nicht aus, daß es weniger saftige, kleine saure Kirschen schon längst im Norden, vom römischen Gaumen unbeachtet, als einheimische Pflanze gab.

Lachen aus grünem Laub reife Kirschen hervor, so hat die Familie, die einen solchen Baum im Garten ihr eigen nennt, jetzt eine fröhliche Zeit. Die Mutter hat es mit dem Essenkochen nie so einfach wie in der Kirschenzeit, vorausgesetzt, sie bringt ihren Kindern für die «Rohkost frisch vom Baum» viel Verständnis entgegen. Zu diesen Mahlzeiten und Zwischenmahlzeiten gibt es Vollkornbrot oder Knäckebrot, auch schmeckt ein Teller Habermus oder Grütze herrlich nach der köstlichen Vorspeise. Man mache es sich zum Grundsatz, die Süßkirschen so wenig wie möglich mit Feuer in Berührung zu bringen. Die Sonne kocht sie zur Genüge mit ihrer sommerlichen Wärme. Da besonders die dunklen Kirschen viel Eisen enthalten, sind sie gut gegen Blutarmut.

Wer abnehmen will, darf ab und zu einen **Kirschentag** einlegen, an dem nur Kirschen, bis zu einem Kilo täglich, gegessen werden. Als Zukost gibt es einige Eßlöffel rohe Hafer- oder Hirseflocken oder etwas Leinsamen, dazwischen auch ein Glas Milch mit einem Schuß stillen Mineralwasser. Besonders Nierenkranken sei der Kirschengenuß empfohlen, während ältere Menschen erst ausprobieren sollten, welche Menge Kirschen sie vertragen.

Zum *Kirschenentsteinen* für Kuchen, Marmelade oder Kompott kann man sich mit dem einfachen «Instrument» unserer Großmütter helfen: Man hakt mit einer Haarnadel den Kern vom Stiel aus heraus.

Daß auch **Kirschenstiele** noch ihre Verwendung finden, ist heute schon fast in Vergessenheit geraten. Die getrockneten Stiele werden eingeweicht und tüchtig ausgekocht. Sie ergeben einen ausgezeichneten Tee gegen starken Husten und Katarrh für Erwachsene und Kinder. Schwangere sollten ihn meiden. Die Stiele werden auch anderen Kräutertees beigegeben. Man kann etwas Vanille oder Zitronenschale mitkochen.

REZEPTE

Kirschenspeise

Von 60 g Hirseflöckchen und etwas geriebener Zitronenschale einen dünnen Brei kochen. 350 g Quark und 60 g Butter schaumig rühren und mit der abgekühlten Masse schlagen, bis sie luftig und leicht ist. Die Creme über 500 g ausgesteinte Kirschen geben und dick mit geriebenen Nüssen bestreuen.

Kirschen mit Joghurt

Joghurt mit etwas Honig schaumig schlagen und mit der gleichen Menge entsteinten Kirschen mischen. Mit Flocken oder Vollkornbrot ein leichtes Abendessen.

Götterspeise

Entsteinte Kirschen bis zur Hälfte in weite Stielgläser füllen. Quark mit geriebenem Pumpernickel, Honig und Rahm zu einer cremeartigen Masse verrühren und über den Kirschen verteilen.

Kirschtorte ohne Backofen

1 Tasse Gerstenflocken, 1 Tasse Vollkornbrösel, 1 Tasse gemahlene Nüsse, Schale einer ganzen und Saft von 1/2 Zitrone, 500 g Quark, 1 Tasse flüssigen Honig und 750 g entsteinte Kirschen zu einer teigigen Masse verrühren. In eine geölte, mit Bröseln und gemahlenen Nüssen bestreute Springform füllen und zum Aufquellen und Festwerden einige Stunden stehen lassen. Schlagsahne darübergeben und mit Nüssen verzieren.

Fruchtspeise mit Agar-Agar

In einer Glasschale entsteinte Kirschen, in Rädchen zerschnittene Bananen, halbierte Erdbeeren und weitere Beeren der Jahreszeit geben. Die Kirschen sollen überwiegen. In 1/2 Liter Fruchtsaft 8 g Agar-Agar ganz leise kochen lassen. 1/4 Liter Kirsch- oder Himbeersaft, 1 kleinen Eßlöffel Zitronensaft und flüssiggemachten Honig nach Bedarf zugeben. Die Flüssigkeit über die Fruchtschale verteilen und steif werden lassen. Nach Belieben mit Schlagsahne reichen.

Kirschpudding

Aus 1 Liter Milch, 125 g Grieß und 1 Prise Salz einen Brei kochen. Nach dem Abkühlen 1 Stück Butter, 3 Eigelb, abgeriebene Zitronenschale, einige Eßlöffel gemahlene Haselnüsse und etwa 250 g entsteinte Kirschen daruntermischen und zuletzt den Eierschnee unterziehen. Die Masse in eine gefettete und mit Bröseln ausgestreute Puddingform geben und in kochendes Wasser einsetzen, das fast so hoch stehen soll wie die Puddingform. Bei kleinem Feuer etwa 1 Stunde kochen. – Man kann die Masse auch in einer Auflaufform im Backofen backen.

Kirschenpfannkuchen

Einen Pfannkuchenteig herstellen, Kirschen daruntermischen. Am besten eignen sich kleine schwarze Kirschen. Knusprige, ziemlich dicke Pfannkuchen backen.

Kirschkuchen oder -auflauf

5 in Scheiben geschnittene Vollkornbrötchen in warmer Milch einweichen, 100 g Butter schaumig rühren und nach und nach 4 Eigelb, 4 Eßlöffel geriebene Mandeln und 100 g Honig dazurühren. Den Schnee des Eiweißes unterheben. Die Hälfte der Masse in eine Springform füllen, 500 g schwarze Kirschen daraufgeben und den Rest des Teigs darüber verteilen. Butterflöckchen darüberlegen und bei Mittelhitze backen. Der Kuchen kann kalt oder heiß aufgetragen werden.

Konservieren

Nach altbewährtem Rezept für **Kirschenmus** gibt man die entsteinten Kirschen ohne Zutaten in den Kochtopf und kocht sie unter fleißigem Umrühren dick ein. Das noch heiße Mus wird in kleine Steintöpfe gefüllt, worin man es erkalten läßt. Am anderen Tag stellt man die Töpfchen in den Backofen und läßt das Mus langsam fest und trocken werden. Nach dem Erkalten zubinden. Für diese Methode eignen sich Sauerkirschen besonders gut. Man kann das wohlschmeckende Mus für Fruchtsuppen und -soßen verwenden, indem man es mit Saft oder Wasser aufkocht.

Eine vorteilhafte Art, Kirschen haltbar zu machen, ist das **Dörren,** zumal für kleinere Sorten, für die man nicht viel Zeit verwenden möchte. Man trocknet die Früchte in der Sonne und bewahrt sie am besten hängend in Säckchen auf. Es eignen sich alle Kirschensorten zum Dörren, vorwiegend Schattenmorellen und schwarze Sauerkirschen. Die Vitamine bleiben bei dieser Konservierungsart weitgehend erhalten.

«An einem Baume, da hängt 'ne Pflaume», so sangen die Kinder schon vor hundert Jahren, und auch heute zählen sie ab: «Dies ist der Daumen, der schüttelt die Pflaumen.»

Die Pflaumen mit ihren verschiedenen Abarten faßt der Botaniker unter dem Gattungsnamen *Prunus* zusammen, dazu gehören auch Schlehe und Aprikose, da aller Blüten fast gleich aussehen. Sie gehören zu den Rosengewächsen. Pflaumen und Zwetschgen heißen beide *Prunus domestica,* aber die Hausfrau tut gut daran, den Unterschied zu beachten. Beide sind sehr nahrhaft und vitaminreich (A, B und C), beiden ist ein hoher Anteil an Pektinen eigen, der sie, zumal in getrocknetem Zustand, zu einem guten, milden Abführmittel macht. Das gilt auch für Steinobst in seiner Gesamtheit. Man findet beide auch im Diätplan bei Kreislauf-, Nieren-, Leber- und rheumatischen Leiden, wenn die Kost kalorien- und kochsalzarm sein soll. Doch möchte man dabei die Zwetschgen bevorzugen, da empfindliche, besonders ältere Menschen die Pflaumen häufig schlecht vertragen. Wenn sie nicht sehr gut gekaut werden, können sie Leibschmerzen verursachen.

Die Pflaume ist größer und runder und hat weiches, saftiges Fleisch, welches sich meist schwer vom Stein löst. Die Zwetschge, länglich mit spitzen Enden, hat gelbes, festes Fruchtfleisch und ist aromatischer und süßer. Sie eigenet sich besonders gut zur Vorratswirtschaft, während Pflaumen einen sehr hohen Prozentsatz Zucker erfordern. Zwetschgen ergeben dagegen auch ganz ohne Zukker eine köstliche Marmelade und lassen sich sehr gut mit anderen Früchten mischen.

REZEPTE

Konservieren

Es gibt zum Haltbarmachen unzählige gute Rezepte, auch altbewährte Familienrezepte, nach denen man in der Steiermark seinen Powidl, andernorts seine Latwerge einkochte; hier seien einige der vorteilhaftesten herausgesucht.

Zwetschgenmarmelade

Man verwendet auf sechs Kilo Früchte (entsteint) ein Kilo Zucker. Am Abend vor der Verarbeitung werden die entsteinten Früchte durch die Maschine gedreht, gut mit dem Zucker und $^1/_4$ Liter Apfelessig gemischt, in den Kochtopf gegeben und bis zum Morgen stehen gelassen. Dann gibt man den Topf, ohne vorher umzurühren, aufs Feuer und läßt langsam 4 Stunden kochen ohne zu rühren. Über Nacht hat sich nämlich der ganze Saft abgesetzt, die Breimasse oben gesammelt, und die Flüssigkeit verdampft jetzt durch das Kochen, ohne daß etwas anbrennen könnte. Das ganze Geheimnis ist, daß man nicht erst anfängt zu rühren! Ist die Flüssigkeit fast verdampft, dann erst fängt man an, umzurühren. – Zuletzt in die heißgemachten Gläser füllen und in üblicher Weise zubinden.

Ein Zwetschgenmus, das der «Latwerge» am nächsten kommt

Die Zwetschgen wie oben vorbereiten und ohne zu rühren kochen. Man kann zur Vorsicht ein paar Kieselsteine in den Topf geben, um das Anbrennen zu verhindern. Günstig ist es auch, die Flüssigkeit des Zwetschgenbreis in großen, flachen Töpfen im Backofen verdampfen zu lassen. Nun das Mus in

Steintöpfe füllen und zur besseren Haltbarkeit 5 bis 10 Minuten in den warmen Backofen stellen, damit sich oben eine feste Kruste bildet.

Zwetschgenmarmelade mit Birnen

5 kg süße, saftige Birnen dünn schälen, von Stiel, Blüte und Gehäuse befreien und in Viertel schneiden. Mit 5 kg recht reifen, entsteinten Zwetschgen zusammen in den Einmachtopf schütten, eine Flasche Apfelsaft zugießen und unter ständigem Rühren zu einem steifen Brei kochen. Kochendheiß einfüllen und sofort zubinden.

Zwetschgenmarmelade mit Fliederbeeren

4 kg reife Holunder- oder Fliederbeeren entsaften und den durchgeseihten Saft zu 5 kg entsteinten Zwetschgen geben. Man kann die dünn abgeschälte Schale einer Zitrone, ein paar Nelken oder etwas Stangenzimt zufügen. Zucker ist nicht erforderlich. Bei kleinem Feuer unter fleißigem Umrühren die Marmelade kochen, bis sich ein schwer vom Löffel fallender Brei gebildet hat. Heiß in Gläser oder Steintöpfe füllen, sofort zubinden.

Zwetschgenmus mit Ebereschen

Für 2 kg Ebereschensaft nimmt man 4 kg entsteinte Zwetschgen und 1 kg Zucker. Kochen wie oben.

Zwetschgen im Einkochglas

Die Früchte ganz oder halbiert und entsteint in Gläser füllen, mit Zuckerlösung (100 g Zucker auf 1 Liter Wasser) übergießen und 30 Minuten bei 75 Grad erhitzen.

Man kann auch braunen Zucker verwenden oder den kalkhaltigen Zuckerrübensirup mit den nur wenig verminderten Vitalstoffen. Man kann auch ganz ohne Zucker einkochen und beim Verbrauch mit Honig süßen.

Zwetschgenkuchen

Der gute alte Zwetschgenkuchen wurde auf einem riesengroßen Kuchenblech nach dem Brotbacken in den Gemeindeofen geschoben. Auf dem dünn ausgewellten Vollkornhefeteig, der dick mit Haferflocken oder Bröseln bestreut ist, liegen die Zwetschgen dicht an dicht, das gelbe Fleisch nach oben. Erst nach dem Backen wird der heiße Kuchen mit Honig, Rohrzucker oder Rübensirup gesüßt.

Feiner Zwetschgenkuchen

Einen beliebigen Mürbeteig ausrollen, dick mit Vollkornbröseln oder ganz feinen Haferflocken bestreuen, sehr dicht mit Zwetschgenhälften belegen, wozu sich auch die eingemachten Früchte gut eignen, und eine Tasse geblätterte Mandeln darauf verteilen. Süßen erst nach dem Backen und nicht sparen mit Schlagsahne.

Pflaumentaschen

Einen beliebigen Vollkornhefeteig ausrollen, Rechtecke ausschneiden und auf jedes 1 bis 2 entsteinte, leicht gesüßte Pflaumen legen. Die andere Teighälfte darüberklappen, nochmals gehen lassen, mit zerlassener Butter bepinseln und bei guter Mittelhitze backen.

Zwetschgenknödel

1 kg Kartoffeln kochen, pellen und durchtreiben. Nach dem Erkalten 1 Ei, ein wenig Salz und soviel Vollmehl hinzufügen, daß man einen glatten Teig arbeiten kann, der nicht kleben darf. Eine Wurst formen, kleine Scheiben abschneiden und zu viereckigen Plätzchen breitdrücken. Schöne, feste Zwetschgen vorsichtig entsteinen und ein Klecks-

chen Honig hineintun. Die Früchte in die sehr dünnen Teigplätzchen einwickeln und gut zudrükken, da sonst beim Kochen Saft ausläuft. Die Knödel in leicht gesalzenem, stark wallendem Wasser zuerst eine kleine Weile zugedeckt kochen und dann etwa 10 Minuten im offenen Topf ziehen lassen. Mit dem Schaumlöffel herausnehmen und auf einem Sieb abtropfen lassen.

Danach reichlich Butter oder Öl in die Pfanne geben, Brotbrösel hinzutun und unter leichtem Schütteln die vorsichtig eingelegten Knödel knusprig umhüllen. Nicht zuviel Knödel in die Pfanne geben, damit sie sich gleichmäßig mit den Bröseln einkleiden können. Mit Zucker und Zimt bestreuen und auf vorgewärmter Platte anrichten. Dieses, besonders in Österreich sehr beliebte Gericht kann auch mit Aprikosen, Mirabellen oder Kirschen hergestellt werden.

Pflaumenbettelmann

300 g geriebenes Vollkornbrot mit 60 g Butter oder Margarine unter ständigem Rühren leicht anrösten. 1 kg halbierte, leicht gesüßte Pflaumen mit etwas Zimt und gemahlenen Nelken lageweise mit dem Brot in die geölte Auflaufform schichten, eine Brotschicht zuoberst. Man legt Butterflöckchen darauf und backt bei Mittelhitze. Man kann noch von einem Eiweiß Schnee schlagen und über den Auflauf streichen und ihn für 1 Minute zum Bräunen einschieben.

Dörren der Zwetschgen

siehe das Kapitel «Vom Dörren des Obstes» S. 231.

Platz für eigene Rezepte

Schlehdorn

Wenn die ersten Nachtfröste durchs Land gezogen sind, wird es Zeit, den Schlehdorn *(Prunus spinosa)* oder Schwarzdorn zu besuchen und seine blauschwarzen, bläulich bereiften Früchte zu sammeln. Allerdings ist das Pflücken vom dornigen Gezweig im kalten Novemberwetter sehr ungemütlich. Wir machen daher den Vorschlag, schon an einem sonnigen Oktobertag, sobald die Schlehen reif sind, mit Eimern und Milchkannen zum Sammeln zu gehen und im Eisfach durch einen künstlichen «Nachtfrost» ihre Herbheit und Säure zu mildern.

Wir legen uns von diesen Schlehenfrüchten einen kleinen Vorrat zurück, um morgens nüchtern von diesem kräftigen Regenerationsmittel etwas zu essen, gut gekaut und gut durchgespeichelt. Jeder mag das kleine Quantum für sich selbst ermessen. Wir werden auch einen genügenden Vorrat bei gelinder Wärme dörren, damit wir im Winter davon Saft machen können. Man muß dazu die Schlehen einen bis drei Tage in Wasser oder Süßmost einweichen und den Saft ablaufen lassen. Gewärmt und gesüßt ist er ein gesundes, wohlschmeckendes Getränk. Die eingeweichten Schlehen kann man unter geriebene Äpfel, Dörrobstspeisen oder Fruchtsalate mischen, auch unter eingedünstetes Obst oder Kompott.

Gut erprobt und sehr lohnend ist die folgende Herstellung von **Schlehensaft:** Die gewaschenen Früchte übergießt man mit kochendem Wasser, so daß es eine Handbreit übersteht. Das Gefäß bleibt zugedeckt 24 Stunden stehen. Dann läßt man den Saft ablaufen, bringt ihn zum Kochen und gießt ihn wieder über die Früchte. Das wiederholt man noch einmal nach 24 Stunden. Man kann dann den Saft nach weiteren 24 Stunden abgießen, aufkochen und in heiße Flaschen füllen, die man gleich verschließt. Man kann den Saft aber auch zuletzt mit Zucker aufkochen (5 Liter mit 750 g Zucker) und abfüllen. Ein Teil des Zuckers setzt sich bei der Lagerung in Traubenzucker um. Der gesüßte Saft hat Ähnlichkeit mit Kirschsaft. Man nennt die Schlehen ja auch mancherorts Schlehenkirschen. Da der so gewonnene Saft sehr intensiv ist, kann man ihn mit Wasser oder Apfelsaft verdünnen. Mit Zimt, Nelken und etwas Zitronenschale aufgekocht, ergibt er ein herrliches, punschartiges Heißgetränk.

Den Dampfentsafter können wir für Schlehen nicht gebrauchen, da das so gewonnene Produkt unerträglich herb werden würde. Der Gehalt an Gerbsäure macht den nach obigem Rezept erzielten Saft sehr haltbar. Die völlig ausgelaugten Schlehen sind nichts mehr wert.

Aprikose

In ihrer Heimat von Mittelasien bis zur Mandschurei wächst die Aprikose *(Prunus armeniaca)* wild, von hier aus hat sie sich über weite Teile der Erde verbreitet. Heute wird ihr Großanbau in Oberitalien und im Wallis, in Argentinien und Kalifornien durchgeführt. Es ist eine wahre Augenweide, wenn man zwischen Sacramento und San Francisco durch ein Blütenmeer von Aprikosen fährt. Aber leider wird bei solchen Großanbauflächen besonders viel gespritzt. Hinzu kommt ein zweites Übel, das besonders die kalifornischen Früchte betrifft: das starke Schwefeln.

Einheimische Aprikosen findet man in unseren Breiten nur in Landstrichen mit ausgesprochenem Weinklima mit gut durchsonnten Gärten, doch werden sie dann meist vor ihrer vollen Reife auf den Markt gebracht. Falls man sie nicht noch durch Lagern nachreifen lassen kann, ist es nötig, die Aprikosen zu kochen, damit sie ihr Aroma entwickeln können.

Ihr außerordentlich hoher Eisengehalt macht die Aprikose zu einer wichtigen Hilfe zur Blutbildung. Ferner ist der Karotinanteil (Provitamin A), der so wichtig für die Augen ist, höher als in allen anderen Früchten.

REZEPTE

Aprikosenkompott

Einige Löffel Rübensirup mit 1 Tasse beliebigem Fruchtsaft und 1 Päckchen echtem Vanillezucker aufkochen. Etwa 500 g entsteinte Aprikosen hineinlegen, ganz kurz «köcheln» und zugedeckt ziehen lassen.

Sehr erfrischend ist auch eine Mischung von Aprikosenkompott mit Ananasstückchen. Mit Zitronensaft wird der Geschmack herzhafter.

Aprikosenauflauf

3 Vollkornbrötchen in Scheiben schneiden und in warmer Milch einweichen. In die gefettete Auflaufform geben und halbierte Aprikosen daraufschichten. 60 g Butter, 1 Eidotter, 100 g Sirup und 3 Eßlöffel Grieß mischen und zuletzt das zu steifem Schnee geschlagene Eiweiß unterziehen. Über die Fruchtschicht geben, wenn nötig mit noch etwas Flüssigkeit. Die Oberfläche mit halbierten Aprikosen dekorieren und bei Mittelhitze backen.

Aprikosenkuchen

Die Springform mit Mürbeteig belegen und dick mit gemahlenem Zwieback oder sehr feinen Haferflokken und geraspelten Nüssen bestreuen. Mit halbierten Aprikosen belegen, die Kernseite nach oben, und bei Mittelhitze backen. Danach sofort mit Honig oder Sirup süßen.

Aprikosenbowle

10 Aprikosen aufschneiden und mit Sirup oder Honig netzen. 2 Flaschen Trauben- oder Apfelsaft übergießen und kalt stellen. Vor dem Austeilen eine Flasche sprudelndes Mineralwasser zugeben.

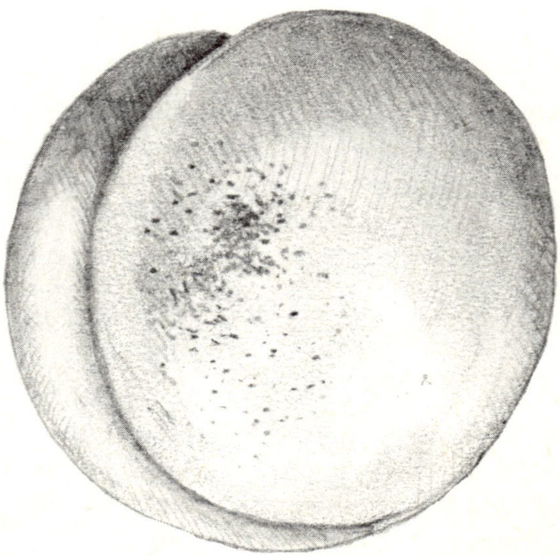

Aprikosen im Einmachglas

Die Früchte kann man ganz lassen oder halbieren und entsteinen. Sofort mit kalter Zuckerlösung – 200 g Zucker auf 1 Liter Wasser – in Gläser füllen und 30 Minuten, ganze Früchte 40 Minuten, bei 75 Grad erhitzen. Bei entsteinten Früchten gebe man zur Verbesserung des Aromas 2 bis 3 Steine mit ins Glas.

Schonend und schnell kann man die Früchte auf andere Art einmachen: eine Zuckerlösung bereiten, aufkochen und abschäumen, die Früchte hineinlegen und 2 bis 3 Minuten kochen lassen, dann in die Gläser füllen und von der Zuckerlösung bis 1 cm unter dem Rand zugießen. Jetzt schnell einen Gummiring auflegen, in den trockenen Deckel ein paar Tropfen (5) Alkohol tröpfeln, sofort anzünden und den Deckel mit der Flamme auf das Glas stülpen und andrücken. Er hält. Ungeübte müssen den Vorgang evtl. wiederholen und können zur Sicherheit auch Schließklammern benutzen. Diese Art hat manchen Vorteil, auch den, daß mehr Früchte ins Glas hineingehen als sonst, und daß selbst kleinste Obstmengen rasch sterilisiert werden können. Neulinge in dieser Technik sollten ihre Gläser anfangs öfter kontrollieren.

Pfirsich

Der Pfirsichbaum *(Prunus persica)* war in ältesten Zeiten schon in China bekannt. Karawanen brachten ihn ins Land der Parther (Persien), und von dort nahm er den Weg ans Kaspische Meer, nach Arabien und Ägypten. Im 1. Jahrhundert nach Christi Geburt wurde er auch in Italien angepflanzt, jedoch erst kurz vor 1700 gelangte er nach Frankreich, wo er unter dem Sonnenkönig als heilsames und schmackhaftes Obst sehr geschätzt wurde. Heute noch gilt der französische Pfirsich als besonders gut, wenn auch andere Länder, z. B. Griechenland und Kalifornien, weit größere Ausfuhren verzeichnen können.

Der Pfirsich regt den Appetit an und fördert die Verdauung. Für Fiebernde ist er eine besonders erfrischende Labe. Gegen akute Nierenentzündung wirkt er direkt als Heilmittel. Im täglichen Speisezettel genießen wir die köstliche Frucht am besten ohne jede Bearbeitung. Viele Aprikosen-Rezepte können auch für Pfirsiche verwendet werden.

REZEPTE

Pfirsichdessert

Reife Pfirsiche geschält oder ungeschält halbieren und mit der Innenseite nach oben auf Portionstellerchen legen. Wenn nötig mit Honig bestreichen und mit je 1 Teelöffel Haselnußmus oder gemahlenen Nüssen füllen. Mit Schlagrahm, auch halb Quark, halb Rahm oder nur Quark anrichten.

Pfirsiche in Agar-Agar

1 Flasche Apfelsaft erhitzen und Agar-Agar darin auflösen (für ½ Liter braucht man 8 g). In eine Glasschale 500 g halbierte Pfirsiche, Zimt oder Vanille und grob gehackte Mandeln verteilen. Auch ein paar rote Beeren sehen hübsch dazu aus. Die Agar-Lösung darübergießen und stocken lassen.

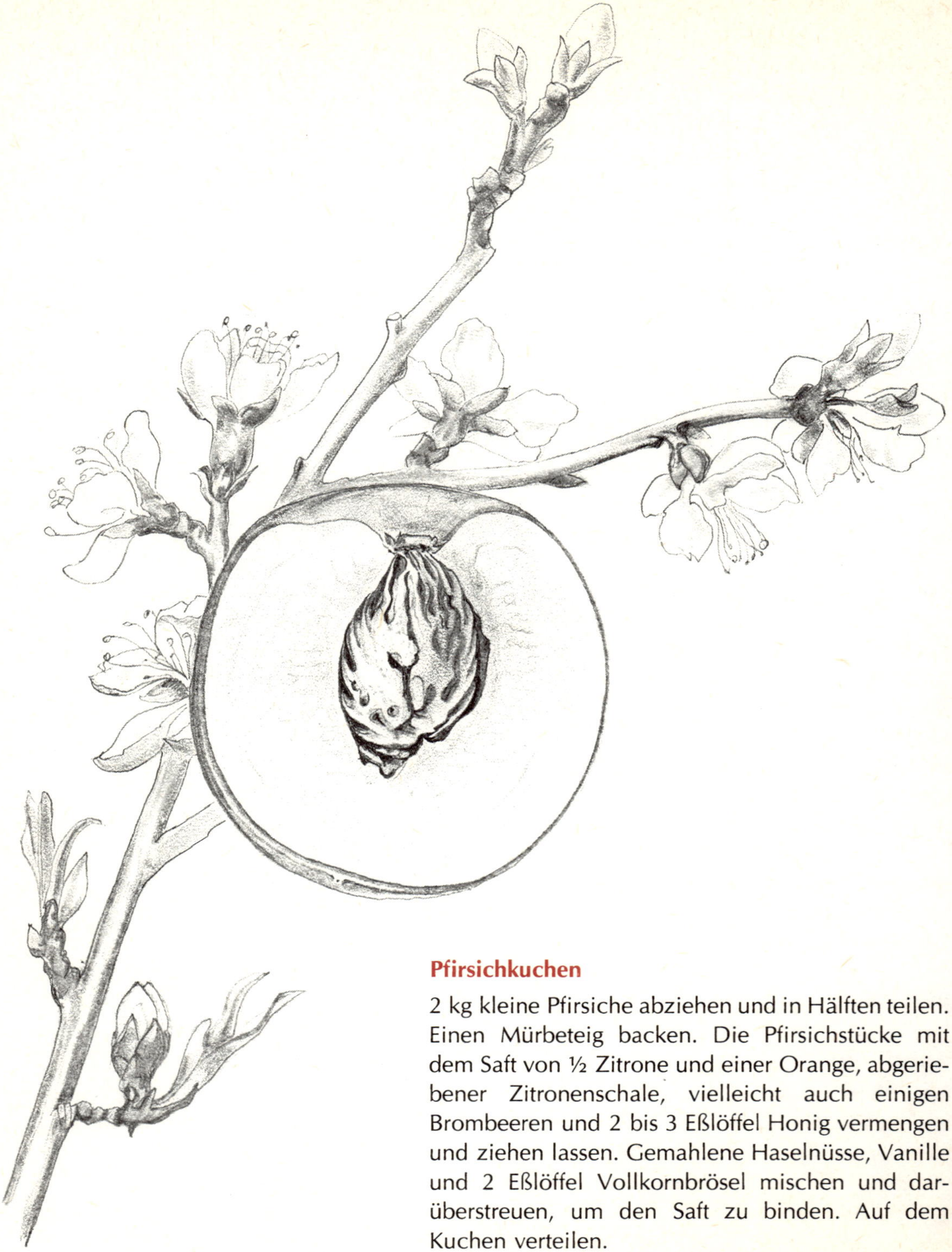

Pfirsichkuchen

2 kg kleine Pfirsiche abziehen und in Hälften teilen. Einen Mürbeteig backen. Die Pfirsichstücke mit dem Saft von ½ Zitrone und einer Orange, abgeriebener Zitronenschale, vielleicht auch einigen Brombeeren und 2 bis 3 Eßlöffel Honig vermengen und ziehen lassen. Gemahlene Haselnüsse, Vanille und 2 Eßlöffel Vollkornbrösel mischen und darüberstreuen, um den Saft zu binden. Auf dem Kuchen verteilen.

Apfel

«Bei einem Wirte wundermild,
da war ich jüngst zu Gaste;
Ein gold'ner Apfel war sein Schild
an einem langen Aste . . .»
(Ludwig Uhland)

Der Apfel *(Pirus malus)* ist die wichtigste Obstart unseres Landes. Der wilde Apfel, der Holzapfel, den man heute noch in unseren Wäldern findet, ist sein Urahn. Man kannte ihn schon während der Steinzeit in Europa. Verkohlte Äpfelchen in Resten alter Pfahlbaudörfer der Schweizer Seen haben sich über 5000 Jahre in der Moorerde erhalten. Die Funde lassen darauf schließen, daß sie, in Scheiben geschnitten, als Wintervorrat gedörrt wurden. Seit den letzten 2000 Jahren gibt es zahlreiche Kultursorten, alles Züchtungen aus dem Holzapfel.

Heute ist der Apfel nicht nur als tägliches Obst, sondern auch als Diätetikum anerkannt. Dies ist besonders Dr. Bircher-Benner und seinem «Bircher-Müesli» zu verdanken. Einst erkrankte er an Gelbsucht und verweigerte tagelang jede Nahrung, bis es ihn nach einem Apfel gelüstete. Er sog zuerst an einem Schnitz und fühlte danach ein solches Wohlbehagen, daß er drei Tage lang nichts als Äpfel zu sich nahm. Jede andere Nahrung verursachte ihm Unbehagen.

In der Folge davon begann er seine ganz ungewohnten und aufsehenerregenden Heilungen mit Rohkost. Wer hätte es bis dahin gewagt, kranken Menschen, darunter auch magenkranken, ungekochtes Obst anzubieten!

Mit Eisen, Phosphat, Natron und Kalium wirkt der Apfel ausscheidend und aufbauend, blutbildend und nervenstärkend. Er entlastet bei Herz- und Kreislauferkrankungen und reguliert den Wasserhaushalt. Der Apfel stärkt Magen und Darm. Der Kopfarbeiter schätzt ihn wegen der guten Wirkung auf das Gehirn, der Neurastheniker und der Genesende nehmen ihn zur Stärkung. Morgens, nüchtern, zimmerwarm in kleinen Schlucken getrunken, erweist sich **Apfelsaft** als vorzügliches Mittel gegen Darmträgheit und Fettleibigkeit. Heiß, mit Zitrone und Honig, hilft er bei Grippe. Er verhütet Steinbildung. Weiter übt er eine günstige Wirkung aus auf Leber, Niere, Hals, Kehlkopf und lymphatische Drüsen. Der Gallenkranke jedoch kann in manchen Fällen rote Äpfel nicht vertragen.

Dem Sportler und Schwerarbeiter, dem Rekonvaleszenten und namentlich dem Autofahrer kommt es zugute, daß der natürliche Trauben- und Fruchtzucker im Apfel neben seiner erfrischenden Wirkung so rasch und vollständig ins Blut übergeht und unmittelbar den Muskel stärkt. Auch bei Stauungen in den unteren Organen hat sich der Apfelsaft bestens bewährt.

Bekannt sind die Erfolge in Krankenhäusern und Kinderkliniken mit der **Apfeldiät** bei Durchfall und Darmkatarrh. Der Kranke erhält 5mal täglich etwa 200 g auf der Glasreibe geriebene Äpfel, möglichst mit Kernhaus und Schale wegen der darin enthaltenen Pektine. Am wirksamsten sind saure Sorten. Kleinkinder erhalten entsprechend weniger, auch sie ohne Zucker oder anderen

Zusatz. Der Apfelbrei muß nach der Zubereitung sofort gegessen werden. Oft genügt ein Apfeltag, um den Durchfall zum Stillstand zu bringen.

Ein Apfel vor dem Schlafengehen beruhigt die Nerven und fördert den Schlaf, weshalb einige Reformhotels ihre Gäste mit einem Apfel auf dem Nachttisch überraschen. Wir denken auch an den Schulapfel als ein gesundes Gegenstück zu allen möglichen Leckereien.

REZEPTE

Bircher-Müesli (ein Grundrezept)

Pro Person 2 Eßlöffel Haferflocken in eine kleine Schüssel geben und 1 großen Apfel mit dem Gehäuse hineinreiben. Den Saft von ½ Zitrone dazumischen. Dann 2 Eßlöffel Rahm oder Milch, 1 Eßlöffel gemahlene Nüsse, Mandeln oder Mandelmus, 1 Eßlöffel Sultaninen und 1 bis 2 Teelöffel Honig beifügen. – Je nach Jahreszeit können andere Früchte Verwendung finden: Südfrüchte und Bananen, Beeren- und Steinobst, auch getrocknete, eingeweichte Dörrfrüchte.

Statt der Haferflocken können wir auch frisch geschrotetes, abends eingeweichtes Getreide oder andere Flocken nehmen, wir können Weizenkeime oder gemahlenen Leinsamen überstreuen.

In Tausenden von Familien ist das Müesli zur täglichen Früh- oder Abendmahlzeit geworden, besonders auch für Kinder und für die Schonküche. Die kleine Mühe der Zubereitung wird durch frohe Gesichter und Gesundheit im Haus belohnt. Für empfindliche Menschen fügt man den Apfelspeisen – auch den gekochten – 1 Teelöffel Aniskörner oder etwa Anispulver bei. Gegen Sodbrennen hilft eine Zugabe von etwas Zimt.

Rohes Apfelmus

Die Äpfel reiben und ein wenig Zitronensaft zugeben, damit sich das Mus nicht verfärbt. Nach Bedarf mit Honig mischen und ungeschlagenen Rahm zufügen. Gehackte Nüsse überstreuen und gleich servieren. – Man kann auch Quark mit Milch oder Rahm, etwas Zitronensaft und Honig schaumig schlagen und die Äpfel gleich hineinreiben.

Apfelsalat

3 bis 4 Eßlöffel saure Sahne oder Joghurt, 1 Eßlöffel Honig oder Sirup – zu den Apfelspeisen ist Sirup besonders gut geeignet –, den Saft einer Zitrone und 3 Eßlöffel Fruchtsaft gut verschlagen. Die Äpfel in Stiften hineinreiben und mit 2 Eßlöffeln blauen Sultaninen und gehackten Nüssen mischen. Gut zu Getreideflocken oder -brei.

Apfel-Meerettichsalat

5 bis 6 Äpfel reiben oder grob raffeln. Sofort Zitronensaft beifügen, 1 bis 2 Eßlöffel geriebenen Meerrettich, 1 Prise Salz und 1 kleinen Löffel Honig. Zusammen luftig schlagen. Mit einigen Eßlöffeln dicker saurer Sahne vermengt ist er auch als pikante Brotauflage gut geeignet.

Gemischter Apfelsalat

500 g Äpfel, 250 g beliebige Beeren (im Herbst besonders Brombeeren oder Preiselbeeren) mit Zitronensaft, Honig und Rahm zu Salat mischen. Den mit der Stiftraffel zerkleinerten Äpfeln können auch ein Stück geraspelter Kürbis, Birnen, zerkleinerte Südfrüchte oder Bananenscheiben beigegeben werden.

Apfelsoße

Leicht gesüßtes Apfelmus mit Zitronensaft und beliebigem Fruchtsaft zur Soße verdünnen. Schmeckt gut zu Kartoffelbrei oder Teigwaren.

Apfelcreme

¾ Liter Apfelsaft (oder anderen Saft) mit 10 g Agar-

Agar durchköcheln. Etwa 500 g geriebene Äpfel, 1 bis 2 Eßlöffel Honig, 1 Tasse ganze Haselnüsse (auch Pinienkerne oder zerkleinerte Paranüsse) einrühren und die Masse in Glasschalen füllen. Erstarren lassen und Schlagsahne darübergeben.

Schokoladenäpfel

Pro Person einen schönen großen roten Apfel von oben bis zur Hälfte schälen und aushöhlen. In die Höhlung einen 2 bis 3 cm großen Würfel Blockschokolade stecken. Die Äpfel nebeneinander in eine gebutterte Auflaufform setzen und im vorgeheizten Ofen in etwa 15 Minuten weichbraten. Ihre Form sollen sie noch behalten. Mit einer Schlagsahnehaube oder Vanillesoße anrichten und sofort servieren.

Ein frugales Abendbrot

Das aus Falläpfeln hergestellte, mit Rübensirup gesüßte Mus dick und noch heiß auf erhitzte Vollkornschnitten streichen und mit gemahlenen Nüssen bestreuen.

Apfel-Zwiebelgemüse

Man braucht $^2/_3$ Äpfel und $^1/_3$ Zwiebeln, dünstet die Zwiebelwürfelchen mit einigen Eßlöffeln Öl im geschlossenen Topf ca. 10 Minuten, fügt die Apfelschnitze bei und läßt sie weich werden. Man kann etwas Sirup oder Pflanzenwürze beifügen, ein wenig Ingwerpulver oder Curry und rührt einige Löffel Rahm hinein, vorsichtig, damit die Äpfel nicht zerfallen. Dazu eignen sich Pellkartoffeln, Kartoffelpuffer oder Bratkartoffeln.

Apfelklöße

500 g beliebige Getreideflocken (keine Knusperflocken), $^3/_8$ Liter Apfelsaft, 250 g geraspelte Äpfel, 1 Ei, 1 Eßlöffel Sirup oder Honig. Die Getreideflocken mit dem leicht gewärmten Saft übergießen und erkalten lassen. Dann mit den Zutaten vermischen, evtl. noch Flocken zufügen, bis man Klöße formen kann. Diese in schwachem Salzwasser ziehen lassen und nach dem Abtropfen mit zerlassener Butter begießen und mit Zucker und Zimt bestreuen.

Apfelbettelmann

400 g Vollkornbrot durchdrehen oder fein zerkrümeln und auf der Pfanne mit Butter leicht anrösten. Mit etwa 8 in feine Scheiben geschnittenen Äpfeln, abgeriebener Zitronenschale oder Zimtpulver und Sirup oder Honig und einigen Eßlöffeln Apfelsaft lagenweise in eine gebutterte Auflaufform geben, zuoberst Brot, darauf Butterflöckchen. Bei Mittelhitze etwa 45 Minuten backen. Dazu kalte Milch zum Übergießen reichen.

Äpfel im Schlafrock

6 bis 8 Äpfel schälen, das Kernhaus ausstechen und Marmelade oder Nüsse und Rosinen einfüllen. Von 300 g Mehl einen beliebigen Teig (Hefe- oder Mürbeteig) nicht zu dünn ausrollen und quadratisch ausrädeln. Die Quadrate müssen so groß sein, daß man sie über 1 Apfel gut zusammenschlagen kann. Je 1 Apfel auf 1 Quadrat setzen, in den Teig einpakken und die Zipfel zusammendrücken. Mit flüssiger Butter (bei Hefeteig) oder Eigelb (Mürbteig) bestreichen und bei Mittelhitze backen. Man reicht sie zum Nachtisch mit Vanillesoße oder zum Kaffee.

Apfelstrudel

Einen weichen Strudelteig aus 250 g Mehl, ½ Tasse lauwarmem Wasser, Salz und einigen Eßlöffeln Öl kneten. Nach der Beschaffenheit des Mehls muß die Flüssigkeit ergänzt werden. Den Teig tüchtig kneten und schlagen und in einem gewärmten Kochtopf 1 Stunde unterm Deckel ruhen lassen. Dann auf einem mit Mehl bestäubten Handtuch dünn ausrollen und ausziehen. 750 g süße Äpfel in feine Scheiben schneiden und mit 100 g Rosinen und Zimtzucker in einer Schüssel etwas Saft ziehen lassen. Man kann auch Sirup zum Süßen nehmen. Die Äpfel auf dem mit zerlassener Butter bepinselten Teig verteilen, mit Hilfe des Tuches einrollen und die Rolle wieder mit Butter bepinseln. Sie wird auf gefettetem Blech bei Mittelhitze gebacken. Dazu kalte Milch, Tee oder Kaffee.

Schweizer Apfelkuchen

Einen Teigboden mit beliebiger Marmelade dünn bestreichen. Dick eingekochtes Apfelmus mit 100 g feingehackten Nüssen und 50 g Rosinen verrühren und auf den Teigboden füllen. 2 Eiweiß mit Vanillezucker steifschlagen, über das Apfelmus streichen und sofort bei guter Oberhitze in 15 Minuten goldgelb backen. – Auch geeignet für vorgebackenen Teigboden.

Apfelschalentee

Auf 1 Liter Wasser nehme man 1 Handvoll frische Schalen und Gehäuse. Von Trockengut braucht man weniger. Am besten 1 Tag lang einweichen und dann nur erhitzen. Man erhält ein aromatisches, hellgelbes Getränk, dem man etwas Honig und Zitronen- oder Orangenschale, Vanilleschote, Nelken und Zimt zusetzen kann, besonders wenn der Tee als Grundlage für einen alkoholfreien Punsch dienen soll.

Das Konservieren der Äpfel

Ungezuckertes Apfelmus

heiß in Gläser oder Flaschen füllen und sofort luftdicht verschließen. Bei der Verwendung beliebig süßen. Dieses Mus ist auch geeignet zum Strecken von süßen Marmeladen und als Grundlage für Fruchtpasten.

Apfelmus eingedünstet

Falläpfel reinigen und die schlechten Stellen entfernen, nicht aber Kernhaus und Schalen. Die Äpfel in Viertel oder Achtel teilen und mit wenig Wasser unter Rühren weichdünsten. Durch ein Sieb streichen, Zitronenschale und etwas Rübensirup beifügen, in Einmachgläser füllen und 30 Minuten bei 80 Grad erhitzen. – Das Apfelmus gerät wundervoll, gleich, ob es aus unreifen oder aus sehr reifen Äpfeln gewonnen wird.

Apfelkompott

Die Äpfel schälen und in Viertel oder Scheiben schneiden. Das Gehäuse entfernen. Damit die Apfelstücke schön weiß bleiben, in leichtes Essig- oder Zitronenwasser legen. Abtropfen lassen und fest in die Gläser füllen. Mit Zuckerlösung (125 bis 150 g je Liter Wasser) übergießen und 30 Minuten bei 80 Grad erhitzen.

Apfelgelee

Hierfür nimmt man gerne unreifes Fallobst, denn es hat viel Pektin und geliert vorzüglich. Man reinigt es von allen schlechten Stellen und schneidet es mitsamt Kernen und Schale in dünne Scheiben. Mit wenig Wasser schnell und gründlich weichkochen. Den Saft durch ein Tuch ablaufen lassen, auf 1 Liter 250 g Zucker hinzugeben. Auf mäßigem Feuer vom Kochen ab 12 Minuten kochen lassen. Das ergibt nun je nach Obstsorte ein zart rötliches, klares Apfelgelee. – Den Rückstand kann man durch ein Sieb streichen und zum Strecken von Marmeladen, zu Apfelquark und anderen Obstspeisen benützen.

Unreife Äpfel können auch als Gelierflüssigkeit für die letzten, nicht so gut gelierenden Früchte, z. B. Holunderbeeren und Birnen, bereitgestellt werden. Vorbereiten wie zu Gelee, den abgetropften Saft kochend in heiße Flaschen füllen und verschließen.

Apfelsaft gewinnt man meist aus Fallobst. In Apfelgegenden kann man seine Ernte zur Sammelstelle geben, wo in Pressen der Saft ausgepreßt, in Flaschen gefüllt und erhitzt wird.

Über das **Dörren von Äpfeln** siehe «Vom Dörren des Obstes» S. 231.

Die Birne, deren Gattungsname *Pirus* in ihrem Namen anklingt, ist heute noch in ihrer Urform als Holzbirne in Europa und Asien bis Sibirien verbreitet. Wie auch vom Apfel sind vorgeschichtliche Funde vorhanden, und auch die Wildbirne wurde getrocknet und als Arznei verwendet. Im klassischen Altertum wurde die Birne kultiviert, und bereits im 16. Jahrhundert zählte man fünfzig Birnensorten. Heute sind es über hundert.

Die Birne enthält reichlich Kalzium, wodurch die Nierenfunktion angeregt wird. Ihr Kalkgehalt fördert die Knochenbildung der Kinder. Phosphor und Eisen sind noch hervorzuheben. Ihr Zucker besteht zum größten Teil aus Lävulose, einem Fruchtzucker, der auch dem Diabetiker in Grenzen erlaubt ist. In der Waerland-Diätetik werden Birnen als Heilkost bei Leber- und Gallenerkrankungen angewandt. – Stark «teigig» gewordene Birnen sollte man besser nicht verwenden, da sie im Darm in Gärung übergehen.

In der Schweiz wird der **Birnendicksaft** sehr geschätzt, den man in allen Reformhäusern erhält. Man nimmt ihn als Kur- und Stärkungsmittel, zumal für die Leber-, Herz- und Altersdiät. Zum Süßen ist er sehr zu empfehlen. Man sollte der Birne doch noch mehr Beachtung schenken, als bisher. Die meiste Zeit des Jahres kann man sie frisch kaufen und unkonserviert verzehren. Bei eigener Ernte sei zum Haltbarmachen das Trocknen empfohlen (siehe S. 231).

In der Heilkunde haben auch die Blätter des Birnbaums ihren Platz. Man bereitet aus ihnen den harntreibenden, fäulniswidrigen **Birnenblättertee:** 100 g junge Blätter läßt man in 1 Liter Wasser 20 Minuten leicht kochen. Die Wirkung wird erhöht, wenn man eine ungeschälte, feingeschnittene Birne mitkocht.

REZEPTE

Birnensalat

Birnen in feine Streifen schneiden oder grob raspeln und mit blauen Rosinen mischen. Nuß- oder Mandelmus mit Fruchtsaft und Honig verrühren und über die Birnen gießen. Dazu Sauer- oder Süßrahm.

Birnenhälften mit Preiselbeeren

4 reife Birnen schälen, halbieren, ganz leicht aushöhlen und mit 1 Teelöffel Preiselbeerkompott bedecken. In ¼ Liter Fruchtsaft mit 1 Löffel Apfelessig legen. Zu Getreidebrei schmeckt es ganz vortrefflich.

Birnenkompott

Einige Löffel Rübensirup mit 1 Tasse Fruchtsaft und einem Stück Vanille aufkochen und die geteilten Früchte einlegen. Ganz kurz leicht kochen und zugedeckt ziehen lassen.

Feines Birnendessert

Vanillepudding zubereiten und die Hälfte in kleine Schalen verteilen. Je eine eingedünstete Birne darauflegen. Die andere Puddinghälfte mit einem Eßlöffel Kakao und 1 bis 2 Eßlöffeln gemahlenen Mandeln mischen und die Birnen damit überdecken.

Birnenkuchen

Einen mürben Vollkornteigboden backen. Unter 1 kg reife, geschälte, grobgeraffelte Birnen den Saft einer Orange, einer Zitrone, 1 Tasse leicht angeröstete, grob geraspelte Mandeln, 2 Eßlöffel Honig oder auch weniger, je nach der Birnensorte, und 1 Päckchen in Fruchtsaft gelöstes Agar-Agar mischen. Den Kuchenboden damit belegen und fest werden lassen.

Birnenfladen

Von gewöhnlichem Brotteig (für 1 Fladen etwa 250 g) Kuchenböden in Vorrat backen, nicht zu hart und ca 1½ cm dick. Gedörrte, eingeweichte Birnen weichkochen und durchtreiben oder fein hacken. Koriander, Anis, Fenchel, Zimt, Nelkenpulver oder ähnliches Gewürz daruntergeben und mit einem Teil der Birnenbrühe zu einem streichbaren Brei abrühren. Kurz vor dem Essen den Teigboden damit bestreichen und etwa 15 Minuten in den leicht gewärmten Backofen stellen.

Konservieren im Glas

Sorten mit dünner Schale bleiben ungeschält. Blüten und Stiele entfernen. Kleine Birnen (z. B. «Geißhirtle») kann man ganz lassen, größere in Hälften oder Viertel teilen und die Kerne rausschneiden. Während des Zurichtens die Früchte in Essig- oder Zitronenwasser legen. Abtropfen lassen und fest in Gläser schichten. Mit Zuckerlösung (125 g auf 1 Liter Wasser) 30 Minuten bei 90 Grad erhitzen.

Schmorbirnen

Auf 5 kg Birnen braucht man 1 kg Zucker. Die Birnen schälen, durchschneiden und die Kerne entfernen, die Früchte in Essigwasser legen und in einem großen, flachen Topf mit dem Schmoren beginnen: den ganzen Zucker (Sirup) und ½ Tasse Wasser zum Kochen bringen und Birne neben Birne mit der Schnittfläche nach unten hineinlegen. Nicht ganz weich schmoren und umwenden. Mit der Gabel aus dem Saft heben und ins Eindünstglas legen. Es macht nichts, wenn sich der Zuckersaft etwas braun färbt. Wird der Saft zu dick, gieße man 3 Eßlöffel Apfelessig zu. Den Rest des Saftes über die Gläser verteilen und 30 Minuten bei 85 Grad eindünsten. Diese Birnen sind besonders schmackhaft.

Birnen süßsauer

Kleine Sorten wie «Geißhirtle» können auch im Ganzen mit Zimt und Nelken in Essigwasser eingelegt werden, ähnlich wie Kürbis und süßsaure Gurken (s. S. 106).

Quitte

Die Quitte *(Cydonia)* gab es schon bei den alten Kulturvölkern. In Griechenland hießen sie *melon kydonion.* Schon damals wurden sie eingekocht, aber anstatt des Zuckers nahmen die Griechinnen Honig, *meli.* Der Name für dieses wohlschmeckende Mus lautete *melimelon.* Im Laufe der Jahrhunderte veränderte sich mit den Rezepten nach und nach auch der Name. Anno 1597 wurde in Hamburg zum erstenmal «Spanische Marmalada» feilgeboten. Mit diesem Quittenmus ist auch sein Name zu uns gekommen und hat sich auf alle Obsterzeugnisse ähnlicher Art ausgedehnt. Die «Urmarmelade» aber bestand aus Quitten.

Heute werden im allgemeinen noch viel zu wenig Quitten angebaut. Die Früchte sind zwar roh nicht genießbar, aber wer einmal Quittengelee gegessen hat, wird wieder nach diesem köstlichen Geschmack verlangen. – Die Früchte sind so reich an natürlichem Gelierstoff, daß sie sich leicht zu Gelee und Marmelade verarbeiten lassen. Dieser hohe Pektingehalt, dazu eine Menge Gerb- und Schleimstoffe, macht sie auch zu einem idealen Heilmittel bei Durchfällen, was schon im Altertum bekannt war. Auch bei Schleimhautentzündungen des Rachens, des Magens und der Bronchien bringen sie Linderung. Äußerlich angewandt wurde der Absud des Kerngehäuses beim Wundliegen kleiner Kinder und Kranker. Der Saft ist appetitanregend und wohltuend bei Leberleiden. Außerdem hilft er werdenden Müttern gegen Erbrechen.

Der Gärtner rät, sich kümmerlich entwickelnde Früchte frühzeitig auszubrechen. Die noch verbliebenen gedeihen dann besser, und man hat später weniger Arbeit und Abfall. – Hat man nun im Oktober die Früchte «quittegelb» geerntet, lagert man sie im Keller auf Regale oder in der Wohnung auf Schränken, und bald durchströmt köstlicher Duft das Haus. Manche Hausfrauen legen einige Quitten zwischen die Wäschestapel.

Quitten wurden und werden auch gegenwärtig als Zusatz zu Obstwein verwendet, um eine leuchtende Farbe und aromatische Frische zu erreichen. Es ist also empfehlenswert, dem Birnen- oder Apfelsaft, wenn wir ihn selber konservieren, Quitten beizufügen. Es gibt Apfel- und Birnenquitten, beide sind gleichwertig.

REZEPTE

Das Konservieren der Quitten

Quittenmus ohne Zucker

Man reibt die Quitten ab, wäscht sie und entfernt die Blüten. Man schneidet die Früchte ungeschält in 6 bis 8 Teile und nimmt die Kernhäuser heraus. Kernhäuser und Schnitze sollten getrennt voneinander in mit Zitronensaft oder Obstessig gesäuertes Wasser gelegt werden, damit sie sich nicht verfärben. Dann die Gehäuse in reichlich Wasser weichkochen und anschließend die Schnitze in dem abgegossenen Wasser weichkochen und durch

einen Durchschlag streichen. Das Mus gibt man wieder in den Saft und kocht es zu einem dünnflüssigen Püree. Dieses wird heiß in heiße Flaschen gefüllt, luftdicht verschlossen und im kühlen Keller aufbewahrt. – Auf diese Weise kann in kurzer Zeit eine Menge Quitten ohne Zucker konserviert werden. Im Winter wird beliebig gesüßt und das Mus unvermischt oder mit Apfelbrei zusammen gegessen. Auch als Kuchenfüllung läßt es sich, nötigenfalls noch etwas eingedickt, verwenden.

Quittenschnitze in Gelee

1½ kg Quitten wie vorstehend vorbereiten und die Schnitze in Zitronenwasser legen. Die Gehäuse kocht man in 2 Liter Wasser weich – sie müssen ganz davon bedeckt sein, damit sie nicht hart werden – und passiert sie, um die Gelierstoffe weiterzuverwerten. Die Quitten werden in möglichst dünne Scheibchen geschnitten und ohne Zucker in dem Saft weichgekocht. Dann werden sie herausgenommen und der Saft bis zur Gelierprobe mit 750 g

Zucker eingekocht. Man gibt nun das Gelee an die Schnitzchen, läßt auskühlen und bindet das Gefäß zu.

Quittenkonfitüre nach Schweizer Art

Die zerschnittenen Quitten mit Gehäusen ganz weichkochen, wobei sie knapp mit Wasser bedeckt sein sollen. Man streicht sie danach durch ein Sieb, fügt einige Löffel Zucker, etwas Zimt, Nelken oder Ingwer zu und kocht noch ein paar Minuten durch. Die kochendheiße Marmelade wird in Weckgläser gefüllt und mit Gummiring, Deckel und Klammer verschlossen. Beim Verbrauch kann man mit Honig nachsüßen.

Quitten und Birnen

kann man gut zusammen zu Kompott oder Konfitüre kochen. Zuerst die Quittenstücke weichkochen, dann die Birnen, die nur kurze Garzeit benötigen, dazugeben und beide zusammen weich werden lassen. Weiter verarbeiten wie oben.

Quittengelee

Die zerteilten Quitten mit Schale und Gehäuse weichkochen und auf einem Tuch durchlaufen lassen. Den Saft ohne Zucker 1 Stunde kochen oder 24 Stunden stehen lassen. Dann mit 300 g Zucker je 500 g Saft bis zur Gelierprobe kurz kochen und einfüllen. Zur Geschmacksabwandlung kann man Zitronensaft und Apfelessig zuletzt mitkochen lassen.

Quittenpaste (Quittenspeck oder Quittenbrot)

Diese beliebte Weihnachtsleckerei braucht allerdings viel Zucker. Man kann sie aus Rückständen bei der Geleebereitung herstellen. 500 g Quittenmark mit 500 g Zucker (wahlweise Sirup) dick einkochen, auf Pergamentpapier schütten und zu Zentimeterdicke ausstreichen. Langsam austrocknen lassen, keinesfalls bei mehr als 50 Grad Wärme (Zentralheizung, Kachelofen). Je nach Saftgehalt und Wärme braucht die Paste bis zu 1 Woche. Wenn sie sich vom Pergamentpapier glatt ablösen läßt, kann sie geschnitten oder mit Förmchen ausgestochen werden.

Weitere Quittenverwertung

Wenn die Quittenernte wieder einmal überreich war, wenn Gelee, Marmelade und Kompott zur Genüge eingemacht worden sind, kann man aus Quitten noch mancherlei leckere Speisen bereiten. Zunächst fügt man jedem *Apfelmus* einige Quitten bei und wird bald merken, daß es durch diese Beigabe bedeutend besser schmeckt. Weil sie eine etwas längere Kochzeit als Äpfel haben, werden sie zuerst im Topf kurz vorgekocht, dann die Äpfel zugegeben. Alles zusammen wird durch ein Sieb zu Mus gerührt und nach Belieben leicht gesüßt. – Auch roh geriebenen Äpfeln kann man immer von diesem Mus untermischen.

Quarkauflauf mit Quitten

250 g Magerquark mit 1 Tasse Milch, 2 Eigelb, 2 Eßlöffel Grieß und 2 Eßlöffel Honig verrühren. Den festen Schnee von 2 Eiweiß darunterziehen. Gekochte, gesüßte Quittenschnitze in eine geölte Auflaufform füllen und die Quarkmasse darübergießen. Vollkornbrösel oder Sesam obenaufstreuen und bei Mittelhitze im Backofen backen (etwa ¾ Stunde).

Quittenquark

Quittenpüree zur Hälfte mit Quark, nach Belieben mit etwas gemahlenem Ingwer, vermischen. Sahne oder saure Milch unterziehen und mit Schlagrahm verzieren.

Quittenkuchen

Eine Springform mit beliebigem Teigboden auslegen und einen Rand hochziehen. Grob geraspelte Quitten auf den Boden geben, darüber dicke Apfelschnitze legen, mit Sultaninen, gehackten Nüssen oder Mandeln vermischt. Wenn nötig beim Backen mit Pergament überdecken.

Trauben

Der Weinstock *(Vitis vinifera):* seit dem Altertum wurden die Trauben und ihre Produkte nicht nur als Nahrungsmittel, sondern auch als Heil- und Kurmittel hochgeschätzt. Berühmte Ärzte, Hippokrates, Galen und Celsus, letzterer ein Zeitgenosse des Kaisers Augustus, wandten die Trauben und ihren Saft zu Heilzwecken an und berichteten als Fachleute darüber. Auch Naturforscher wie Varro und Plinius melden uns davon. – Im Mittelalter praktizierte Paracelsus mit Traubenkuren. Frischer Traubensaft galt mit Recht als harntreibend, verdauungsfördernd, entsäuernd und entschlackend. Bei gewissen Darmleiden, Lungenkrankheiten und Leberstörungen wurde der Saft saurer Trauben verordnet.

Die **Traubenkur** ist eine Gelegenheit, den Organismus vor dem Winter von Schlacken zu befreien und ihn vor Infektionen und Erkältungen zu schützen. In Krankenhäusern und Sanatorien werden heute Traubenkuren angewandt als Blutreinigungs- und Bluterneuerungsmittel gegen Gicht und Rheuma, Leber-, Nieren- und Darmleiden, chronische Bronchitis, Lungenleiden u. a. Der Appetit wird gehoben, andererseits auch Gewichtsabnahme erzielt.

Zum Frühstück gibt es Trauben. Trauben gibt es am Vormittag und als Zwischenmahlzeit am Nachmittag, und am Abend gibt es wieder Trauben, diesmal mit Vollkornbrot oder Knäckebrot, die mit Butter bestrichen sein dürfen. Im ganzen nehmen wir täglich etwa 1 kg Weintrauben zu uns. Zum Neutralisieren der Fruchtsäure genügen 1 bis 2 Eßlöffel rohe Haferflocken jeweils. Zu Mittag wählen wir eine Gemüsemahlzeit, vorwiegend Frischsalate und leichte Getreide- oder Kartoffelspeisen. Zur Ergänzung sind Sauermilchprodukte und etwas Honig erlaubt. Ganz und gar zu meiden sind Fleisch, Wurst, scharfer Käse, scharfe Gewürze, Alkohol, Bohnenkaffee, Süßigkeiten und Kuchen. Der Salzgenuß wird eingeschränkt. Das Bedürfnis nach Flüssigkeit kann mit Kräutertee gestillt werden.

Da es nur sehr selten ungespritzte Trauben zu kaufen gibt, ist es wichtig, die Trauben immer gut zu waschen, möglichst auch mit heißem Wasser. Mit kaltem Wasser wird nachgespült. Man muß die Trauben gut kauen und sollte wenigstens einen Teil der Kerne und Schalen meiden. Kleine Kinder und Kranke erhalten nur den frisch gepreßten Saft. Für gute Verdauung ist immer zu sorgen.

Eine Traubenkur sollte drei Wochen dauern. Man kann beobachten, daß sich danach die Eßgewohnheiten und der Geschmack vollkommen ändern. Nach manchen Speisen, die früher unentbehrlich schienen, zeigt sich überhaupt kein Verlangen mehr. Weinbeeren haben viel Fruchtzucker, ätherische Öle, Gerbsäure und Kalk. Die blauen Sorten sind reich an Eisen. Durch Traubenkuren werden dem Gesamtorganismus genügend Aufbaustoffe zugeführt, so daß Schwächezustände nicht zu befürchten sind. Im Winter kann man **Traubensaftkuren** durchführen. Vor allem trinkt man morgens ein Glas Kurtraubensaft, aber auch zu den Mahlzeiten und mehrmals am Tag in kleinen Mengen.

REZEPTE

Traubensalat

3 Äpfel und 2 Bananen schälen und in Scheibchen schneiden und mit 500 g Weinbeeren zusammen mit etwas flüssigem Honig durchziehen lassen. 1/8 Liter Himbeer- oder Traubensaft zugießen und mit gemahlenen Nüssen bestreuen.

Weinbeeren in Agar-Agar

500 g Weinbeeren in eine Glasschale füllen. 8 g Agar-Agar in ¼ Liter Wasser klarkochen und ¼ Liter frischen Traubensaft oder beliebigen Fruchtsaft dazumischen und über die Beeren geben. In 4 bis 5 Stunden erstarrt die Lösung. Die Speise kann gestürzt und mit Vanillesoße serviert werden.

Sagospeise aus Trauben

80 g Sago in ½ Liter Wasser klarkochen, Saft und Schale einer Zitrone und ½ Liter Fruchtsaft zufügen. 350 g Traubenbeeren dazumischen, erkalten lassen und mit Schlagrahm reichen.

Reisspeise mit Trauben

Einen Milchreis bereiten und mit Zitronensoße und reichlich Weinbeeren vermengen. Kalt oder warm auftragen.

Traubenauflauf

40 g Honig, 2 Eigelb und 2 Eßlöffel Butter schaumig rühren, abgeriebene Zitronenschale, 1 bis 2 Eßlöffel geriebene Nüsse oder Mandeln, 1 Prise Salz, 500 g abgezupfte Trauben, etwas Zimt und 180 g kurz in Milch eingeweichte Haferflocken dazugeben. Die Zutaten müssen bis auf die Trauben eine geschmeidige Masse ergeben, der man zuletzt den Eischnee unterzieht. Alles in eine geölte Auflaufform geben, mit Butterflöckchen belegen und bei Mittelhitze backen.

Traubenkuchen

Einen beliebigen Kuchenboden backen, mit Marmelade bestreichen und mit geriebenem Vollkornzwieback bestreuen. Dicht mit Traubenbeeren belegen und heiße Vanillecreme überschütten. Nach dem Erkalten mit geriebener Schokolade bestreuen.

Traubentorte mit Agar-Agar

Wie oben, aber statt der Vanillecreme einen Guß aus $^{1}/_{8}$ Liter Wasser mit 4 g Agar-Agar kochen, mit Honig süßen und mit Fruchtsaft auf ¼ Liter ergänzen. Über den Kuchen gießen und erstarren lassen.

Rosinen und Korinthen

Spanischen Missionaren und enttäuschten Goldgräbern haben wir es zu verdanken, daß Kalifornien heute zu den wichtigsten Produzentenländern von *Rosinen* zählt. Vor 200 Jahren kamen die ersten Missionare ins Land und siedelten sich im San-Joaquino-Tal an. Zur Erinnerung an ihre Heimat brachten sie Weinstöcke mit. Das Wasserproblem wurde durch die Goldgräber gelöst, welche Gold suchten und Wasser fanden. Der Wein gedieh, die Trauben fanden guten Absatz. Aber nach einem ungewöhnlich heißen Sommer vertrockneten sie an den Weinstöcken, und so waren die Rosinen «entdeckt». Heute werden in Kalifornien zu 95 % kernlose Weintrauben gezogen, und moderne Maschinen übernehmen die Verarbeitung, damit die Rosinen in gutem Zustand den Verbraucher erreichen.

Schon im Altertum wurden die griechischen *Korinthen* besonders geschätzt. Sie waren ein weitverbreitetes Handelsobjekt. Diese kleine, dunkel-violette, kernlose Traube gedeiht im südlichen Griechenland und sonst nirgends. Man hat sie auch in anderen Ländern kultiviert, aber nur auf dem Peloponnes erreicht sie ihren besonderen Wohlgeschmack. Echte Korinthen kommen also nur aus Griechenland. Wie alle blauen Weinbeeren sind sie sehr eisenhaltig. Man zählt sie zu den «Verjüngungsfrüchten», die belebend und anregend auf die Drüsen wirken und reiche Energien spenden. Man sollte sie seinem Küchenzettel bewußter einreihen, besonders auch, wo Kinder zu versorgen sind.

Sultaninen kommen aus Kleinasien. Sie gehören auch zu den sehr empfehlenswerten Rosinen-Sorten und haben noch den Vorteil, daß sie überall ungeschwefelt zu haben sind. Außer Eisen enthalten alle Rosinen erhebliche Anteile an Kalk, Kali, Phosphor und Magnesium.

Man muß wissen, wie man Rosinen richtig behandelt. Sie sind Dörrobst und müssen als solches eingeweicht werden, damit sie ihre «Blüte» richtig entfalten können. In einer Suppe, etwa einer Kaltschale, haben sie genügend Feuchtigkeit, um weich zu werden, doch sollten sie nicht stundenlang schwimmen. Aber bei trockenen und gar noch kalten Speisen sind sie in wenig Flüssigkeit vorher einzuweichen, so daß sie knapp bedeckt sind.

Für Rosinen gibt es keine eigenen Rezepte. Wie die Gewürze werden sie jeweils bei den passenden Gerichten genannt. An geeigneter Stelle kann man sie immer zum Süßen benutzen, muß sie aber vorher gründlich reinigen, auch wenn es sich um ungeschwefelte Früchte handelt.

Vom Dörren des Obstes

Die älteste Art, Wintervorräte haltbar zu machen, ist wohl das Dörren. Wie aus alten Funden hervorgeht, trocknete und dörrte man schon vor 4000 Jahren. Später kam das Muskochen hinzu. Seit dem 16. Jahrhundert wird Beerenobst angepflanzt, und nach und nach lernten unsere Vorfahren alle Künste der Konservierung.

Der Vorteil beim Dörren besteht darin, daß man weder Gläser noch Flaschen noch Zucker dazu benötigt und große Mengen Trockenobst auf kleinem Raum unterbringen kann. Bei vorsichtigem Dörren bleiben die Nährstoffe weitgehend erhalten. Gedörrtes Obst ist reich an natürlichem Fruchtzucker, der direkt ins Blut übergeht. Es ist auch bekömmlich für empfindliche Menschen, bei denen der Frischobstgenuß manchmal Säurebildung hervorruft. Wenn das Winterobst aufgebraucht ist, kann man jede Getreide- oder Kartoffelspeise mit Dörrobst ergänzen. Es ist nicht einmal nötig, das Obst zu kochen. Man weicht es je nach Härte bis zu zwei Tagen in Wasser oder Süßmost ein und hat dann ein fertiges Kompott mit soviel natürlichem Zuckerstoff, daß jedes Süßen überflüssig ist. Alle Mineral- und Aromastoffe haben sich erschlossen. Eine Handvoll Trockenobst zu einem Stück Brot ist ein nahrhaftes Vesper, besonders geeignet als Schulvesper und für Berufstätige.

Getrocknete Zwetschgen, über Nacht in Wasser eingeweicht und morgens nüchtern gegessen, sind als wirksames Abführmittel bekannt, das zugleich den Darm gut reinigt. – Auch bei Katarrh der Luftwege haben sie eine große Heilkraft. Nur werden sie dann nicht vorher eingeweicht. Man kaut morgens nüchtern und im Verlauf des Tages immer wieder einige Zwetschgen bei sehr gutem Durchspeicheln. Dabei hält man mit der üblichen Nahrung soweit wie möglich zurück. Bei besonderen Anstrengungen, namentlich beim Wandern, sind gedörrte Zwetschgen große Energiespender und eine vorzügliche Erfrischung.

Die beste Art, **Zwetschgen zu dörren,** ist leichtes Vortrocknen in der Sonne, Einschieben in den Backofen bei mäßiger Wärme und nach dem Trocknen noch ein Nachtrocknen in der Sonne. An der Ofentüre muß beim Trocknen ein kleiner

Spalt offen bleiben. Die Zwetschgen gehören zu den Früchten, die beim Trocknen Sonnenhitze vertragen. Es ist schade, sie vor dem Trocknen zu entsteinen. Erstens erfordert dies viel Zeit und zweitens geht dabei köstliches Aroma verloren.

Bei guter Ernte, besonders im eigenen Garten, lohnt sich das **Trocknen von Äpfeln.** Wertvoller ist es, die Früchte vor dem Trocknen nicht zu schälen. Sie werden entkernt und in Scheiben oder Ringe geschnitten. Kleinere Portionen kann man auffädeln, bei größerer Apfelernte werden die Schnitze und Ringe auf Hürden an der Luft getrocknet, wo man sie von Zeit zu Zeit durchrüttelt. Damit das Dörrgut weiß bleibt, ist es empfehlenswert, die Äpfel nach der Vorbereitung wenige Augenblicke in leicht gesalzenes Wasser (5 g Salz auf 1 Liter Wasser) zu legen und sie vor dem Trocknen auf Tüchern abtropfen zu lassen. Diese Maßnahme erhöht auch die Haltbarkeit. Die getrockneten Äpfel haben den Vorteil, daß man sie in obstreichen Jahren auch über einen zweiten Winter aufbewahren kann. Sie werden bei guter Behandlung nicht madig. Die Kernhäuser und evtl. Schalen werden gleichfalls getrocknet und zu Apfeltee gekocht.

Die zu **Dörrbirnen (Hutzeln)** bestimmten Birnen werden je nach Größe in Hälften oder Viertel geschnitten und wie die Äpfel weiterbehandelt. Man trockne sie nicht bis zum Brüchigwerden. Das Obst ist fertig, wenn sich beim Eindrücken mit dem Fingernagel keine Feuchtigkeit mehr zeigt. Die Schnüre mit dem aufgefädelten Obst hängte man in alten Küchen über dem warmen Kohlenherd auf.

Im allgemeinen gilt beim Trocknen von Obst die Regel: Das Obst soll gut reif sein, Steinobst fast überreif, Birnen fast angeteigt. Bei saftreichem Obst beginnt man beim Ofentrocknen mit gelinder Wärme, die man allmählich ein wenig steigert. Beim Zurichten der Früchte benutzen wir verchromte Messer. Bei sehr harten Birnensorten – aber nur dann, weil es Mineralsalzverluste gibt – können die Birnenschnitze vor dem Trocknen kurz aufgekocht werden.

Auch Zwetschgen legt man, damit die Haut leichter springt, mitunter vor dem Dörren zwei Minuten lang in kochendes Wasser. Aufbewahrt wird das Trockengut am besten in leichten Stoffbeuteln, die man in einem luftigen Raum aufhängt.

Südfrüchte und Nüsse

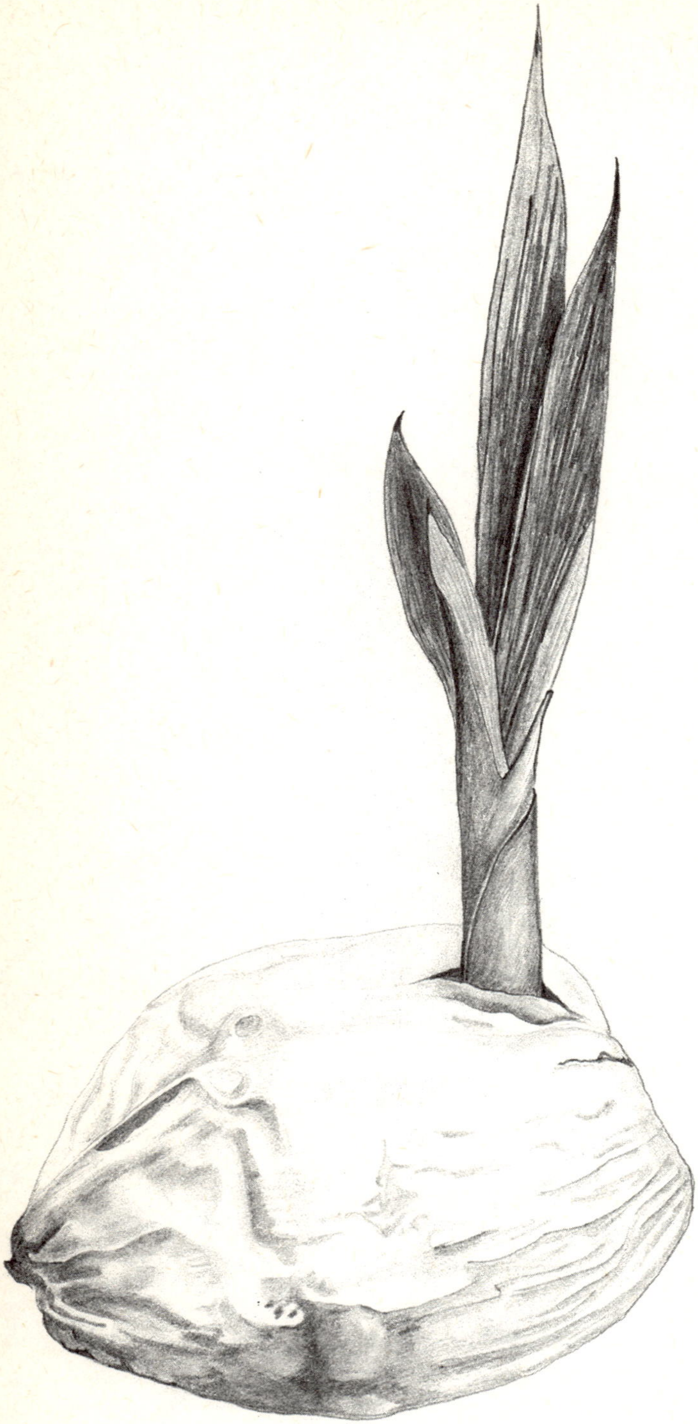

Eine treibende Kokosnuß, welche sich von dem Mark und der Milch bis zur Wurzelbildung Kraft holt.

Orangen und Zitronen

In der sonnenarmen Zeit haben wir einen großen Schatz an den *Zitrusfrüchten* (Orangen, Mandarinen, Clementinen, Zitronen, Grapefruits usw.). Mit ihrem wertvollen Traubenzucker, dem hohen Vitamingehalt und wichtigen Aufbausalzen sind die Südfrüchte geradezu unentbehrlich geworden in unserer Ernährung. In der Kinderstube haben sich der Orangen- und der Zitronensaft mit ihrer antirachitischen Wirkung schon lange ihren Platz erobert, und auch in der Diätküche gehören sie zum festen Bestand. Als angenehme **Frühjahrs-** und **Blutreinigungskur** wirken sie der Verschlackung entgegen. Nachdem man heute auch Früchte ohne chemische Behandlung bekommt, sei darauf hingewiesen, daß die Schalen mit ihrem ätherischen Öl genützt werden können. Südfrüchte können auch in die Hauptmahlzeit eingeplant werden. Eine schöne Frucht und ein Teller voller Hafer-, Weizen- oder Hirseflockenbrei bieten ein Abend- und, wenn die Hausfrau es einmal eilig hat, auch ein Mittagessen.

In Amerika ist der Orangensaft für die Gesundheitskosmetik besonders geschätzt. Bei regelmäßigem Genuß erzeugen die Orangen eine reine, zarte Haut. Der frischgepreßte Saft oder die Früchte sind auf nüchternen Magen zu nehmen, auch während des Tages nicht *nach*, sondern *vor* dem Essen: eine Verjüngungs- und Schlankheitskur einfachster Art.

Zitronen werden beim Versand unreif verpackt. Das Nachreifen ist wichtig. Es entwickelt sich dabei organisches Salizyl, welches harnsäurelösend wirkt und dadurch gichtischen und rheumatischen Krankheiten entgegenarbeitet. Frischgekaufte Zitronen, die bald verwendet werden sollen, legen wir zum schnellen Nachreifen an eine warme Stelle, in den abgekühlten Backofen, in die pralle Sonne, auf die Heizung usw. Die Früchte werden dadurch nicht nur saftiger, sondern auch saurer.

Bei Erkältungskrankheiten, besonders Halsentzündung, dient der Zitronensaft als wirksame Medizin.

REZEPTE

Obstsalat

kann man ganz nach Belieben zusammenstellen auf der Grundlage von Äpfeln und Orangen, Mandarinen o. ä. Man mischt die Stückchen mit Bananen, Ananas oder was vorhanden ist. Auch Rosinen, Nüsse und Feigen bereichern einen «klassischen» Obstsalat. Man gibt flüssigen Honig und Zitronensaft darüber und läßt zum Saftziehen stehen. Dazu Schlagsahne.

Orangensaft nach französischer Art

Dünnschalige, ungespritzte Orangen in hauchzarte Scheibchen schneiden und in Portionsschälchen anordnen. Darüber nun nicht «einen Schuß Rum», sondern Sanddorn- oder Schlehenelexier geben.

Orangensoße

Eine gut mit Paprika gewürzte Grundsoße herstellen, 1 Eigelb oder ein paar Löffel Rahm untermischen und zuletzt den Saft von 1 bis 2 Orangen, möglichst Blutorangen, hineinrühren. Mit Vollreis oder Hirse und Chicoréesalat eine sättigende, leichte Mahlzeit.

Zitronensoße

½ Liter Flüssigkeit halb Wasser, halb Milch aufko-

chen, 1 schwachen Eßlöffel Arrow-root (Pfeilwurzelmehl, im Reformhaus erhältlich) oder anderes Stärkemehl anrühren und einlaufen lassen, kurz kochen und ausquellen lassen. Den Saft von 1 Zitrone und 2 Orangen, ein wenig Honig und eine Spur Salz hineinrühren.

Orangenmeerrettich

1 Apfel in ein wenig Zitronensaft reiben, 1 Teelöffel oder Eßlöffel geriebenen Meerrettich zugeben und mit Orangensaft cremig verrühren. Die Speise kann auch mit Quark zu einem erfrischenden Brotaufstrich abgerührt werden, besonders für Schwarzbrot und Pumpernickel.

Orangen- und Zitronenmilch

Kinder, die eine Abneigung gegen Milch haben, trinken sie gern. Dazu wird frisch gepreßter Orangen- oder Zitronensaft langsam unter Schlagen in die Milch getröpfelt. Es entsteht eine ganz feine Flockung. Die Milch ist so gewissermaßen «vorverdaut». Man kann gleich etwas Honig mit hineinschlagen. Wenn ein Eigelb mitgeschlagen wird, gerinnt die Milch nicht so schnell. Man rührt den Saft zuerst langsam mit dem Honig an und gibt alles in die Milch. Wenn ein Kranker vorübergehend nichts essen will, kann man ihm jede Stunde 2 bis 3 Eßlöffel dieses verdauungsfördernden Getränkes geben, das köstlich erfrischt und nährt, ohne zu belasten. Auf ½ Liter Milch nimmt man 2 bis 3 Orangen oder 1 bis 2 Zitronen.

Orangen- und Zitronenschalentee

Die einwandfreien Schalen werden mit dem Kartoffelschäler ganz dünn abgeschält und in der Teekanne mit sprudelndem Wasser übergossen. 15 Minuten ziehen lassen. Als Erfrischungsgetränk kann der Tee auch kalt getrunken werden, auch vermischt mit Fruchtsaft und Honig. Man kann die Schalen zu Tee auch auf Vorrat trocknen.

Orangenmarmelade, einfach herzustellen

1 kg Orangen und 250 g Zitronen waschen, entkernen und mit Schalen in den Mixer geben. Zu 500 g Fruchtbrei 1¼ Liter Wasser geben und 2 Stunden kochen. Dann mit dem gleichen Quantum Zucker noch 20 Minuten kochen. Abfüllen wie schon oft beschrieben.

Zitronenmarmelade

6 große Zitronen entkernen und mit der Schale in sehr feine Streifen schneiden. Mit 3 Litern Wasser über Nacht stehen lassen, dann auf kleinem Feuer kochen, bis die Schalenstückchen vollständig weich sind. Nochmals 1 Nacht stehen lassen, die gleiche Menge Zucker beifügen und bis zu Geleedicke kochen.

Orangengelee

1 kg Orangen und 1 Zitrone entkernen und mit der Schale in den Mixer geben. Mit 2 Liter Wasser übergießen und bis zum anderen Tag stehen lassen. Das ganze auf kleiner Flamme 1 Stunde kochen. Durch ein feines Tuch gießen und mit der gleichen Menge Zucker zu Geleedicke kochen.

Die Marmeladen und das Gelee sind angenehm und erfrischend. Sie fördern auch die Verdauung, einen Nährwert haben sie allerdings nicht mehr.

Gesichtswasser aus Orangenschalen

erfrischt und belebt bei Müdigkeit durch seine ätherischen Öle. Die Schalen werden ganz dünn abgeschält, ohne den weißen Pelz, und in Stückchen geschnitten. Man füllt sie bis zur Hälfte in weithalsige Flaschen, gießt Obstessig darüber und läßt die Flaschen gut verkorkt 4 Wochen im Dunkeln stehen. Hin und wieder etwas umschütteln. Dann durch ein Filterpapier geben und in Fläschchen füllen. Je länger das Gesichtswasser steht, desto besser wird es. Man verwendet davon jeweils nur ein paar Tropfen mit einem Spritzer Wasser verdünnt. Bei Migräne und anderen Kopfschmerzen verschafft die Flüssigkeit Linderung. Zur Straffung der Haut gibt man einen Löffel davon ins Waschwasser.

Übrige Orangen- und Zitronenschalen kann man in Wasser einweichen und dieses für die morgendliche Ganzwaschung oder Bäder verwenden.

Der Orangenball

Ein köstliches Parfüm für Wäsche und Kleider stellt man sich selbst her, indem man eine Orange dicht mit Gewürznelken besteckt (tief hineinstecken und darauf achten, daß der Saft nicht ausläuft). Dieser Gewürzball, den man in einem Netz aufhängen kann, verströmt seinen zarten Duft im ganzen Schrank.

Das Orangeat ist die kandierte Schale der Orange. Unter **Sukkade** oder **Zitronat** ist ein Produkt aus der Fruchtschale des Zedratbaumes zu verstehen. Die Früchte dieses Citrusbaumes sind bis melonengroß, sehr dick und aromatisch. Die Schalen werden durch Einlegen vorbehandelt und kandiert. Wie auch das Orangeat bringen sie aromatische Abwandlungen in unsere Weihnachtsbäckerei.

Grapefruit

Die Grapefruit (USA, Israel und tropische Länder) und die mit ihr verwandte Pampelmuse aus Südostasien sind die größten aller Zitrusfrüchte. Ihr Gehalt an organischem Chinin macht sie beliebt bei Fieberkranken und als Vorbeugungsmittel gegen Grippe. Auch Leber, Galle und Milz können sich durch eine Grapefruit-Kur Erleichterung verschaffen. Man nimmt täglich morgens nüchtern eine Frucht und ißt dabei auch immer etwas von der weißen Haut mit, die wertvolle Heilstoffe enthält. Die Kur wird drei Wochen lang durchgeführt oder länger. Als Schlankheitskur muß die Frucht zum Frühstück genügen. Für den Kurgebrauch darf die Grapefruit aber nicht mit Diphenyl behandelt sein.

Zum Gebrauch schneiden wir die Frucht einmal durch und lockern ringsum das Fleisch von der Schale. Man kann auch abends vorher etwas Honig aufstreichen und bis zum Morgen einziehen lassen. Dann wird das Fruchtfleisch ausgelöffelt. Es gibt spezielle Grapefruitmesser und -löffel, die diese Hantierung erleichtern.

Ananas – auch ein Heilmittel

Die saftige, aromatische Ananas *(Ananas sativa)* mit ihrem charakteristischen Bau ist in Westindien und Mittelamerika zu Hause, aber auch in anderen Ländern mit tropischem und subtropischem Klima ist sie weit verbreitet. Dem ausdauernden Wurzelstock entsproßt eine Blattrosette, in ihrer Mitte eine Achse mit vielen dunkelblauen Einzelblüten (ähnlich unserem Hafer Avena sativa), deren Früchte mit den fleischigen Deckblättern und der Achse zu der gelben, wohlgemerkt samenlosen Sammelfrucht verwachsen. Diese trägt oben wiederum eine Blattrosette, die man zur Fortpflanzung in die Erde stecken kann.

Ananasfrüchte werden ihres Wohlgeschmackes wegen in Mengen bei uns eingeführt. Daneben haben sie eine seltene medizinische Eigenschaft: sie sind imstande, den Magensaft zu ersetzen. Der frische Ananassaft enthält ein Ferment, einen Wirkstoff, der fähig ist, die Eiweißverdauung einzuleiten, indem er das Nahrungseiweiß aufspaltet. Normalerweise vollbringt das zwar der Magensaft von alleine, aber magenschwachen und -kranken Menschen kann damit geholfen werden. Also wenn es an Magensaft oder -säure fehlt, praktisch bei jeder Appetitlosigkeit, bedienen wir uns des *frischen Ananassaftes* als eines wahren Labsals und Heilmittels. Der Magensaft kann dadurch vollständig ersetzt werden. Die Verdauung bessert sich, die Magenschleimhaut wird geschont. Man nimmt vor jeder Mahlzeit eine Scheibe Ananas – welch angenehme Arznei! Dosenananas haben diese Wirkung nicht; sie schmecken zwar angenehm, sind aber diätetisch wertlos.

Frische Ananasstückchen als Beigabe zu Getreidebrei oder eine kalte Platte, mit einer einmal zur Abwechslung längs durchgeteilten Frucht – der Blätterschopf bleibt zum Schmuck dran – seien nur als Anregung genannt. – Im Reformhaus kann man auch getrocknete Ananas kaufen als konzentrierte Nahrung für Wegzehrung oder Arbeitspause. Als Nerventonikum und gegen Ermüdung empfiehlt es sich, täglich eine dicke Scheibe Ananas zu essen; man hat damit verblüffende Erfolge erzielt. Möglicherweise ist ein noch unerkannter Wirkstoff mit günstiger Wirkung für die Nerven in der Ananas verborgen. Sie wird auch angeraten bei Hypochondrie, Melancholie, bei Gedächtnis- und Sinnesschwäche.

Nur ein Rezept soll genannt sein. **Ananastaschen:** Blätterteig wird in 10 cm große Quadrate ausgerollt. Ananas in kleinen Stücken mit Rosinen und feingeschnittenem Ingwer darauf geben, eine Teigecke umklappen, mit Eiweiß bestreichen und auf die gegenüberliegende Ecke kleben. Die Taschen mit Eigelb bestreichen und auf ungefettetem Blech bei Mittelhitze backen.

In den feucht-heißen Gebieten der Tropen reifen die Bananen das ganze Jahr über. Einen einzigen Blütenstand hat die bis zu 5 Meter hohe Staude, aber nach jeder Ernte schiebt sich ein neuer hervor, um bis zu 200 Früchte zu tragen. Es können pro Staude 75 kg im Jahr geerntet werden.

Neben der uns bekannten *Musa banana* gibt es noch hunderte von Arten, viele davon nicht eßbar. Erst nach jahrtausendelanger Kultivierung im Ursprungsland Indien ist die Banane zu der nahrhaften kernlosen Frucht geworden, die heute ein Hauptnahrungsmittel der einheimischen Bevölkerung der mittelamerikanischen tropischen Küstenländer ist. Man ißt sie dort wie bei uns das Brot.

Aus jenen Ländern sowie aus Ecuador, Kolumbien und von den Karibischen Inseln kommen 90 bis 95 % aller Bananeneinfuhren zu uns. Grün und unreif werden sie geerntet und überstehen die zwei Wochen lange Reise in den Klimakammern der Kühlschiffe, um dann in hiesigen Reifereien bei subtropischer Temperatur zu goldgelber Pracht nachzureifen. Leider sind dieses künstliche Nachreifen und die Desinfektionsmaßnahmen auf dem Transportwege ein ernstes Problem beim Genuß dieser sonst so wertvollen Früchte.

Die Banane ist heute ein fester Bestandteil unserer Nahrung geworden. Man erkannte die Bedeutung der Banane für Diabetiker, weil sie die Zuckerausscheidung weniger erhöht als andere Kohlehydrate, und man fand ihre Heilkraft bei Darmstörungen. Hoher Gehalt an Fruchtzucker, Eisen, Kupfer, Mangan, Phosphor und Kalium machen die Banane zum wertvollen Kraftspender. Eine Bananendiät ist angebracht bei Nierenerkrankungen und bei Unterernährung; besonders schonend wirkt sie bei geschädigter Leber.

Außerordentlich nährstoffreich sind getrocknete Bananen. Sie haben zudem den großen Vorteil, daß sie ausgereift geerntet und im Ursprungsland getrocknet werden können. Mit 3,8 % Eiweiß und hohem Zuckeranteil sind sie als Reiseproviant und Schulvesper vorzüglich geeignet.

REZEPTE

Bananencreme

Die Bananen werden mit der Gabel zerdrückt und zu Brei geschlagen, dazu ½ Teelöffel Zitronensaft. Man kann gemahlenen Leinsamen, Nüsse, Getreideflocken zufügen, abwandeln mit Joghurt oder Vanillesoße und ähnlich. Diese Bananencreme kann in viele Rezepte eingefügt werden. Die Phantasie hat hier einen großen Spielraum.

Chicorée-Bananensalat

Halb und halb Chicorée- und Bananenrädchen mischen, mit Zitronensaft, saurer Sahne, etwas Honig und geschnitzelten Mandeln anrichten.

Gebratene Bananen

Geschälte ganze Bananen werden langsam in der zugedeckten Pfanne in ein wenig Butter geschmort. Gut zu Reis und Getreidebrei.

Bananenbratlinge

Die Bananen der Länge nach durchschneiden, 1 Stunde lang in Orangensaft ziehen lassen, in Pfannkuchenteig umwenden und langsam ausbraten.

Die Dattel

Die Dattelpalme *(Phoenix dactylifera)* wächst hauptsächlich in den Oasen Nordafrikas und Südwestasiens. Sie wird bis zu 20 Meter hoch, während die Wurzeln ins Grundwasser hinunterreichen. Von ihrem 30. bis 100. Jahr ungefähr trägt sie jährlich bis zu 2 Zentner Früchte. In hohen Haufen liegen diese nach der Ernte an der Straße, und jeder Vorüberkommende kann sich dort seine Mahlzeit erwerben. – Die Eingeborenen verstehen es, die Datteln jahrelang haltbar zu machen, indem sie sie pressen und in Schafsleder einnähen. Zur Ausfuhr gelangen unreife Früchte, die man nachreifen läßt, andererseits auch auserlesene Datteln, sogar manche am Zweig, die sehr sorgfältig behandelt und in Schachteln verpackt werden. Die Algier-Datteln verdienen den Vorzug vor anderen. – Ihr Nährwert, bei dem der Fruchtzuckeranteil eine große Rolle spielt, macht die Dattel zu einem ausgezeichneten Stärkungsmittel.

Ägyptisches Dattelgericht: Die Datteln werden langsam unter öfterem Umwenden in der Pfanne in Butter gebraten, bis sie ganz weich werden und köstlicher Duft das Haus erfüllt. Wenn man sie zu scharf oder zu lange brät, werden sie bitter und hart. Man reicht sie zu Reis- oder Hirsebrei. Dies ist eine sehr schmackhafte, sättigende und einfach zu bereitende Speise.

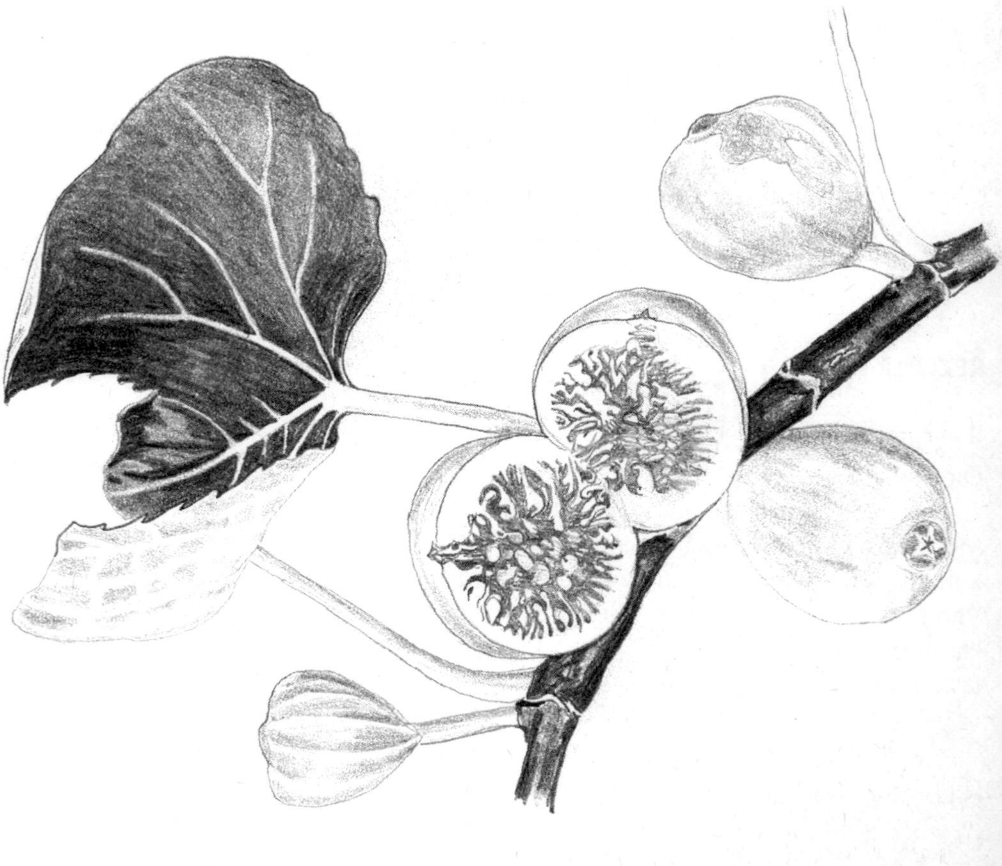

Feigen

Der Feigenbaum *(Ficus)* stammt aus Syrien. Er kam mit griechischen Einwanderern nach Italien. Reisende in südlichen Ländern können die frischen Feigen erproben, die dort in mehreren Sorten angeboten werden. Sie haben stark abführende Wirkung.

Für uns hat die getrocknete Feige Bedeutung. Die beste Sorte ist die Smyrna-Feige. Der Nährwert mit Kalk- und Zuckergehalt ist hoch. Auch in getrocknetem Zustand sind Feigen stark stuhlfördernd. Ihre größte Wirkung haben sie, wenn man sie abends einweicht, auch in Milch oder Saft, und morgens nüchtern zu sich nimmt. Feigen fördern auch die Gallentätigkeit. Die griechischen Ärzte verordnen bei Gallensteinen täglich 150 bis 250 g davon in anfallfreier Zeit.

Johannisbrot

Der Johannisbrotbaum *(Ceratonia siliqua)* ist ein mächtiger, immergrüner, schattenspendender Baum des vorderen Orients und der Mittelmeerländer. Von seinem 20. Lebensjahr ab trägt er für Jahrhunderte in den sichelförmigen Schoten mit dem nahrhaften süßen Fleisch die glänzenddunklen Samen. Wir kennen sie vom Weihnachtsmarkt, bei uns natürlich in getrocknetem Zustand, als Johannisbrot, auch Karuben genannt. Sie haben in dieser Form 65 % Traubenzucker und sind ein gesundes Mitbringsel für die Kinder.

Avocados

Die Avocados *(Acuacatos)* oder Avocadobirnen sind die sehr delikaten Früchte eines ursprünglich mexikanischen Lorbeergewächses. Sie sind apfel- oder birnenförmig. Entweder schält man die weiche Frucht, oder man löffelt sie, nachdem man sie längs geteilt und mit Zitronensaft beträufelt hat, aus der Schale. Es empfiehlt sich, sie gleich zu verbrauchen, da sie sich verfärbt. Avocados eignen sich auch zu Mischung mit Obstsalaten. – Beim Einkauf achte man auf eine gute Schale ohne Risse und Flecken.

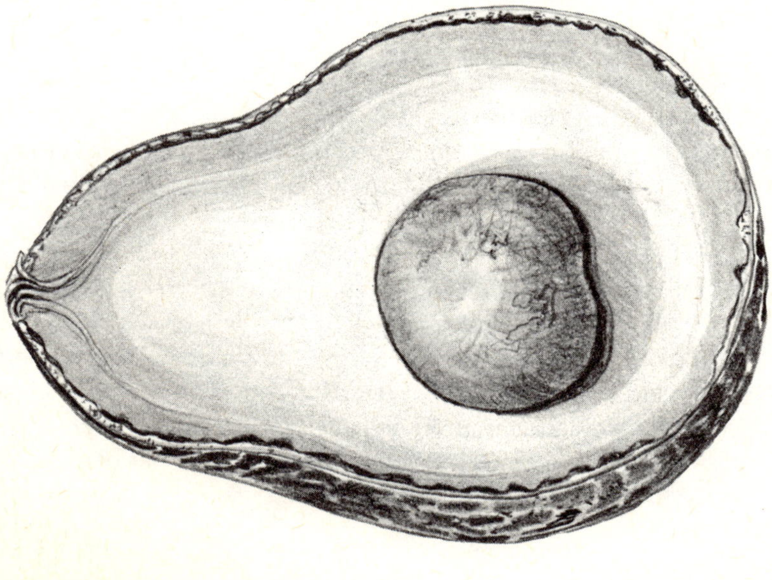

Kakipflaume

Die Kakipflaume *(Diospyros kaki),* ein Ebenholzgewächs aus Südasien und Amerika, trägt tomatenähnliche Früchte. Im frühen Winter bis Weihnachten sind die Früchte im überreifen Zustand am schmackhaftesten. Man ißt sie unverarbeitet. Bei Nieren-, Blasen- und Darmleiden und bei Zuckerkrankheit haben sie gute Wirkung. Die bei uns angebotenen Früchte stammen aus dem Tessin, wo sie in großen Anpflanzungen gezogen werden.

Kiwi

Die Kiwifrucht *(Actinidia chinensis),* auch chinesische Stachelbeere genannt, kommt aus Ostasien und wird besonders auf Neuseeland angebaut. Sie ist kugelig bis eiförmig, graubraun und behaart. Das säuerliche Fruchtfleisch ist grün, glasig und saftig.

Zum Genuß muß man die Frucht schälen oder auslöffeln. Kiwischeiben aus querdurchschnittenen Früchten mit einem Kranz von kleinen Kernen im Innern sind eine hübsche Garnitur für Quarkspeisen und Eisbecher.

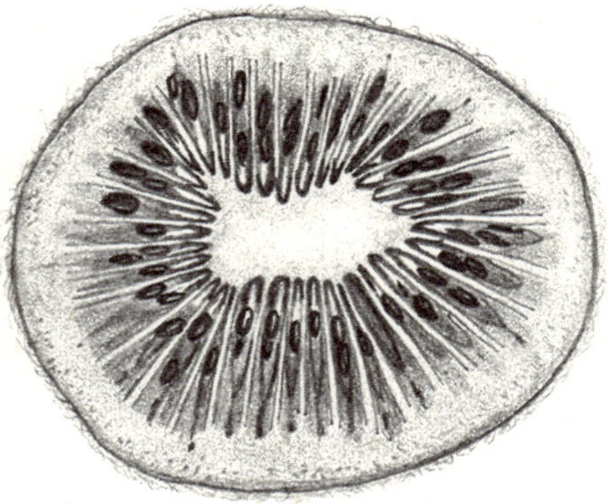

Mango

Der Mangobaum *(Mangifera indica)* Südasiens trägt ein wohlschmeckendes Steinobst mit großen Kernen. Wegen dieser Früchte wird er in vielen tropischen Gegenden kultiviert. Bei uns erhält man die Mango in Delikatessengeschäften.

Granatapfel

Der Granatapfelbaum *(Punica granatum)* ist ein aus dem Iran stammender rotblühender Baum. Der Granatapfel, eigentlich eine Beere, sitzt bis dicht unter die lederharte Schale voll mit rosaroten glasigen Samenkörnern. In alten Zeiten war er ein mehrdeutiges Symbol, das Tod und Fruchtbarkeit umfaßte. Der Saft schmeckt weinartig und ist sehr erfrischend. Er erneuert das Blut und wirkt allgemeiner Belastung entgegen. Türken und Araber bereiten daraus mit Zucker und Wasser einen Kühltrank, den Scherbet.

Wert und Bedeutung der Nüsse

In der Reformküche sind die Nüsse als wertvoller Eiweißspender unentbehrlich. Neben den Mineralstoffen Kalk, Magnesium, Kalium, Phosphorsäure und Eisen enthalten Hasel- und Walnüsse 63 und 54% Fett und 17,5 und 16% Eiweiß. Das ist der Eiweißanteil von magerem Fleisch und von Quark. Dieser hohe Nährwert ist besonders für Diabetiker und für Nierenkranke interessant. Sie sollten reichlich Nüsse zur Aufwertung ihrer Nahrung essen, auch in Form von Nußmus. Aber auch Gesunde vernachlässigen die Nüsse meist zu sehr. Wenn hier dennoch keine Nußrezepte aufgeführt werden, so sollen die folgenden Seiten ein Ansporn sein, so oft wie möglich geriebene, gehackte, auch leicht angeröstete Nüsse den Speisen beizugeben und hin und wieder ein Nußsortiment zum Knabbern anzubieten. Nüsse in jeder Form passen fast zu allen Salaten, zu Reis und Süßspeisen.

Haselnuß

Die Hasel *(Corylus),* ein Birkengewächs, ist auf der nördlichen Halbkugel heimisch. Schon dem Steinzeitmenschen spendete sie ein wichtiges Nahrungsmittel. In den Gräbern der Germanen hat man Skelette gefunden, die Haselnüsse in den Händen hielten, vielleicht als Wegzehrung für die Wanderung ins Totenreich.

Die Römer brachten größere Sorten nach Westdeutschland, die dann auch hier angebaut wurden. Im «Capitulare de villis», der Landgüterordnung Karls des Großen, wurde der Anbau solcher edleren Sorten vorgeschrieben. Die wohlschmeckende Lambertsnuß (Langobardennuß) und die «Römer» gehören heute zu den besten.

Ein reiches Brauchtum umgab die Hasel, und zwar sowohl die Nuß als Fruchtbarkeitssymbol als auch das Holz in seiner Eigenschaft als Wünschelrute. Dörfer mit einem Haselgehölz galten als wohlhabend. Auch im längsten Winter, wenn die Vorratskammern schon leer geworden waren, konnten sie sich noch mit Nüssen über Wasser halten, die ja praktisch unbegrenzt haltbar sind.

Rudolf Steiner lobt die Haselnuß als wichtig für denkerische Tätigkeit. Die Haselnuß enthält wichtige Aufbaukräfte für das Gehirn und vermag sogar seine Struktur zu verbessern – nicht die Walnuß, die dem Gehirn doch so ähnlich sieht. Er empfiehlt darum, dem Schulkind jeden Morgen 7 Nüsse mit auf den Weg zu geben.

Walnuß

Wie die Chronik berichtet, wurde einst der Walnußbaum *(Juglans regia)* durch die Römer eingeführt und schon in den ersten christlichen Jahrhunderten in Gallien angebaut. Daher der Name «nux gallica», zu deutsch «Walnuß» oder «Welschnuß». Ein ausgewachsener Nußbaum, er wird bis 30 Meter hoch, liefert durchschnittlich drei bis vier Zentner Nüsse im Jahr.

Wer so glücklich ist, einen Nußbaum zu besitzen, sollte unter seinen Zweigen ein Bänklein aufstellen. Mögen Mücken und Bremsen noch so schwärmen, hier hat man seine Ruhe, denn kein Insekt liebt den Geruch der Nußblätter. Auch bei Wanderungen leistet ein Nußzweig zur Abwehr dieser lästigen Gesellschaft manchmal gute Dienste. Selbst als Mottenschutz ist solch ein Zweig, in Seidenpapier gehüllt und in den Schrank gelegt, zu gebrauchen.

Walnüsse sind eine wertvolle Hilfe für die Zähne, und ihre Gerbsäure wirkt der weitverbreiteten Parodontose entgegen. Aus einigen Nußkernen und etwas Salz kann man sich den köstlichen «Nußspeck» herstellen, der zum Schwarzbrot besser schmeckt als ein Stück Schokolade. Man wickelt die Zutaten in ein Pergamentpapierchen und klopft sie mit dem Hammer zur Paste. Auch der überanstrengte Herzmuskel wird durch Nüsse gestärkt.

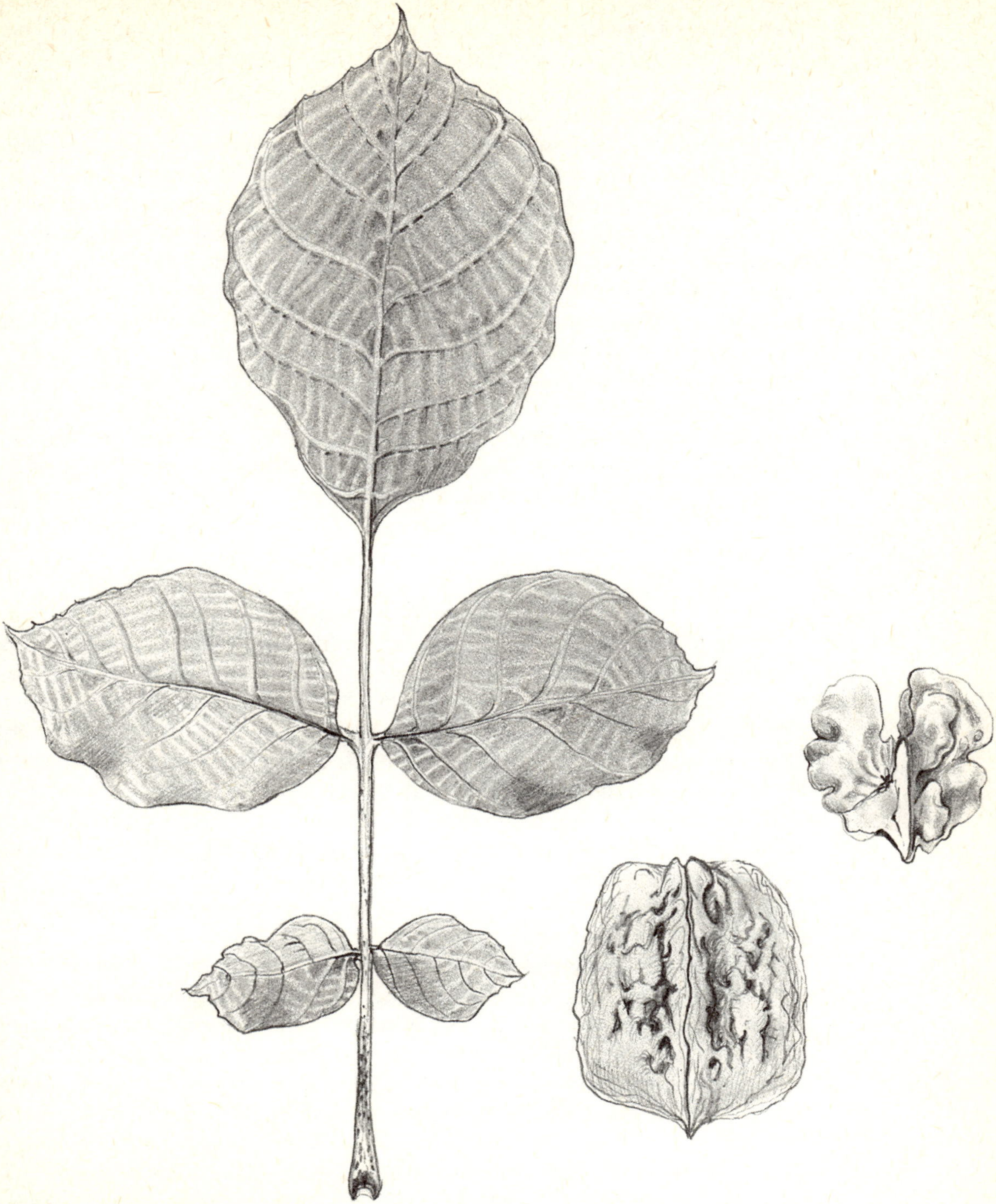

Mit den Blättern des Walnußbaumes kann man eine besonders wirksame Blutreinigungskur machen, zumal wenn es sich um Skrofulose, Hautausschläge, Verschleimung u. ä. handelt. Man trinkt dreimal täglich eine Tasse von dem **Blättertee,** morgens nüchtern und ½ Stunde vor der Mahlzeit. Auch zu Waschungen und Bädern ist der Absud geeignet bei Hautausschlägen und Entzündungen. – Von frischen Blättern rechnet man eine Handvoll , die Hälfte davon in zerkleinerten grünen Nußschalen, auf 1 Liter Wasser. Man überbrüht sie und läßt 30 Minuten ziehen. Von getrockneten Blättern genügt entsprechend weniger. Der Tee ist auch für rachitische Kinder zu empfehlen. Man süßt mit Honig. Wir ernten unsere Walnüsse, wenn sie voll ausgereift sind, d. h. wir lassen sie uns vom Nußbaum schenken und sammeln sie nur auf. Zum Aufbewahren kann man sie in trockenen Sand legen, oder man legt sie in einer Schicht auf engmaschige Horden, die manchmal durchgeschüttelt werden müssen, damit die Luft überall Zutritt hat. Auch Aufhängen in einem Beutel hält sie frisch. Das Trocknen im Ofen dagegen tut ihnen nicht gut, der Kern schrumpft, und der Geschmack leidet. Vor dem Aufbewahren muß man die Reste der äußeren Hüllen gründlich entfernen. Dazu bearbeitet man die Nüsse mit der Wurzelbürste und legt sie in 2%ige Kochsalzlösung.

Mandel

Der Mandelbaum *(Prunus amygdalus)* ist ein Rosengewächs Ostasiens. In der Reihe der Rosengewächse steht er ganz am Ende, in der bitteren Mandel geht das Feinste auch schon über ins Giftige. Im Altertum gelangte der Baum nach Griechenland und Rom. Die ersten Zeugnisse für eine Anpflanzung in Deutschland stammen aus der Zeit Karls des Großen. Die Früchte reifen bei uns nur in den wärmsten Gegenden am Rhein.

Mandeln enthalten kleine Mengen der giftigen Blausäure. In süßen Mandeln ist das Quantum so klein, daß keine Gefahr einer Vergiftung besteht, aber bittere Mandeln enthalten doch so viel davon, daß 60 Stück tödlich sein können. Bei Kindern muß man sehr vorsichtig sein, da schon wenige Bittermandeln zu schweren Vergiftungen geführt haben.

Schonend und kräftigend ist die **Mandelmilch.** Man gibt sie stillenden Müttern, Kindern und Alten. Selbstherstellung ist ziemlich umständlich, doch soll das Rezept hier folgen: 250 g süße Mandeln brühen, abziehen und trocknen lassen. Mit Mandelmühle o. ä. fein reiben und mit abgekochtem, erkaltetem Wasser übergießen und nach 2 Stunden durch ein Tuch pressen. Man muß die Mandelmilch am gleichen Tag verbrauchen, da sie leicht verdirbt. Im Eisschrank hält sie sich 24 Stunden. Es ist einfacher, fertige Mandelmilch im Reformhaus zu kaufen. Für eine **Mandelsoße**werden feingeriebene Mandeln einer fertigen weißen Soße (Butter, Mehl und Milch) zugefügt. Gewürz: etwas Honig und Zitronensaft.

Vor einigen Jahren entdeckte man in Haifa (Israel), daß süße Mandeln ein Mittel gegen Magengeschwüre enthalten. Das Mandelöl (54 %) überzieht die Magenwände mit einem schützenden Film, und das Eiweiß verbindet sich mit der Magensäure. Zuviel Magensäure ist in vielen Fällen die Ursache für Magengeschwüre.

Die Kaschunüsse *(Cashewnüsse)*

Cashewnüsse, in Indien «Elefantenläuse» genannt, sind die Früchte des tropischen Nierenbaumes *(Anacardium occidentale)*. Sie sitzen auf einem fleischigen, saftreichen Fruchtboden, der als Obst verzehrt wird. Da die Samenschalen brennend scharf sind und das giftige Cardol enthalten, werden sie sorgfältig entfernt. Mit Phosphor, 21 % Eiweiß und 47 % Öl ist diese Nuß sehr nahrhaft. Der Geschmack ist mehlig süßlich. Meist finden wir sie dem «Studentenfutter» beigemengt.

Kokosnuß

Die bis 30 m hohe Kokospalme *(Cocos nucifera)* ist die wichtigste Nutzpalme der tropischen Küsten. Die steinharte Schale der Nuß macht es uns leider so schwer, an das Innere heranzukommen. Der hohle Kern enthält die wohlschmeckende Kokosmilch, die man trinken kann. Die Kokosraspeln nützen wir hauptsächlich für Makronen und anderes feines Gebäck. Durch die industrielle Gewinnung in ihren Heimatländern sind sie hygienisch nicht immer einwandfrei. Wir empfehlen daher sie nur in geringen Mengen und vor allem nicht roh zu verwenden.

Da sich viele Kinder jedes Jahr zu Weihnachten auf eine ganze Kokosnuß freuen, besonders auf die Milch und die geteilten Nüsse, so können sie sich Kokosraspeln für das morgendliche Müsli selber herstellen. Aus den Schalen kann man entzückende Vogelfutterhäuschen basteln.

Kokosnußgetränk
100 g geraspelte Kokosnuß mit 1 Liter kochendem Wasser übergießen und einige Stunden ausziehen lassen. Die Flüssigkeit abgießen und mit Zitronen- oder Orangensaft und etwas Honig abschmecken. Das Getränk kann vor dem Trinken im Wasserbad erwärmt werden. Es ist ein ausgesprochener Nährtrank. Die Rückstände können zu Pudding oder Fruchtspeise verbraucht werden.

Die Paranuß

Die Paranuß ist die Frucht des in Südamerika beheimateten Brasilnußbaumes. In der Zusammensetzung kommt sie der Haselnuß am nächsten, ist aber noch ölhaltiger. Man legt die herrlich mundende Nuß zu Weihnachten auf den bunten Teller und erfreut damit alle, die etwas Handfestes zwischen den Zähnen spüren wollen.

Pinienkerne

Pinienkerne sind die schmackhaften und ölhaltigen Samen besonders der Zirbelkiefer aus den Gebirgen Südeuropas (Pinus cembrà, Arve). Wegen ihres Terpentingehaltes werden die Zirbelnüsse vor allem von Lungenkranken geschätzt. Man kann sie über jede fertige Mahlzeit streuen; auf jeden Fall bieten sie eine wertvolle Abwechslung.

Pistazien

Aleppo- oder Pimpernüsse, sind die Früchte der Echten Pistazie (Pistacia vera), eines harzreichen Baumes vom Mittelmeer und aus Ostasien. Die Kerne sind in den haselnußgroßen Steinfrüchten enthalten. Hier bekommen wir sie geschält und zum Knabbern geröstet. Sie sind sehr nahrhaft und werden besonders gern zum Verzieren von Backwaren verwendet.

Erdnuß

Die Erdnuß *(Arachis)* gehört trotz ihres Namens keineswegs zu den Nüssen, sondern zu den Hülsenfrüchten. Die Samen des niedrigen Krautes reifen in der Erde. In neuerer Zeit hat die aus Südamerika stammende Pflanze durch ihren hohen Ölgehalt weltwirtschaftliche Bedeutung gewonnen und wird in steigendem Maße auch in Afrika und Indien kultiviert. Die gerösteten Erdnüsse enthalten schwerlösliche Harnsäure und führen zu Ablagerungen im Körper, was auch von den daraus gewonnenen Pasten und der Erdnußbutter gilt. Auch von dem Öl der stickstoffhaltigen Frucht ist abzuraten. (Siehe dazu über Leguminosen S. 168.)

Getränke

Die alkoholfreien Saftmischungen werden in größeren Mengen von Hand mit dem Schneebesen hergestellt. Der Mixer zerstört durch seine hohe Geschwindigkeit nicht nur grobe Teile, sondern auch feinste Substanzen (Aromen). Wer ihn dennoch gebrauchen will, mache es sich zur Regel, ihn nur auf der langsamsten Stufe und nicht länger als unbedingt nötig laufen zu lassen. Die fertigen Getränke sollten sofort verbraucht werden, da durch Sauerstoffeinfluß rasche Wertminderung eintritt. – Für «Cocktails» werden wir nicht auf ihn verzichten können, dafür sind sie in Windeseile herzustellen und beinahe alles Erdenkliche ist möglich. Sie verlocken daher zum Erfinden hauseigener Rezepte.

Einige Rezept-Anregungen

Bioghurt-Zitronentrank

1 Becher Bioghurt, den Saft von ½ Zitrone und 1 Glas Ananassaft, evtl. mit etwas Honig gut verschlagen.

Zitrustrank

1 Becher Bioghurt mit dem Saft von 2 Grapefruits und 2 Orangen gut mischen.

Fruchtsaft-Buttermilch

ist auch ein gutes Fiebergetränk. Buttermilch zur Hälfte mit Himbeersaft schaumig schlagen

Aprikosentrank

1 großes Weinglas Apfelsaft mit ein wenig Zitronensaft, 2 Eßlöffel Aprikosenmarmelade und dem ausgeschabten Mark einer Vanilleschote mischen. Eine kleine Zugabe von Ingwerpulver macht das Getränk pikant. Mit perlendem Mineralwasser in die Gläser füllen und eine sehr dünne Orangenscheibe obenauflegen.

Schlehentrank

1 großes Weinglas Apfelsaft, 2 Eßlöffel Schlehensaft oder Schlehenelixier und 1 Teelöffel Zitronensaft durchschütteln. Mit Sprudel auffüllen und ein paar kleine eingemachte Früchte ins Glas geben.

Hagebutten-Bowle

½ Liter starken Hagebuttentee bis zum Erkalten ziehen lassen, abgießen und mit Birnendicksaft oder Honig süßen. Mit Saft und sehr feinabgeriebener Zitronenschale kaltstellen. Mineralwasser zugeben und einige Zitronenscheiben hineinlegen.

Pfirsichbowle

Pfirsiche aus einer Dose kleinwürfelig schneiden und mit dem Saft und 2 Flaschen weißem Traubensaft in die Terrine geben, kaltstellen.

Kräutercocktail «Jungborn»

Etwa 2 Hände voll frischer Kräuter, bevorzugt werden Wildkräuter, auspressen oder mit etwas Mineralwasser im Mixer zerkleinern und mit Zitronensaft und etwas Tomatenspread vermischen. Abschmekken mit Orangensaft und Sahne. Frisch trinken!

Obstcocktail, Grundrezept

Frische Beeren mit Fruchtsaft und Milch oder Sahne schlagen. Es dürfen kleine Fruchtteilchen erhalten bleiben. Das Getränk wird cremig.

Tomatencocktail

Ein appetitanregendes und den Kreislauf förderndes Schlückchen vor Tisch: Tomaten, etwas Knoblauch, Zwiebel, Apfelsaft, Zitronensaft (kann auch zuletzt beim Abschmecken zugefügt werden), Basilikum, Muskat, Rahm und Honig. Alles im Mixer schlagen und in kleinen Gläschen servieren. Die saure oder süße Sahne kann auch zuletzt als weißer Kringel ins Glas gegossen werden. Nur ein Messerspitzchen Petersilie obenaufstreuen.

Heiße Getränke

Die Zeit von Weihnachten bis Neujahr ist die Zeit des **heißen Punschs,** aber auch den ganzen Winter über helfen sie dem Schnupfen, Husten und Halsweh zu trotzen und wärmen uns von Kopf bis Fuß, als zündeten sie in uns selbst des Sommers Wärme an. Heilend und vorbeugend treiben uns Holunder und Lindenblüten den Schweiß aus allen Poren, als stünden wir mitten im August auf einem Erntefeld. Wärmende Gewürze und die Vitamin-C-Träger Zitrone, der dornige Sanddorn und die noch dornigere Schlehe, deren Beeren, vom Frost durchdrungen, sich in unseren Töpfen erst richtig wohl fühlen, wollen uns helfen, gegen Kälte und Erkältung anzukämpfen und die Winterabende zu verschönen. Des räuberischen Alkohols bedarf es nicht. Darum dennoch: Prosit!

REZEPTE

Punschessenz für die Festtage

¼ Liter Wasser mit der abgeriebenen Schale von 3 Orangen und einer Zitrone, nach Belieben mit Nelken und Zimt, aufs Feuer setzen und 15 Minuten ziehen lassen. Den Saft von 4 Orangen und 2 Zitronen dazugeben und 400 g Honig darin auflösen. Diese Essenz nach Geschmack unter heißen Lindenblütentee oder Süßmost mischen.

Alkoholfreier Glühwein

Apfel-, Birnen- oder Kirschsaft mit Zitronenschale, Zimt und Nelken bis zum Kochen bringen, mit Honig und Zitronensaft abschmecken.

Apfelschalenpunsch

Die anfallenden Apfelschalen (auch getrocknete) und dünn abgeschälte Zitronenschalen einen Tag in 1 Liter Wasser einweichen. Dann mit einer Zimtstange und Nelken langsam zum Kochen bringen und ziehen lassen. Eine Flasche Apfelsaft und ein Glas Himbeersaft zufügen und erhitzen. Mit Honig und Zitronensaft abschmecken.

Burgunderpunsch

150 g Kandiszucker in 1 Liter Wasser aufkochen. Saft von 2 und Schale von 1 Zitrone, Saft von 3 und Schale von 1 Orange darin 30 Minuten ziehen lassen. Die Flüssigkeit durchseihen und mit 1 Flasche Traubensaft bis zum Kochen bringen. Nach Geschmack mit Honig süßen.

Birkenelixier, das Regenerationsgetränk

Lindenblüten- oder Hagebuttentee pro Tasse mit 1 Eßlöffel Birkenelixier erhitzen und mit je 1 Teelöffel Zitronensaft und Honig vermischen.

Eierpunsch

100 g Honig, 4 Eigelb und 2 ganze Eier gut verrühren. Dann 1 Flasche weißen Traubensaft und den Saft einer Zitrone dazugeben und die Masse im Wasserbad mit dem Schneebesen dick und schaumig schlagen, aber nicht zum Kochen kommen lassen, damit der Punsch nicht gerinnt. Sofort in Gläser füllen. (Man kann das Rezept auch auf 2 ganze Eier reduzieren.)

Teepunsch

In Schwarzem Tee dünn abgeschälte Orangenschale ziehen lassen. Nach dem Abgießen ½ und ½ mit Holunder-, Johannisbeer-, Himbeer-, Erdbeer- oder anderem Saft mischen, mit Honig süßen und wieder wärmen.

Hagebuttenpunsch

4 Eßlöffel Hagebuttenkerne in 1 Liter Wasser einweichen und gut auskochen lassen. Mit der gleichen Menge Süßmost erhitzen und abschmecken mit Zitronen- oder Schlehensaft und beliebig süßen, evtl. mit Birnendicksaft.

Schwedischer Weihnachtspunsch

1½ Liter roten Traubensaft mit 1 Stück Zimt, einigen Nelken und 1 Zitronenscheibe erhitzen, aber nicht kochen. Mit Honig süßen, 1 Liter Hagebuttentee dazutun und in eine Bowlenschüssel geben. Zimt und Nelken herausnehmen und statt dessen einige Orangenscheiben einlegen. Sehr heiß servieren.

Nikus, das Rezept von Grußmutter

Getrocknete Schlehen (3 Hände voll auf 2 Liter Wasser) 1 bis 2 Tage einweichen, dann mit Zimtstengel und Nelken kochen lassen. Nach einigen Stunden abgießen und die gleiche Menge Apfelsaft dazutun. Auf 1 Liter Flüssigkeit den Saft einer Zitrone einrühren und mit Honig oder Rübensirup süßen. In Ermangelung von Schlehen tut es auch Schlehensaft.

Kaiserpunsch

1 Liter gut eingekochten Lindenblütentee mit 1 Flasche Traubensaft, Honig, 100 g in kleine Stückchen geschnittene Ananas und 1 Glas Ananassaft erhitzen (nicht kochen) und gleich auftragen.

Silvesterpunsch

Die Schalen von 2 Orangen und 2 Zitronen sehr fein abschälen. Mit ½ Liter Wasser, Zimt und Nelken und einigen kleingeschnittenen Mandeln 10 Minuten kochen und gut durchziehen lassen. Absieben, 1 Glas Himbeersaft, den Saft der Orangen und Zitronen und 1½ Liter Tee (Lindenblüten-, Brombeer- oder Heidelbeerblätter) dazugeben, zusammen erhitzen und mit Honig süßen.

Honigwasser

Heißes Honigwasser ist gut bei Erkältungen der oberen Luftwege. Sehr heißes Wasser mit 1 Löffel Honig und 1 Teelöffel Zitronensaft mischen. Wenn sich der Husten schon meldet, einen Löffel Hustenelixier dazutun.

Holunderpunsch, ein angenehmer Erkältungstrank

1 Flasche Apfelsaft, 1 Flasche Holundersaft, einige Nelken, Saft und Schale einer Zitrone und Zuckerrübensirup nach Bedarf. 1 Liter Wasser mit den Gewürzen und Zitronenschale aufkochen und damit einen leichten Schwarztee aufbrühen. Mit den Zutaten mischen und erhitzen.

Kaffee

Die Heimat der Kaffeestaude *(Coffea)* ist das tropische Afrika und Asien. Über Abessinien gelangte der Kaffee zu den Arabern und kam um 1500 zu den Türken. Trotz strengen Verbotes – die ertappten Kaffeetrinker wurden kurzerhand in Ledersäcke genäht und im Bosporus ertränkt – kochten sich die Türken aus Kaffee und Zucker ihren Mokka, ein «aufrüttelndes» Getränk. Mag sein, daß sie ihn auf ihrer Entwicklungsstufe nötig hatten. Im 17. Jahrhundert breitete sich der Kaffeegenuß auch in Europa aus. Die bekannte Kaffeekantate «Nicht für Kinder ist der Türkentrank, schwächt die Nerven, macht euch blaß und krank» stammt aus jener Zeit und erfaßt das Problem gleich richtig. – Als im 19. Jahrhundert im Orient große Plantagen durch eine Kaffeekrankheit zugrunde gingen, setzte Brasilien sich an die Spitze der Kaffeeausfuhren.

Das im Kaffee enthaltene Gift Coffein kann auch eine wohltuende Medizin sein. Der gesunde Erwachsene verträgt täglich eine Tasse Kaffee (1 kleiner Kaffeelöffel gemahlener Bohnen auf eine Tasse). Jedoch zu warnen ist vor Gewöhnung und Übertreibung. Wenn durch Coffein das Gehirn besser durch-

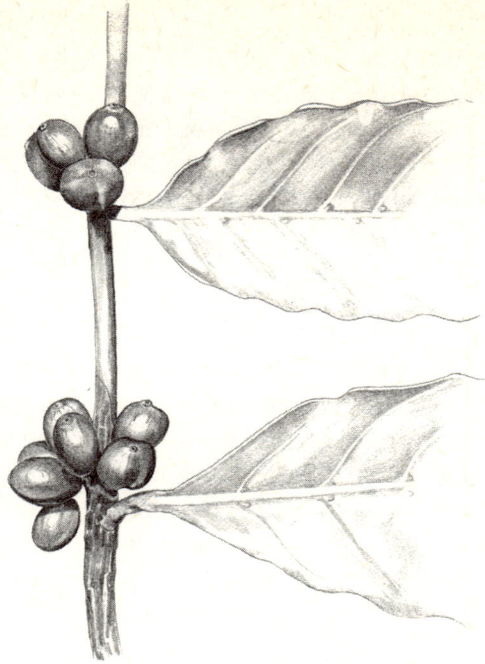

blutet wird und die Gedanken bessere Arbeit leisten, Stoffwechsel und Ausscheidung gefördert werden, wenn die Müdigkeit wie weggeblasen erscheint, so fragt es sich, ob all das nicht auch mit harmloseren Mitteln oder einfach durch ein gesünderes Leben erreicht werden könnte.

Wer regelmäßig seine Leistungen gewissermaßen auf Krücken stützt, gewöhnt sich an diese auf Kosten der eigenen Kraft. Im Gedankenbereich kann er über Konzentration und Ordnung zu einer verhärteten, verklügelten Denkart gelangen. Es rächt sich bekanntlich auch besonders, wenn Kaffee zum Aufpeitschen gebraucht wird. Starke Nervosität, Schlaflosigkeit, Muskelzittern und Herzklopfen sind die Reaktion. Der Leistungshöhe folgt unbedingt sehr bald der Leistungsabfall.

Es ist jedoch nicht das Coffein allein, das sich ungünstig auswirkt. Die vorhandene Gerbsäure kann die Schleimhaut Magenempfindlicher angreifen, die Röststoffe sind von Leber- und Gallekranken gefürchtet. Es gibt ausgesprochene Diätmarken, die von diesen Neben-Störstoffen weitgehend frei sind. Nimmt man Kaffee als Medizin für Herz und Kreislauf, so sollte er schwarz getrunken werden. Rudolf Steiner[1] rät nach mündlicher Überlieferung, den

1 Vergl. hierzu Dr. Rudolf Steiner, Ernährungsfragen im Lichte der Geisteswissenschaft, Vortrag in München, 8. 1. 1909, (GA 68) und ders., Welche Bedeutung für die okkulte Entwicklung des Menschen für seine Hüllen und sein Selbst? Vortrag Den Haag, 20.–29. 3. 1913 (GA 145).

Kaffee dreimal kurz aufkochen zu lassen, ihn schwarz, aber mit Zucker zu trinken. Zusammen mit Milch bildet sich mehr Harnsäure. Keinesfalls nun ist Kaffee ein Getränk für Kinder, die unter der verhärtenden Tendenz pedantisch und «greisenhaft» werden können – und auch nicht für die stillende Mutter. Der unruhige Schlaf des Säuglings würde es ihr bald verraten, daß sie dem kleinen Körper Spuren von Coffein weitergegeben hat. Nebenbei bemerkt: auch Coca-Cola enthält Coffein, eine Flasche soviel wie $^1/_3$ Tasse Bohnenkaffee.

Tee

Der alte botanische Name von Tee *(Camellia viridis)* lautet *Thea sinensis* und weist damit nach China hin, wo er seit dem 4. Jahrhundert n. Chr. als Genußmittel bekannt ist. Dort und in Japan wurde der Tee in alten Zeiten so hoch geschätzt, daß die «Teemeister», die zugleich Dichter und Philosophen waren und priesterliche Verehrung genossen, für Jahrhunderte die Kultur bestimmten.

Im Jahre 1635 gelangte der Tee als Medikament nach Paris, wo wir seinen ersten Auftritt in Europa weniger vermutet hätten. Aber bald begann der Teehandel mit England und die Ausdehnung der Kulturen nach dem Himalaja und Ceylon, und schließlich auch nach Afrika.

Der Teestrauch, ursprünglich aus Assam, wird ein 8 bis 10 m hoher Baum, wird in vielen Sorten als Strauch gezogen, dessen lange Blätter einzeln gepflückt werden, um sie dann dem Fermentierungsprozeß zu unterziehen.

Erstaunlich, zu hören, daß der Tee etwas mehr Coffein und weit mehr Gerbsäure als Kaffee enthält. Dennoch ist er, wohl durch seine Zusammensetzung mit weiteren Stoffen, von milderer Wirkung und wird gern gerade von älteren Menschen getrunken, die keinen Kaffee vertragen.

Tierversuche haben ergeben, daß er der Arterienverkalkung Einhalt gebietet und sogar arteriosklerotische Veränderungen rückgängig machen kann. Wir hätten damit ein Getränk, das, umgekehrt wie der Kaffee, auflockernde Wirkung hat. Für das seelische Gebiet trifft das gewiß zu: Der Tee beflügelt die Phantasie, macht das Gespräch witzig und geistreich. Aber er beruhigt auch und macht die Welt vergessen. Rudolf Steiner charakterisiert den Tee als das Getränk des Diplomaten, während der Kaffee das typische Literatengetränk darstelle[1].

Wohltuend durchwärmt der heiße Tee an kalten Tagen, indem er die Blutzirkulation anregt, und nach einem fetten Essen entlastet er das Herz. Bei Migräne ist er ein ausgezeichnetes Mittel, wenn zugleich ein Fasttag eingeschaltet wird.

Im Diplomaten und in seinen so phantasievollen Dichtern erkennen wir den Engländer als Teetrinker wieder. Großbritannien hat den größten Teekonsum der Welt.

Die Chinesen stellten fünf goldene Teeregeln auf: Die Teekanne vorwärmen – Für jede Tasse einen Teelöffel Tee nehmen – Frisches Wasser zum Kochen

1 Rudolf Steiner, a. a. O.

bringen und sprudelnd auf den Tee gießen – Den Tee 5 Minuten ziehen lassen – Den Tee umrühren und abgießen.

Wir fügen noch hinzu: Nie eine Metallkanne nehmen. Sie beeinträchtigt den Geschmack. Dies war für die Chinesen selbstverständlich.

Kakao

Der Kakaobaum *(Theobroma)* ist mit 20 Arten im tropischen Amerika heimisch. Die gelben oder roten gurkenähnlichen Früchte mit 20 bis 50 Samen sitzen dicht am Stamm. Das Bild ist schwer, sackend. Nach der Ernte werden die Samen bis zu 10 Tage durch Gärung entbittert. Die alten Inkas tranken ihren aus dem

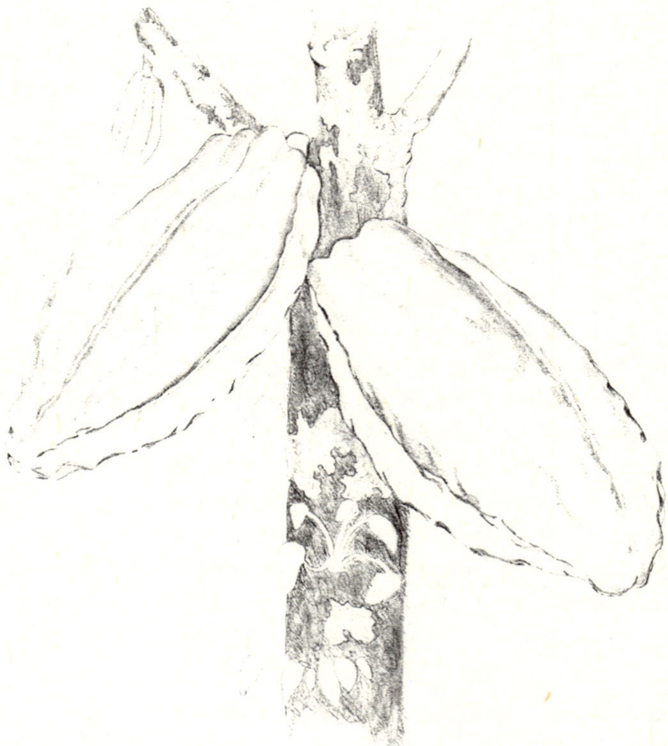

Cacaoquahuatl gewonnenen Chocolatl, ein schäumendes Getränk, feurig gewürzt mit Pfeffer und anderem Scharfem.

1520 brachten spanische Eroberer den Kakao nach Europa, und es gelang der Kochkunst einiger spanischer Klosterbrüder, daraus zusammen mit dem ebenfalls neuen Süß des Zuckerrohrs eine Mischung herzustellen, die die Welt erobern sollte. Friedrich der Große verbot zwar die Einfuhr des Kakaos in Preußen, aber auf die Dauer konnte man ihm nicht widerstehen.

Nach einer alten Indianermythe macht der Kakao müde und erdenschwer. Dem Aufstieg des Götterboten vermochten die Menschen nach Kakaogenuß nicht mehr zu folgen . . .

In der gewöhnlichen Ernährung werden Kakao und Schokolade häufig überschätzt wegen der sogenannten Nährwerte. Dem Handelskakao werden häufig Pottasche und andere Alkalien beigemischt, um eine bessere Löslichkeit zu erzielen. So ist es schon ratsam, Kakao und Schokolade nur zur gelegentlichen Verzierung unseres Speisezettels zu verwenden. Dabei sind die unentölten Kakaosorten zu bevorzugen. Daß Kakao stopfend wirkt und deshalb bei Durchfall als Medizin verabreicht wird, ist wohl allgemein bekannt. So ist also das gutbürgerliche Familiengetränk gar nicht so harmlos. Sein Coffeingehalt ist zwar gering, ca. 8 mg pro Tasse und 60 bis 80 mg pro Tafel Schokolade, trotzdem eigentlich für Kinder abzulehnen.

Halbgefrorenes – ein Kompromiß!

Mit den Hundstagen ist zugleich das Bedürfnis nach kalten Erfrischungen da. An jeder Ladentür hängt die Eisfahne heraus, und die Versuchung für die Kinder ist groß, sich mit dem Taschengeld ein Eisvergnügen zu verschaffen und sich die Eingeweide auszukühlen. Man liest von Unterkühlungen des Magens oder bemerkt Kinder mit ihren schlechten Zähnen, die auf dem Heimweg vor dem Mittagessen ihr Eis schlecken, und zwar in allen Schattierungen von Rosa bis Grün. Da aber Verbotstafeln zu der Zuckerschleckerei noch die Süße der «Heimlichkeit» hinzufügen würden (die Nachbarskinder dürfen es ja auch), macht man gute Miene zum bösen Spiel, indem man Eis «aus dem eigenen Labor» anbietet. Man kann es mit Honig herstellen, man verzichtet auf künstliche Süß- und Farbstoffe und Geschmacksingredienzien und reicht es als «Halbgefrorenes» mit einer Temperatur von 6 Grad Wärme, und das nach einer warmen Mahlzeit. Da es so viele lustige Möglichkeiten gibt, wird es auch den Kindern Spaß machen, zu helfen und sich vielleicht auch selbst etwas auszudenken. Jedenfalls bieten wir gesunde Rohstoffe und bringen die Eisschleckerei unter unsere Kontrolle.

REZEPTE

Eiskaffee

½ Liter starken Kaffee – für Kinder nehmen wir Malzkaffee – nach Geschmack mit Honig und Milch oder Sahne mischen. Die Flüssigkeit wird ins Kühlfach gestellt, bis sie breiartig ist, in Gläser gefüllt und mit Vanillecreme oder Schlagsahne überzogen.

Saftcreme-Eis

1 Liter Apfelsaft, den Saft von zwei Zitronen und die Schale einer Zitrone zum Kochen bringen. Drei Eßlöffel Gries einlaufen lassen und nach Belieben mit Honig süßen. Die Masse kalt stellen und zu einer Creme rühren. Zerkleinertes oder durchpassiertes Frischobst und zwei steifgeschlagene Eiweiß darunterziehen. Im Gefrierfach erstarren lassen.

Eiskakao

In üblicher Weise Reformkakao kochen, auf 1 Liter Flüssigkeit 2 gut mit Honig verklopfte Eigelb unterrühren und bei kleiner Flamme unter ständigem Rühren fast bis zum Kochen bringen. Nach dem Erkalten in das Gefrierfach stellen.

Zitteleis

1 Liter gut verschlagene Sauermilch mit Honig und Vanille oder Zitronenschale würzen. Dann 50 g zerkleinerte Schokolade und 60 g zerkrümelte Makrönchen darunterziehen und erstarren lassen.

Buttermilcheis

Unter 1 Liter gut verschlagene Buttermilch abgeriebene Zitronenschale und Zitronensaft rühren, dazu Honig und 100 g verriebenen Pumpernickel oder leicht angeröstete Vollkornbrösel. Erstarren lassen.

Fruchteis mit Nüssen

125 g Honig mit zwei Eigelb schaumig rühren, 1 Liter erhitzte, mit Vanille gewürzte Milch unter ständigem Rühren dazugeben und weiterrühren bis fast zum Kochen. Nach dem Erkalten cremeartig gefrieren lassen, dann 150 g entsteinte, zerkleinerte Weichselkirschen, Aprikosen oder Pfirsiche, 70 g gemahlene Haselnüsse und 70 g zerkleinerten Zwieback hinzugeben. Nochmals ins Gefrierfach stellen.

Pfefferminzeis

Starker Pfefferminztee wird mit Honig gesüßt und in Trinkschalen gefroren.

Nach diesen Beispielen kann jeder nun selber seine Phantasie spielen lassen.

Platz für eigene Rezepte zur Eisbereitung

ANHANG

ERNÄHRUNG UND KRANKHEIT

Diät für Leber, Gallenblase und Bauchspeicheldrüse

Leber und Galle bilden eine Arbeitsgemeinschaft, zu der auch die Bauchspeicheldrüse gehört. Der Name des größten dieser Organe kommt von «Leben» und das nicht von Ungefähr. Im Volksmärchen werden als Zeichen des Lebens «Herz, Lunge und Leber» immer in einem Atemzug genannt. Im folgenden Zitat ist dieses Lebensorgan treffend charakterisiert:

«Es soll aber ausdrücklich betont sein, daß das Wunderwerk der Leber, das eine so ungeheure Arbeit bewältigt und so vielen Schäden ausgesetzt ist, auch eine erstaunliche Regenerations- und Selbstheilkraft besitzt. Es ist ein Organ, das nach schwerster Krankheit immer wieder ‹Aufbauwillen› zeigt und bei weiser, konsequenter Pflege auch nach schwerer Krankheit sehr oft zu völliger Heilung gebracht werden kann. Die Leber ist vielleicht das Organ unseres Körpers, das, einmal erkrankt, am ausgeprägtesten den gesamten Körper und die Seele einbezieht, und umgekehrt am stärksten zu Disziplin in Lebensführung und Ernährung zwingt und diese Disziplin mit wirklichem Heilerfolg belohnt.»[1]

Wie kann die verantwortungsbewußte Hausfrau helfen, wenn der Arzt die Diagnose gestellt hat: «Leber- und Gallenleiden»? Sie leitet sofort eine **Rettichkur** ein und gibt dem Patienten den Rettich feingerieben morgens anstelle des Frühstücks. Es kommt kein Salz dazu, keine Soße. Aber Buttermilch, Sauermilch oder noch besser saure Sahne kann sie geben, wenn der Rettich zu scharf ist. Dazu ein trockenes Stück Knäckebrot. Die größte Heilwirkung hat der schwarze Rettich. Diese Frühstückskur, längere Zeit fortgesetzt, beeinflußt Gallenkrankheiten verschiedenster Art.

Hat der Gallenkranke Glück im Unglück, so ist es gerade Erdbeerzeit und er kann eine **Erdbeerkur** durchführen. Auch sie beginnt beim Frühstück, denn dann haben die Erdbeeren die beste Wirkung. Dazu gibt es Haferflocken. Man kann auch ein Erdbeermüsli mit Milch bereiten, aber ohne Zucker. Zu den übrigen Mahlzeiten gibt es die Erdbeeren voraus, anstatt als Nachtisch. Je größer die Erdbeervorspeise, desto kleiner das nachfolgende Mahl, desto wirkungsvoller die Kur. Das Abendbrot kann ganz aus frischen Erdbeeren bestehen, dazu Flokken ohne weitere Zutaten, höchstens Zwieback oder Knäckebrot. Der Erfolg wird sich zeigen.

Noch besser ist allerdings, wir beugen jedes Jahr zur Erdbeerzeit einer Leber- und Gallenerkrankung vor. Doch auch zu anderer Jahreszeit, so berichten schon alte Kräuterbücher, kann man durch **Erdbeerblättertee** der Leber und der Galle helfen.

Der Gallenleidende sollte als Fett nur kaltgeschlagene Öle zu sich nehmen, als Streichfett die Reformmargarinen und Butter. Gesamttagesmenge an Fett nicht über 50 g, mindestens 20 g. Bei akuter Leberentzündung fällt das Fett am besten ganz fort. Man darf die Butter in der Speise zergehen lassen, scharf erhitzt jedoch – das gilt auch für die Öle – ist sie schädlich. Die Fettsäuren werden in der Hitze «satt» und schwer verdaulich. Deshalb darf der Patient nichts in Fett Gebratenes und Gebackenes bekommen[2]. Gut verträgt der Patient eine Salatsoße aus gutem Öl mit den gebräuchlichen Küchenkräutern, die in alten Kräuterbüchern schon als leberfreundlich beschrieben werden. Das sind Zwiebel, Knoblauch, Schnittlauch, Petersilie, Thymian, Dill, Majoran, Salbei, Fenchel, Bohnenkraut und Bibernell.

Unnötig zu betonen, daß zur Entlastung der Leber auch kein Fleisch gegeben wird. Das Entgiftungsorgan hätte hiermit nur vermehrte Arbeit.

1 Leber- und Gallenkranke, Bircher-Benner Verlag, Zürich.

Eigelb befördert den Gallenabfluß, sein hoher Gehalt an Cholesterin dagegen belastet. Ein Ei am Tag, roh oder weich gekocht oder ins Essen gerührt, niemals hart oder gebacken, ist die Höchstmenge. Alle Quarkspeisen aber sind erlaubt, desgleichen die Getreidegerichte, kräftig unterstützt von Gemüse- und Obstrohkost jeder Art mit Ausnahme von Äpfeln. Dankbar sind Galle und Leber für Lein- und Senfsamen. Letzterer hat entgiftende Eigenschaften und wird zur Kur löffelweise in ganzen Körnern gegessen. Den Leinsamenschrot 3 Minuten kochen, abgießen, schaumig schlagen und z. B. mit Buttermilch trinken. Auch der Schwarzrettichsaft, so eingenommen, ist eins der besten Lebermittel.

2 Eine Hilfe bedeutet uns hier das Zubereiten in Folie. Der «Schonköstler» darf mit gutem Gewissen das Gericht der Familie mitessen, denn in Folie verpackt, kann die Diätspeise im selben Topf, in derselben Pfanne mitgaren, in denen die Normalkost bereitet wird. Es gibt kein Verbrennen und Verbacken mehr, selbst nicht bei sparsamer Verwendung von Wasser und Fett. Und so wirds gemacht: Z. B. **Gefüllte Tomaten** für 1 Person: 2 große Tomaten oben einschneiden, daß sie einen Deckel haben, aushöhlen und mit gewürzter Getreidefüllung füllen, die Deckel aufsetzen, in ca. 40 cm eingeölter Folie zum Päckchen verschließen und in der gut vorgeheizten Röhre, auf der Pfanne oder dem Grillrost 20 bis 25 Minuten dünsten. Auf körnigem Safranreis anrichten. Dazu grüner Salat, schwarzer Johannisbeersaft.

Moderne Diät für den Zuckerkranken

Die Zuckerkrankheit, Diabetis mellitus, gilt heute allgemein als eine «Wohlstandskrankheit». Man kann manchem Zuckerkranken damit Unrecht tun, denn längst nicht jeder ist «selber schuld». Es handelt sich um eine jahrtausendealte Krankheit, sind doch Papyrus-Rezepte der alten Ägypter gefunden worden (1350–1250 vor Chr.), die zur Eindämmung der Harnflut gegeben wurden, einem charakteristischen Merkmal des auch als «Zuckerharnruhr» bekannten Übels. Obst, Weizen und sogar Honig wurden verschrieben, eine Diät, die modernen Einsichten sehr nahe steht. Paracelsus, der weise Arzt des Mittelalters, verordnete seinen Patienten Fastenkuren, die nicht weit entfernt von den «Hafertagen» sind, die Prof. von Noorden verschreibt (100 g Haferflocken, 250 g Salat und 750 g Obst werden an solch einem hin und wieder eingelegten Tag gegessen).

Der Zuckerkranke braucht eine kleine Tischwaage bis 250 g und eine Liste, auf der er sich die erlaubten Brot-Einheiten (BE) = 12 g Kohlehydrate errechnen kann. Wenn er das eine zeitlang gewissenhaft durchgeführt hat, kann er es auch ohne Hilfsmittel. Als Erstes muß er auf seine Linie achten, denn das notwendige Medikament Insulin wirkt bei magerer Kost viel besser. Nicht nur an Kohlehydraten wird gespart, sondern auch an Fett. Darum sind die leichten Fette zu empfehlen, kaltgeschlagene Öle und Margarinen mit essentiell hochungesättigten Fettsäuren. Auf 5 kleine, aber regelmäßige Mahlzeiten wird die Nahrung verteilt, egal ob das lebenswichtige Hormon Insulin noch von der Bauchspeicheldrüse in kleinen Mengen selbst produziert oder ob es gespritzt wird. Ein gleichbleibender Blutzuckergehalt ist dabei leichter zu erhalten. Vor der Nacht sollte darum noch eine letzte kleine Mahlzeit, etwa ein Apfel, genommen werden.

Jeder Diabetiker weiß, daß reiner Zucker ihm

verboten ist. Der Anteil an Kohlehydraten, den er nehmen darf, ja muß, besteht aus solchen Zuckerstoffen, die sich nur langsam in Blutzucker verwandeln. Der **Fruchtzucker** macht eine Ausnahme von dieser Regel, muß aber exakt berechnet werden und darf nicht 50 g täglich überschreiten. Auch **Honig**, der früher auf der Verbotsliste stand, wird heute von vielen Ärzten schon zugelassen und zwar in der kleinen Menge von 1 Teelöffel pro Tag. Er wird natürlich mitberechnet. Sehr günstig sind **Vollkornbrot** und weitere **Vollgetreidenahrung. Quark,** in dem nur noch Spuren von Milchzucker enthalten sind, darf unangerechnet den Bedarf an Eiweiß weitgehend bestreiten. Erlaubt sind ferner Kohlehydrate in rohen und gekochten Gemüsen, wobei eine besondere Rolle die **«Inulingemüse»** spielen. Sie enthalten pflanzliche Stoffe, die insulinartig wirken, die Glukokine. Sie können zwar das Insulin nicht ersetzen, aber sie unterstützen dessen Wirkung. Der Zuckerkranke tut gut daran, diese pflanzlichen Heilquellen auszunutzen, besonders seit man bei der Behandlung von der Überfütterung mit Fleisch und Fett abgekommen ist. Das natürliche, pflanzliche Inulin, das also nicht mit Insulin verwechselt werden darf, wirkt auf die Bauchspeicheldrüse und ihre Langehansschen Inseln günstig ein. Es leitet seinen Namen von dem Alant (Inula helenium) als bekanntestem Inulinträger her. Von den uns bekannten Inulingemüsen dürfen wir wohl an erster Stelle den Topinambur nennen und zweitens die Pastinake nicht vergessen (beide unter Gemüse besprochen, s. S. 143 und 136).

Zur Diabetiker-Diät gehört viel Rohkost. Alle Vitamine, Mineralstoffe und Spurenelemente sind kostbar, weshalb das mineralstoffreiche Meersalz dem gewöhnlichen Kochsalz (Steinsalz) vorzuziehen ist. Der starke Harnfluß schwemmt immer viel von diesen wertvollen Bestandteilen fort, und man muß bestrebt sein, einem Mangel zuvorzukommen. – Mit einer gewissenhaften Durchführung ihrer Diät kommen manche Diabetiker auch ohne Insulin aus.

Durststillende heilsame Limonade für Zuckerkranke: 30 g getrocknete oder eine Handvoll frische *Heidelbeerblätter* über Nacht in einem Liter kaltem Wasser einweichen. Aufkochen, 10 Minuten langsam kochen und längere Zeit zum Ziehen zugedeckt stehen lassen. Durch Beigabe von ein wenig Schlehen- oder Zitronensaft verändert man den Geschmack und unterstützt die gute Wirkung. Bei großer Hitze kann man das Getränk kalt nehmen unter Beigabe von Mineralwasser.

Häusliche Ratschläge für Darm und Magen

Der verdorbene Magen

Es kommt dies in den besten Familien vor, besonders bei Kindern. Handelt es sich bloß um eine kleine Indisposition, so hilft der bittere *Tausendgüldenkrauttee*. Über Nacht ist der Magen wieder gesund. Denn die Bitterstoffe des Tees verstärken die Absonderung der Magen- und Darmdrüsen, sie wirken auf die Nerven, welche krampfartige Zustände erzeugen, und bringen den ganzen Verdauungszusammenhang wieder in Ordnung.

Für die Mütter heißt es, an Festtagen besonders Obacht geben. Vorbeugen ist besser als Heilen! Den Kindern steht vor dem Festessen eine schöne Schale Obst zur Verfügung, aus der sie sich nach Herzenslust bedienen dürfen. Sie setzen sich schon halbwegs satt zu Tisch und dürfen auch die ohnehin nicht geliebte Suppe auslassen.

Ist das Unglück dennoch einmal geschehen, so läßt man am besten den Magen ganz in Ruhe. Selbst Kindern macht es gar nichts aus, wenn sie ein paar Tage nichts oder nur wenig zu essen bekommen. Eine Tasse Pfefferminztee, das alte Universalmittel, bewährt sich dabei immer gut. Es verhilft dem Magen, auf schnellste Weise hinauszubefördern, was nicht hineingehört. Auch dünner, ungezuckerter Schwarztee oder, wie gesagt, Tausendgüldenkrauttee tun in solchen Fällen gute Dienste.

Um dem Magen seine Reparationslasten zu erleichtern, reinigen wir ihn zweckmäßig noch durch 1 bis 2 Kaffeelöffel Karlsbader Salz, in einem Glas warmem Wasser aufgelöst. Diese «Vorsorge» sollte man sich vor den Festtagen auf alle Fälle beschaffen. Nur wer ernstlich Leibschmerzen hat, bleibt im Bett und bekommt einen heißen Wickel. Wer kann, unternimmt einen langen Waldspaziergang, aber ohne Vesper. Bald wird er sich dann wieder an einen Apfel wagen dürfen. In diesem Fall am besten mit Schale und Kernhaus auf der Glasreibe gerieben.

Diese Apfeldiät ist auch immer angebracht, wenn Kinder einmal keinen Appetit haben und der Magen ausruhen möchte. Rohe geriebene Äpfel, nach Belieben mit einigen Orangenschnitzchen und einigen Eßlöffeln Orangensaft und rohen Haferflocken vermischt, werden selten verweigert und geben dem Körper die nötigen Aufbaustoffe. Nur verwendet man dann keinen Zucker, höchstens ein wenig Bienenhonig.

Oft läßt sich beobachten, daß auch einem «unverdorbenen Magen» plötzlich das Essen nicht mehr richtig schmecken will oder daß er ein großes Verlangen nach stark gewürzten und sauren Speisen zeigt. Man kann in solchen Fällen dem Organismus ruhig einmal die Gelegenheit geben, sich diesen Ausgleich zu schaffen. Dies soll nun nicht durch große Mengen Kochsalz, Pfeffer, Essig usw. geschehen. Es ist aber empfehlenswert, einige Tage als *Hauptnahrung* eine große *Frischkostplatte* zu bevorzugen, je nach Bedürfnis mit reichlich Zitronensaft angemacht. Bei solchen Salatplatten stehen alle bitteren Salate (Chicorée, Endivien, auch Kresse usw.) im Vordergrund. Sie entlasten die Leber und regen die Verdauungssäfte an. Nur dürfen die Pflanzen nicht durch Auslaugen in warmem Wasser ihrer Werte beraubt werden, wie dies oft geschieht, um die Bitterstoffe zu entfernen. Die Bitterstoffe sind es gerade, welche die wirksamen Heilstoffe entfalten.

Sehr anregend und reinigend wirkt auch **rohes Sauerkraut,** das feingeschnitten, mit gehackten Zwiebeln und Öl, beliebig auch mit geriebenen Äpfeln vermischt wird.

Wer einige Zeit in dieser Weise knapp lebt, reinigt nicht nur den Magen, sondern auch den ganzen Menschen. Dabei hat man Gelegenheit, sich zum Bewußtsein zu bringen, wie segensvoll es ist, sich mit einem bescheidenen, anspruchslosen Leben zu begnügen.

Der versäuerte Magen (Sodbrennen)

Ein recht unangenehmes Gefühl ist das saure Aufstoßen, welches von zuviel Magensäure herrührt. Mit Natron kann man dem für den Augenblick abhelfen, braucht aber schließlich immer größere Mengen davon und verschlimmert das Übel damit auf die Dauer. Es ist Sache des Arztes, festzustellen, ob es sich jeweils um zuviel Salzsäure oder um Gärungssäure handelt. Letztere findet sich im Magen von Kuchenessern und Freunden von Süßigkeiten. Alle damit behafteten müssen vorsichtig sein mit gesüßten Speisen, auch bei mit Zucker gesüßtem Kompott, desgleichen sind fette Speisen zu meiden.

Schon manchem halfen hier ein paar *Mandeln.* Man überbrüht sie, zieht sie ab und nimmt nach der Mahlzeit jeweils 8 bis 10 Stück und kaut sie sehr gut durch. Die Mandeln können auch angeröstet werden, aber ohne Zucker oder Salz. Bittere Mandeln scheiden aus. Kaugeschädigte und Magenleidende versuchen es mit 2 Teelöffeln Mandelmus.

Ein weiteres, sehr wirksames Mittel ist der *Leinsamen.* Man nimmt bei Sodbrennen etwa ½ Teelöffel der Körnchen trocken und kaut sie gut. Die Störung verschwindet daraufhin bald.

Zwei russische Ärzte (Menschikov und Feldman) erbrachten den Beweis, daß sogar mit *Bienenhonig* nicht nur Übersäuerung, sondern auch Geschwüre des Magens geheilt werden können.

Diät bei chronischer Verstopfung

Pfarrer *Kneipp,* der große Volksarzt, stellte nach jahrzehntelanger Erfahrung fest, daß 50 Prozent aller Krankheiten ihre Ursachen in Stuhlverstopfung zu suchen hätten. Jeder andere Arzt wird dies bestätigen. Das oft gehörte Wort: «Der Tod sitzt im Darm», mit welchem so viele Abführmittel angepriesen werden, hat wohl seine Berechtigung.

Sind Ihre Zähne in Ordnung? Werden die Speisen gewissenhaft gekaut und gut eingespeichelt? Sind es nervöse Reize, welche die Darmmuskulatur krampfhaft zusammenziehen? Waren Sie schon beim Arzt, um feststellen zu lassen, ob nicht ein tieferes Leiden an der Verstopfung beteiligt ist?

Den Schwerpunkt bildet die richtige *Diät.* Sie muß darmanregend, vitamin- und mineralreich sein: grobes Vollkornbrot, Kraftkorn, Vollkornspeisen, Haferflocken und Hafergrütze, Hirse, Vollreis, grüne Salate mit Zitronensaft und kaltgeschlagenem Öl oder saurem Rahm angemacht, rohe Krautsalate, namentlich roher Sauerkrautsalat und Sauerkrautsaft, Grünmais, eingeweichter ganzer Leinsamen und auch geschrotete Leinsaat, zimmerwarme Molke, Buttermilch, Joghurt, Sauermilch, reifes Obst, eingeweichtes Dörrobst (kleingeschnittene Feigen und Zwetschgen), Gemüse, soweit wie möglich als Frischkost, gedünstete Gemüse ohne Mehlschwitze, nur im eigenen Saft, mit kaltgeschlagenem Öl zubereitet.

Zu meiden sind Teigwaren und Gebäck aus Weißmehl, Zwieback, geröstetes Brot, Eier, Kakao, Schokolade, Heidelbeeren und Schwarztee mit seiner stopfenden Gerbsäure.

Außerordentlich bewährt hat sich nachstehende Tageseinteilung: Gleich nach dem Aufstehen einen Teelöffel Heilerde (innerlich) trocken auf die Zunge nehmen und langsam zergehen lassen. Eine halbe Stunde später: 1 Glas Sauerkrautsaft oder 1 Glas Apfelsaft, 6 bis 7 eingeweichte Feigen und Dörrpflaumen samt Einweichwasser, 1 Glas Wildkräutersaft mit Rhabarbersaft, 1 Glas beliebiger frisch ausgepreßter Beerensaft.

Zum zweiten Frühstück gibt es dann Vollkornbrot und einen Leinsamentrank (2 Eßlöffel gemahlene Leinsaat mit 1 großen Glas Buttermilch) oder geriebene Rote Rüben als bewährtes Stuhlregulierungsmittel. Dazu bereitet man zu gleichen Teilen Rote Rüben und Äpfel (mit Schale und Kernhaus) und vermischt sie mit Joghurt, Sauerrahm oder Buttermilch zu einer Creme. Den Saft einer halben Zitrone, ein wenig Honig und einen halben Teelöffel Aniskörner beifügen.

Es gibt Leute, die schwören darauf und essen die Speise Tag für Tag, ohne daß die Gleichmäßigkeit die Wirkung beeinträchtigt. Zudem tun die Roten Rüben mit ihren blutreinigenden und bluterneuernden Eigenschaften dem ganzen Organismus wohl.

Ein altes, sehr harmloses Hausmittel gegen Verstopfung ist, morgens nüchtern ein Glas Wasser zu trinken, das über Nacht im Zimmer abgestanden ist. Erst ¼ bis ½ Stunde danach wird gefrühstückt. Hier ergibt sich jedoch gleich die Frage: Kann man Trinkwasser noch irgendwo empfehlen? – Ein bewährter Tee bei hartnäckiger Darmträgheit ist Schlehenblütentee. Sebastian Kneipp bezeichnete ihn als zuverlässiges, schuldloses Abführmittel, das auch auf den Magen reinigend und stärkend wirkt. Sehr zu empfehlen ist ebenfalls der Weleda-Clairo-Tee, abends vor dem Zubettgehen zu nehmen. Stellt sich der Erfolg zu langsam ein, kann man mit ein wenig pulverisierter Aloe nachhelfen. Meist genügt eine Messerspitze.

Am schwersten fällt erfahrungsgemäß die Ernährungsumstellung am Morgen, wenn man auf die geliebten frischen Brötchen mit Butter und Marmelade und den Bohnenkaffee verzichten soll. Und doch ist bei spastischer Verstopfung gerade diese Zusammenstellung am allerbesten geeignet, ihre nerven- und darmlähmenden Eigenschaften auszuwirken. Selbst wenn man sich nicht gleich aufschwingen kann zu all diesen Grundsätzen, so wird es sich doch lohnen, diese Morgenratschläge einige Zeit gewissenhaft einzuhalten.

Kampf den Eingeweidewürmern!

Die Wurmplage kann gar nicht ernst genug genommen werden. Die Parasiten entziehen der Nahrung wertvolle Stoffe und vergiften den Körper durch ihren eigenen Stoffwechsel. Wir erkennen die Wurmkinder an ihren dunklen Ringen unter den Augen, aber auch viele Erwachsene leiden unter diesem Übel.

In der Hauptsache werden die Wurmeier übertragen durch Gemüse, welches mit Fäkalien gedüngt ist. Deshalb sollten sich die Hausfrauen grundsätzlich weigern, gejauchtes und zweifelhaft gedüngtes Gemüse zu kaufen. Dadurch würden die Gärtner am ehesten ihre unhygienischen und gesundheitsschädigenden Methoden aufgeben. Es wurde ja schon an anderer Stelle darauf hingewiesen, daß es nicht mehr schwer ist, biologisch-dynamisch oder zumindest biologisch gezogenes Gemüse zu kaufen. Wer seine Pflanzen nicht im eigenen Garten ziehen kann, wird mit wenig Mühe doch bald Gärtnereien und Verkaufsstellen ausfindig machen, die sich für solche gesunde Kost interessieren. Alle Gemüse und Salate, die für Frischkost Verwendung finden, sollte man zuvor 30 Minuten in kaltes Salzwasser legen (1 Teelöffel Salz auf 1 Liter Wasser). Dadurch lösen sich Wurmeier, Bakterien und kleine Lebewesen. Bei vorsichtigem kaltem Nachspülen (2mal) schwemmt man das werdende und gewordene Ungeziefer fort.

Ein normaler Kinderkörper reagiert immer dankbar auf natürliche Anwendungen, wenn eine gewissenhafte wurmwidrige Ernährung und längeres Fortsetzen, auch etwaige Wiederholung mit einer Wurmkur einhergehen. Um auch die «Generationenfolge» zum Aussterben zu bringen, muß man für die Kur mindestens 4 Wochen rechnen. Neben den bekannten Mitteln (rohem Sauerkraut, rohen geriebenen Möhren) werden morgens nüchtern je ½ Stunde vor dem Essen und noch einmal vor dem Schlafengehen je 10 geschälte Kürbiskerne gegeben. Dazu je ein Eßlöffel ungesüßtes Preißelbeerkompott. Nach Möglichkeit wird morgens und abends diese «Mahlzeit» nur ergänzt mit butterbestrichenem Knäckebrot. Der Butter soll eine kleine Zehe mit dem Messer zerquetschter Knoblauch beigemischt werden. Knoblauchpillen sind zwar ein brauchbarer Ersatz, aber die Ursubstanz ist natürlich wirksamer. Morgens kann man diese Gabe zur Not fortlassen.

Sehr geschätzt für Kinder und Erwachsene ist Knoblauchmilch: 3 mittelgroße feingeschnittene Knoblauchzehen werden mit ¼ Liter kochender Milch übergossen und nach etwa 15 Minuten getrunken. Nach Belieben kann sie mit etwas Honig gesüßt werden. Zu trinken morgens nüchtern oder vor dem Schlafengehen: Geriebenen Meerrettich, rohe Möhren, rohes Sauerkraut, Zwiebeln und Knoblauch kann man immer dem Essen zusetzen. Auch Kokosraspel werden von den Würmern nicht vertragen.

Außerdem gibt man 3 mal täglich eine Tasse **Rainfarntee,** morgens nüchtern, vor dem Schlafengehen und ½ Stunde vor dem Mittagessen. Am schwersten sind die Hakenwürmer zu vertreiben. Man wechselt unter den Wurmmitteln immer wieder ab.

Wie ernährt sich der Nierenkranke?

Bei den vielerlei Arten von Nierenleiden ist die ärztliche Untersuchung besonders wichtig. Die hier gegebenen Vorschläge sollen vor allem der Vorbeugung dienen. Auch der Arzt wird es nur begrüßen, wenn die Hausfrau als «Ärztin der Familie» bei notwendig werdender Krankenbetreuung der Diät nicht hilflos gegenübersteht.

Bei Nierenerkrankungen muß in erster Linie eine Entlastung des Kreislaufs und der Nieren angestrebt werden. Die Ernährung soll kochsalzarm, in vielen Fällen sogar kochsalzfrei sein, auch soll sie kein tierisches Eiweiß außer Milch enthalten, also *vegetarische* Kost!

Bevorzugt werden Frischsalate, frischausgepreßte Säfte, besonders Möhren-, Trauben-, Orangen-, Holunder-, Preiselbeeren-, Heidelbeeren-, Rote Rüben- und Kürbissaft. Dann auch Milch, namentlich Honigmilch. An Tees werden bevorzugt Petersilientee (Samen, Kraut und Wurzeln), Birkenblätter-, Zinnkraut-, Kamillen- und Hirtentäscheltee. An Mineralwasser kann Wildunger Brunnen empfohlen werden. Während bei akuten Nierenerkrankungen die Flüssigkeitsmenge mitunter sehr eingeschränkt werden muß (ärztliche Vorschrift), ist bei chronischen Leiden eine gute Durchspülung oft sehr nützlich.

An Obst und Gemüse sind in der Nierendiät besonders gut: Tomaten, Meerrettich in kleinen Gaben, Spargel mit Vorsicht, aber Kürbis, Himbeeren, Kirschen, Birnen, Pflaumen und Weintrauben. Ungeeignet sind mit Essig und Salz eingelegte Gemüse.

Ein Tagesplan:

Frühstück: Bircher Müsli oder geriebene Äpfel mit gemahlener Leinsaat und Weizen-, Reis-, Hirse- oder Haferflocken, Joghurt und Honig verrührt. Die erwähnten Säfte können verwendet werden, dazu Vollkornbrot mit Butter, Reformmargarine, Nuß- oder Mandelmus. Sehr wertvoll ist der Genuß von einer halben Pampelmuse (Grapefruit), auch ein Stück Ananas, Orangen oder Mandarinen. Birnen müssen gut reif und weich sein. Dörrzwetschgen oder Feigen werden eingeweicht gegeben, der Saft mit heißem Wasser oder Wildunger Quelle und etwas Honig aufgefüllt. Ideal ist Birkenelixier mit der gleichen Verdünnung.

Mittagessen: Ein zimmerwarmer Grünsalat, mit Zitronensaft und kaltgeschlagenem Öl angemacht, auch mit Sahne. Der Salat wird angereichert mit geriebenen Möhren, Roten Rüben, geriebenem rohem Kürbis (als besonderem Nierenreiniger), auch mit Radieschen, feingeschnittenem rohem Sauerkraut, rohem Weiß- oder Rotkraut (gerieben oder durchgedreht). Anschließend können folgen: im Backofen gebackene Kartoffeln mit Quark, Sauermilch oder Joghurt. Gedünsteter Chicorée mit Naturreis, Orangencreme. Hirseauflauf mit gedünsteten Möhren, Joghurt mit Sanddornsaft. Zum *Abendessen* ähnlich wie morgens. Wenn Salz erlaubt ist, dann das reichhaltigere Meersalz, auch die vielerlei Würzkräuter. Keine scharfen Gewürze.

Ernährung bei Gicht und Rheuma

Gicht und Rheumatismus sind ausgesprochene Harnsäurekrankheiten, deshalb spielt die Ernährung eine besonders wichtige Rolle. Sie soll ausscheidend, purinstoffarm, vitamin- und mineralsalzreich und für lange Zeit kochsalzarm sein. Die Körperzellen müssen mit vollwertigen Stoffen aufgebaut und die Nahrung schlackenlos ausgenützt werden können.

Ein beliebtes Mittel bei Gicht und Rheuma ist der reichliche Genuß von guten, ausgereiften Äpfeln, von welchen man durchschnittlich, ohne alle Getränke, ein bis eineinhalb Kilo täglich ißt. Es gibt Kranke, welche schon nach wenigen Tagen einer solchen Kur «Wunder» erlebten. Auch Apfelmolke, ungesüßtes oder mit Honig gesüßtes Apfelmus, frisch ausgepreßter Apfelsaft, Apfelschalentee und getrocknete Äpfel gehören in den Ernährungsplan des Rheumatikers. Eine ausgesprochene Apfeldiät sollte aber ärztlich verordnet werden, denn es gibt auch Naturen, die auf Milch oder Gemüsesaftkuren besser ansprechen.

Im Frühjahr sind es namentlich Wildgemüse, vor allem Brennessel, Löwenzahn, mit denen ein Heilungsprozeß unterstützt werden kann. Als Getränke sind zu empfehlen: Birkenblätter-, Brennessel-, Schafgarben-, Zinnkraut-, Bohnenschalen- und Salbeitee; auch Sauermilch, Buttermilch, Joghurt, Sellerie- und Petersilienwasser, Holunderbeerensaft (besonders auch Holundermus) und Birkenelixier.

An Brot bevorzuge man Vollkornbrot, überhaupt alle Vollkornerzeugnisse. Ferner gehören in den Rheumaspeisezettel: Hirse, Vollreis, frische Gurken, Kürbis (stark entwässernd), nicht aber «süßsauer», sondern als Salat, Saft oder Dünstgemüse. Zwiebeln, Knoblauch, Meerrettich, rohes Sauerkraut, gut ausgereifte Tomaten, gelbe Rüben, Brunnen- und Gartenkresse sowie alle Grünsalate und viel Quark sind empfohlene Nahrungsmittel.

Zu vermeiden sind Fleisch, gehärtete Fette, auch die zuviel Purin enthaltenden Hülsenfrüchte. Verboten sind auch alle sauren Früchte, Rhabarber und rote Johannisbeeren, während reife schwarze Johannisbeeren und schwarzer Johannisbeersaft wichtige Hilfsmittel sein können.

Frühjahrsspeisezettel

Bircher Müsli als stets bekömmliches und beliebtes Frühstück und auch als Abendbrot: 3 Eßlöffel Haferflocken oder frischgemahlenes Kraftkorn abends mit einigen Eßlöffeln Wasser einweichen, so daß die Flocken durchfeuchten können. Morgens 2 mittelgroße Äpfel hineinreiben, 1 Eßlöffel Zitronensaft, 1 bis 2 Eßlöffel gut gewaschene Rosinen und im Wechsel einen Eßlöffel Kokosraspeln, gemahlene Nüsse, Mandeln oder gemahlenen Leinsamen und so viel Milch oder Rahm daruntermischen, daß es eine cremeartige, nicht zu steife Masse gibt. Mit Bienenhonig süßen. Dazu Vollkorn- oder Knäckebrot und abwechselnd die vorher erwähnten Getränke. Im Sommer verwendet man an Stelle der Äpfel schwarze Johannisbeeren, Erdbeeren, Heidelbeeren usw.

Mittagessen: 1. Frühlingsplatte mit Wildkräutern, Getreidegerichte, Meerrettichsoße. 2. Sauerkrautsalat, grüner Kartoffelbrei, Bratäpfel. 3. Feld- oder Endiviensalat, grüne Pastete.

Frühlingsplatte

Etwa 250 g Garten- oder Brunnenkresse mit Rapunzeln, Löwenzahnblättchen, den zarten jungen Rispen von Schafgarbe, Bärlauch usw. vermischen. Die feingeschnittenen Kräuter auf eine flache Platte geben und rohe, feingeriebene Möhren darüber verteilen. Aus Zitronensaft, Öl und kleingehackten Zwiebeln eine Salatsoße schlagen und über den Salat träufeln. Im Wechsel kann unter die Soße auch etwas verschlagener Rahm oder Joghurt gemischt werden.

Zum Schluß noch ein paar Tips zur *äußerlichen Anwendung:* Bei **Rheumatismus** ein ausgezeichnetes Mittel: Ein rohes Ei mit Schale in einer Tasse Essig und einem Eßlöffel Terpentinöl ansetzen. Solange stehen lassen, bis das Ei vollständig aufgelöst ist. Die Mischung jeweils gut schütteln und die schmerzenden Stellen damit einreiben.

Auch mit heißen Essigpackungen können wir bei Rheumatismus und Hexenschuß eine Besserung herbeiführen. Die eingepackten Stellen müssen gut mit Wolle umhüllt werden.

Zur diätetischen Behandlung der Grippe

Zur Vorbeugung – das dürfte längst bekannt sein – versorgen wir unseren Körper mit vitaminreichen Fruchtsäften, Orangen und Zitronen und den daraus hergestellten Konzentraten, denn der Organismus sollte seine Abwehrkräfte und besonders das Vitamin C schon in genügender Menge zur Verfügung haben. Als besonderes Schutzmittel soll wieder einmal auf rohes Sauerkraut hingewiesen werden.

Die **Rote Rübe** ist schon fast allgemein bekannt als Grippemittel. Man verwendet sie als Saft, als Salat und Gemüse. Durch ihr organisches Jod ist sie ein sehr guter Heilfaktor. Stündlich zwei Eßlöffel voll, roh gerieben, sind schnell wirkende Medizin. Wenn die Grippewelle erst in vorgerückter Jahreszeit anrollt, gibt es eine vorzügliche Hilfe in der *Brennessel.* Wer eine freie Stunde zum Sammeln benützen kann, wird frischen Brennesselsaft pressen, besonders für Kleinkinder, Kranke und alte Menschen. Als Tagesmenge sind 1 bis 2 Eßlöffel voll erforderlich, für Kinder 1 Teelöffel und für Kleinkinder 20 bis 30 Tropfen dem Fläschchen beigemischt. Doch sollte der Saft frisch genommen werden. Man kann ihn auch in Reformhäusern, Apotheken und Drogerien fertig kaufen. Die jungen Brennesseln werden sehr fein zerschnitten, wie Suppengrün unter die fertigen Speisen gemischt. Sie lassen sich dem Quark und der Butter unterrühren als wohlschmeckende Brotauflage oder zu Schalenkartoffeln. Auch kann man zarte Brennesselköpfchen, fein gehackt, mit Mayonnaise oder Joghurttunke zu Salat anmachen.

Zu Brennesseltee werden etwa 50 g frische oder 20 bis 30 g getrocknete Brennesselblätter in einem Liter Wasser 10 Minuten gekocht.

Eine von Grippe Genesene erzählte, daß sie, ohne starke Milchtrinkerin gewesen zu sein, bei stark über 39 Grad Fieber plötzlich ein unbändiges Verlangen nach *heißer Milch* gehabt habe. Nur mit gemischten Gefühlen ging sie diesem Bedürfnis nach. Es geschah dies in der Nacht und nach einigen Stunden wollte sie sich von dem Erfolg ihres Experiments überzeugen. Sie traute ihren Augen kaum, als das Fieber auf 37 Grad gesunken war. Das Bedürfnis nach Milch hielt an. Einige Tage lang nahm sie keine andere Nahrung zu sich als Milch, manchmal mit etwas Honig, durchschnittlich zwei Liter täglich. Die Patientin wurde schnell gesund und hat nun ihr Grippe-Heilmittel für alle Zeiten gefunden.

Die Wissenschaft hat diese Erfahrung heute bestätigt durch die Entdeckung eines Milchbestandteiles «Caseidin», das in Israel als Wundermittel gegen eine lange Reihe schwerer Infektionskrankheiten gilt. Die vorbeugende und heilende Wirkung der Milch wurde durch Milchtestkuren bestätigt, die man in England gegen Grippe und Erkältung vornahm: 92 Prozent der Testpersonen blieben nach längerer Milchkur grippefrei. Ähnliche Ergebnisse hatten Versuche in Amerika.

Diät bei Stresskrankheiten und Herzleiden

Bei Herzleiden kommt es in erster Linie auf die *Entlastung des Kreislaufs* an. Das heißt, die Ernährung muß kochsalzarm, flüssigkeitsarm und arm an tierischem Eiweiß sein; sie soll nicht blähen und nicht stopfen, dafür leicht abführen und leicht ausscheiden.

Unvermeidlich sind am Rande dieses Weges der Leicht-Ernährung einige *Verbotstafeln:* für Kaffee, Schwarztee und Schokolade, die das Herz über seine Kraft hinaus aufputschen und z. T. stopfend wirken. Für Hülsenfrüchte, welche schwerverdaulich und leicht blähend sind. Für Weißbrötchen, die keinerlei Nährwert haben und nur belasten, je frischer, je mehr. Scharfer Käse, Eier und Fleisch belasten die Nieren und das Blut (Purinsäure). Gebräunte Fette machen der Leber zu schaffen. Suppen stellen eine unnötige Flüssigkeitsgabe dar und sind meist zu salzig. Auch Rauchen und Alkoholgenuß sind nach Möglichkeit einzuschränken.

Zu empfehlen sind dagegen viel Reis, vorwiegend pflanzliche Kost, leichte Rohkost, süße, saftreiche Früchte, nicht blähende, im eigenen Saft gedünstete Gemüse, Rote Rüben, Sellerie, Möhren, Kürbis. Getreidegerichte, Knäcke- und Vollkornbrot, Gurken, Tomaten, Quark, Südfrüchte und vor allem Honig, die «Herznahrung». Gervais, leichte Diätkäsesorten und die vitamin- und eiweißreichen Hefewürzen, Nuß- und Mandelmus. Getränke in kleinen Mengen: Buttermilch, Joghurt und Kefir, Fenchel-, Anis- und Baldriantee.

Großer Beliebtheit erfreuen sich Reistage, ebenso Obsttage mit 1 bis 1½ kg Frischobst über den Tag verteilt, dazu einige Scheiben leichtes Vollkornbrot, Knusper- oder Haferflocken und Leinsamen. Diese Schontage sollte man aber nur mit Erlaubnis des Arztes durchführen.

Anregungen für Reisgerichte, die so oft wie möglich in allen Abwandlungen vorkommen sollten:

Milchreis, Apfelreis, Risotto mit Basilikum, Liebstöckel, Dill usw. oder mit gefüllten Tomaten. Mit ½ Portion Gervais leicht überbacken. Mit Apfelmus, Fruchtsalat, geriebenen Möhren, rohen Roten Rüben, Chicorée, Sauerkrautsalat.

Zuletzt etwas vom Fasten

Wird zuletzt wohl jemand auf diesen Seiten noch eine Schlankheitsdiät erwarten? Wenn ja, so wird dieser Überernährte vielleicht enttäuscht sein. Aber zu seinem Trost sei gesagt, daß ja das ganze Buch auf gesundende und damit auch dem Übergewichtigen helfende Kost abgestellt ist, er muß nur richtig zu lesen verstehen und – sich danach richten!

Ganz erstaunlich modern klingt jene Weisheit

eines ägyptischen Priesterarztes, die auch heute noch jeder beherzigen sollte:

«Der Mensch ißt zuviel.

Also lebt er nur von einem Viertel dessen, was er verzehrt.

Von den restlichen drei Vierteln aber leben die Ärzte.»

Das heißt: Alles Zuviel macht krank, damals wie heute. Mancher Übergewichtige, der den Start zu einer gesunden Ernährung im Sinne dieses Buches beschlossen hat, wird sich hart umstellen müssen. Wenn es ihm gelingt, wird er die wohltuende Wirkung bald verspüren. Wer genügend Willensstärke mitbringt, um mit ganzer Kraft zu beginnen, dem wäre zu einer Fastenkur zu raten. Vom Heilfasten hören wir erstaunliche Berichte. Wer kann es sich vorstellen, daß mit Leichtigkeit 14tägige bis 4wöchige Fasten und mehr von Menschen durchgehalten wurden, die sich dabei sehr wohl fühlten und hinterher «wie neugeboren» waren! Man muß einmal am eigenen Leibe erleben, wie Müdigkeit, Schwere- und Hungergefühl verschwinden. Selbst die Naschhaftigkeit, oft das größte Hindernis am Beginn der guten Vorsätze, bleibt schnell ganz aus. Die Fastenkur beginnt meist mit ein bis zwei Obsttagen, denen ein kräftiges Abführmittel folgt. Nach der Umstellung «verzehrt» der Fastende zuerst seine eigenen Schlacken, verringert in hohem Maße seine Körperflüssigkeit und baut schließlich sein Fett ab. Der Kreislauf wird spürbar entlastet, Krankheitsbeschwerden verschwinden.

Das vollständige Heilfasten, bei dem nur Kräutertees oder Obstsäfte getrunken werden, kann nur unter ärztlicher Aufsicht durchgeführt werden, und möglichst in einem Kurheim, da noch andere Faktoren als die Ernährung oder vielmehr Nichternährung hinzukommen, frische Luft, Ruhe und Sorglosigkeit, die veränderte Umgebung, gleichstrebende Menschen und mehr.

Kleine Fastenkuren auf eigene Faust kann man natürlich auch allein unternehmen, z. B. mit einem Rohkostfasten für einige Tage bis zu einer Woche. Man ißt Obst ohne Zusätze und unangemachte Salate, 5 mal am Tage. Man kann zu dieser Diät auch Sauermilch hinzunehmen. Allzugroßer Hunger wird mit Quark gestillt. Für manchen bedeutet schon ein Saft- oder Obsttag im Monat oder ein Reistag in der Woche (stark entwässernd, gut bei hohem Blutdruck) eine Erleichterung. Jeder kann da selbst herausfinden oder mit seinem Arzt besprechen, was für ihn das Richtige ist. Auch einige Apfeltage, und nicht zuletzt die Vollweizen-Gelkur des griechischen Arztes Dr. Kousas bringen bei richtiger Durchführung große Hilfe.

Vollweizen-Gel ist eines der besten Mittel zur Entschlackung des Organismus, besonders beachtlich bei Übergewicht, bei Leber- und Galleerkrankungen, Magen- und Darmentzündungen, chronischer Verstopfung usw. Wertvoll ist es, daß man die Kur auch ohne Unterbrechung im Beruf durchführen kann, ohne, daß Entkräftung eintritt. Im Haushalt läßt sich Vollweizen-Gel nur mühevoll und sehr zeitraubend herstellen. Man kauft es im Reformhaus.

Aus Schweden wurden Milchkuren bekannt, auch solche mit Sauermilch und Quark. Nichts anderes wird dazu gegessen als etwas Honig, um den Quark schmackhafter zu machen, weiches Obst, Fruchtsaft, Tomaten, schwarzer Rettich. Die strenge Milchdiät, die nur wenigen Menschen behagt, verordnet ausschließlich Frischmilch zum Trinken (Karellsche Milchkur: täglich 1 Liter Milch zur Entwässerung). Eine Sauermilchkur führt man am besten mit Bioghurt durch, da dessen Bakterien im Dünndarm leben und sich ansiedeln können. Sie vermehren die «Darmflora», die für die Darmtätigkeit wichtig ist.

Für jemanden, der sich eine gesunde Lebensführung aneignet, notfalls kleine Regulierungsmaßnahmen einschaltet, wird es die heute so verbreitete Sorge des Übergewichts und alles, was damit zusammenhängt, normalerweise nicht geben.

Speisezettel für 12 Wochen im Jahr

Januar

Jetzt in der kalten Mittwinterzeit darf die Ernährung schwerer und fettreicher sein als sonst. Die Wintergemüse Kohl, Hülsenfrüchte und Rüben können zu sehr abwechslungsreichen Gerichten verarbeitet werden. Aber mehr denn je ist nun an Vitaminzufuhr zu denken. Deshalb gibt es auch im tiefsten Winter täglich Frischkost. Die appetitanregenden Platten werden im allgemeinen anstelle von Suppen aufgetragen. Rohes Sauerkraut hilft über manche Lücke hinweg. Kinder mit ihrem häufig noch unverbildeten Geschmack sind fast immer dafür dankbar.

Das Abendbrot wird grundsätzlich knapp gehalten, um den Körper nicht mit überflüssigen Kalorien zu belasten. Wer nicht satt wird, mag sich zum Schluß noch eine kleine Käseplatte gönnen. Desgleichen entfallen fette Nachspeisen wie Pudding und Creme. Ein leichter Nachtisch aus Obst oder Kompott, auch eine Obst-Quarkmischung sind dagegen immer angebracht. – Im übrigen dient das Eingemachte von Sommer und Herbst zur Bereicherung unserer Winterküche, nicht allein um Nährwerte zu ergänzen, sondern auch um in dieser Zeit der Geduld die Gemüter zu erfreuen.

Speisezettel

Morgens: Bircher- oder beliebiges Getreidemüsli. Vollkornbrot mit Butter, Hagebutten- oder – je nach den Bedürfnissen – beliebigen Kräutertee. In vielen Familien wird dieses Frühstück Tag für Tag gegessen. Statt Obstmüsli kann man auch geriebene Möhren, Rote Rüben, Rettich usw. unter die Flocken mischen. Obst oder Tomaten, Paprikaschoten, Gurken usw. kann man auch als Rohkost anbieten und Flocken aller Art dazu essen.

Mehr und mehr erfreut sich das Kollathmüsli großer Beliebtheit. Für die heranwachsende Jugend und für Schwerarbeiter ist auch der warme Hafer-, Hirse-, Weizenschrotbrei usw. eine sehr geschätzte Frühstückskost, dazu Obst (auch Dörrobst) oder Rohgemüse.

Mittags: Bei drohender Grippegefahr gibt es frisch ausgepreßten Rote-Rüben-Saft, besonders wirksam mit etwas geriebenem Meerrettich. Dann auch roh geriebene Rote Rüben, zur Hälfte mit geriebenen Äpfeln oder feingeschnittenem rohen Sauerkraut vermischt.

Mittags: Schwarzwurzelsalat, gedünsteter Rosenkohl, Kartoffelbrei.

Abends: Apfelsalat, Hirsebrei.

Mittags: Feldsalat, Tomatenrisotto, Bratapfel.

Abends: Eingeweichte Dörrfrüchte mit Flocken, Vollkornbrot mit Haselnußmus und Honig, Kräutertee.

Mittags: Sauerkrautsalat, Rote-Rüben-Gemüse, Vollkornnudeln.

Abends: Kressesalat, Pellkartoffeln mit Quark, Pfefferminztee oder Buttermilch.

Mittags: Chicoréesalat mit Mandarinen, Wintereintopf, Apfelcreme.

Abends: Geriebener Rettich mit Quark vermischt, Vollkorn- und Knäckebrot mit Butter und Hefewürze, heißer Holundersaft.
Mittags: Selleriesalat, Weizenbratlinge, gedünsteter Lauch.
Abends: Frischobst mit Flocken, Apfelkuchen aus Vollkornmehl, Demetermalzkaffee.
Mittags: Bunte Salatplatte, Buchweizenauflauf, Joghurt oder Sauermilch mit Himbeersaft.
Abends: Rohes Sauerkraut, warmes Käsebrot, Melissentee.
Mittags: Kraftbrühe, grüner Salat, warmer Zwiebelkuchen.
Abends: Platte mit Kartoffelsalat, Feldsalat und geriebenen Möhren, belegte Brote mit Tomatenbutter, Buttermilch oder Kräutertee.

Februar

Mit fortschreitender Jahreszeit kann man schon daran denken, das Frühstück vorbereitend für die spätere Frühjahrskur einzuleiten. Je nach dem Maße, nach dem gesundheitliche Schäden auszugleichen sind, gibt es 10–14 Tage lang jeden Morgen zum Vollkornbrot rohe, geriebene Möhren oder rohes Sauerkraut oder eine halbe Pampelmuse (Grapefruit). Und wenn damit kein «öffentliches Ärgernis» erregt wird, auch Vollkornbrot mit Butter und einer Zehe feinzerquetschtem Knoblauch.

Wenn Möhren oder Sauerkraut als Wurmmittel genommen werden, darf nicht gleichzeitig Brot gegessen werden. Knäckebrot, Pumpernickel, Simonsbrot oder Vollkornzwieback, dazu gewohntes Obst oder ein Apfel sind in diesem Fall als Schulfrühstück bzw. 2. Frühstück zu genießen.

Ältere Menschen trinken jetzt mit Vorteil morgens nüchtern Birkenblättertee mit Birkenelixier.

Speisezettel

Mittags: Gemischte Salatplatte, gedünsteter Sellerie mit Roten Rüben und Tomaten, Kräuterkartoffeln.
Abends: Frisches Obst mit Flocken, Vollkornbrot mit beliebigem Aufstrich, Fruchtpunsch.
Mittags: Kressesalat, gewürzte Graupen, Apfelspeise mit Joghurt.
Abends: Möhrenrohkost, Platte mit belegten Broten mit Haselnußmus, Honig, Lindenblütentee.
Mittags: Sauerkraut-Sellerie-Kartoffelsalat, Weizenbratlinge, Gemüsebrühe.
Abends: Apfel-Orangenspeise, Vollkornwaffeln, Pfefferminztee.
Mittags: Chicoréesalat, gedünstete Möhren, Kräuterpfannkuchen.
Abends: Gemüsebouillon, Früchtesalat und Fastnachtsküchle.

Mittags: Feldsalat mit geriebenem Rettich, Reisrand, Zwiebelsoße.
Abends: Spinatsalat, Apfelbettelmann, Anistee.
Mittags: Orangen, gedünstete Fenchelknollen, Hirseauflauf.
Abends: Birnensalat mit Flocken und Kokosraspeln. Würziger Käsekuchen, Birkenblättertee.
Mittags: Rotkohl-Grapefruitsalat, Porreekuchen, Buttermilchsoße.
Abends: Feldsalat und Kresse, Apfelküchle, Hagebuttentee.

März

Ein grüner Wochenspeisezettel im März beachtet die einfache, knappe Ernährung der Fastenzeit.

Auf den Sonntagsspaziergängen kann man nun schon Wildkräuter sammeln, so daß jeden Tag ein grünes Gericht auf den Tisch gebracht werden kann. Erfreulicherweise gibt es auch schon in den meisten Großstädten Wildgemüse in den Markthallen.

Sieben Wochen, von Aschermittwoch bis Ostern, rechnet die Natur für das innere Großreinemachen, die «Fastenzeit».

Speisezettel

Morgens: Wir beginnen den Tag mit einer Frühjahrskur (siehe S. 27).
Mittags: Frühlingsplatte, Kartoffelpuffer, Meerrettichsoße.
Abends: Gemüsebrühe, belegte Brote mit Kräuterquark.
Mittags: Schwarzwurzelsalat mit Brunnenkresse, gewürzter Quarkauflauf, frische Ananas.
Abends: Möhrenspeise mit Flocken, Vollkornapfelkuchen, Pfefferminztee.
Mittags: Geriebene Rote Rüben mit Wildkräutern vermischt, Vollkornmakkaroniauflauf mit Käsesoße.
Abends: Apfel-Zwiebelsalat, Buchweizenpfannkuchen mit Kräutern, Buttermilch oder Mate-Tee.
Mittags: Sauerkrautsalat, grüne Pastete, Zwiebelsoße.
Abends: Apfelklöße, Johanniskrauttee.
Mittags: Chicorée-Orangen-Salat, gedünstetes Wildgemüse mit geriebenem Käse, Gerstenbratlinge.
Abends: Das erste Rhabarberkompott mit Weizenschrotbrei, Melissentee.
Mittags: Wildkräutersalat, Fenchel mit Reis, Buttermilch.
Abends: Pampelmuse mit Flocken, Schrotkeks und Früchtebrot, Holunderbeerentee.
Mittags: Rettich-Nußsalat, Grüne Klöße mit Kapernsoße. Ananas-Bananendessert mit Sahne.
Abends: Apfel-Meerrettich-Sauerkrautsalat, Quarknudeln.

Montag

Morgens: Geriebene Äpfel mit Quark, Flachbrot, Hagebuttentee.
Mittags: Frischgemüseplatte, Naturreis mit Tomatensoße, Kompott.
Abends: Salat aus Wildkräutern mit hartgekochten Eierwürfelchen vermischt, Vollkornbrot, Pfefferminztee.

Dienstag

Morgens: Kleingeschnittene, über Nacht in Milch eingeweichte Feigen (zimmerwarm), Haferflocken.
Mittags: Kresse- und Löwenzahnsalat, Eier im Nest. Bananendessert.
Abends: Rhabarberkuchen aus Vollkornmehl, Lindenblütentee.

Mittwoch

Morgens: Junge geriebene Möhren mit Anis, Knäcke- oder Vollkornbrot, Kräutertee.
Mittags: Fenchelsalat, grüner Kartoffelbrei mit Meerrettichtunke, Osterplätzchen mit Kompott.
Abends: Fruchtsalat mit Flocken und Weizenkeimen, Vollkornbrot, Hagebuttentee.

Donnerstag

Morgens: Müsli, Vollkornzwieback oder -brot mit Honig, Fencheltee.
Mittags: Reissalat mit reichlich feingeschnittenem Löwenzahn vermischt, Maultaschen aus Vollmehl mit gedünsteten Wildkräutern oder Spinat gefüllt, Rosinenquark.
Abends: Radieschen, belegte Vollkornbrote mit Hefewürze und Kräuterbutter, Joghurt oder Malventee.

Freitag

Morgens: Eine halbe Pampelmuse (Grapefruit), Weizenflocken, Vollkornbrot mit Nußmus, Demeter-Malzkaffee.
Mittags: Kopfsalat, geröstete Maultaschen, Gelberübentorte mit Schlagsahne.
Abends: Salatplatte aus Chinakohl, grüne Schnitten, Birkenblättertee.

Sonnabend

Morgens: Eine Orange, Früchtebrot, Kräutertee.
Mittags: Apfel-Selleriesalat, grüner Hirsebrei mit brauner Butter, Bananencreme.
Abends: Chicoréesalat, warmes Käsebrot, Buttermilch oder Salbeitee.

Ostersonntag

Morgens: Schale mit Früchten oder Flocken, geriebene Nüsse, Hefezopf, Kaffee, Sanddornbeerensaft oder Honigmilch.

Mittags: Gemüsebrühe mit oder ohne Einlage, Frischkostplatte aus Kopf- und Feldsalat, Kresse, Wildkräutern, geriebenen jungen Möhren, Erbsen, feingeschnittenem Spargel usw. Spinat mit Glückspilzen, Reis, Rhabarbercreme mit Quarktunke.

Abends: Früchte, Osterfladen, Schlehen- oder Birkenelixier in beliebigem Tee. – Zwischen den Mahlzeiten gibt es selbsthergestellte Leckereien.

Mai

Nun sind die ersten Erdbeeren da, noch besondere Kostbarkeiten. Sei es zum Frühstück, zum Abendbrot oder mittags als Nachtisch, jedenfalls sind sie für Auge und Geschmack am schönsten so, wie die Natur sie gibt. Ein Vollkornbrot mit Butter, ein Schüsselchen mit angerührtem Quark und zum Voraus eine Tasse Kräutertee können eine ganze Mahlzeit bilden.

Man kann nun junge Holunderblättchen und -blüten in vielfacher Form im Speisezettel verwenden. Feingeschnitten werden die Blättchen unter die Salate gemischt, wobei sie schleimlösend auf Galle und Magen wirken. Man kann sie aber auch dem Wildgemüse oder Spinat beifügen und mitdünsten oder besser zum Schluß feinverwiegt dem fertigen Gemüse roh untermischen.

Zur allgemeinen ausgezeichneten Blutreinigung dient der Tee aus Holunderblättchen und -blüten (siehe Holunder). Dieses Getränk läßt sich als Frühstücks- oder Abendtee verwenden und mit Zitronen- oder Sanddornbeerensaft vermischen. Holunderblätter und -blüten regen die Nieren an. Auch für den Diabetiker werden diese Ratschläge von Nutzen sein.

Jetzt ist auch die Zeit für Waldmeisterbowlen zu Gartenfesten gekommen (siehe S. 63).

Speisezettel

Mittags: Gemischter Kopfsalat, Gerstengrütze mit gedünsteten jungen Erbsen vermischt, Erdbeeren mit Quark.

Abends: Möhrensalat, Vollkornbrot mit frischen Würzkräutern, Haselnußmus, Zwiebelscheiben, Kräutertee.

Mittags: Spinatsalat mit Wildkräutern, gedünsteter Blumenkohl mit neuen Kartoffeln.

Abends:	Frische Früchte und Flocken mit Leinsaat gemischt, Vollkornzwieback, Pfefferminztee.
Mittags:	Kohlrabisalat, gedünstete Möhren, Käsenudeln.
Abends:	Holunderküchlein, Rhabarberkompott, Melissentee.
Mittags:	Kopfsalat mit Gurken, gedünsteter Mangold, grüne Klöße.
Abends:	Tomaten mit Quark gefüllt, Pellkartoffeln mit Butter, Kräuterbrühe.
Mittags:	Pflücksalat mit Karotten, gedünstete Bohnen, Kräuter-Kartoffeln.
Abends:	Erdbeeren, Vollkorn-Käsebrot, Früchtebrot, Hagebuttentee.
Mittags:	Kopfsalat mit Sahne, Kräuterpfannkuchen, Erdbeerquark.
Abends:	Radieschen, Gurkenscheiben, Butter, Tomatenspread, Vollkornbrot, Joghurt.
Mittags:	Gemischte Frischkostplatte, Spinatpastete mit Käsesoße, Erdbeeren mit Schlagrahm.
Abends:	Orangen-Zwiebelsalat mit Sauerrahm, Vollkornkeks, dicke, mit Kräutern gewürzte Haferflockensuppe.

Juni

«Erdbeeren und Kirschen» heißt jetzt die Devise. Es gibt Leute, die sich eine Erdbeerkur nicht entgehen lassen. Immer vor der Mahlzeit verspeist man ein Schälchen voll, am besten ohne jede Zubereitung, vor allem ohne Zucker (siehe auch Erdbeerkur). Die Kirschen schmecken sowieso am besten «frisch vom Baum».

Jetzt braucht es keiner Kalorienberechnung um schlank zu bleiben. Doch die Kirschen als Steinobst sollten nicht mit Gemüse zusammen zu einer Mahlzeit verzehrt werden. Wer nicht satt und dadurch nicht belastet wird, gönne sich zur Erweiterung einer Mahlzeit die Käseplatte, wie man sie in der Schweiz und in Sanatorien zu jedem Abendessen anbietet.

Speisezettel:

Zum *Frühstück* gibt es jetzt als Frischkost immer ein Erdbeer- oder Kirschmüsli.

Mittags:	Spinat und anderer Blatt- und Wildsalat, gedämpfte Kohlräbchen, Kräuter-Getreidebratlinge.
Abends:	Radieschen, Kirschenpfannkuchen, Erdbeer- oder Brombeerblättertee.
Mittags:	Gurken-Tomatensalat, Auberginen in Rahmsoße, Reis, Stachelbeerkompott.
Abends:	Gedünstete Kirschen, Salbeimäusle, Pfefferminztee.

Mittags: Kopfsalat mit Blumenkohl, gedämpfter Porree, Gerstenauflauf, Rhabarberkompott.
Abends: Krautsalat, Hirserand mit Käse, Dill- oder Tomatensoße, Joghurt oder Birkenblättertee.
Mittags: Möhrensalat, gefüllte, gebackene Gurken, Senfsoße, Haferkeks mit Käse und Kräutern.
Abends: Gebackene Akazien- oder Holunderküchlein mit Fruchtsoße, Käsebrot, Melissentee.
Mittags: Gurken-Rettich-Frischkost, gebackene Tomaten mit Soße, Berner Rösti, Rote Grütze.
Abends: Mangoldstiele mit Grünsalat gemischt, Weizenkörner, Apfelmus, Kräutertee.
Mittags: Rote-Rüben-Quark, gedünsteter Fenchel mit Petersilie, Buchweizenschnitten.
Abends: Kirschenbettelmann mit Frischmilch.
Mittags: Erbsen-Möhrenfrischkost, gedünsteter Spinat, Zwiebelkuchen.
Abends: Reisauflauf mit Erdbeeren, Salbeitee.

Juli

Selbstverpflegung in den Ferien soll wenig Mühe machen. Obst und Gemüse gibt es in Hülle und Fülle. Es müssen nun keine Salatplatten zubereitet werden, sondern das Gemüse (Rettich, Gurken, Möhren usw.) wird im Naturzustand gereicht. Beeren sammeln wir auf unseren Ausflügen. Zum Frühstück gibt es den Obstteller mit Flocken und Vollkornbrot. Die Milch dazu wird vom Bauern geholt.

Auch steht eine Schüssel mit Milch immer zum Stocken da. Zu Mittag gibt es einfache warme Mahlzeiten, das Abendbrot ist kalt: Obst, Flocken, Butter oder Pflanzenbutter, Käsebrot, Dickmilch stehen zur Verfügung. Auch die Melonen, vor allem Wassermelonen, seien nicht vergessen.

Speisezettel

Mittags: Rohgemüse, überbackener Mangold-Buchweizenbrei, Tomatensoße.
Mittags: Spinatsalat, Tomaten mit Quark, gebackene Kartoffeln.
Mittags: Frischobst oder Beeren, gequollene Getreidekörner, Frischmilch.
Mittags: Beliebiges Obst, roh oder gekocht, Hirsebrei mit brauner Butter.
Mittags: Gurken, Tomaten, Rettich, Pellkartoffeln mit Dickmilch.
Mittags: Grünsalat, Reis, Blumenkohl.
Mittags: Kaiserschmarren mit Beeren.

Speisezettel

August

Mittags: Kopfsalat, gedünstete Bohnen, gewürzter Käsekuchen.
Abends: Beliebiges Frischobst, Flocken mit Leinsamen, Vollkornbrot mit Butter und Honig, Pfefferminztee.
Mittags: Gemischte Salatplatte, überbackener Mangold, Tomatensoße, Reis.
Abends: Gefüllte Gurken, gewürzter Schrotbrei, Kräutertee.
Mittags: Salat mit gefüllten Tomaten, Polentaschnitten, Himbeerspeise.
Abends: Grünsalat, Gewürzter Kürbisauflauf, Melissentee.
Mittags: Salat, Hirsegericht mit Mischgemüse (Kohl, Möhren, Kohlrabi), Schälchen mit Brombeeren.
Abends: Salatnester, Graupen mit Pilzen oder geschmorten Tomaten, Johanniskrauttee.
Mittags: Bohnensalat mit Tomaten und Gurken, gedämpfte Möhren, Kräuterklöße.
Abends: Unangemachtes Gemüse, warme Tomatenschnitten, Gemüsebrühe mit gekörnter Würze.
Mittags: Gemischte Salatplatte, gefüllte Flädle, Gurkensoße.
Abends: Beerenmüsli, Knäckebrot, Pumpernickel, Vollkornbrot mit Hasel- oder Mandelmus, Reformkakao.
Mittags: Frischkostplatte, Blumenkohl in der Form, Himbeercreme.
Abends: Birnenspeise, Milchreis, Heidelbeerblättertee.

Speisezettel

September

Mittags: Gemischte Salatplatte, gebackene Buchweizenschnitten und Tomatensoße.
Abends: Möhren-Kürbis-Apfel-Rohkost, Vollkornbrot und Liptauer Käse.
Mittags: Gurken-Tomatensalat, gedämpftes Sellerie-Rote-Rüben-Gemüse, Kümmelkartoffeln.
Abends: Apfel-Zwiebelsalat, Vollkornwaffeln, Lindenblütentee.
Mittags: Feiner Endiviensalat, pikante Weizenschrotspeise.
Abends: Sauerkrautsalat, Käseschnitten, Hagebuttentee.
Mittags: Rotkrautsalat mit Wildkräutern, Dalmatinisches Ragout.
Abends: Apfelsalat mit Hirsebrei, Milch.
Mittags: Rohkostplatte aus Blumenkohl, Paprikaschoten und Tomaten, Schrotmehlspätzle und Meerrettichtunke.
Abends: Rote-Rüben-Salat, Pellkartoffeln mit Quark, Melissentee.
Mittags: Salatplatte mit Gurken, Kohlrabi mit frischen Pahlerbsen, gedämpfte Rote-Rüben-Stiele, Schupfnudeln.

Abends:	Frisches Obst oder Rohgemüse, Maiskolben, Brombeerblättertee.
Mittags:	Kopfsalat mit Tomaten, gefüllte Paprikaschoten, Quittenquark, Schlagrahm.
Abends:	Italienischer Salat, Vollkornbrot mit Butter, Kakaoschalentee.

Oktober

Speisezettel

Mittags:	Herbstliche Frischkostplatte. Gewürzter Quarkauflauf, Weintrauben.
Abends:	Quittenspeise, Vollkornkuchen, Pfefferminztee.
Mittags:	Selleriesalat, überbackene Möhren, Hirsebrei.
Abends:	Gurkensalat, Schrotkekse, Buttermilchsuppe.
Mittags:	Grünsalatplatte, neues Sauerkraut, Kümmelkartoffeln.
Abends:	Bananenreis, Buttermilch.
Mittags:	Kohlrabi-Tomatensalat, Krautwickel mit Getreidefüllung.
Abends:	Grießbrei mit Apfelmus.
Mittags:	Chicoréesalat mit Sahnesoße, Kürbisbratlinge, Kartoffelbrei.
Abends:	Zwetschgenspeise, Birkenblättertee.
Mittags:	Blumenkohlsalat, Kräuterpfannkuchen, Meerrettichtunke.
Abends:	Farmertoast, Kernlestee.
Mittags:	Salat, Artischocken, Kartoffelbrei.
Abends:	Melone und Flocken, warme Käsebrote, Kräutertee.

November

Speisezettel

Mittags:	Endiviensalat, Kürbisgemüse, Käseauflauf, Orangenquark.
Abends:	Weißkohlsalat, Gerstenpudding mit Fruchtsoße, Melissentee.
Mittags:	Tassenbouillon, Sauerkrautsalat, Pfannkuchen mit Apfelmus.
Abends:	Gemüsepastetchen, belegte Brote, Malventee oder Buttermilch.
Mittags:	Chicoréesalat, Erbsenbrei, Spätzle, Bananencreme.
Abends:	Schupfnudeln und Zwetschgenmus, Kakaoschalentee.
Mittags:	Pastinakensalat, Rosenkohl mit Kastanien, Ölschalenkartoffeln.
Abends:	Sellerie-Apfelsalat, gebackene Polenta mit Käse, Schlehengetränk.
Mittags:	Chinakohlsalat, Weißer Bohnenauflauf mit Kapernsoße, eine Scheibe Ananas.
Abends:	Käsekuchen, Birnen- oder Apfelkompott, Pfefferminztee.
Mittags:	Weißkohlsalat mit Sirup, gebratene Gerstenschnitten, gedünstete Topinambur, Preisselbeerspeise.
Abends:	Äpfel im Schlafrock, belegte Brote, Hagebuttentee mit Fruchtsaft.
Mittags:	Feldsalat, Betenbartsch, Getreideschrot, Tapiokazitronencreme.
Abends:	Hirseauflauf mit Heidelbeerkompott, Lindenblütentee.

Die Weihnachtswoche

Kleine Vorrede: Es kommt nicht in Frage, daß die Hausfrau den ganzen Feiertagvormittag in der Küche steht und die bedrückenden Schlemmerspeisefolgen fabriziert, wie sie immer noch in Kochbüchern und Kalendern stehen. – Die Feste sind für alle da! Ihre besinnliche Seite muß wieder obenanstehen, um uns innerliche Kraft für die Aufgaben des Lebens zu geben. Gewiß, man will es anders haben als sonst, man will es mit Recht festlich haben. Aber dadurch, daß mühsam zubereitete, womöglich noch fette und schwere Speisen auf den Tisch kommen, ist keinem gedient. Im Gegenteil. Jedoch wird auch der anspruchsvolle Gast zufrieden sein, wenn ein noch unbekanntes Gericht, eine Überraschung gereicht wird, ein appart zusammengestellter Salat, eine saftige Obst- oder Quarkspeise, und vor allem, er wird sich auch hinterher wohl fühlen.

Noch eins ist wichtig. Was der Sommer gespendet hat, was in Gläsern, Büchsen und Flaschen seinen Winterschlaf hält – jetzt ist es Zeit, es hervorzuholen und anzurichten. Nichts leichter als das, und eigentlich auch nichts kostbarer als das; wenn man bedenkt, wie sorgsam es im Sommer oder im Herbst erlesen, gereinigt und eingemacht wurde – wir dürfen hier einmal vom Nährwert absehen. – Diese Schätze des Haushalts, diese Seltenheiten mögen nun den Tisch decken und auch der Hausfrau zu Ruhe und Besinnlichkeit verhelfen. – Die festliche Tafel mag mit fröhlichem Eifer der Hausherr decken und auch ein paar Kerzen hinzustellen. So hat er dieses Ehrenamt vorbildlich erfüllt.

Speisezettel

Heiligabend

Mittag: Roher Sauerkrautsalat, gebackene Kürbisscheiben, Kartoffelbrei, Äpfel.

Abends: Gemischte Salatplatte, pikanter Nudelauflauf mit Currysoße. Obst. Später Weihnachtsgebäck vom Bunten Teller, Festtagspunsch.

Weihnachtstag

Mittags: Chicorée-Orangensalat, Blumenkohl überbacken mit pikanter Dillsoße. Preiselbeerspeise mit Schlagrahm.

Abends: Kartoffelsalat mit milchsaurem Gemüse gemischt, Vollkornbrot mit Butter und Käse, später wie oben, Holunderpunsch.

2. Weihnachtstag

Mittags: Sellerie-Möhrensalat, gedünsteter Lauch, Reis, Eier, Tomatensoße. Beliebiges Kompott und Keks.

Abends: Kresse als Salat oder unangemacht, Quarkklöße mit Rosinen. Später wie oben mit Kamillenpfefferminztee oder Johannisbeerpunsch.

Jetzt ist wieder Alltag

Mittags: Beliebiger Grünsalat, gewürzte Gerstenspeise, «Sellerieschnitzel», Apfelmus mit oder ohne Nüsse.
Abends: Blumenkohlsalat, Quarkpfannkuchen, Heidelbeerkompott.
Mittags: Pampelmusen-Kürbissalat, Weizen-Grünkernbraten in der Form, Meerrettichtunke, Orangencreme.
Abends: Apfel-Gurken-Tomatensalat, Kartoffeln mit Quark und Butter, Kräutertee oder Lindenblütenpunsch.
Mittags: Möhrensalat, Topinamburgemüse, Polentaschnitten, Birnenquark.
Abends: Apfel-Zwiebelsalat, Kastanien, belegte Vollkornbrote, Malventee.
Mittags: Chicorée-Sauerkrautsalat, Schwarzwurzelgemüse, Grießklöße, Buttermilchsoße, Quittenquark.
Abends: Apfelstrudel, Malzkaffee mit Sahne.
Mittags: Feldsalat, Erbsenbrei, Backkartoffeln, Bananencreme.

Silvesterabend

Italienischer Salat, belegte Schnitten, Joghurt, später Berliner Pfannkuchen mit Punsch.

Neujahr

Mittags: Kohlsalat, gefüllte Paprika mit Reis und Käseplätzchen, würzige Gurkensoße, Hagebuttencreme mit Sahne.
Abend: Rote-Rüben-Salat, Russische Eier, Toastbrot, Traubensaft, warm oder kalt.

KLEINE KÖRNERKUNDE

Vom echten Schrot und Korn

Vom echten Schrot und Korn

Jeder Vegetarier sollte sich darüber im Klaren sein, daß vegetarische Kost erst auf der Grundlage der verschiedenen Getreidearten möglich ist. Das Getreidekorn ist so ideal aufgebaut, daß es dem Menschen fast alles gibt, was er zur Ernährung braucht, Eiweiß, Fett, Kohlehydrate und Mineralsalze, Vitamine und Spurenelemente. Man sollte aber nicht von einer Getreideart allein leben, sondern abwechseln mit Gerste, Hafer, Roggen, Weizen, Hirse und auch Reis und Mais nicht ganz vergessen. Erst in seiner Gesamtheit bildet das Getreide die Nahrung für das menschliche Gefüge von Denken, Fühlen und Wollen, erweckend, harmonisierend und impulsierend.

Ende des vorigen Jahrhunderts erkannten einzelne Ärzte und Ernährungsforscher den Wert des vollen Korns und setzten sich mit ganzer Kraft für eine Getreideernährung ein. Daß Vollkornbrot wertvoller ist als Weißbrot, weiß heute jedermann. Dieses Brot muß nicht ganze Körner enthalten, ausschlaggebend ist der Mahlvorgang. Der innere, weiße Mehlkörper besteht vorwiegend aus Stärke. Entgegen Keim und Randschichten, die als Kleie verfüttert werden, ist er vitamin- und eiweißarm. Im Keim sind 36 % Eiweiß (im Mehlkern 8–9 %), Fett und die lebenswichtigen B-Vitamine und Lipoide enthalten, dazu Mineralstoffe und Fermente. Die Randschichten haben Eiweiß und Zellstoff und die zum Aufbau der Knochen und Zähne unentbehrlichen Mineralstoffe Kieselsäure, Kalk, Mangan, Kalzium, Natrium, Fluor und Eisen.

Weltweit bekannt und beliebt wurden das Bircher-Müesli, das Kollath-Frühstück aus frischem rohem Schrot und die Kruska nach Are Waerland aus fünferlei Korn. Aber sonst hängt man meist noch fest am alten bürgerlichen Speisezettel mit Kartoffeln, weißem Reis und Teigwaren aus Weißmehl, zumal bei den warmen Mahlzeiten. Es könnten sehr abwechslungsreiche Körnergerichte angeboten werden, die schnell und schmackhaft zu bereiten sind. Die Überzeugung allein, daß Körnernahrung gesund sei, genügt leider nicht, es bedarf einer gewissen Umstellung der Küche wie des Essers. Dazu sollen die Ratschläge auf den folgenden Seiten beitragen. Mit ihrer Hilfe kann jede Hausfrau Abwandlungen herstellen, die ihrer Familie behagen.

In den letzten Jahrzehnten hat die Qualität der Körnerfrucht durch viele Chemikalien gelitten. Durch künstliche Düngung wird das Wachstum so beschleunigt, daß wiederum Halmverkürzungsmittel gegeben werden, damit die Halme nicht umkippen. Es kommen die giftigen Schädlingsmittel, solche gegen Pilzkrankheiten und gegen Unkräuter hinzu, die den ganzen Ackerboden durchsetzen. Dies alles fällt fort durch die Kunst und Mühe des biologisch-dynamischen Landbaus. Das Demeterkorn ist vom Boden her gesund, nahrhaft und wohlschmeckend. Die hier angegebenen Rezepte wollen nach Möglichkeit mit Demetergetreide zubereitet werden.

Noch viele gute Ratschläge kommen aus der Versuchsküche von Dr. med.

Udo Renzenbrink in Unterlengenhardt, zusammen mit allem Wissenswerten über die einzelnen Kornarten, zu finden in seinem Buch: Zeitgemäße Getreideernährung.[1]

Das ganze Korn

kann man in seiner unzerstörten Gestalt verwenden. Durch Einweichen bis zu 10 Stunden und Kochen, mehr ausquellen, bis die Körner platzen, wird es erschlossen. Das dauert je nach Härte der Frucht bis zu 1½ Stunden. Zum Weiterverarbeiten, z. B. als Aufläufe, ist es auch für die Köchin eine ideale Grundlage, die keine Mühe macht. Man muß sich allerdings für solch eine Mahlzeit viel Zeit lassen und seine Kaumuskeln tüchtig gebrauchen.

Der Schrot

muß nicht unbedingt eingeweicht werden, aber ein zweistündiges Weichen bekommt dem Grobschrot auf jeden Fall. Man sollte ihn jedesmal frisch herstellen, da langes Stehen seinen Wert mindert. In handlichen Haushaltsmühlen wird das Korn zwischen Metallscheiben oder Steinen zerquetscht, aber bitte keinesfalls im Mixer mahlen. Darin wird das Korn dermaßen kaputt gemacht, daß es kein Korn mehr ist. Geruchsprobe überzeugt. – Zum Schrotbrei wird nun der harte Roggen 1½ Stunden, Weizen 1 Stunde, Gerste ½ Stunde und Hafer noch weniger gekocht. Man kocht in Salzwasser und würzt am Schluß; zu süßem Brei evtl. mit Zitronenschale, und gibt rohe Milch, Sirup oder Honig zu, geriebene Äpfel, Nüsse, Rosinen, Kompott . . .

Das Rösten

von ganzen Körnern oder Schrot im Backofen auf trockenem Blech oder auf der Pfanne verbessert den Geschmack und erleichtert die Verdauung. Bei 60 bis 80 Grad sollte das Trockengut nur hellgelb werden. In 30 bis 60 Minuten ist es fertig und verbreitet nun einen würzigen Duft. Man kann es nach allen Rezepten weiterverarbeiten, auch das Korn erst nach dem Rösten schroten. Die Garzeiten sind dann kürzer. Man darf auch auf Vorrat rösten, da hiernach kein Wertverlust eintritt.

Das Kollathfrühstück

wird abends eingeweicht, pro Person 3 gehäufte Eßlöffel Frischkornschrot in 5 Eßlöffeln Wasser. Trockenfrüchte werden gesondert eingeweicht. Dazu kommt ein Eßlöffel Zitronensaft, 100 g reife Früchte der Jahreszeit oder ein

1 U. Renzenbrink, Die sieben Getreide, Dornach 1981, und Zeitgemäße Getreideernährung, Rezepte für alle Getreidearten, Donach [4]1979.

geriebener Apfel, ein Eßlöffel Nüsse (Leinsamen, Sesam), nach Bedarf gemahlen, etwas Honig, Sahne nach Wunsch.

Wem dieses Gericht Beschwerden macht, hält sich an das Bircher-Müsli, denn auch noch in Flockenform ist das Korn empfehlenswert. (Siehe Hafer).

Kruska, Grundrezept nach Ebba Waerland

Je einen Eßlöffel Weizen, Roggen, Nackthafer, Gerste, Hirse und Kleie mit drei Tassen kochendem Wasser übergießen und 5 bis 7 Minuten kochen. Gleich danach geriebene Orangen- oder Zitronenschale und 2 Eßlöffel Rosinen hinzufügen, nach Wunsch auch eine Prise Salz. Zwei Stunden oder länger quellen lassen. Beim Herausnehmen soll das Gericht noch dampfen. Man richtet es an mit Frischmilch und Kompott, am besten geriebenem Apfel samt Kernen. Es gibt viele Abwandlungen der Kruska, sei sie aus Schrot oder Ganzkorn. Sie ist als Frühstück gedacht, kann aber auch im Thermosbehälter als tägliches Mittagessen mitgenommen werden.

Der Weizen *(Triticum)* gehört zu den ältesten, noch steinzeitlichen, Kulturgetreiden Europas, zunächst als das anspruchslose Einkorn. Sein Name soll mit der Weiße des Mehls zusammenhängen. Lange galt sein Genuß als Vorrecht der oberen Bevölkerungsschichten, und von ihm aus ging auch schließlich der Weg in die Dekadenz der Ernährung mit Weißbrot und immer feineren Backerzeugnissen. Schwerer, weil reicher an Kleber, ist der **Dinkel,** dagegen leichter der aus dem milchreifen Dinkelkorn gewonnene **Grünkern,** der sich zu Diäten besonders eignet. Er quillt gut, aber bindet nicht. Mit seinem würzigen Geschmack bringt er erfreuliche Abwechslung in die Küche, sowohl als ganzes Korn als auch als Schrot.

REZEPTE

Rohe Weizenkörner

200 g Weizenkörner bis zu 10 Stunden in wenig Wasser einweichen, durch den Wolf drehen und mit 250 g Quark und gehackten frischen Kräutern mischen. Gut zu Pellkartoffeln und frischem Leinöl.

Weizenschleim

4 Tassen Weizenkörner in 4 Tassen Wasser 3 bis 10 Stunden einweichen und langsam etwa eine Stunde kochen lassen, durchdrehen, mit etwas Wasser erwärmen und durch ein Sieb treiben. Mit Milch oder Rohsäften kann man den sehr nahrhaften Schleim dem Säugling im Fläschchen geben.

Weizenschrot-Eierkuchen

150 g Weizenschrot (auch Roggen- oder Gerstenschrot oder ein Gemisch) mit

¼ Liter Milch, 2 Eiern und einer Prise Salz mengen und mindestens eine Stunde ruhen lassen. Wie gewöhnliche Eierkuchen in der Pfanne backen.

Weizenschrotbratlinge mit Gemüse

Eine Zwiebel und einen zerschnittenen kleinen Wirsingkopf in Fett andünsten und mit ¼ Liter Wasser und Salz 20 Minuten kochen. Erkalten lassen, die Masse wenn nötig noch mit Schrot oder Grieß ergänzen, Bratlinge formen und in der Pfanne oder auf dem Blech backen. Man kann auch andere Gemüse nehmen, z. B. Weißkohl, Möhren, Sellerie, Rote Rüben, Spinat. Diese Masse dient auch zu Füllungen von Paprika oder Tomaten.

Weizenflockenklöße

Aus 250 g Weizenflocken und ¼ Liter heißem Wasser, gehackter Zwiebel, Salz und Muskatnuß mit einem Ei eine feste Masse rühren und Klöße formen. In leicht gesalzenem Wasser garziehen lassen. Dazu Soße und Salat.

Dinkelfrühstück

200 bis 250 g Dinkelschrot mit 2 Liter Wasser über Nacht einweichen und am Morgen unter Rühren 20 Minuten kochen. Mit gewiegten Kräutern, mit Beeren oder Fruchtsaft schmeckt Dinkelmus vorzüglich.

Weizenkeime

Die gereinigten Körner werden abends mit Wasser flach bedeckt und am Morgen abgegossen. Sie bleiben 12 Stunden bei 12 bis 18 Grad im hellen Raum stehen. Abends wird der Vorgang wiederholt und so im ganzen 3- bis 4mal verfahren. Man kann nach jedem Abgießen die Körner abspülen, damit sie nicht säuern. Sind die Keime ½ Zentimeter lang, werden sie mit Milch oder Quark verzehrt. Auch gerieben Möhren, Äpfel, Bananen sind gut dazu. Statt Weizen kann man auch Roggen keimen lassen. – Wer Getreidekeime zu sich nimmt, sollte folgendes beachten: Sobald der Keim sich regt, stellt das Korn seine Bildekraft in den Dienst einer neuen Pflanze. Die ursprüngliche Einheit und Harmonie wird zugunsten der Regeneration zerstört. Das keimende Korn vermittelt dadurch einseitig vitalisierende Kraft und hat den Charakter eines Medikaments. Wie ein solches ist es vorsichtig zu dosieren.

Roggen

Auch der Roggen *(Secale cereale)* gehört zu den Urgetreiden Europas. Der älteste Fund stammt aus einer provencalischen Höhle aus der Jungsteinzeit. Gute Anpassungsfähigkeit an rauhe Zonen erlaubt den Roggenanbau bis in 2100 m Höhe der Alpen, wo kein Weizen mehr gedeiht, und widerstandsfähig hält das im Herbst gesäte Korn die langen kalten Winter in nordöstlichen Ländern aus.

Der kräftige braune Roggenbrei ist reich an Kalisalzen. Als Slenz oder Schlunz war er vor kurzem noch bei der Landbevölkerung Nord- und Ostdeutschlands als Frühstück beliebt. Die eigentliche Nahrung aus dem Roggen aber ist das Brot, das die höchste Stufe der Getreideernährung anzeigt, wogegen der Kuchen schon einen Abstieg bedeutet.

REZEPTE

Eintopf aus Roggengrütze (Grobschrot)

250 g Schrot über Nacht einweichen. Kleingeschnittenes Gemüse (z. B. 250 g Möhren, einige Petersilienwurzeln, 1 bis 2 Stangen Lauch, eine Handvoll Petersilie) in wenig Öl andünsten, den Roggen dazugeben und mit 1 Liter Wasser auf kleiner Flamme weichkochen und nachquellen. Zum Schluß Käse überstreuen und mit einer würzigen Soße reichen.

Roggenklütersuppe

80 g feinen Roggenschrot mit etwas Wasser anfeuchten und mit der Gabel zu Krümeln zerdrücken. In kochendem Salzwasser 10 Minuten garen und in ½ Liter heißer Milch oder Buttermilch anrichten.

Klieben

500 g rohe Kartoffeln reiben, Salz, 2 gehackte Zwiebeln, Majoran, Kümmel und soviel Roggenschrot zugeben, bis sich Klöße formen lassen. Diese in kochendem Salzwasser 10 Minuten ziehen lassen. Dazu gedünstete Zwiebeln und Salat.

Tiroler Knödel

40 g Butter und 2 Eigelb schaumig rühren. 250 g Quark und 150 g Roggenschrot dazumischen und 1 Stunde ruhen lassen. Den Eischnee dazugeben. Feingehackte Zwiebeln und 250 g Pfifferlinge kurz andünsten, einarbeiten und Klöße formen, diese in leicht kochendem Salzwasser ziehen lassen. Dazu Tomaten- oder Meerrettichtunke, Salat.

Brotreste gibt es immer

Vollkornbrotsuppe mit Wildkräutern

150 g Vollkornbrotreste mit 1½ Liter Gemüsebrühe und etwas Salz kochen und durch ein grobes Sieb treiben. Zwiebeln in Öl dünsten und feingehackte Wildkräuter dazugeben (Brennesseln, Giersch usw.). Ein paar Löffel Rahm dazu in die Suppenschüssel geben.

Brotklöße

300 g Vollkornbrotreste zerkleinern und in ¼ Liter heißer Milch einweichen. Zwei Eier, gehackte, in Öl angedünstete Zwiebeln, viel gehackten Schnittlauch, Petersilie, Majoran und zwei Eßlöffel geriebenen Käse, 1 Prise Muskat und Salz

zumischen. Feste Klöße formen und langsam köcheln lassen. Gut zu Spinat, Kohl, Fenchel oder würziger Soße.

Pikante Brotwürfel

Brotscheiben in 2 cm große Würfel schneiden. Eine große, grob zerschnittene Zwiebel in Öl anbraten, die Brotwürfel zufügen. 2 bis 3 Eier mit 2 bis 3 Eßlöffeln Wasser oder Milch, einem Eßlöffel Tomatenmark, ½ Teelöffel gerebbeltem Majoran und etwas Salz gut verquirlen, über die Brotwürfel geben und stocken lassen. Sofort auftragen.

Brotrösti

Stücke von altbackenem Brot mit kochendem Wasser übergießen und stehen lassen, bis das Wasser ziemlich eingezogen ist. Die Brocken mit recht viel geriebenem Käse, einer großen, gehackten, mit Butter leicht gebräunten Zwiebel, Salz (und Pfeffer) verrühren. In der Bratpfanne genügend Butter zerlaufen lassen, die Brotmasse hineingeben und unter öfterem Wenden wie Kartoffelrösti – d. h. sehr langsam – braten. Mit grünem Salat reichen.

Dergleichen Rezepte gibt es noch viele, z. B. Brotsuppe mit Rosinen, Schwarzbrotauflauf würzig, abgewandelt mit Äpfeln und Pflaumen, Vollkornbrot-Quarkspeise und -Kaltschale. Aber die interessierten Hausfrauen werden sich nun auch ohne Rezepte daran wagen. Viel Glück!

Gerste

Auch die Gerste *(Hordeum)* ist eine der ältesten Getreidearten der Menschheit. Da sie die kürzeste Wachstumszeit hat und noch in unwirtlichen Klimaten heranreift, bestimmt sie die Getreideanbaugrenze der Erde. Sie war im Altertum die Hauptfrucht, zunächst wohl nur durch Rösten zubereitet (Ägypten, Babylonien), bis das Mahlen mit runden Handsteinen aufkam. Diese und die zugehörigen steinernen Mahltröge können wir in großer Zahl noch in Vorgeschichtsmuseen bewundern und uns vorstellen, welch harte Arbeit die Frauen einst leisteten. Zur Breiernährung kam das Kneten des Teiges, der zu Fladen getrocknet wurde, auch auf Vorrat. Diese harten Platten konnten später wieder eingeweicht werden. Griechen und Römer entwickelten mit verschiedenen Weizensorten das Brotbacken, während Gerste noch lange die Nahrung der Sklaven blieb. Als die Breiernährung noch bei allen Ständen des römischen Volkes die Hauptnahrung bildete, empfand es das römische Heer als schwere Entbehrung, wenn aus Getreidemangel Fleisch zum Essen ausgegeben wurde.

Im ganzen Mittelalter war Gerstenbrei ein gewohntes Essen, bis er wie die ganze Getreideernährung, durch die Kartoffel verdrängt wurde. Ernährungswissenschaftler, auf anthroposophischen Erkenntnissen aufbauend, widmen gerade der kieselsäurehaltigen, kraftspendenden Gerste ihre besondere Aufmerksamkeit.

Der Gerstentrank ohne Gärung

Ob kalt, ob warm getrunken, ist das Gerstenwasser ein erfrischendes und stärkendes Getränk. Wir übernehmen es von den Engländern, denen ihr barley-water als Volksheilmittel gilt: 50 g Gerstenkörner in 2 Liter Wasser 1½ Stunden kochen, abgießen und mit Zitrone, Apfelsaft und Honig abschmecken. Zum Wohle!

Gerstensuppe

120 g Gerstenschrot in ½ Liter Wasser weichkochen, mit Gemüsebrühe während des Kochens nachfüllen (20 bis 30 Minuten Kochzeit). Pflanzenwürze, 20 g Butter, eine rohe geriebene Möhre und 2 bis 3 Eßlöffel geschlagenen Sauerrahm zufügen. Mit Petersilie bestreut auftischen.

Gerstenröstschrot

300 g Schrot ausgiebig rösten, mit 1½ Liter kochendem Wasser ablöschen und langsam ausquellen lassen. Abschmecken mit Butter und Salz oder Dörrobst untermischen, wahlweise geriebenes Gemüse oder Äpfel. So kann man ein Abendbrot oder Frühstück für Schwerarbeiter gestalten. Mit Buttermilch ist das Gericht beliebt als «saure Grütt».

Gerstenklöße

250 g Gerstenschrot in 2 Liter Flüssigkeit (Kraftbrühe oder halb Milch, halb Wasser) dick ausquellen. 2 Eier, Salz und Muskat einrühren und mit angerösteten Brotwürfelchen vermischen. Klöße formen, in kochendem Wasser langsam garen.

Gerstenpudding

Aus 250 g Schrot und ¼ Liter Milch einen Brei anrühren, ¾ Liter Milch zugeben und 10 Minuten kochen. Nach Abkühlung 2 Eßlöffel Sirup, Zitronenschale, 50 g Rosinen, 50 g geriebene Nüsse oder Mandeln, etwas Salz, 2 Eigelb und 2 steifgeschlagene Eiweiß untermischen und in einer gefetteten Puddingform 1 Stunde im Wasserbad kochen.

Gersten-Quarkklöße

50 g Butter und 2 Eigelb schaumig rühren, 250 g trockenen Quark und 150 g Gerstenschrot dazugeben, ruhen lassen. Eischnee, gehackte Kräuter und Salz zufügen, Klöße formen. In Salzwasser garziehen lassen. Abwandlung mit Pflaumen.

Die Masse wie oben, ohne Kräuter, dafür ein wenig Sirup und in jeden Kloß eine entsteinte Pflaume drücken.

Gewürztes Graupengericht

3 Eßlöffel Sonnenblumenöl erhitzen und 250 g Graupen unter ständigem Schaufeln darin glasig werden lassen. Eine gehackte Zwiebel und eine große in Streifen geschnittene Paprikaschote darin 10 Minuten dünsten. Mit 1¼ Liter Wasser oder Gemüsebrühe ablöschen und auf kleinem Feuer ausquellen. Der fertigen Speise den Saft von einigen frischen Tomaten (oder Mark), eine zerquetschte Knoblauchzehe, einen Teelöffel Vitam körnig, Kräutersalz und feinverwiegte Küchenkräuter untermischen.

Hafer

Es wird nun keine Überraschung mehr sein, daß auch der Hafer *(Avena)* schon von jungsteinzeitlichen Pfahlbauleuten gegessen wurde. Im germanischen Altertum und im Mittelalter war er mit der Gerste die Hauptnahrung, nur die Hirse lief ihm teilweise den Rang ab. Russen, Engländer und teilweise die Schweizer blieben ihm auch noch nach der Einbürgerung der Kartoffel treu, und seit es Haferflocken gibt, steht er wieder überall in Ehren. Man weiß von Gemeinden in Kärnten, bei denen es im 19. Jh. 3mal täglich Hafer gab und dazu Wasser getrunken wurde, natürlich nicht unser heutiges «Trinkwasser», und die Grabsteine von einem ungewöhnlich hohen Durchschnittsalter berichten. Damals mußte der Hafer noch mühsam entspelzt werden. Der spelzenlose Nackthafer ist ein Geschenk der Natur durch Mutation, für das wir sehr dankbar sein können. Mit seinen wertvollen Mineralsalzen ist der Hafer wichtig bei Herzschwäche und Blutarmut und, das weiß schon die Mutter an der Kinderwiege mit dem Haferschleim, bei Verstopfung. Außerdem kann der Hafer befeuern, wo es am Temperament fehlt, darum gibt man ihn gern melancholischen Kindern.

REZEPTE

Bircher-Müsli

Einen Eßlöffel Haferflocken über Nacht in 2 Eßlöffeln Wasser einweichen. Heute mögen ihn viele Menschen lieber uneingeweicht. – Anderntags dazu 1 Eßlöffel Zitronensaft, 1 Eßlöffel Rahm, eingeweichte (und durchgedrehte) Trockenfrüchte oder Beeren nach der Jahreszeit. Ein Apfel mit Gehäuse und 1 Eßlöffel gemahlene oder ganze Nüsse für den, der sie kauen kann. Auch mit anderen Flocken kann das Müsli hergestellt werden, aber Haferflocken sind am zartesten.

Porridge

150 g Haferflocken in 1 Liter heißes Wasser geben, salzen und langsam ausquellen. Das ist die beliebte Frühstücksnahrung, ohne die sich ein echter Engländer nicht wohl fühlt.

Bayerische Brenta

200 g Nackthafer schroten und leicht mit Butter andünsten. Mit 1 Liter Wasser ablöschen, aufkochen und bei leichter Hitze garen. Mit flüssiger Butter anrichten.

Haferschrotsuppe mit Wildkräutern

50 bis 60 g Haferschrot mit 1½ Liter Wasser weichkochen. 120 bis 150 g kleingehackte Wildkräuter (Brennessel, Sauerampfer, Giersch, Melde, etwas Liebstöckel) mitkochen lassen. Mit einem Ei legieren, Butter zufügen.

Haferfrikadellen

250 g Haferschrot in ½ Liter Wasser einweichen, 2 Eigelb, 2 Eßlöffel Öl, eine kleine Büchse Tartex, Salz, Majoran, Kerbel, Petersilie oder Basilikum und 1 Teelöffel Pflanzenwürze untermischen. Den Eierschnee einarbeiten und mit Flüssigkeit zu einem formbaren Teig ausgleichen. Bratlinge formen und im Ofen oder auf der Pfanne backen.

Haferflockenteigboden

4 Eßlöffel Öl in eine Schüssel geben, langsam wie zu Mayonnaise 6 Eßlöffel Wasser dazugeben, 4 Eßlöffel feines Vollkornmehl und ebenso viel feine Haferflocken (auch Hafermark oder feine Hafergrütze) zumischen zu einem ausrollbaren Teig. Nötigenfalls mit Haferflocken ausgleichen. Weiterverwenden zu beliebigen Ostkuchen, auch zu Tomaten- oder Zwiebelkuchen. – Abwandlung: 250 g Rosinen unter den Teig kneten als Frühstückskuchen.

Hirse

Manche Sagen und Märchen erzählen uns von der Hirse. Da quillt der süße Brei, das Geschenk der guten Fee, durch den Hirseberg führt der Weg ins Schlaraffenland, und im Hirselberg wohnte Holda, die Göttin der Liebe. Als Zeichen für Fruchtbarkeit und Fleiß spielte die Hirse eine Rolle im Brauchtum. Von Ostasien bis Süddeutschland wurde das Korn angebaut und diente den Menschen mit seinem hohen Gehalt an Kieselsäure. Die Hirseflocken können wir auch roh genießen. Außerdem kennt die Volksmedizin wohltätige Umschläge mit warmem Hirsebrei bei Stirnhöhlenentzündung, Kopfgrippe und rheumatischen Auflockerung beitragen könnten. Auf die einschlägige Literatur zu den Getreidegerichten wurde schon hingewiesen[1]. Darum wenigstens etwas Allgemeines, damit man dann selber probieren kann:

1 Literaturhinweise siehe S. 298. Weitere Informationen über Getreidegerichte erhält man auch vom Arbeitskreis für Ernährungsfragen in Unterlengenhardt.

Hirse

Nach gründlichem heißem Waschen wird die Hirse kalt angesetzt, evtl. auch mit einer Wasser-Milchmischung, und langsam in 20 Minuten gekocht. 250 g Hirsekörner brauchen etwa 1½ Liter Flüssigkeit. Eine längere Zeit zum Nachquellen, etwa 40 Minuten, ist sehr günstig. Wie die anderen Kornarten, kann man auch die Hirse rösten und mit kochendem Wasser zum Kochen angießen. Gutes Würzen ist nötig, z. B. auch mit Curry oder Paprika, Käse oder Sauermilch. Süßer Hirsebrei kann mit Apfelmus gemischt und mit geriebenen Nüssen bestreut werden, Honig, Sirup und Vanille kommen ihm sehr zugute.

Buchweizen

Nun zum Buchweizen, der eine Sonderstellung unter dem Getreide einnimmt, da er nicht von den Gräsern herstammt. Er ist ein Knöterich und auch erst im späten Mittelalter hier zugewandert aus dem fernen Asien. Daß er aber gebietsweise auch bei uns längst beheimatet war, erfahren wir an jenem denkwürdigen Sonntagmorgen, als der Hase und der Igel auf der Buxtehuder Heide um die Wette liefen und die Bienen im Buchweizen summten. Man kann den dreieckigen Körnlein immer vertrauen, denn von Kunstdünger wollen sie nichts wissen,

Buchweizen

und wenn wir sie zur Vorsicht einmal heiß überbrühen, werden sie auch niemandem schaden, der sonst wegen einer Hautallergie zu fürchten hätte. Die ausgequollene Grütze schmeckt wundervoll und ist sehr leicht verdaulich, und wenn es einmal besonders schnell gehen muß, so ist ein Buchweizengericht zu empfehlen, da es am schnellsten von allen Körnerspeisen gart, auch das ganze Korn. Einweichen entfällt, eher läßt sich einmal ein Dörren anraten, um eine schön körnige Masse zu erhalten. Aus Buchweizenmehl backt die Bäuerin ihre «Bookwetenpannkoken». Ein Versuch lohnt sich, und es wird kaum bei dem einen Mal bleiben. Das nächste Mal backen Sie auf gefettetem Blech im Ofen (nicht vorheizen), und wenn Sie sie ganz schonend mögen, nehmen Sie statt der Eier Mineralwasser oder Buttermilch. Ein mit einem Sahnerand servierter Teller Buchweizengrütze mit einem Marmelade- oder Honigklecks in der Mitte ist das Einfachste, was Sie machen können und ein Festessen für Kinder. Zudem ist es eine Art Schonkost und enthält doch wertvolle Aufbaustoffe.

Platz für eigene Rezepte mit Getreide

Literatur

Beiträge zu einer geisteswissenschaftlichen Ernährungshygiene. Eine Vierteljahresschrift, hrsg. vom Verein für biologisch-dynamische Landwirtschaftsmethode, Schweiz.

Demeterblätter, Hrsg. Demeterbund e. V. Stuttgart, Wellingstr. 24

Hauschka, Rudolf: Substanzlehre. Frankfurt/M. 1950.
– Ernährungslehre. ebd. 1951.

Jaffke, Freya: Getreidegerichte, einfach und schmackhaft. Arbeitsmaterial aus dem Waldorfkindergarten 2. 7. Aufl., Stuttgart 1980.

Künzle, Joh.: Chrut und Uchrut. Freiburg 1952.

Ljungquist, Anna: Zur Qualität in der Ernährung. 3. Aufl. Dornach 1972.

Loeckle, Werner: Bewußte Ernährung und gesunde Lebensführung. 4. Aufl. Freiburg 1970.

Piepenstock, Marianne: Internationales Gaumenkursbuch. München 1959.

Renzenbrink, Udo: Zeitgemäße Getreideernährung, Dornach 1974.
– Ernährung unserer Kinder. 4. Aufl. Stuttgart 1981.
– Ernährung in der zweiten Lebenshälfte. Stuttgart 1981.

Sieg, Hilde: Gottessegen der Kräuter. Berlin 1953.

Simonis, Werner Chr.: Die Ernährung des Menschen. Stuttgart 1960.
– Korn und Brot. 2. Aufl. Stuttgart 1979.
– Milch und Honig. Stuttgart 1965.

Steiner, Rudolf: Heilpädagogischer Kurs. Dornach/Stuttgart 1924. GA 317
– Mysterienwahrheiten und Weihnachtsimpulse. Alte Mythen und ihre Bedeutung. Dornach 1918. GA 380
– Ernährungsfragen, Über das Verhältnis der Nahrungsmittel zum Menschen. Dornach 1923/24, Basel 1956. GA 350 und 354
– Über die Bienen. Dornach 1929. GA 348
– Naturgrundlage der Ernährung, herausgegeben und zusammengestellt von Kurt Th. Willmann, Themen aus dem Gesamtwerk Bd. 6. Stuttgart 1981. Ernährung und Bewußtsein, herausgegeben von Kurt Th. Willmann. Bd. 7. Stuttgart 1981.

Soziale Hygiene. Sozialhygienische Schriftenreihe Bd. 6. 3. Aufl. Stuttgart 1981.

Wibert, Britt und Udo Renzenbrink: Die zeitgemäße Getreideküche. Dornach 1967.

Zur Linden, Wilh.: Geburt und Kindheit, Bd. 1 und 2. 10. Aufl. Frankfurt/M. 1980.

A

B

C

D

E

F

G

H

I/J

K

L

M

N

O

P

Q

R

S

T

V

W

Z

Ernährung in der zweiten Lebenshälfte

von UDO RENZENBRINK

208 Seiten, kartoniert

(Sozialhygienische Schriftenreihe, Band 9)

Der Autor, derzeit führender anthroposophischer Ernährungsfachmann, gibt hier erstmals einen bedeutenden Beitrag zur Gerontologie, nämlich zum Problem der Ernährung, das für den älter werdenden Menschen eine so wichtige Rolle spielt. Da er von der Erkenntnis ausgeht, daß Ernährungshygiene nicht erst einsetzen sollte, wenn bereits Abbauerscheinungen zu verzeichnen sind, wendet sich seine Darstellung bereits an den Menschen im mittleren Lebensalter. Die menschenkundlichen Grundlagen werden ergänzt durch praktische Hinweise zu den Grundnahrungsmitteln, durch diätetische Ratschläge und durch viele Rezepte, bei denen auch die »Lust am Essen« nicht zu kurz kommt.

Inhalt: Bewußtsein gründet sich auf organischen Abbau – Warum altert der Mensch? Abbau und Neuaufbau der Nahrungssubstanz. Störungen des Stoffwechsels – Hilfen durch Nahrungswahl. Die Ernährung aus dem kosmischen Umkreis durch Sinne und Atmung. Rhythmische Ordnungen. Wärmehaushalt, Zellatmung und Lichtstoffwechsel. Wieviel Eiweiß braucht der ältere Mensch? Die Problematik der Fetternährung. Kohlehydrate und Zucker. Getreide / Milchprodukte / Gemüse / Früchte / Fleisch. Diätetische Ratschläge / Das gemeinsame Mahl. Praktischer Teil: Rezepte.

Ernährung unserer Kinder

Gesundes Wachstum – Konzentration – Soziales Verhalten – Willensbildung.

von UDO RENZENBRINK

4. Auflage, 203 Seiten, kartoniert

(Sozialhygienische Schriftenreihe, Band 7)

Aus dem Inhalt: Die körperliche Entwicklung des Kindes als Grundlage für die freie Entfaltung des Geistig-Seelischen – Einige Grundzüge der anthroposophisch orientierten Ernährungskunde – Vorgeburtliche Fragen – Der Säugling – Das Kleinkind – Das Schulkind – Die Pubertät – Ernährung und Temperamente – Diät an kranken Tagen – Ernährung und Zahngesundheit – Kleine Nahrungsmittelkunde – Ratschläge zur Küchenpraxis

Getreidegerichte – einfach und schmackhaft

von Freya Jaffke

Anregungen und Rezepte

Arbeitsmaterial aus den Waldorfkindergärten, Heft 2

Aus dem Inhalt: Getreidearten – Brotrezepte – Backwerk – Getreide-Aufläufe – Süße Getreidegerichte – Nachspeisen – Vorschläge für einen Speiseplan

Korn und Brot

von W. Ch. Simonis

Sozial-Hygienische Schriftenreihe Bd. 3

Aus dem Inhalt: Hafer – Hirse – Reis – Gerste – Weizen – Dinkel – Roggen – Vom Türkenkorn oder Mais – Buchweizen – Vom Brot – Vom Backen

---

RUDOLF-STEINER-THEMENTASCHENBÜCHER

BAND 6

Naturgrundlagen der Ernährung

9 Vorträge von Rudolf Steiner
Ausgewählt und herausgegeben von Kurt Th. Willmann. 171 Seiten, kartoniert

Voraussetzung für die Ernährung des Menschen sind die Substanzen, die der Mensch dem Lebensbereich der Erde entnimmt und zubereitet. Ihre Bildung und Kultivierung in der Natur, ihre Wirkung im Menschen muß eine Ernährungslehre darstellen, die undogmatisch Gesichtspunkte für eine zugleich menschengemäße und individuelle Ernährung entwickeln will.

BAND 7

Ernährung und Bewußtsein

8 Vorträge von Rudolf Steiner
Ausgewählt und herausgegeben von Kurt Th. Willmann. 190 Seiten, kartoniert

Daß Ernähren nicht ein Essen und Assimilieren ist, sondern die leibliche Organisation für das geistig-seelische Wesen des Menschen zu fördern hat, kann auf Grundlage des anthroposophischen Menschenbildes eingesehen werden. Zum Verständnis des Ernährungsvorgangs gehört die Erkenntnis seiner Bedeutung für das geistige Leben, für die geistige Entwicklung des Menschen.

Landbau, natur- und menschengemäß

Methoden und Praxis der biologisch-dynamischen Landwirtschaft

von HERBERT H. KOEPF

250 Seiten mit zahlreichen Abbildungen, Skizzen und Tabellen, kartoniert

Auf konkrete und praktikable Weise stellt Koepf die Grundlagen und Methoden der biologisch-dynamischen Wirtschaftsweise dar, die – eine alternative Landwirtschaft – auf chemische Mineraldüngung und Schädlingsbekämpfung verzichtet und mit naturgemäßen organischen Maßnahmen eine natürliche gesunde Produktivität erreicht. Sie geht zurück auf die Anregungen, die Rudolf Steiner – lange vor dem Aufkommen der ökologischen Bewegungen – in einem landwirtschaftlichen Kurs 1924 vor Bauern gegeben hat.
Das Buch beschreibt die Geschichte der biologisch-dynamischen Bewegung seit ihrer Begründung; ihre Praxis in Fragen der Bodenbearbeitung, des Anbaus, der Düngung, der Fruchtfolge, der Nahrungsqualität u. a. m.; ihre Auswirkungen bis in die Landschafts- und Betriebsgestaltung, in der der Landwirt humane Verhältnisse schafft.

Krankenpflege zu Hause

auf der Grundlage der anthroposophisch orientierten Medizin

160 S., mit zahlreichen Abbildungen, kartoniert (Sozialhygienische Schriftenreihe, Band 10)

Dieses Buch will jedem, der zu Hause Kranke zu pflegen hat, mit notwendigen praktischen Hinweisen zur Seite stehen. Es stellt nicht nur dar, was bei der täglichen Versorgung des Patienten zu beachten ist, es beschreibt auch im einzelnen die wichtigsten äußeren Anwendungen in Wort und Bild.
Der Leser lernt so u. a. wie Kompressen, Wickel, Einreibungen und medizinische Bäder eingesetzt werden. Auch die Eigenschaften der bei der Behandlung verwendeten Heilpflanzen (Arnika, Brennessel, Kamille, Calendula u. a. m.) werden geschildert. Jeweils ein besonderes Kapitel ist der Betreuung von Schwangeren, Wöchnerinnen und Neugeborenen, dem Zusammenhang von Krankheit und Schicksal und dem Begleiten von Schwerkranken und Sterbenden gewidmet.
Das Buch gibt zugleich einen Überblick über wesentliche Aspekte der anthroposophischen Menschenkunde, die für die Medizin von Bedeutung sind. Es wendet sich nicht nur an Laien, sondern auch an Menschen, die wie die Autoren von Berufs wegen mit Krankenpflege befaßt sind.